La Cristiada
Diego de Hojeda

La Cristiada
Diego de Hojeda

Edición crítica y anotada
Ana María González

Volumen I

Chiringa Press
Seguin, Texas

ISBN: 978-1-61012-007-4

Edición de bolsillo

Volumen I - ISBN: 978-1-61012-007-4
Volumen II - ISBN: 978-1-61012-008-1
Volúmenes I y II - ISBN: 978-1-61012-021-0

Edición de pasta dura

Volumen I - ISBN: 978-1-61012-023-4
Volumen II - ISBN: 978-1-61012-024-1
Volúmenes I y II - ISBN: 978-1-61012-022-7

Edición electrónica: 978-1-61012-009-8
Edición en audio: 978-1-61012-010-4

A ti,
por tener este libro entre tus manos.

VOLUMEN I

VOLUMEN II

PRÓLOGO

Hemos recordado en estos meses los cuatrocientos años de la primera edición de *La Cristiada* del Padre Diego de Hojeda (Sevilla, 1611). No podía haber mejor ocasión para que se publique esta presente edición con los comentarios y notas de la Doctora Ana María González.

Es un acucioso trabajo, iniciado y presentado originalmente como tesis doctoral. Desde ahora, al admirar las hermosas octavas reales del poema del P. Hojeda, no podemos menos que agradecer las doctas y precisas notas de la Dra. González.

Desde muy joven me atrajo *La Cristiada*. La leía a saltos, entre mis estudios y trabajos; la leía por partes y siempre encontraba luz y sorpresas, por la piedad de su expresión y por la riqueza de su contenido.

Respecto al mismo, debemos admirar la universalidad del conocimiento literario del P. Hojeda, que se valora más al recordar lo limitado de los medios de que disponía en aquel entonces, en un país lejano de los centros culturales de Europa; de una Europa, por supuesto, también muy limitada en referencia a los medios que tenemos actualmente.

Cuán grande sería su dedicación a la lectura y prodigiosa su memoria. En las bellas octavas reales se presenta un gran número de personas de la historia y personajes de la literatura universal: de los clásicos griegos y romanos, de las religiones de Medio Oriente, de diversos libros de la Biblia, de la historia del Imperio Romano y la Iglesia, y aún de acontecimientos de la época contemporánea al mismo P. Hojeda. De los labios de estos personajes van fluyendo los más sólidos conceptos del dogma cristiano, como de los teólogos y filósofos.

Todo ello expresado y escrito dentro de las normas y exigencias de un poema épico de octavas reales y revestido de la belleza de la poesía del castellano de la Edad de Oro.

Para el aumento de nuestra admiración por Fray Diego de Hojeda, recordemos que llegó muy joven al Perú, que ingresó a la Orden Dominica al poco tiempo y por lo tanto sometido a sus reglamentos, horas de estudio, predicación, enseñanza a los jóvenes, etc. ¿De dónde sacó tiempo para preparar su obra y escribir tantos miles de versos, tan precisos y ordenados? En la introducción, la Dra. Ana María González nos ofrece una biografía muy certera del P. Hojeda; por ella podemos confirmar que realmente fue muy corto el tiempo que dispuso para una obra de tales características. Pues, a fines de 1608 ya debiera estar terminada, para las correcciones, aprobaciones, envío a España, permisos reales, etc.

Además, es indispensable acentuar la otra importante característica de la obra del P. Hojeda. Él no es sólo un poeta, un buen escritor, un genio influenciado por la inclinación literaria de aquellos años culturales de España (literatos había entre gobernantes y soldados, entre frailes y monjas, entre los de la Península y los de las Colonias). En *La Cristiada* hay algo más que admirar, me refiero al contenido doctrinal: Diego de Hojeda es un buen teólogo y un sólido filósofo. Como eminente Maestro en el Estudio General de los Dominicos, era un fiel servidor de Santo Tomás de Aquino. Él sabe insertar, entre los suaves versos, las rectas normas de la moral cristiana, el valor de la conciencia y la perversidad del pecado; quizás sin darse cuenta, el feliz lector de esta bella obra va repasando el catecismo; está escuchando a uno de aquellos gloriosos misioneros de las Indias. En América hubo frailes predicadores, pero también pintores, escultores y hasta poetas evangelizadores, como el P. Hojeda. Con razón el genial Lope de Vega le dedica unos versos, que termina con la gran alabanza de llamarlo "Evangelista Quinto".

Todo este desbordante material está enmarcado e iluminado por la vida, la doctrina, los sufrimientos y el triunfo final de Jesús, "Hijo de Dios, humano y muerto / con dolores y afrentas por el hombre", como expresa al inicio del poema.

El P. Hojeda nos invita a acompañar a Jesús, en aquel día supremo (que Jesús llama SU HORA) –desde el jueves en la tarde al viernes en la tarde. Nos ofrece, como hermosas alas, los versos de octavas reales, para que, piadosos peregrinos, acompañemos a Cristo. La divina Víctima, desde el Cenáculo de la Última Cena, al Huerto de los Olivos, a los tribunales del Sanedrín, a los palacios de Pilatos y de Herodes, al Vía Crucis por las calles de Jerusalén, al Calvario, a la Cruz, hasta llegar al umbral de la tumba vacía...

Precisamente para hacer más accesible esta finalidad, se nos ofrecen en esta edición los comentarios y notas de la Dra. Ana María González; que lo considero un trabajo de mucho esfuerzo, de rica erudición y de gran utilidad, principales valores de la presente edición. Sus notas son una gran ayuda para descubrir este contenido evangelizador. El lector, embelesado quizás en la hermosura del verso, no esté tomando en cuenta la real historia del Divino Drama; las notas le podrán ayudar a regresar a la realidad de algo maravilloso que sucedió, y a cuyo rededor gira la historia. Es como un rayo de luz que nos ayuda a descubrir un tesoro oculto, o como una gracia de Dios que nos abre al maravilloso misterio de la Fe: del cual dice San Pablo "Escándalo para los judíos, necedad para los gentiles, para nosotros la sabiduría de Dios" (I Cor. 1, 23-24).

Las notas y los comentarios de la Dra. González además de aclarar las frases, pareciera que nos presentan y dan vida a los numerosos personajes mencionados; se perciben los sucesos y las circunstancias de los que vivieron en los pasados siglos: *La Cristiada* es un antiguo mundo escondido que se ha hecho más cercano. A la vez, nos facilitan un método realmente práctico, pues ayuda a descubrir el sentido del contenido y la ligación de los versos y al mismo tiempo, el significado del personaje referido. Nos permiten obtener una mayor visión de conjunto y percibir con claridad la relación de los sucesos. Se siente la amplitud de *La Cristiada* y, por supuesto, la grandiosidad del efecto de la Pasión de Nuestro Señor Jesucristo.

Yo me atravería a pensar –y lo desearía– que el lector de *La Cristiada* con las notas de esta edición, está capacitado de hallar sus profundos mensajes y gozar de la belleza de la poesía épica; como sucede a aquéllos que encuentran un buen comentarista para las difíciles profecías de Isaías y Jeremías, o para el Apocalipsis. Es vivir la verdad de los mensajes; es la satisfacción de la inteligencia que cree. Poder exclamar como los apóstoles: "Ahora sí que hablas claro..." (Juan 16, 29).

Los dominicos del Perú, que en estos días celebran los 50 años de la Canonización de San Martín de Porres, se alegran de un modo especial por esta nueva edición de *La Cristiada*, puesto que el P. Diego de Hojeda vivió en los mismos años, en el mismo convento que nuestro Santo; y sin duda Fray Martín lo atendió en su caritativa enfermería. Recordemos una de las bellas octavas reales que el P. Hojeda dedica agradecido a la Orden Dominica que lo acogió:

> Tú cual madre a tus pechos me criaste,
> Y buena leche de virtud me diste;
> Cual academia sabia me enseñaste,
> Y en mí tus varias ciencias infundiste;
> Como estrellado cielo me alumbraste
> De mis tinieblas en la noche triste:
> Madre, academia y cielo, dame ahora
> Para hablar de ti una voz sonora. (V, 160)

El P. Hojeda fue un religioso observante y ejemplar, dedicado al estudio y a la piedad; de tal modo que fue uno de los elegidos de la comunidad de estricta observancia, como podemos leer en su biografía.

Renuevo mi felicitación y agradecimiento a la doctora Ana María González por esta obra, que es un gran regalo para el mundo de las letras y para los que anhelan llenar su corazón de la belleza y de la verdad.

Quiero finalizar el prólogo con una octava de las muchas que el P. Hojeda dedica a uno de sus grandes amores, la Virgen María:

> Hubo en la Madre Virgen tres amores:
> El natural de madre, el adquirido
> Con el trato de Cristo y sus favores,
> Y el de la caridad más encendido;
> Y así, su corazón con tres dolores,
> Y todos en el grado más subido
> Que imaginar se puede, traspasado
> Fue; mas tuvo paciencia en igual grado. (XII, 75)

P. Jorge Cuadros Pastor, OP.
Lima, Perú.

PRESENTACIÓN

Con motivo muy especial del cuarto centenario de la primera publicación del poema *La Cristiada*, es un verdadero honor poder ofrecer una edición más que contribuya a la difusión y por lo tanto, al aprecio de esta obra poética por un mayor número de lectores. No puede negarse que la densidad del contenido con frecuencia representa un reto para lograr dicho propósito. Por esta razón, la presente edición posee un carácter didáctico que guía al lector, en primer lugar con una introducción explicativa derivada de varios estudios que se han hecho sobre el poema y que sintetiza el pensamiento general de tales observaciones; en segundo lugar, con una serie de anotaciones especiales presentadas en una columna paralela al poema con el fin de facilitar el seguimiento del hilo de la narración; y por último, con la inclusión de notas referenciales al final de cada libro que favorezcan la identificación del contexto al que el contenido pueda aludir.

Ha sido un trabajo extenso que seguramente no está terminado. Hojeda nos ofrece una obra singular que amerita múltiples y continuos estudios, es una vasta fuente de temas que cualquier estudioso de la Literatura Latinoamericana y en especial de la poesía, podría aprovechar ampliamente. De ahí que sea fundamental que haya más lectores ávidos, ansiosos de asimilar su profundo y hermoso contenido.

Es una transcripción con ortografía actualizada de la versión realizada por Sor Mary Helen Patricia Corcoran en 1935, quien a su vez utilizó el manuscrito identificado por ella misma y que se encuentra en la Biblioteca del Arsenal en París. Aunque se han hecho los cambios ortográficos pertinentes, en algunos casos ha sido imprescindible respetar la antigua ortografía para mantener la métrica y la rima; por ello mismo, en las notas se incluye el equivalente del vocablo en la forma que conocemos y utilizamos actualmente.

Es específicamente una herramienta que facilite la comprensión del contenido y que sirva a la vez de instrumento para lograr un mayor acercamiento a cada una de las partes espaciales y temporales del poema. Es una invitación para que cada lector entre literalmente al vasto y profundo universo que nos presenta la epopeya y se convierta en partícipe del desarrollo de la misma.

PREFACIO

La presente edición de *La Cristiada* que realiza Ana María González demuestra que pervive el interés en el poema sacro escrito por Diego de Hojeda (1611) dentro del mundo académico hispanoamericano y, a través de docentes como ella, en el norteamericano. Conozco a la editora debido a un interés que compartimos en la larga y difícil materia de la épica del período colonial. Cuando me he enterado de su proyecto de llevar a cabo una nueva edición del poema de Hojeda, en lo primero que he pensado es el extraordinario trabajo que costaría. Qué paciencia y qué valor hay que tener para editar las aparentemente interminables octavas reales de semejante poema, sobre todo en el contexto de un mundo universitario secular como el nuestro.

González dirige su edición de *La Cristiada* a un público que lo constituyen sus propios estudiantes y otros que, como ellos, se acercan a la poesía, en general y no sólo a la épica, con cierto temor. Esta ansiedad no es infundada, por razones que no son difíciles de identificar. El lenguaje poético es auto referencial, por lo cual su rasgo distintivo es la ambigüedad, como lo explica Roman Jakobson. Esa misma ambigüedad lleva al lector por un camino desconocido lleno de sorpresas. Si a esta característica intrínseca de la poesía se le añade el desconocimiento de los necesarios contenidos históricos e ideológicos que frustra a los estudiantes de nivel subgraduado, es comprensible su aprensión frente a un texto como el de Hojeda.

Nadie es más consciente de estos obstáculos que la misma Ana María González, quien intenta suplir dicha falta de conocimientos con una edición que tiene como fin explicar *La Cristiada* dentro del contexto en el cual se formó su autor y en el que redactó su poema. La extensa introducción incluye datos sobre la vida de Hojeda, quien produce su obra en el Perú colonial pero cuyo pensamiento, como el de tantos otros escritores del momento, está a caballo entre dos mundos conectados por una compleja red de transacciones en el Atlántico español. La editora sitúa el poema en el contexto monástico de Lima y de Cuzco a comienzos del siglo XVII, lugares donde ella ha realizado una labor importante en los archivos y conventos más pertinentes a su estudio. Documenta las ediciones que ha consultado para producir su propia edición, y explica el trasfondo literario del poema, sus antecedentes y los recursos estilísticos que caracterizan el texto de Hojeda. Finalmente, la editora sugiere el valor pedagógico que puede tener un poema como éste. Ana María González conceptualiza su edición como trabajo de rescate y difusión, para que el poema épico se haga accesible a todo tipo de lectores.

En ello reside el valor de esta edición. Las notas y comentarios al margen del texto la hacen muy útil para extraer partes que podrían ser incluidas en el plan de estudio de un curso avanzado a nivel subgraduado. También podría servir de objeto de estudio en un seminario graduado sobre la épica de Indias, por ejemplo. Aprovechar la producción de la editora de tal manera sería estimar en lo que se merece el gran trabajo que seguramente ha costado editar nuevamente la epopeya de Diego de Hojeda.

Elizabeth B. Davis
The Ohio State University

Introducción

Ana María González

AUTOR

Los datos sobre la vida de Fray Diego de Hojeda, autor del poema heroico *La Cristiada*, son relativamente escasos.[1] A manera de síntesis biográfica se pueden señalar tres aspectos fundamentales: sus orígenes, su vida religiosa y el conflicto interno de su Orden en que se vio involucrado al final de su vida.

Se afirma que nació en Sevilla, España, alrededor del año 1571. Sus padres fueron Don Diego Pérez Núñez y Doña Leonor de Carbajal, aunque se ignora específicamente por qué motivo adoptó el apellido de Hojeda. En Sevilla manifestó su intención de hacerse religioso, pero como su familia no le permitió esta vocación de fraile, Hojeda decidió dejar su país natal. Se calcula que entre 1588 y 1589 se embarcó en uno de los galeones que partían de España hacia Panamá, y luego se dirigió al Perú.

En cuanto llegó a Lima ingresó como novicio en el Convento Grande del Rosario, y al término de un año de noviciado, profesó religiosamente el primero de abril de 1591 dentro de la Orden de Predicadores (O.P.) mejor conocida como Orden de los Dominicos u orden dominicana.[2] Para la fecha en que Hojeda realizó sus votos, el priorato del convento estaba a cargo de Fray Domingo de Valderrama, quien posteriormente fue obispo de La Paz y arzobispo de Santo Domingo. En opinión de Riva-Agüero, Hojeda llegó a considerar triste y pobre el paisaje limeño en comparación con su natal tierra andaluza, según relata en la canción laudatoria a Pedro de Oña, con motivo de la primera parte de *Arauco domado* (1596). En dicho poema, nuestro autor contempla a los Andes como valientes pero sin belleza, y pone de manifiesto su añoranza por un ambiente que tal vez no pudo encontrar en Lima (450).

A pesar de su posible melancolía, Hojeda se destacó como estudiante dedicado y elocuente orador sagrado. En palabras de Rada y Gamio, "Por la información hecha en Roma en 1608, se sabe que el Padre Hojeda era valentísimo lector de Santo Tomás" (13). Esa admiración por Santo Tomás era tal, que el Padre Álvarez llega a mencionar que cuando Hojeda profesó "añadió a su nombre de pila el 'de Santo Tomás' con lo que vendría a llamarse Fray Diego de Santo Tomás" (295). Sin embargo, en ningún documento de los encontrados hasta ahora se ha visto su nombre escrito de esa manera.[3]

En la enseñanza monástica llegó a ser Lector de Filosofía, Artes y Teología, Maestro de Estudiantes y Regente de Estudios. Además, era extremadamente devoto y ejecutaba penitencias bastante severas. Riva-Agüero señala que desde el noviciado uno de sus profesores, el Padre Fray Bartolomé Martínez, tenía que ponerle ciertos límites a su celo ascético y a sus recias mortificaciones para que Hojeda no perjudicara su salud. Explica que su devoción religiosa llegaba a tal punto que usaba un cilicio bajo su hábito y competía en ayunos con dos de sus compañeros religiosos, Juan Gálvez, autor de la perdida *Historia rimada de Hernán Cortés*, y Tomás de Silva (449).

Dentro de la Orden de los Dominicos los frailes pueden ser sacerdotes o hermanos cooperadores. Existen además dos jerarquías: la primera corresponde al grado de estudios que siguen y la segunda a la organización interna de sus integrantes En cuanto a la primera jerarquía, las diferentes categorías internas de la Orden son las asignaciones de aspirante, postulante, novicio, profeso de votos temporales y profeso de votos solemnes. Con respecto al área de los estudios los grados que se pueden obtener son Lector, Presentado, Maestro y Doctorado. Diego de Hojeda profesó solemnemente como fraile sacerdote en 1591. En 1600 obtuvo el título de Presentado, equivalente al de Licenciado en Teología que le fue confirmado por el Capítulo General de Roma en mayo de 1601. Posteriormente, en 1606 recibió el grado de Maestro, con la aprobación del Padre General Jerónimo Javierre para honor y gloria de la Provincia de San Juan Bautista a la que pertenecía su Orden en el Perú.

En lo que corresponde a la segunda jerarquía, los cargos de gobierno dentro de la Orden de los Predicadores son los siguientes: Maestro General de la Orden, superior de todas las provincias y frailes; Provincial, para una provincia integrada por varios conventos y casas formales; Prior, superior de un convento; Sub-Prior, auxiliar del prior; y Superior, encargado de una Casa Religiosa que no es propiamente convento. A lo largo de su vida, Hojeda desempeñó el cargo de Prior en Cuzco y Lima; durante sus últimos días radicó en Huánuco.

En 1606, el Padre Maestro Juan de Lorenzana ocupaba el puesto de Provincial y con la autoridad que su puesto le confería, hizo erigir en Lima el convento de la Recoleta de Santa María Magdalena, conocido también como Convento de Recolección o simplemente el Recoleta. El Padre Hojeda pasó del Convento Grande al nuevo convento, un lugar austero, silencioso, embellecido y aromatizado por sus huertos de naranjos. En vista de los datos cronológicos de sus actividades y de la redacción de su poema épico, es probable que por lo menos el texto primitivo lo haya realizado entre los conventos Grande del Rosario y el de la Recoleta. Tal vez para fines de 1608 la obra haya estado concluída, porque la aprobación para imprimirla data de marzo de 1609, misma que fue otorgada por el entonces Provincial Fray Francisco de Vega. Unos meses después, el Padre Hojeda dejó su posición de Regente de Estudios de Santo Domingo de Lima porque fue electo como Prior del Convento de Santo Domingo en la ciudad de Cuzco y se supone que durante su estancia en este lugar el poema fue revisado y corregido.

En Cuzco permaneció menos de un año. Para marzo de 1610, regresó a Lima como Prior del Convento del Rosario, en sucesión del nuevo Vicario General de la Provincia Fray Nicolás González de Agüero. Mantuvo ese cargo hasta 1612, año en que se dio inicio a una serie de malentendidos entre los frailes y sus autoridades, lo que resultó en un conflicto que traería la grave consecuencia de apresurar su muerte.

No se conocen con precisión los detalles del problema que afectó de tal forma la profesión y la vida de Hojeda. Lo que se puede afirmar con seguridad según se hace constar en varias fuentes documentales, es que fue injustamente humillado y despojado de los títulos por los que había trabajado tanto a lo largo de su vocación religiosa. Aunque se le restituyeron después de aclarado el asunto, él no pudo alcanzar a tener conocimiento de ello. Una de las explicaciones del conflicto es proporcionada por Riva-Agüero, quien afirma que a la muerte del Padre Francisco de Vega, Fray Nicolás de Agüero fue electo Provincial el mes de junio de 1611. Para octubre del mismo año, el Visitador Fray Alonso de Armería fue comisionado por el General Galamini de Roma para examinar los asuntos de los conventos dominicos de Colombia y el Perú. Así es que en cuanto Fray Nicolás de Agüero se enteró de que Armería había llegado a las costas peruanas, con la responsabilidad que le confería su cargo de Provincial se dirigió hasta Trujillo para recibir al Visitador. El Padre Armería era mexicano y al parecer, alentaba prejuicios contra los religiosos europeos y los limeños, pero favorecía a los forasteros criollos. También era un hombre apasionado, joven, inexperto, ligero en su vocación y de criterio débil. En la misma ciudad de Trujillo donde el Padre Agüero había ido a darle la bienvenida, éste fue depuesto afrentosamente del Provincialato por el Visitador Armería.

El problema se agudizó porque en Lima existía un grupo de frailes que se oponía a los últimos gobiernos que habían regido la Orden, y fueron ellos quienes aprovecharon la presencia del Padre Armería para cambiar la situación. Lograron con él una alianza y establecieron un sistema de persecuciones y destierros contra los frailes que no los apoyaban. La primera víctima que sufrió las consecuencias de dicho sistema fue como se dijo antes, el mismo Provincial Agüero, seguido del ex-Provincial Lorenzana y el Padre Hojeda en su cargo como Prior de Lima. La supuesta razón de su castigo fue que en conversaciones particulares los tres religiosos habían desaprobado el proceder del Padre Visitador Armería y habían llegado al acuerdo de perjudicarlo para que perdiera su posición y su autoridad.

El Padre Fray Juan de Lorenzana, modelo de religiosos en el Perú, fue castigado con la privación de sus títulos, honores y voto electivo, y quedó confinado en la Recoleta, de donde salía únicamente para dictar su Cátedra de Prima. Peor destino tuvieron los padres Agüero y Hojeda, quienes además de que fueron igualmente despojados de todo título, se les redujo su posición a nivel de novicios y se les hizo desterrar a Cuzco. El mérito de estos frailes consistió en que no manifestaron ninguna queja contra la injusticia de que fueron víctimas, y obedecieron mansamente las órdenes del Visitador. Después de haber sido trasladado a Cuzco, a Hojeda se le hizo llevar hasta Huánuco, probablemente por la necesidad de proporcionarle un mejor clima, ya que para entonces su salud había deteriorado notablemente y la diferencia geográfica de Huánuco debida principalmente a una altitud mucho menos elevada que la de Cuzco, podría haberle favorecido. No obstante, el convento de Huánuco era muy pequeño, pobre y contaba solamente con diez frailes. Se cuenta que mientras Hojeda hacía su entrada al convento, expresó el versículo 14 del Salmo 132 "Haec requies mea in saeculum saeculi" traducido como: "Aquí está mi reposo para siempre, en él me instalaré, que así lo quiero." Al parecer, fue el presagio de su próximo fin del que lamentablemente no se equivocaba, pues falleció sólo unos años después en ese destierro inmerecido, el 24 de octubre de 1615. A su muerte contaba únicamente con cuarenta y cuatro años; se asume que las presiones morales a las que se vio sometido perjudicaron de tal forma su salud que lo llevaron joven a la tumba.

Durante el transcurso de estos acontecimientos en la vida de Hojeda, el Padre Agüero se movilizó en Lima para terminar con las tropelías del Visitador Armería, por lo que convocó a nuevas elecciones en las que resultó electo como Provincial el Padre Fray Gabriel de Zárate. Zárate no se resignó a ser instrumento de Armería y decidió entablarle un juicio en el que se determinó su culpabilidad por los atropellos cometidos contra los frailes desterrados y como castigo se le obligó a dejar el Perú. Con esto, al Padre Nicolás de Agüero se le restituyeron todos sus grados y preeminencias, y no obstante que contaba con una salud delicada, se dirigió a

Huánuco a rendirle honor a los restos del Padre Hojeda. El Padre Agüero hizo que se le celebraran a Hojeda solemnísimos funerales y su cadáver pasó a ocupar una tumba más digna en la bóveda de la iglesia. Posteriormente, cuando el Padre Agustín de Vega asumió el cargo de Provincial, los venerados restos de Hojeda fueron trasladados a Lima y se colocaron en la cripta de la Sala Capitular donde se conservan hasta la fecha.

Con la finalidad de guardar dignamente la memoria del Padre Hojeda, se pintaron algunos retratos póstumos del poeta y se imprimió una placa conmemorativa que fue colocada a un lado de la puerta de la celda que ocupó mientras vivió en Cuzco. Se encontraron por lo menos dos versiones diferentes del retrato: uno que aparece en la publicación de un discurso sobre el poeta escrito por Rada y Gamio (1917) y en la *Memoria de las Fiestas Centenarias* (1921), en el que el poeta sostiene un crucifijo con la mano derecha; el otro retrato corresponde a la edición de Corcoran (1935), en el que se le ve con una pluma en la mano derecha y un ejemplar de su poema en la izquierda. El Padre Guillermo Álvarez, historiador y cronista de la Orden de los Dominicos en Lima, ha informado que tanto el primer retrato como la placa que se encontraban en el convento de Cuzco desaparecieron a raíz del terremoto sufrido en esa ciudad en 1950, en el que se tuvo una gran pérdida de bienes del mismo convento. Así es que tal parece que de las dos imágenes, la única que aún se conserva es la segunda versión, realizada por J. G. Samánez en 1906, y que se encuentra actualmente en la sacristía del Convento de Santo Domingo en Lima. No se logró obtener más detalles de su origen ni procedencia.

La escasez de materiales originales no permite un conocimiento más completo y detallado de la vida de nuestro autor, lo que trae como consecuencia que en su biografía aparezcan espacios en blanco difíciles de llenar. De cualquier manera, el mejor camino para reconocer la importancia de su vida y rendirle los honores que se merece, probablemente dependa del valor que se le brinde a la gran épica que produjo, para orgullo de la literatura de nuestra América Hispana.

El M R P M Fr Diego de Ojeda Natur de Sevilla, Prior del Conuen
del Rosario, delos Primeros Fundadores de la Recoleccion de Lima
el Año 1606, Fue de Grande Espiritu y Poeta F.mo, compuso La Cru
fiada. trasladado a Huanuco murio a 24 de Oubre de 1615.

La primera versión del retrato del autor Diego de Hojeda se encontraba en Cuzco y desapareció a causa del terremoto ocurrido en esa ciudad en 1950.

M. R. P. M. Fr. Diego de Hojeda hijo de esti
sto. Célebre autor de la "Cristiada" †1615

La segunda versión del retrato fue realizada por J. G. Samánez en 1906. Se encuentra actualmente en la sacristía del Convento de Santo Domingo en la ciudad de Lima.

OBRAS

Respecto a las obras escritas de Hojeda, además de esta epopeya sólo se conocen los versos laudatorios que preceden a la primera parte de *Arauco domado* (1596) de Pedro de Oña y la nota laudatoria que redactó para la primera parte de *Miscelánea austral* (1602) de Diego de Ávalos. Según apunta Aguayo, Hipólito Sancho afirma "haber visto un poema de Hojeda, dedicado a San Ignacio de Loyola" (17), pero en realidad no se tienen mayores referencias al respecto. El gran reconocimiento que Hojeda merece como poeta se debe principalmente a la creación de su obra maestra *La Cristiada,* poema épico correspondiente a la Edad de Oro de las letras castellanas en Latinoamérica. Dada su extensión, es evidente que debió ser un trabajo de varios años y que parece haber concluído alrededor de 1608. Fue autorizado para su publicación en 1609, según hacen constar las diferentes aprobaciones recibidas tanto del rey Felipe III como de las autoridades eclesiásticas en Perú.

El poema se mantuvo en el olvido desde su primera edición en 1611 hasta 1833, fecha en que don Manuel José Quintana incluyó algunos fragmentos y el primer estudio de *La Cristiada* en una antología titulada *Musa épica o colección de los trozos mejores de nuestros poemas heroicos.* A partir de entonces, se despertó cierto interés por conocer y promover la obra de Hojeda, pero fue un intento sin mayor éxito. Como consecuencia, hasta hoy día es muy poco conocido y estudiado, incluso en los círculos académicos dedicados a la Literatura Colonial.

El poema ha contado con diferentes ediciones, entre las cuales se cuenta con información de las siguientes:

* En 1611 se publicó la edición príncipe[4] en Sevilla en la imprenta de Diego Pérez.

• En 1833 Manuel José Quintana incluyó una edición parcial en su *Musa épica o colección de los trozos mejores de nuestros poemas heroicos*, publicado en Madrid en 2 volúmenes. *La Cristiada* aparece en el tomo I, ocupando las páginas 217 a 351.

• En 1840 Eugenio Ochoa reprodujo la selección de Quintana en su *Tesoro de los poemas españoles épicos sagrados y burlescos*, publicado en París y que sirvió para dar a conocer el poema fuera de España.

• De 1841 data una edición con el título *La Nueva Cristiada de Hojeda: poema épico-sacro sobre la pasión del Redentor.* Contiene un discurso preliminar por Juan Manuel de Berriozabal y se imprimió en Madrid.

• En 1851 apareció la segunda edición completa hecha para la *Biblioteca de Autores Españoles* por Rivadeneyra[5] en Madrid y preparada por Cayetano Rossell, quien tomó como texto de base la edición príncipe de 1611.

• En 1867 Manuel Ribé publicó el poema en Barcelona, con prólogo de Milá y Fontanals.

• En 1896 se realizó una edición monumental (30 x 42 cm) en Barcelona que cuenta con ilustraciones de cuadros famosos en color, y al principio de cada libro aparece un grabado relacionado con el contenido del argumento. Tanto el convento de Cuzco como el de Lima conservan uno de estos ejemplares pero no se encuentran disponibles para consulta del público. La edición fue hecha por Leoncio González Llopis y Compañía en Barcelona, con prólogo de Francisco Miguel y Badía.

• En 1902 apareció una reproducción popular de la edición anterior, con prólogo de Fray Justo Cuervo, impresa en Barcelona.

• En 1935 Sor Mary Helen Patricia Corcoran publicó una edición basada en el manuscrito que localizó durante su investigación en la Biblioteca del Arsenal de París. De acuerdo con su versión, este manuscrito no coincide en su totalidad con el que se empleó en la edición príncipe, por lo que desde entonces se habla de la clara existencia de dos versiones diferentes del poema, con importantes variantes que la investigadora señala en su trabajo.

• En 1947 Rafael Aguayo Spencer editó la primera y única versión completa realizada en Lima, la cual forma parte de la *Colección Letras Iberoamericanas*. Fue hecha sobre la edición príncipe, recogiendo las variantes que contiene la edición del manuscrito de la Biblioteca del Arsenal.

- En 1947 Frank Pierce lo incluyó parcialmente en *The Heroic Poem of the Spanish Golden Age: Selections*, publicada en Oxford y Nueva York. Aparece en las páginas 91 a 166.

- En 1955 Félix Merino publicó una selección incluída en *Poesía épica de la Edad de Oro*. Fue realizada en la ciudad de Zaragoza por la editorial Clásicos Ebro. Ocupa las páginas 111 a 140.

- En 1971 Frank Pierce publicó nuevamente algunos fragmentos del poema con una breve introducción.[6] Apareció en Madrid a cargo de la editorial Anaya; fue dedicada a su maestro Ignacio González Llubera y a la memoria de su padre, Leoncio González Llopis, quien publicó y costeó la edición monumental de 1896.

- En 1996 apareció una edición facsímil numerada de 1000 ejemplares de tamaño regular a la edición monumental de 1896. Dicha publicación fue realizada por la editorial EDIBESA en Madrid con motivo de los 50 años de sacerdocio del Padre Jorge Cuadros Pastor, Prior del Convento de Santo Domingo en Lima.

- Finalmente, se tiene conocimiento de la edición crítica de la doctora Elena Calderón de Cuervo como parte de la *Colección de Textos Hispanoamericanos* dirigida por ella misma. Fue publicada por Ediciones Nueva Hispanidad y la Facultad de Filosofía y Letras de la Universidad Nacional de Cuyo en Mendoza, Argentina en 2008. Incluye un minucioso cotejo entre las dos versiones principales del poema y relevantes observaciones de la trayectoria editorial que ha seguido esta obra.

La relación aquí expuesta pone en evidencia que ha habido un gran interés en la epopeya que nos ocupa y por supuesto, no se descarta la posibilidad de que existan otras ediciones (más probablemente parciales) aparte de las que se han enlistado. No obstante, el trabajo de dar a conocer *La Cristiada* debe continuar, por lo que se espera que la presente edición sea una contribución efectiva a esa labor literaria.

OTRAS OBRAS DEL AUTOR

Al autor Pedro de Oña con motivo de su obra *Arauco domado*, 1596.
De Diego de Hojeda, al autor, laureándole.

Canción

Regios montes de Lima celebrados,
que al fuerte Pindo y al membrudo Atlante
el oficio hurtáis, hurtáis la fama,
cuyos valientes hombros empinados
hacen al ancho cielo dura cama
de viva peña de inmortal diamante,
el grave ceño y áspero semblante
de esa frente horrible,
tan desgreñada, cuan inaccesible,
pobre de honor y falta de belleza,
serenad con afable mansedumbre
de perfecta nobleza:
y esa gran falda y poderosa cumbre
de mirtos coronad, cubrid de flores,
cuyos ricos olores
huelan allá los encubiertos Mauros,
y componed una feliz guirnalda
al sacro Apolo nuevo,
luz de esa cumbre y honra de esa falda,
y aun de Minerva luz y honor de Febo.
Tú, hondo Lima, caudaloso río,
en fama esclarecido, en agua puro,
de rubios trigos húmedo alimento,
la cristalina gruta y vado frío
de tu cuerpo veloz ancho aposento
y de tu dulce ninfa casto muro:
para el dichoso fin que te aseguro
hazlo de plata fina

y de aljófar menudo fértil mina,
de ganchoso coral bello tesoro
y bello archivo de lucientes piedras;
forja de sutil oro
eternas palmas, inmortales yedras,
gallardos pinos, álamos frondosos,
y de esto forma la gentil corona,
que tu grave persona
debe ofrecer con ojos amorosos
al que te da valor, te da memoria
con su divino canto,
oscureciendo la suprema gloria
del generoso Po, del Tibre santo.
Vos, pardas nubes de aterido invierno,
denso tapiz del orbe refulgente,
velo oscuro del lúcido Planeta,
que siempre llenas de un vapor interno,
por alta fuerza de virtud secreta
no serenáis la remojada frente,
mostrad el duro pecho más clemente
al padre soberano
de aquel mancebo (por su mal) ufano,
dejad que pase la divina lumbre
de su rubia guirnalda venerable,
para ceñir la cumbre
del perfecto saber con luz notable;
dejad que ciña la cabeza noble
al Séneca profundo, al Marón sabio,
cuyo elegante labio
en doble acento y en vihuela doble
consagra con mil versos numeroso
a vividoras famas
blandos Cupidos, Martes belicosos,
fuertes varones y gentiles damas.
Y tú, segundo Apó, noble García,
del potente Filipo diestra mano,
y de su grave peso firme Alcides,
escucha en apacible melodía
tus bravos hechos en famosas lides
y en edad tierna tu saber anciano;
oye con faz alegre y pecho humano,
Alejandro dichoso,

sin tener al de Grecia valeroso
de su poeta claro clara envidia,
ni al grande Apeles de su gran pintura,
ni al memorable Fidia
de aquella perfectísima escultura:
oye, verás por este dulce canto
la voz de Homero falta de sonido,
Apeles encogido,
y a Fidia lleno de amarillo espanto,
y al que Homero se abate, rinde Apeles,
y Fidia se sujeta,
con plumas, con buriles, con pinceles,
hazle corona de inmortal poeta.
Mas, tú, reino feroz, Chile indomable,
de la cruda Belona casa fuerte
y duro campo de batalla esquiva,
castillo de la Parca inexorable,
infierno de la furia vengativa,
trono de Marte, silla de la muerte,
ya que no pudo a la razón moverte
la vencedora pompa,
la voz terrible de la hueca trompa,
la rebatida caja resonante,
la gruesa pica y el robusto dardo,
la espada rutilante,
la doble fuerza y ánimo gallardo,
mueva, mueva tu pecho diamantino
el que puede mover ligeramente
más intrépida gente,
que mover pudo el músico divino,
y dale por magnífica victoria
tu bélica guirnalda,
ponla, para que viva tu memoria,
en su cabeza no, pero en su falda.
Oña famoso y en virtud supremo,
cítara, canto, péndola, escritura
de Tebas y de Tracia
tu verso alaben, digan tu dulzura,
que para tanto en mí faltó la gracia.

Sobre la obra de Diego de Ávalos y Figueroa:

El 6 de septiembre de 1601 firma Dávalos la dedicatoria; el 20 de abril del año siguiente el Virrey da la licencia, después de recibir el parecer que había pedido al Padre Fray Diego de Hojeda, "Lector de Teología, de la Orden de los Predicadores, que su tenor es como se sigue:

Por comisión y mandato de su excelencia del Señor Virrey don Luis de Velasco, examiné este libro intitulado Primera Parte de la Miscelánea Austral de don Diego d'Avalos y Figueroa, y paréceme que se puede imprimir porque el verso es justo y grave, la prosa fácil, y claras las materias que contiene diversas y gustosas. Fecho en el Convento de Nuestra Señora del Rosario de la Ciudad de los Reyes, a 8 de abril de mil seiscientos y dos años".

CONTEXTUALIZACIÓN

En el marco referencial que rodea al autor y su obra hay que contemplar particularmente dos aspectos fundamentales: la actividad religiosa y la vida colonial del nuevo Virreinato del Perú. A partir de éstos, se puede apreciar mejor el ambiente social y cultural en que tiene lugar el surgimiento del poema.

En lo referente a la actividad religiosa es importante recordar que los primeros misioneros llegados a las tierras del cono sur americano, eran precisamente miembros de la Orden Predicadora de los Dominicos. Estos misioneros arribaron al Perú en el siglo XVI y estuvieron encabezados por Fray Reginaldo de Pedraza.[7] La presencia de esta orden religiosa mendicante en América obedeció en gran parte al hecho de que el 10 de marzo de 1526, Francisco Pizarro, Diego de Almagro y Hernando de Luque suscribieron en Panamá un contrato para explorar las costas del Mar del Sur y desde allí emprender la conquista del vasto imperio del Tahuantinsuyo, sobre el cual tenían muy buenas referencias en cuanto a la existencia de grandes riquezas que podrían beneficiar enormemente el poder económico de España. En la ejecución de su labor conquistadora, los exploradores tenían la obligación y la responsabilidad de llevar personas religiosas o eclesiásticas para la instrucción de los indios y naturales a la santa Fe católica. El misionero dominico Fray Reginaldo de Pedraza fue compañero incansable de Francisco Pizarro en la exploración de las costas del reino del Perú y con él permaneció en su peregrinación de varios años; le acompañó incluso después en el viaje que hizo de vuelta a España, con el firme propósito de involucrar a otros dominicos en el trabajo evangelizador del Perú. Así fue como por un lado la actividad militar estuvo al mando de Pizarro, mientras que la misión evangelizadora fue encabezada por el fraile dominico Reginaldo de Pedraza.

La conquista militar del territorio peruano se llevó a cabo entre 1531 y 1535. Francisco Pizarro se vio favorecido por la guerra civil que se había desatado desde 1526 dentro del imperio incaico. El fin de esta conquista se reconoció oficialmente con la entrada de los españoles a la ciudad de Cuzco, la antigua capital del imperio, y desde entonces dio comienzo el desarrollo del asentamiento colonial. En 1535 se fundó solemnemente la ciudad de Lima por el mismo Pizarro que había recibido el título de Gobernador gracias a la Capitulación de Toledo.[8] La fundación fue confirmada en 1536 por Carlos V y la Reina Doña Juana, y Lima recibió entonces el sobrenombre oficial de Ciudad de los Reyes.

Sin embargo, uno de los mayores problemas que prevaleció en estas tierras fue la gran inestabilidad política y social originada principalmente por el nombramiento de Pizarro como primer gobernador, así como el desigual reparto de los beneficios en la concesión de tierras y títulos entre Pizarro y Almagro, según se hace constar en la capitulación. Todo esto trajo como resultado una fuente permanente de luchas internas entre los españoles, una serie de guerras civiles que continuó incluso tras la ejecución de Almagro, derrotado en la Batalla de las Salinas en 1538, y la de Pizarro, asesinado por los almagristas en 1541. Con el fin de acabar con estos enfrentamientos se estableció el Virreinato del Perú en 1542, que oficialmente quedaba como circunscripción territorial de la Corona española. En este nuevo virreinato se agruparon los reinos o provincias de Nueva Castilla (Perú), Tierra Firme (Panamá y costa norte de Colombia), Quito (Ecuador), Charcas (Bolivia y países del Río de la Plata) y Chile. A Lima se le dio reconocimiento como sede del Virrey del Perú y de la Real Audiencia.

De cualquier manera, ni con el establecimiento del nuevo virreinato se pudo lograr la pacificación del territorio. Una de las nuevas causas se debía a la supresión legal de las encomiendas con la promulgación de las Leyes Nuevas en 1542. Esta vez, el conflicto armado se mantuvo abierto entre los colonizadores y el poder real, representado por el segundo gobernador Cristóbal Vaca de Castro y por el primer virrey Blasco Núñez Vela. Núñez murió en 1546, en lucha con los partidarios de la encomienda, dirigidos por Gonzalo Pizarro, quien se consideraba heredero de su hermano Francisco. Fue el presidente de la Audiencia de Lima y tercer gobernador, Pedro de la Gasca, quien culminó la violencia que imperó por años en el territorio peruano. Con los esfuerzos de De la Gasca se logró que la mayor parte de los insurrectos se incorporara al bando oficial, y se obtuvo el apresamiento de Gonzalo Pizarro en la Batalla de

Xaquixahuana en 1548, con lo que se dio inicio a un período de consolidación dentro del virreinato, caracterizado por dos etapas principales: la primera está representada por la figura de Santo Toribio de Mogrovejo, segundo arzobispo de Lima, cuya obra más importante fue la concreción del Tercer Concilio de Lima; y la segunda etapa tuvo como representante a Don Juan de Mendoza y Luna, Marqués de Montesclaros y Virrey del Perú, quien promovió un gran desarrollo urbano y social, así como un particular florecimiento de las letras, según podrá verse más adelante.

Con respecto a los primeros religiosos que llegaron al Perú, el Padre Álvarez menciona dos relaciones diferentes. La primera de ellas corresponde a la Cédula Real del 19 de octubre de 1529, en la que además de Reginaldo de Pedraza, aparecen los nombres de los religiosos dominicos Alonso Bargalés, Pedro Yepes, Vicente de Valverde, Tomás de Toro y Pablo de la Cruz. La segunda relación proviene de la obra de Fray Juan Meléndez, O.P. quien asegura que los seis primeros dominicos que pasaron al Perú, comprometidos por Pedraza fueron: Tomás de San Martín, Vicente de Valverde, Martín de Esquivel, Pedro de Ulloa, Alonso Montenegro y Domingo de Santo Tomás (28-29). Estas dos relaciones muestran una evidente disparidad, ya que los únicos nombres que coinciden en las dos versiones son los de Pedraza y Valverde. En 1531 Pedraza fue nombrado Protector General de los Indios de la Provincia del Perú y poco más tarde se dirigió a Panamá a reunirse con Fray Bartolomé de las Casas, pero falleció al año siguiente, en el mes de febrero de 1532.

En vista de las circunstancias, el Padre Vicente Valverde quedó como responsable de la Provincia del Perú y a mediados de septiembre de 1532 acompañó a Pizarro en su viaje a Cajamarca. Su participación en este viaje se destaca porque como religioso que era, tuvo la importante misión de dar a conocer el llamado "requerimiento"[9] al emperador Atahualpa. Según lo documenta el Padre Álvarez, "Ya al ponerse el sol, Atahualpa entró a la plaza de la ciudad, rodeado de su gente. En ese instante, el Gobernador [Pizarro] que esto vio, dijo a Fray Vicente que si quería hablar a Atahualpa con un intérprete y él dijo que sí, y fue con una Cruz en una mano y con su Biblia en la otra" (38). Atahualpa no se dejó impresionar por lo que el fraile le presentó, y furioso arrojó la Biblia a unos seis pasos de sí. Ante esto, Pizarro y sus hombres tomaron preso al emperador inca. Posteriormente, Valverde mismo trató de evitar que Atahualpa fuera ejecutado, por lo que solicitó con insistencia que fuera enviado prisionero hasta España. A pesar de todo, los esfuerzos del misionero resultaron inútiles y lo único que le quedó por hacer fue lograr que el Inca aceptara la religión católica; de esta manera, el Padre Valverde bautizó a Atahualpa justo antes de que éste muriera.

La situación de los indios era difícil y esto representó un reto que no todos los misioneros aceptaron, por lo que algunos frailes decidieron regresar a Panamá. El Padre Valverde en cambio, optó por quedarse para buscar la forma de mejorar la desdichada situación de los indios a merced de los conquistadores. Tuvo como ejemplo al Padre Montesinos,[10] quien se había colocado por completo a la defensa de los indios y se había opuesto a los repartimientos y encomiendas unos años atrás, en 1511. El Padre Valverde sabía que en las tierras peruanas alguien debía hablar por e-llos, alguien que pudiera fiscalizar, interpelar, denunciar y reclamar el respeto que los naturales merecían. Sin embargo, a pesar de su gran celo apostólico y su espíritu caritativo, la misión a la que se enfrentaba era mayor que sus recursos y posibilidades. Por ese motivo tuvo que regresar a España, para recorrer numerosos conventos y tratar de comprometer a otros frailes a seguirlo en su labor evangelizadora. Como resultado, ocho misioneros más pasaron a América hacia 1536. Ellos fueron: Toribio de Oropeza, Alonso Daza, Gaspar de Carvajal, Alonso de Sotomayor, Antonio de Castro, Pedro de Ulloa, Jerónimo Pónez y Francisco de Placencia; el Padre Valverde fue electo obispo. Para poder cumplir con su labor religiosa, los frailes solicitaron el establecimiento de una nueva provincia independiente de las ya erigidas Provincia de Santiago de México y Provincia de la Santa Cruz de la Isla Española. Hubo una demora de aproximadamente tres años antes de que su petición fuera aceptada, y finalmente en 1539, el papa Paulo III autorizó al Maestro General de la Orden la creación de la Nueva Provincia de San Juan Bautista del Perú, cuyo primer Prior fue el reverendo Padre Maestro Fray Tomás de San Martín.

La dilatada extensión territorial de la Provincia peruana y el reducido número de misioneros con que se contaba, obligaron al Provincial San Martín a recurrir nuevamente a los conventos de España en demanda de más religiosos. Se sabe que desde 1529 a 1598 se efectuaron por lo menos 26 expediciones con un total de 588 misioneros dominicos. Debe tenerse en cuenta que aparte de las expediciones oficiales enviadas de España, al Perú también llegaron algunos religiosos que ya habían estado en la Provincia de Santa Cruz de la Isla Española y en la Provincia de Santiago de

México. Por otra parte, es importante recordar que Fray Diego de Hojeda no llegó a América en calidad de misionero, puesto que todavía no era fraile y por lo tanto, su nombre no aparece en ninguna de las relaciones oficiales de los misioneros que llegaron al Perú. Para la fecha en que Hojeda ingresó al convento y profesó como religioso (1591), el Provincial era Fray Domingo de Valderrama. En este período se creó otra nueva provincia de la Orden, a la que se le denominó Provincia de San Lorenzo Mártir de Chile. Además del Padre Valderrama, durante la primera etapa de la estancia de Hojeda, la Provincia peruana de San Juan Bautista tuvo como provinciales a los padres Fray Salvador de Ribera, a Fray Juan de Lorenzana y a Fray Francisco de la Vega.

Diego de Hojeda radicó en el Perú en una época en que empezaba a prevalecer en Lima un ambiente social y cultural que vendría a ser característico de la Colonia. La Universidad de San Marcos había sido fundada en 1552 dentro de una etapa de organización del virreinato. Esta institución marcó el inicio del establecimiento de diferentes escuelas y colegios. Para 1590 se había también establecido el Colegio de San Hipólito, que en 1612 pasó a ser el Colegio Mayor de San Luis de la Santísima Trinidad en el Convento Santo Domingo de Lima, destinado a los religiosos dedicados a la docencia en la Universidad de San Marcos y a los Maestros en las Ciencias Sagradas. Varios años después, el rey Felipe IV dotó a esta Provincia de dos cátedras: la Cátedra de Prima de Teología, creada por cédula real del 11 de marzo de 1643 y la Cátedra de Vísperas, con fecha del 11 de marzo de 1658, con exigencias académicas iguales a las de las universidades de Salamanca, Valladolid y Alcalá donde la Orden tenía las mismas cátedras. Con este empuje académico, los Capítulos Provinciales promovieron la creación de Colegios Mayores, donde se pudieran formar debidamente los frailes pertenecientes a la orden dominicana.

Este profundo interés académico e intelectual en sus inicios se vio altamente favorecido por la presencia de Don Juan de Mendoza y Luna, Marqués de Montesclaros, décimo Virrey de México y undécimo Virrey del Perú.[11] Llegó al Perú en el momento en que el arte de las letras pasaba por una época de cambio porque para entonces empezaba la transición de un tono clasicista a los primeros albores del Barroco. De la primera generación, es decir, los hijos de los conquistadores y fundadores, varios mantuvieron cierto contacto con el Virrey de Mendoza y Luna, y fueron incluso alabados por el famoso escritor español Miguel de Cervantes en el

Canto de Calíope de *La Galatea*. De ellos, el más importante fue don Juan Dávalos de Ribera,[12] "penúltimo hijo del olvereño Nicolás de Ribera 'el Viejo' (conquistador de los primeros, acompañante de Francisco Pizarro en el gallardo episodio de la isla de Gallo, y luego uno de los fundadores y primer Alcalde de la ciudad de Los Reyes o Lima" (Miró Quesada, 78). Otro de los poetas alabado por Cervantes y que mantuvo vinculación con Montesclaros fue Diego de Aguilar y Córdoba,[13] autor de una obra en prosa titulada *La soledad entretenida*, cuyo paradero se desconoce; autor también de un soneto de elogio en los preliminares de la traducción de *Los Lusíadas* de Luis Vaz de Camoens realizada por Enrique Garcés,[14] y principalmente del relato histórico sobre Lope de Aguirre, *El Marañón* (1578).

La segunda es una generación de poetas que se caracterizó por su tendencia a la nueva corriente del Barroco. Todos estos poetas conformaban la llamada "Academia Antártica," de la cual se da noticia en el poema que lleva como título *Discurso en loor de la poesía*,[15] de autora anónima pero que a la fecha se ha logrado asociar con el nombre de Clarinda. El *Discurso* es un extenso poema que aparece como prólogo en la obra *Primera parte del Parnaso Antártico* (1608) de Diego Mexía de Fernangil, uno de los integrantes principales de esta segunda generación. Otro importante poeta es el Doctor Francisco de Figueroa, autor sobre todo de sonetos laudatorios que aparecen en *Arauco domado* y en *Miscelánea austral*. De igual forma, se puede mencionar a Cristóbal de Arriaga, quien también escribió un soneto laudatorio para los preliminares de *Arauco domado*.

Dos de los poetas que mantuvieron una mayor relación con Montesclaros, y que además aparecen mencionados en el *Discurso*, son los escritores dominicos Fray Juan de Gálvez y Fray Diego de Hojeda. Ambos tenían varios puntos en común: habían nacido en la ciudad de Sevilla, eran frailes dominicos y se dedicaban a las letras. La poetisa del *Discurso* los ve separados sólo por los lugares donde residían en el Virreinato del Perú: Fray Juan de Gálvez se hallaba en el norte, mientras que Hojeda radicaba en Lima.

> Ojeda y Gálvez, si las plumas vuestras
> no estuvieran a Cristo dedicadas,
> ya de Castalia hubieran dado muestras.

> Tal vez os las ponéis, y a las sagradas
> regiones os llegáis tanto, que entiendo
> que de algún ángel las tenéis prestadas.
>
> El uno está a Trujillo enriqueciendo,
> a Lima el otro, y ambos a Sevilla
> la estáis con vuestra musa ennobleciendo. (607-615)

La única obra de Gálvez que se llegó a conocer se ha perdido y es por eso que no se puede precisar si se llamaba *Historia de Cortés* o *Historia de Cristo*. Riva-Agüero se refiere a ella como *Historia rimada de Hernán Cortés* (449). De cualquier manera, el hecho de que su autor nunca estuvo en México lleva a la suposición de que posiblemente se trate de un error en el título, y que debería decir "de Cristo" tal como se sugiere en el *Discurso*, al indicar que tanto Hojeda como Gálvez estaban dedicados a las letras sagradas.

Respecto a Fray Diego de Hojeda, la vinculación con el Marqués de Montesclaros tiene su más clara evidencia en la dedicatoria de *La Cristiada*. Este hecho hace pensar que Hojeda no le dedicó el poema al virrey solamente por cortesía oficial como solía hacerse en estos casos, sino por una relación intelectual más profunda. En esta dedicatoria, Hojeda hace referencia expresa a los conocimientos del virrey y a su capacidad de apreciar las buenas letras. Y finalmente, para que no quedara duda del aprecio por la vocación intelectual del mismo, en la cuarta octava del primer libro reitera el nombre del Marqués como destinatario del poema:

> Tú, gran marqués, en cuyo monte claro
> La ciencia tiene su lugar secreto,
> La nobleza un espejo en virtud raro,
> El Antártico mundo un sol perfeto,
> El saber premio, y el estudio amparo,
> Y la pluma y pincel digno sujeto:
> Oye del Hombre Dios la breve historia,
> Infinita en valor, inmensa en gloria. (I, 2)

Es muy probable que el Marqués haya tenido las primeras noticias de Hojeda debido a la canción laudatoria que había escrito para *Arauco domado* y a la censura que redactó en favor de *Miscelánea austral*. En esta nota laudatoria Hojeda parecía haber expresado su propia doctrina literaria, al enfatizar que "el verso es justo y grave, la prosa fácil, y claras las materias." Es incluso probable que gracias al virrey haya sido posible la publicación de la epopeya de Hojeda en España. Además, el virrey también conocía a Lope de Vega y una vez impresa la obra, no resulta extraño suponer que esta vinculación llevara a Lope a escribir sus liras de seis versos para elogiar a Hojeda, en cuya última estrofa lo aclama diciendo:

> El Antártico Polo
> y el nuestro que has honrado,
> historiador sagrado,
> te llamen sacro Apolo
> y en el orbe distinto
> nuevo David, y Evangelista quinto. (19-24)

Los poetas aquí mencionados no fueron los únicos personajes que mantuvieron una relación intelectual con Montesclaros, pero dadas las aficiones literarias del virrey, tal vez de alguna forma estos escritores se hayan visto favorecidos durante su virreinato.

Ahora bien, en *La Cristiada* se pueden señalar varios pasajes en donde se percibe el contexto político, económico y social que rodeaba al poeta. He aquí algunos ejemplos: como ya se ha visto, la primera referencia al virreinato aparece en la dedicatoria, puesto que el poema está dirigido al virrey, Marqués de Montesclaros y no al rey de España, Felipe III como podría haberse esperado. Seguramente esto se deba a la posibilidad de que como el poema fue escrito en el Virreinato del Perú, resultaba lógico que estuviera dedicado al virrey como máxima autoridad en esta región del continente y como buen amigo también inclinado a las letras. Sin embargo, Meyer hace una observación más directa al señalar que seguramente el poema no podía ser dedicado a un rey cuyas acciones no coincidían con las convicciones de Hojeda (5).

También aparece una alusión al recién triunfo de la conquista española al mencionar la derrota de grandes imperios, refiriéndose sin lugar a dudas al azteca y al inca:

> ¿Ves los varios magníficos imperios,
> Que acaban unos, y otros se levantan,
> Y que, servidos de altos ministerios,
> Sus grandes reyes con atruendo espantan? (VIII, 74, 1-4)

En su descripción del paisaje peruano, se refiere a la industria minera:

> Mira la tierra con beldad preñada
> De cerros altos y sublimes cuestas,
> Y en partes, cual parida y descargada,
> En valles honda, fértil en florestas,
> Que por industria natural sangrada,
> Hace sus venas de oro manifiestas
> En agua dulce y líquidos cristales.
> ¿Vesla? Pues Dios le da riquezas tales. (VIII, 69)

Más adelante, le reprocha al español su ambición y su excesivo deseo por el oro:

> ¿Dónde caminas, español perdido,
> Surcando mares por difícil oro,
> Hallado apenas con trabajos graves,
> Y alas tendidas de aparentes aves? (XI, 179, 5-8)

En la frase "apenas con trabajos graves" se nota una alusión a las circunstancias de la economía imperante basada en el trabajo de los esclavos, un trabajo manual que se asociaba a la idea de inferioridad del que lo ejecutaba. Hay que tomar en cuenta que en las minas del virreinato los trabajos más pesados eran realizados solamente por los indios. Además, la sociedad recién formada por los hijos de conquistadores no pasa por alto a los ojos de Hojeda. En el poema se demuestra el contraste entre la continua actividad de la conquista y la existencia tranquila de finales de los siglos XVI y XVII, por lo que refiriéndose a los descendientes de los valientes conquistadores escribe:

> Allí también están los holgazanes
> De sangre noble, pero mal gastada,
> Que hijos son de bravos capitanes,
> Y padres son de vida regalada.
> El premio de ilustrísimos afanes
> Cogen ellos con mano delicada:
> ¿Pensastes, ¡oh varones excelentes!,
> Honrar a tan bastardos descendientes? (I, 139)

Por último, Hojeda tuvo la oportunidad de conocer tanto la sociedad española de la Edad de Oro, como la recién formada sociedad peruana del virreinato, de ahí que en diferentes partes del poema se identifiquen referencias a la idea de nobleza y pureza de sangre. Incluso a sus personajes, Hojeda les asigna un rango de acuerdo con la organización social de esa época. Por ejemplo, como descendiente del "tronco noble" de Judea, Jesús no es falto de "nobleza," mientras que San Pedro declara que es "hijo de Dios e hijodalgo." En la Asunción de la Virgen a los cielos, Jesús le servirá como "escudero cortesano," y en el momento de la crucifixión el buen ladrón le reconoce su "real nobleza" y le pide un "favor como vasallo." El arcángel Gabriel es de "linaje noble" mientras que el arcángel Miguel es un "maestro noble." El ejército celestial de Miguel está compuesto de "ilustres caballeros" y "caballeros invictos." José de Arimatea y Lázaro desempeñan un papel de "caballero" y "noble caballero" respectivamente. De igual manera, indica que Herodes está rodeado de "ilustres caballeros," Pilato de "gente ilustre" mientras que los judíos son gente de "plebeyo vil, de mal linaje."

Las características del ambiente social, político y cultural en que se encontraba Hojeda le brindaron ciertas oportunidades que facilitaron el trabajo literario de su epopeya, y no estará por demás agregar que el auge académico del virreinato indudablemente le abrió las puertas para llevar a cabo su admirable propósito épico.

ANTECEDENTES Y FUENTES

Los poemas épicos de Hispanoamérica se escribieron a partir de la segunda mitad del siglo XVI, con tres vertientes principales: histórica, novelesca-fantástica y sagrada. La obra más importante de la épica histórica se produjo en Chile y lleva como título *La Araucana*. Es obra del autor Alonso de Ercilla y fue publicada en tres partes en los años 1569, 1578 y 1589, respectivamente. La novelesca-fantástica está dignamente representada por Bernardo de Balbuena, con su extenso poema de cinco mil octavas repartidas en veinticuatro cantos, con el título *El Bernardo* o *Victoria de Roncesvalles*, publicado en 1624. La épica sagrada o religiosa, tiene su máximo representante en la figura de Diego de Hojeda, con el poema *La Cristiada*, que apareció por primera vez en 1611.

A pesar de no ser la única épica, como poema religioso no tiene ningún precedente en Hispanoamérica. Para identificar los antecedentes de este poema y sus posibles fuentes, es necesario remitirse a la historia de la literatura del Viejo Mundo. En ese contexto, cabe recordar que *La Poética* de Aristóteles y el *Arte poética* de Horacio constituyen las dos fuentes clásicas principales de donde se derivan tanto la teoría como la práctica literarias, especialmente para la épica y la tragedia. Posteriormente, Homero, Virgilio y Lucano fueron los poetas épicos del mundo clásico y sus correspondientes obras *La Ilíada*, *La Eneida* y *La Farsalia* vinieron a ser los modelos más imitados de la literatura del pasado grecolatino. Es así como se dio comienzo a la épica poética, un género que vendría a armonizar con los ideales políticos, religiosos y estéticos de la sociedad europea de comienzos de la Edad Moderna, especialmente *La Eneida*, escrita en latín, porque marcó el principio de la épica culta y llegó a ser el nuevo modelo que habría de servir de base a la poesía narrativa de las lenguas vernáculas que surgieron hacia principios del siglo XVI. Según Pierce, *La Eneida* "era el modelo que enseñaba cómo describir los esfuerzos por fundar y construir una comunidad de conformidad con un plan divino, dando primacía a un héroe que dominaba la obra y a menudo llevaba su nombre" (Introducción, 10).

Posteriormente, los dos autores épicos italianos de mayor importancia durante el siglo XVI fueron Ludovico Ariosto, autor del poema *Orlando furioso*, (publicado primero en 1516 y en su forma definitiva en 1532) y Torcuato Tasso, autor de *Gerusalemme liberata* (o *Jerusalén libertada*, de 1581). De ambos, el segundo ocupa un lugar especial porque cristianizó la épica. Efectivamente, fue Tasso quien aportó la nueva modalidad de un tema cristiano en el que destacó las luchas entre los seguidores de la doctrina islámica y los del cristianismo; además, en el sistema natural incorporó el mundo mágico del amor entre caballeros y damas -elemento que por cierto había resultado muy popular en las novelas de caballería y que todavía predominaba en las narraciones italianas. Como lo señala Arce "Tasso es, según una interpretación casi tópica, un nuevo Virgilio. Un Virgilio cristiano en quien está la fórmula que permite cristianizar la antigua materia épica" (78). Es así que *Jerusalén libertada* resulta ser una nueva *Eneida*, y por consiguiente funciona como modelo para los escritores de los países europeos.

Existen otros dos importantes poemas religiosos de comienzos del siglo XVI escritos en latín: *De partu Virginis*, escrito por Jacopo Sannazaro en 1526; y *Christiados*, de Marco Girolamo Vida en 1535. Ambos siguen el modelo de Virgilio en la forma, pero es a Tasso a quien imitan en relación al contenido con el manejo de un tema religioso. Desde entonces, la épica religiosa se convirtió en una forma narrativa muy común y los temas religiosos se popularizaron con estos escritores por lo que en España durante la Edad de Oro la Pasión de Jesús resultó ser un tema empleado por varios poetas. De los anteriores a Diego de Hojeda destacan: *Cristopatia*, de Juan de Quirós, Toledo, 1552; *Década de la Pasión de Cristo*, de Juan Coloma, Caller, 1576; y *Universal Redención*, de Francisco Hernández Blasco, Toledo, 1598. En fechas posteriores a la obra de Hojeda se publicaron los poemas: *Grandezas divinas, vida y muerte de Nuestro Salvador Jesucristo*, de Francisco Durán Vivas, Madrid, 1643; *Invención de la Cruz*, de López de Zárate, Madrid, 1648; *Pasión del Hombre Dios*, de Juan Bautista Dávila, León de Francia, 1661; y *La Cristiada*, de Enciso y Monzón, Cádiz, 1694.

En cambio, en Hispanoamérica la producción de poemas religiosos no fue muy abundante. Como señala Piñero, "Sólo conocemos ocho poemas religiosos escritos en América, o por poetas criollos" (185). Piñero se refiere a la obra de Francisco Corchero Carreño, que canta el triunfo de Cristo contra el judaísmo; el poema de Fernando de Valverde a la Virgen, Nuestra Señora de Copacabana; el dedicado a Santo Tomás por el poeta Diego Sáenz Ovecuri; el escrito a San Diego de San Nicolás del Puerto, de Alonso Gregorio de Escobedo; y tres poemas dedicados a San Ignacio de Loyola, correspondientes a los escritores Luis de Belmonte Bermúdez, Hernando Domínguez Camargo y Pedro de Oña, respectivamente.

Según indica Corcoran en su introducción a *La Cristiada*, (todas las referencias al texto de Corcoran son mi propia traducción), estas obras literarias en torno a la Pasión corresponden a tres categorías principales: en la primera se ubican los libros de devoción, la segunda corresponde a historias de la Pasión y en la tercera se incluyen aquéllos en los que el autor tiene como finalidad acercarse lo más humanamente posible a Jesús durante los momentos de su Pasión (xxxix). El poema de Hojeda pertenece a la tercera categoría, es decir, a los que destacan a Jesús como ser humano; por lo tanto, su principal objeto de estudio es Cristo, el héroe del poema. El título *La Cristiada* se deriva del nombre de Cristo y obedece a la tradición de las letras clásicas en el que se hace referencia al protagonista central. Es una épica que tiene como propósito enseñar lo que el Redentor tuvo que sufrir para que su persona sea más apreciada y su sacrificio sea mejor valorado.

La épica es un género que exigía de su autor un conocimiento enciclopédico, por lo que el poeta se veía obligado a echar mano de todos los recursos habidos a su alcance. A ello se debe que las notables influencias de otros escritores reflejadas en Hojeda no demeriten de ninguna manera su trabajo, sino todo lo contrario: constituyen el punto esencial para destacar los vastos conocimientos y el gran talento literario del poeta, así como el grado de originalidad del poema. *La Cristiada* fue escrito en una época en la que el hecho de imitar modelos era hasta cierto punto una de las condiciones elementales de toda composición artística. En estas circunstancias, sería difícil llegar a definir con exactitud cuáles son las fuentes empleadas por Hojeda en la composición de su obra maestra, ya que se observan elementos de uno u otro autor de manera intercalada, tanto en la forma como en el contenido.

Algunos críticos como Pierce, Corcoran y Meyer, coinciden en señalar que debido a los extensos conocimientos de Hojeda, no cabe duda que sus fuentes van desde los autores clásicos hasta los últimos trabajos literarios y no literarios de su época. La erudición de Hojeda también fue observada en las aprobaciones emitidas por diferentes autoridades para la publicación de su poema. Por ejemplo, en su aprobación el Padre Provincial Francisco de Vega elogia "la gran suficiencia [del Padre Hojeda], y [sus] largos estudios en letras divinas, y humanas." Por su parte, el Calificador del Consejo de Inquisición, Francisco Tamayo, menciona que en el poema "se muestra bien la suficiencia del autor, en las unas y otras letras, Escritura y Escolástico, y su agudeza de ingenio en todo, particularmente, en acomodar el manjar a el alma, con el sabor de la poesía, para que el gusto que hoy está para lo bueno estragado, se oficione [aficione?] con el nuevo sainete del verso."

Las semejanzas que hay entre el poema y sus fuentes son a veces muy amplias y muchas de ellas incluso repetitivas. En las notas explicativas que se verán más adelante en cada libro se ofrece un análisis detallado en el que se comparan los textos de uno y otro autor en relación con *La Cristiada*, en la medida que ha sido posible. Lo que se presenta en el siguiente apartado es sólo una lista general de dichas semejanzas, con la finalidad de clasificar los elementos del poema según se han observado en cada autor.

Se deduce que Hojeda ha seguido los modelos clásicos en los siguientes aspectos:

- El uso de los elementos de la retórica general del poema como propositio, invocatio, narratio y dedicatio.

- La repetición de la invocación para indicar cambios importantes en la acción. Se identifican varias invocaciones en diferentes libros e incluso en algunos aparecen dos: I, II, IV, V, VI (2), VII (2), VIII, XI, XII (2).

- El empleo de la técnica de la narración in medias res, iniciada por Homero y perfeccionada por Lucano. Con esto se señala la diferencia entre lo histórico y lo poético del mismo tema. Hojeda hace referencias al pasado de Cristo y a sus antecesores según el Antiguo Testamento en los libros II y III.

• La relación de la historia completa presentada en episodios. Es común observar en el poema un corte de la narración para introducir un nuevo episodio y continuarlo después en otro libro. Claro ejemplo de ello es la narración del arcángel Gabriel a la Virgen en los libros VI y X.

• Las alusiones constantes a la Antigüedad clásica, especialmente a la mitología.

• El cambio de diálogo dramático a pasajes descriptivos y narrativos.

• La alternación de escenas de la Tierra con escenas del Cielo o el Infierno.

• La reunión de un consejo de líderes terrenales en el libro III seguida de la reunión de los demonios en el libro IV.

• El uso de la écfrasis, como la de las siete fajas de la vestidura de Jesús en el libro I, formada por un cuadro de escenas intercaladas en la trama principal del poema y que cuenta con antecedentes clásicos en Homero y Virgilio.

• La presencia de un visitante celestial para consolar y fortalecer a una persona: Gabriel consuela a Jesús en el libro III; y a la Virgen, en los libros VI y X.

• Los eventos históricos inspirados por divinidad, como en los libros IV, V, X y XI.

• Los sueños, como el de la esposa de Pilato del libro IV.

• El uso de las horas mitológicas para expresar continuamente los momentos del día con una rica gama de descripciones, como se observa en el inicio del libro V.

La influencia de *Jerusalén libertada* de Tasso se observa en:

• La división general del poema. El poema está dividido en partes llamadas libros, pero difiere de los clásicos en que la primera octava de cada libro sintetiza el contenido del mismo, lo que fue una innovación poética introducida por Tasso.

• El uso de la lengua. Hojeda experimenta con su propia lengua vernácula, es decir con la lengua castellana, en lugar de usar el latín.

- El uso del endecasílabo y la octava real.
- La personificación de la Oración y la Impiedad (Libros I y IX)
- La descripción del Infierno (I)
- Las visitas de los arcángeles (II y IV)
- La retirada final de Satanás y sus huestes (XII)

Del poema *Christiados* de Marco Girolamo Vida se puede observar:

- La personificación del Temor (Libro X)
- Las furias y la representación del Infierno (IV)
- La elaboración del sueño de Prócula, mujer de Pilato (IV)
- La derrota final de Satanás por el arcángel Miguel y los ángeles (XII)

Hay algunas diferencias que pueden señalarse en cuanto a la extensión del tema y la manera en que está dispuesto: el poeta Vida abarca mucho más de la vida de Cristo y ofrece una marcha lenta, más reflexiva, con menor predominio de la acción y con mayor elaboración de la descripción. Puede decirse que Tasso se sitúa entre Vida y Hojeda, pero en cambio Hojeda se acerca más a Tasso que a Vida.

De Hernández Blasco y su *Universal redención*, probablemente se derivan:

- La forma épica con fines didácticos, lo que caracteriza en gran medida a la narrativa española en verso de esa época.
- El completo plan sobrenatural que se entrelaza con la narración te-rrenal de Jesús en el que Hojeda presenta una inclusión equilibrada entre el Cielo y el Infierno, mientras que Blasco le da a Satanás un papel más destacado.
- La creación de distintas escenas emotivas, en las que se manifiestan sentimientos de júbilo o de dolor, de horror o de lacrimosidad.

Y por último, se da un paralelo con *La Divina Comedia* de Dante porque ambos hacen uso de los planos superior e inferior, es decir, los diferentes cielos que hay para llegar a Dios, así como los diversos círculos que se localizan en el Infierno para identificar el lugar de los pecadores. Otra similitud especial es que tanto para Dante como para Hojeda, Judas merece un sitio único en el Infierno por haber cometido todos los pecados contra Jesús.

Dentro de las influencias no poéticas se encuentran los escritos apologéticos sobre los Evangelios y sus interpretaciones hechas por otros dos dominicos: Alonso de Cabrera (1549?-1598) y Luis de Granada (1504-1588). Del primero, Hojeda probablemente imita el tratamiento de ciertos episodios de la Pasión, como son:

- Las lágrimas de San Pedro (Libro IV)
- La flagelación de Cristo (VIII)
- Los tres clavos utilizados para sujetar a Jesús en la cruz, así como la simbólica relación entre la herida que le causó Longinos en el costado con su lanza y los siete sacramentos de la Iglesia (XII)

Con los escritos de Luis de Granada hay una semejanza en cuanto a:

- El descendimiento de Jesús al Infierno (VI)
- El encuentro de Jesús con su madre camino al Calvario (XI)
- El abrazamiento de su cadáver por la Virgen antes del entierro (XII)

En lo que concierne a las obras hagiográficas, los dos escritores importantes que parecen tener una influencia en el poema son Pedro de Ribadeneira (1527-1611) y Alonso de Villegas (1534-1615), de los cuales posiblemente se tomaron algunos detalles martirológicos y de las tradiciones relacionadas con la Virgen.

Para el aspecto histórico, Hojeda se basa principalmente en Flavio Josefo para narrar la caída de la ciudad de Jerusalén. Aunque no se descarta la posibilidad de que haya leído otras obras, es notable que los incidentes históricos que se incluyen en el poema se derivan de la famosa obra *La guerra judía* o *La guerra de los judíos* (1557). Algunos de los pasajes paralelos que se identifican en ambas obras se pueden encontrar en las notas del libro X, en donde aparece la narración profética de Jesús acerca del trágico destino de Jerusalén.

Por otro lado, y siguiendo las ideas de Calderón de Cuervo, "el Evangelio, no es una fuente principalísima, es la materia narrativa del poema" (*La Christiada...* 239). Por esta razón es que se pueden identificar en cada libro los capítulos y versículos de los cuatro evangelistas, es decir que Hojeda interpreta, incluso parafrasea cada incidente de la narración bíblica y adapta la vida de Cristo a la secuencia de su poema épico. Calderón también observa un seguimiento fiel a la verdad evangélica y un respeto profundo por las palabras y los mínimos detalles, "inclusive por el nivel anagógico sobre el que cada evangelista ha implantado las secuencias" (239), con lo que el poeta sigue los preceptos de Tasso para quien el género épico debe basarse en asuntos históricos, en este caso narrados desde la perspectiva bíblica.

Este seguimiento tiene como resultado una unidad armonizada entre los Evangelios y el contexto de la épica. El cuadro que se presenta a continuación fue organizado tomando como base el que proporciona Corcoran (lix) y al que se le han hecho ciertos cambios. La íntima correlación de estos contenidos puede observarse con mayor detenimiento en las notas referenciales y explicativas que se encuentran al final de cada libro del poema.

Libro	Eventos	Mateo	Marcos	Lucas	Juan
III	La víspera de la Pasión El consejo de los pontífices	26, 1-5	14, 1-2	22, 1-2	
I	La cena	26, 20	14, 17	22, 14-18	13, 1-2
	La última advertencia a Judas	26, 21-25	14, 18-21	22, 21-23	13, 21-26
	El lavado de los pies			22, 24-30	13, 4-15
	La Sagrada Eucaristía	26, 26-29	14, 22-25	22, 19-20	1 Cor. 14, 23-25
	Judas sale del cenáculo				13, 28-30
	La oración sacerdotal				17, 1-26
	El camino a Getsemaní	26, 30	14, 26		18, 1
	La falla prevista de los apóstoles	26, 31-35	14, 27-31	22, 31-38	13, 36-38
I-II	La agonía en el huerto	26, 36-46	14, 32-42	22, 39-46	
III	Judas vende a Jesús	26, 14-15	14, 10-11	22, 3-6	
	La captura de Jesús	26, 47-56	14, 43-52	22, 47-53	18, 2-12
IV	Jesús ante Anás				18, 13; 19-24
	Jesús ante Caifás	26, 57-66	14, 53-64	22, 54	
	La negación de Pedro	26, 69-75	14, 66-72	22, 55-62	18, 17-18; 25-27
V	El juicio de la mañana	27, 1-2	15, 1	22, 66-71	18, 28
	Jesús ante Pilato	27, 11-14	15, 2-5	23, 2-5	18, 29-38
	Jesús ante Herodes			23, 7-12	
VI	El segundo juicio	27, 15-23	15, 6-14	23, 13-23	18, 39- 40
VII	La desesperación de Judas	27, 3-10			
VIII, IX, X	La sentencia La burla y la coronación La rendición de Pilato	27, 24-30	15, 15-20a	23, 24-25	19, 1-16
XI	El Vía Crucis	27, 31-32	15,20b-22	23, 26-32	19, 17
	La crucifixión La primera palabra	27, 35-56	15, 23-41	23, 33-49	19, 18-37
	La segunda palabra La tercera palabra La cuarta palabra La quinta palabra La sexta y la séptima palabras	27, 35-56	15, 23-41	23, 33-49	19, 18-37
XII	El final	27, 57-66	15, 42-47	23, 50-56	19, 38-42

Además de los Evangelios, las Sagradas Escrituras en general fueron empleadas para los elementos esenciales de la narración en la que se respetan muchos detalles, como puede verse en las selecciones presentadas a continuación:

Libro II	Apocalipsis
El sumo alcázar para Dios fundado, / Sobre este mundo temporal se encumbra; / Su muro es de diamante jaspeado, / Que sol parece y más que sol relumbra: / Está de doce puertas rodeado, / Que con luz nueva cada cual alumbra, / Y la más fuerte y despejada vista / No es posible que a tanto ardor resista. / / Los doce tribus de Jacob valientes / Están en los umbrales sobrescritos, / Y en las basas de mármoles lucientes / Doce maestros de cristianos ritos: / La materia es de piedras excelentes, / Y de oro coruscante los escritos: / Ninguna puerta con rigor se cierra, / Porque no hay noche ni se teme guerra. / (II, 22-23)	Me trasladó en espíritu a un monte grande y alto y me mostró la ciudad santa de Jerusalén, que bajaba del cielo, de junto a Dios, y tenía la gloria de Dios. Su resplandor era como el de una piedra muy preciosa, como jaspe cristalino. Tenía una muralla grande y alta con doce puertas; y sobre las puertas, doce ángeles y nombres grabados, que son los de las doce tribus de los hijos de Israel; al oriente tres puertas; al norte tres puertas; al mediodía tres puertas; al occidente tres puertas. La muralla de la ciudad se asienta sobre doce piedras, que llevan los nombres de los doce apóstoles del Cordero. (21, 10-14)
A la ribera deste ameno río / Está luciendo el árbol de la vida / Con grave copa y descollado brío, / Que con su olor a eterna edad convida: / Fruta da que jamás dará hastío, / Que es fruta cada mes recién nacida; / Él es de oro y sus hojas de esmeraldas, / Y hacen dellas los ángeles guirnaldas. / (II, 25)	Y me mostró un río de agua de vida, resplandeciente como cristal, que salía del trono de Dios y del Cordero. En medio de su plaza, y de la una y de la otra parte del río el árbol de la vida; que da doce frutos, en cada mes su fruto; y las hojas del árbol para sanidad de las gentes. (22, 1-2)

Libro III	Salmo 45
"David en dulce canto le apercibe A que se ciña cortadora espada, Y un brazo en él fortísimo concibe, Un valor grande y una diestra osada; Con saetas le avisa que derribe La gente en varias tropas conjurada. ¿Adónde está la espada, el brazo y diestra, Saetas y valor que este rey muestra? (III, 18)	Ciñe tu espada al costado, valiente, Es tu gloria y tu esplendor; marcha, cabalga, En pro de la verdad, la piedad y la justicia; Que tu diestra te enseñe a hacer proezas. Agudas son tus flechas, sometes a los pueblos, Pierden el coraje los enemigos del rey. (4-6)

Libro V	Ezequiel
"Como los otros cenicientos huesos Bañados del espíritu divino Fueron con nervios y ataduras presos, Y en carne y piel salieron al camino Los secos polvos, en humores gruesos Vueltos por aquel soplo repentino De Dios, que, vida en ellos espirando, Iba carnes y huesos enlazando; (V, 60)	Me hizo pasar por entre ellos en todas las direcciones. Los huesos eran muy numerosos por el suelo de la vega, y estaban completamente secos. Me dijo: "Hijo de hombre, ¿podrán vivir estos huesos?" Yo dije: "Señor Yahvé, tú lo sabes." Entonces me dijo: "Profetiza sobre estos huesos. Les dirás: Huesos secos, escuchad la palabra de Yahvé. Así dice el Señor Yahvé a estos huesos: He aquí que yo voy a hacer entrar el espíritu en vosotros y viviréis. Os cubriré de nervios, haré crecer sobre vosotros la carne, os cubriré de piel, os infundiré espíritu y viviréis; y sabréis que yo soy Yahvé." (37, 2-6)

Libro VI	Apocalipsis
Mas ¡oh tú, Virgen, que del sol bañada, Llena de gracia y gracias milagrosas, Y de la luna estás los pies calzada, Y ceñida de estrellas luminosas! (VI, 1, 1-4)	Y apareció en el cielo una grande señal: una mujer cubierta del sol, y la luna debajo de sus pies, y en su cabeza una corona de doce estrellas. (12, 1)

Libro XI	*Cantar de los Cantares*
Es su linda cabeza de oro fino, Y oro que nunca tuvo semejante; Porque es de la sustancia y ser divino, Y a enamorar al mismo Dios bastante: Su cabello también es peregrino; Que si bien es hermoso y rutilante, Es de color de cuervo, y siempre sube, Cual palma enhiesta, a la postrera nube.	Mi amado es moreno claro, Distinguido entre diez mil. Su cabeza es oro, oro puro; Sus guedejas, racimos de palmera, Negras como el cuervo. (5, 10-11)
"Sus ojos de paloma refulgente Lavada en leche pura y agua clara, Que resplandecen en su blanca frente Con rara honestidad y alteza rara; Y cual jardín de flores excelente Son las mejillas de su linda cara, Donde cogen las gracias envidiosas Jazmines, lirios, clavellinas, rosas.	Sus ojos como palomas A la vera del arroyo, Que se bañan en leche, Posadas junto al estanque. Sus mejillas, eras de balsameras, Macizos de perfumes. (5, 12-13)
"Son de ardiente coral sus bellos labios, O de roja azucena extraordinaria, Que en mirra pura mil conceptos sabios Envuelven de doctrina ilustre y varia. Y a aquellas manos ¿quién les hace agravios? O ¿qué impiedad les puede ser contraria? Que de oro son, y de oro liberales, Y llenas de jacintos celestiales.	Sus labios son lirios Con mirra que fluye. Sus manos, torneadas en oro, Engastadas de piedras de Tarsis. (5, 13-14)
"Es de limpio marfil su vientre amable, De sacra honestidad precioso archivo, Y pretina le ciñe inestimable De un perfecto zafir de color vivo: Cual columna de mármol admirable Despreciador del tiempo vengativo, Es cada cual de sus hermosas piernas, Y sobre basas de oro siempre eternas.	Su vientre, pulido marfil, todo cubierto de zafiros. Sus piernas, columnas de alabastro, Asentadas en basas de oro. (5, 14-15)

Libro XI	*Cantar de los Cantares*
"No se levanta el Líbano empinado Con su frente graciosa y alta cima Sobre los otros montes elevado, Haciendo de sus cumbres poca estima, Cuanto mi Hijo grave y descollado, Al que entre mil millares se sublima Excelso y grande, lleva la ventaja, Y atrás lo deja como a cosa baja. (XI, 126-130)	Su porte es como el Líbano, Esbelto como sus cedros. Su paladar, dulcísimo, Todo él un encanto. Así es mi amado, mi amigo, Muchachas de Jerusalén. (5, 15-16)

Algunos otros paralelos que podrían señalarse son:

Poema	*Biblia*
La imagen de la Creación del libro II	Primer capítulo del libro de Génesis
El cántico de los tres niños del libro II	Tercer capítulo del libro de Daniel
Los salmos de David, el recuento de los líderes de Israel que hace Anás, las profecías y milagros que menciona Gamaliel en el libro III	Síntesis de la historia del Antiguo y el Nuevo Testamentos
La parábola del hijo pródigo en el libro XI	Evangelio de Lucas 15, 11-32

Hojeda también tomó algunos pasajes de los Evangelios Apócrifos del Nuevo Testamento de los cuales hay dos hechos que revisten una especial relevancia: la Asunción de la Virgen y el Descenso de Jesús a los infiernos. En cuanto al primero, en los Apócrifos se ofrece un gran número de detalles legendarios que tienen que ver con el hecho de que la Virgen fue advertida de su muerte próxima por una segunda Anunciación, en la que un ángel vino a entregarle la palma celestial; o también que los apóstoles, avisados de manera misteriosa del suceso, fueron transportados milagrosamente para estar alrededor de su lecho, a fin de acompañarla en sus últimos momentos; y finalmente, la historia misma de que la madre de Dios fue transportada al cielo de modo sobrenatural. El segundo pasaje es quizás el ejemplo más impresionante derivado de los Apócrifos y concierne al misteriosísimo episodio de Cristo en su descendimiento a los infiernos. En el Nuevo Testamento solamente aparecen dos breves alusiones al descendimiento hechas por San Pedro en su primera epístola, mientras que en el Evangelio de Nicodemo se lee la más extraordinaria descripción de este hecho, de la que sin lugar a dudas, el poeta se ha servido y ha puesto en boca del arcángel Gabriel en las revelaciones que le hace a la Virgen según puede observarse durante la narración de Gabriel de los libros IV y X, en la que la Virgen viene a ser reconfortada de su gran dolor ante la inevitable muerte de su Hijo. Aunque el dogma católico no ha retenido esas precisiones, es evidente que Hojeda, al igual que hicieron muchos artistas medievales, se complace en evocarlas a través del arte poético.

Una de las investigaciones más extensas y detalladas sobre las fuentes del poema la constituye el trabajo de Sor Mary Edgar Meyer, quien asegura que en cuanto a la relación de herejes que aparecen en su poema, (todas las referencias a Meyer son mi propia traducción) "Hojeda empleó en gran medida los escritos de los Padres y Doctores de la Iglesia, así como los decretos emitidos por los Consejos de la misma, en los que se condenaban sus doctrinas erróneas" (83). Mientras que para incorporar la vida de los santos, de acuerdo a la misma autora, "Hojeda debió haber obtenido su información sobre los Padres y Doctores de la Iglesia, los primeros mártires, y los fundadores de órdenes religiosas en el *Flos sanctorum* de Ribadeneira, que al igual que la *Historia eclesiástica del scisma de Inglaterra*, gozaba de gran popularidad durante los siglos XVI y XVII" (87). Como se hicieron llegar copias de esta obra a América se deduce que el poeta haya tenido fácilmente acceso a ella. Por otro lado, Meyer también indica que el relato de los santos españoles coincide con la *Historia eclesiástica de todos los santos de España* de Juan de Marieta misma que fue publicada por primera vez en Cuenca en 1596, mientras que el libro de Ribadeneira apareció en Madrid en 1599, contando después con varias reimpresiones. Para otras referencias, *La leyenda áurea* o *La leyenda dorada* del dominico italiano Santiago de la Vorágine tuvo que haber constituído un recurso fundamental para la relación hagiográfica de su poema, porque en esa época ya era un libro universalmente conocido y leído, y sólo para el siglo XV contaba por lo menos con unas 173 ediciones. De la misma manera se pueden mencionar *De vitis patrum* de Rufino de Aquilea, la *Historia de la Iglesia* de Evagrio Pontico (ambos del siglo I) así como *El libro de los ejemplos* del conde Lucanor y de Patronio (1335). Por último, *Triunfo de los mártires de la orden de predicadores* de Fray Tomás de Castellar, publicada en 1580 aporta las mayores contribuciones para el catálogo de los mártires dominicos que aparecen en el poema.

Resulta obvio que las fuentes que empleó Hojeda para la redacción de su épica son hasta cierta medida inagotables por lo que seguramente se podrían señalar muchas otras. Aunque no es singular que como poeta épico contara con el dominio de tan diversas y complejas materias, no deja de admirarnos su gran capacidad intelectual y su interés por difundir ese vasto conocimiento a través del arte poético de la epopeya.

RECURSOS LITERARIOS

*L*a *Cristiada* es un extenso poema narrativo porque las obras épicas son de una considerable longitud y su contenido se divide en libros o cantos, cuyo número ha llegado a variar desde uno, como en el caso de *Temblor de Lima*, (1609) de Pedro de Oña, hasta cincuenta y cinco, como en *Elegías de varones ilustres de Indias* de Juan de Castellanos (escrito hacia finales del siglo XVI). Hojeda, por su parte, ha seguido el modelo clásico de Virgilio, quien distribuyó *La Eneida* en doce cantos, llamados libros en *La Cristiada*. Lo que difiere con el poeta clásico es que siguiendo la innovación de Tasso, Hojeda incluyó en la primera octava de cada libro un resumen del contenido del mismo.

Con muy pocas excepciones, en el género épico se emplea siempre la forma estrófica de la ottava rima, (definida como octava real en español) ya que desde el auge de la épica italiana, se consideró la más adecuada para este tipo de poesía eminentemente narrativa. La rima es consonante y en todo el poema Hojeda utiliza la distribución clásica de ABABABCC:

Músicas, fiestas, regocijos, glorias	A
Compondrán su feliz recibimiento,	B
Canciones de sus ínclitas victorias	A
Resonarán con celestial acento:	B
Quedarán esculpidas las memorias	A
De su muerte y su vida y nacimiento,	B
No en materia sujeta a ciertos fines,	C
Sino en pechos de eternos serafines. (X, 82)	C

Debido a que la epopeya es una obra extensa con una sola distribución estrófica, dicha extensión representaba un esfuerzo portentoso de su autor para mantener la atención del lector en el seguimiento de su narración.

Por esta razón, los poetas épicos tenían que evitar la monotonía formal y aprovechaban todo elemento literario que proporcionara una variación interesante dentro de la obra, a través de la adaptación de una serie de alternativas, como por ejemplo en la exposición del contenido:

- ABABAB: CC (6 + 2) En esta distribución, el pareado cierra, redondea o resume el sentido de lo expuesto en los seis primeros versos:

> "Toma, pues, ¡oh buen Dios!, tu vestidura,
> Y deja ese lugar para tu siervo;
> Honra en esto mi próspera ventura,
> Y tus pies me concede ¡oh sacro Verbo!
> Lavarlos para mí será dulzura,
> Y en permitirlo a ti, seré protervo:
> Dámelos, ¡oh Maestro soberano!
> Mis pies olvida; encoge allá tu mano." (I, 32)

- ABAB : ABCC (4 + 4) Es una estrofa bipartita que se divide a la mitad por un corte en la exposición, y que normalmente se manifiesta con signos de puntuación:

> Saltó la sangre, y cual collar precioso
> De encendidos rubíes adornado,
> El cuello y pecho blanco y amoroso
> Ornó del Rey de reyes adorado;
> Ni el tusón de Borgoña generoso
> Ni la cruz del Apóstol esforzado
> Honró cuello real y pecho ilustre,
> Cuanto su sangre a Cristo le dio lustre. (VIII, 60)

- ABAB : AB : CC (4 + 2 + 2) Es una combinación de los dos tipos anteriores: se trata de una estrofa bipartita con un pareado que resume su contenido:

> Haré que con injurias afrentosas,
> Jamás vistas y nunca imaginadas,
> Esas almas que busca religiosas
> Le ofendan sin temor, desvergonzadas:
> Las trazas que inventó maravillosas,

Con esto las veremos desatadas;
Que no ha de ser amado ni temido
Un hombre Dios mofado y escupido. (IX, 26)

- AB : AB : AB : CC (2 + 2 + 2 + 2) Combinación en la que todos los versos se aparean sintácticamente:

Estaba el rey feroz del caos horrendo
En una grave y peligrosa duda:
Quiere pedir consejo al estupendo
Senado, que si elige, no se muda:
El mal suyo, y del hombre el bien temiendo,
Ríos de fuego y piedrazufre suda;
Y es que no alcanza con su ingenio oscuro
Si Cristo es hombre y Dios, o es hombre puro. (IV, 3)

- AB : AB : ABCC (2 + 2 + 4) Es una distribución menos común en el poema:

Esto debes a Dios, hombre perdido,
Que por deleites andas codicioso:
Que él, por ganarte, no dejó sentido
Sin dolor en su cuerpo generoso:
De espinas su cerebro fue herido,
Sus espaldas y rostro y cuello hermoso
Con azotes y afrentas y cordeles,
Y el gusto ahora con amargas hieles. (XI, 163)

- ABABABCC (8) Es una estrofa monomembre que no presenta ninguna pausa secundaria al final de ningún verso:

Cumplidos, pues, los más que buenos días
Por tu Hijo y mi Dios determinados,
La hora de sus grandes alegrías
Los cogerá en un cónclave encerrados,
Do en santa caridad sus almas pías,
Cual pebetes en ara consagrados,
Abrasando estarán, y en oraciones
Divinas sus fervientes corazones. (X, 86)

De la misma manera en que se observan diferentes combinaciones de la octava real, en *La Cristiada* aparecen varios tipos de endecasílabo determinados por el acento:

a) Endecasílabo sáfico   ooo óo oo óo óo

> ¿Y para a<u>mar</u>ga hiel mis <u>dul</u>ces <u>la</u>bios? (I, 164, 4)

b) Endecasílabo heroico o óo oo óo oo óo

> ¿Mi <u>bar</u>ba para in<u>ju</u>rias afren<u>to</u>sas? (I, 164, 3)

c) Endecasílabo melódico   oo óoo óo oo óo

> Canto al <u>Hi</u>jo de <u>Dios</u>, humano y <u>muer</u>to (I, 0, 1)

d) Endecasílabo enfático   óoo oo óo oo óo

> ¿<u>Quién</u>, pues, como Je<u>sús</u>, ha procu<u>ra</u>do (IV, 29, 1)

Dentro de esa variedad creativa también se encuentra la voz poética. El autor épico proporciona a la naturaleza del hablante o narrador características muy peculiares, porque según explica Davis, "su canto [es] producto de una iluminación o 'furor poético.'" (La naturaleza… 885) Una de esas peculiaridades consiste en que en la voz poética se emplean diferentes perspectivas, lo que da como resultado un fenómeno al que Davis denomina "multivocidad." A su vez, dicha multivocidad en el texto produce un discurso narrativo, aleccionador, persuasivo o lírico. En el caso concreto de *La Cristiada*, hay una variedad que implica por lo menos veinte diferentes voces. Algunas de ellas son las siguientes:

- La voz de personajes introducidos por el poeta, como Jesús, los apóstoles, la Muerte, la Oración, el Padre, Gabriel, Lucifer, Pilato y su esposa, entre otros. Su intervención está siempre indicada por el uso de comillas:

> Y respondió el Señor: *"El que está limpio,*
> *Los pies no más, que puso entre los lodos,*
> *Limpiarse ha menester, y ésos yo limpio;*
> *Que vosotros lo estáis, aunque no todos."*
> Y esto decía por notar al impío
> Que le vendió, y manchó por varios modos
> Su alma con pecados diferentes,
> Archivo de traiciones insolentes. (I, 35)

• La voz del poeta que tiene como destinatario a Jesús, al pecador, o a alguno de los otros personajes. Aquí se observa un cambio de narración de la tercera a la segunda persona cuando el poeta se dirige a Jesús:

> Juan a Cristo pregunta por el triste
> Que pretende hacer caso tan feo.
> *Tú en secreto, Señor, lo descubriste*
> *Para satisfacer a su deseo;*
> *Que avergonzar a Judas no quisiste,*
> *Que era oculto, si bien odioso reo,*
> *Su honor guardando al pérfido enemigo,*
> *Como si fuera santo y dulce amigo.* (I, 20)

• La voz colectiva en un diálogo:

> "No hallo causa en él," dice Pilato,
> En su razón y parecer constante:
> Replican ellos con mayor conato
> Y con más fiero y áspero semblante:
> *"Mira que es hombre de alevoso trato,*
> *Y aunque se muestra humilde, es arrogante;*
> *Que rey pretende ser, rey de Judea,*
> *Y sujetar a la nación hebrea.* (IX, 134)

• La voz de un personaje introducido por otro de los personajes del poema. Tal es el caso de Magdalena: primero habla de ella el ángel dirigiéndose a María, luego "cita" a la misma Magdalena:

> "Ya que del fariseo malicioso
> La defendió con caridad suave;
> Ya que de Marta el celo cuidadoso
> Alabó y moderó con rostro grave:
> Ya que en la cena, ungido y oloroso,
> De su mayor defensa echó la clave,
> Diciendo regalado y satisfecho
> Que el mundo estimaría su buen hecho.
>
> *"—Pero vídelo, dice, ¡oh miserable*
> *De mí! Vídelo en cruz. ¡Quién tal pensara,*
> *Que al Señor de la vida perdurable*

> Muerto en un palo el mundo le mirara!
> Y ¡que yo en su tragedia lamentable
> Tiñera en sangre de sus pies mi cara!
> Teñíla, y aún así quedé con ella,
> Y guardé alguna en esta poma bella. (VI, 112-113)

Estos continuos cambios en la voz del narrador se ven marcados principalmente por el uso de pronombres personales, adjetivos posesivos, demostrativos, y adverbios temporales y de lugar. En el primero de los siguientes ejemplos el narrador es una voz interlocutora que se dirige a la Oración:

> Mas *tú*, santa Oración, virtud divina
> Que a sacar una imagen verdadera
> De tu misma excelencia peregrina
> Bajaste al huerto con veloz carrera;
> Y aquella cara de alabanzas dina,
> Cual si tu venerable rostro fuera,
> Para aprender tu oficio, dibujaste,
> ¿Qué viste, ¡oh gran virtud!, y qué pintaste? (I, 94)

En las octavas que siguen la voz narrativa de tercera persona es interrumpida por la voz predicadora con la que el poeta se dirige al "hombre duro," es decir, al hombre pecador:

> Áspera soga aprieta su garganta
> Hermosa y grave, y corredizo nudo
> Ésta y aquella mano ilustre y santa
> Ciñe y desuella con dolor agudo:
> El rostro, a quien el cielo salmos canta,
> Con deshonras ofende el pueblo rudo:
> Polvo le cubre, y el sudor sangriento
> Le tiñe y cansa y quita el sacro aliento.
>
> ¡Oh *tú*, que así le llevas, hombre duro,
> Si no en peñasco, en tigre convertido,
> Ya que no subes, por tu ingenio oscuro,
> Al ser de Dios el ánimo abatido,
> Y el trono de marfil excelso y puro,
> Donde habita, de soles mil vestido,
>
> No contemplas, oh bárbaro, siquiera
> Advierte y mira ese varón quién era! (V, 83-84)

El monólogo también desempeña un papel muy importante. El monólogo, soliloquio o corriente de conciencia, es un diálogo ficticio que se incrusta en el discurso en forma de afirmaciones o preguntas y respuestas y que sirve para dar animación al razonamiento. Son varios los personajes que se expresan de tal forma, como por ejemplo:

a) Jesús, en el momento de aceptar su muerte:

> "¿Mi frente es para espinas dolorosas?
> ¿Mis ojos y mejillas para agravios?
> ¿Mi barba para injurias afrentosas,
> Y para amarga hiel mis dulces labios?
> ¿Para azotes espaldas tan preciosas?
> Y ¿pecho que es la luz de tantos sabios,
> Para lanza cruel? Y ¿manos tales
> Y pies para heridas tan mortales? (I, 165)

b) Pedro, en su arrepentimiento por haber negado a Jesús:

> "¿Soy Pedro yo? ¿Soy Pedro? No es posible.
> ¿Soy yo la piedra en que la Iglesia estriba?
> No; que aquélla ha de ser piedra inmovible,
> Piedra fundamental y piedra viva;
> Y yo de un golpe menos que sentible
> Caído estoy: un golpe me derriba
> Y la fuerza me quita y el aliento,
> ¿Cómo he de ser de un mundo el fundamento? (IV, 105)

c) Magdalena, cuando ha de buscar el cuerpo de Jesús:

> Busquélo y no lo hallo. ¿Roban muertos
> En esta tierra? ¿muertos arrebatan?
> De Citia en los más rígidos desiertos
> A los difuntos sin ofensa tratan.
> Y ¿aquí de los sepulcros ya cubiertos
> Sacan los hombres y otra vez los matan?
> Más es que Citia, más que Libia cruda,
> Ésta mi patria, de piedad desnuda. (VI, 116)

De este modo se puede tener una clara idea de que la voz poética fluctúa de una persona a otra, con lo que se crea armoniosamente una polifonía que sirve de contrapunto a la voz del narrador épico que inicia el relato.

Aparte de la alternancia de voces, dentro de la retórica de la epopeya se observa un abundante número de recursos estilísticos propios de la época: símiles, metáforas, metonimias, hipérboles, imágenes, paronomasias, anáforas, paralelismos, perífrasis, alusiones, etc. De todas estas figuras, es probable que el símil haya sido el recurso más empleado por la poesía heroica, y eso se debe a dos razones fundamentales: por una parte es uno de los elementos retóricos más apropiados para la narración; y por otra, en la octava real encuentra el molde más adecuado para su desarrollo.

El símil es una comparación que suele darse entre las cualidades análogas de los objetos. En *La Cristiada*, esta clase de comparación se ve frecuentemente amplificada y enfatizada por una adición complementadora de repetición:

> *Como* la gruesa nube combatida
> De dos contrarios vientos animosos,
> Que, de sus fuertes soplos sacudida,
> Aprieta en sí los miembros esponjosos,
> Y cual entre dos prensas oprimida
> Exprime golpes de agua caudalosos,
> Baña los cerros, y los montes riega,
> Tira piedras al campo, al valle aniega;
>
> *Así* de Cristo el alma ocultamente
> Entre varios afectos se fatiga,
> De las culpas el peso extraño siente,
> Y de su Padre el justo amor le instiga.
> ¡Oh batalla de espíritu valiente,
> Que a tanto afán al mismo Dios obliga!
> El alma llueve, como nube opresa,
> De viva sangre al cuerpo lluvia espesa. (III, 139-140)

Aparte del símil como elemento común al género épico, en *La Cristiada*, Pierce señala principalmente los recursos estilísticos que le proporcionan un ritmo rápido, o sea las figuras formadas a base de repetición retórica como la anáfora, el asíndeton, el polisíndeton, la aliteración y la derivación, entre otras (*Diego de Hojeda*, 231).

La anáfora consiste en la repetición intermitente de una idea, ya sea con las mismas o con otras palabras. En esta primera anáfora el principal efecto es un énfasis acumulativo:

Ya como a hechicero le miraban,
Ya por endemoniado le tenían,
Ya como a publicano le trataban,
Ya por blasfemo y vil le perseguían:
Ya en las tabernas motes le cantaban,
Ya en las calles injurias le decían.
¿Saldrán al fin, saldrán con sus deseos,
Contra tu Hijo Dios los fariseos? (II, 111)

Mientras que en esta segunda anáfora se observa una acumulación comparativa:

Cual de arco tieso bárbara saeta
Arrojada con ímpetu valiente;
Cual apacible, cándida cometa,
Que el aire rasga imperceptiblemente,
Cual sabio entendimiento que decreta
Lo que a su vista clara está evidente;
Así, pero no así, con mayor vuelo
Baja el sagrado embajador del cielo. (II, 139)

El asíndeton, como figura de construcción, afecta a la forma de las frases al yuxtaponer en series enumerativas, ya sea palabras o grupos de palabras, omitiendo entre ellas los nexos que las coordinan. Los términos acumulados asintéticamente pueden ser sustantivos o adjetivos:

Infámanos en públicos sermones,
De hipócritas, de falsos, de ambiciosos;
Destruye las antiguas opiniones
De nuestros patriarcas religiosos;
Síguenle atropellados escuadrones
De chicos, grandes, simples y curiosos;
Él sube en gloria, en deshonor caemos
Nosotros; pues caídos, ¿qué haremos? (III, 9)

Id, pues, y por caminos diferentes
Le procurad afrentas nunca vistas,
Graves mofas, oprobios indecentes,
Duras batallas, ásperas conquistas:
Juntad soberbios pechos, insolentes
Manos, y almas guerreras y malquistas,
Y denle horribles íntimas pasiones
Ángeles y hombres, tigres y leones. (IV, 47)

> Y llenará esta cuadra de mil rayos,
> *De rosas, flores, primaveras, mayos.* (VI, 52, 7-8)

> Tragando allá en sus vientres carniceros
> *Armas, carros, caballos, caballeros.* (VI, 83, 7-8)

Pueden también ser verbos:

> A sus criados con rigor incitan,
> Y a Judas con la ofrenda generosa:
> *Andan, corren, no paran, no sosiegan;*
> *Quéjanse, acusan, claman, piden, ruegan.* (III, 112, 5-8)

> Así la farisaica gente aguda
> *Anda, pretende, solicita, ruega,* (VI, 72, 1-2)

El polisíndeton consiste en repetir los nexos coordinantes con cada uno de los miembros de la enumeración. Hace más patentes y distintos entre sí los términos enumerados. Los nexos mayormente usados en esta figura son las conjunciones y, ni, pero, o.

> Al más pequeño con amor se llega,
> *Y le pide y le alaba y le suplica;*
> Bienes propone y males multiplica. (VI, 72, 6-8)

> Supo que estaba el buen Jesús comiendo
> En casa de Simón, y toda llena
> De lágrimas, dejó su vano estruendo,
> Y a declararle fue su santa pena;
> Y un vaso preciosísimo cogiendo
> De nardo, caminó con faz serena,
> *Y triste le buscó, y hallóle luego;*
> *Y así le declaró su casto fuego.* (V, 157)

> *Ni en mudar bultos la triforme luna,*
> *Ni en turbulento mar veloz galera,*
> *Ni en rodar con presteza la fortuna,*
> *Ni al recio vendaval hoja ligera,*
> *Ni a la corriente de aguas importuna*
> Delgado junco en húmeda ribera
> Es tan presto, tan fácil, tan instable,
> Como es el vulgo en elegir mudable. (VIII, 16)

"Danósla, pues, Señor, y el impío mundo
Sacrílego a su Dios acabaremos,
O sacando las aguas del profundo,
Que ahoguen, como ciñen sus extremos,
O ardiendo en fuego vivo el suelo inmundo
Que huellan los atroces y blasfemos,
O sacudiendo con furor la tierra,
O haciéndoles en cuerpos mortal guerra." (XII, 104)

A veces también emplea la aliteración, figura de dicción que se produce por el efecto repetitivo de uno o más sonidos de fonemas en distintas palabras próximas:

Puesta la mesa, *pues,* y el manjar *puesto,* (I, 11,1)

Siempre me van tus luces alumbrando,
Y me va mi malicia oscureciendo; (VI, 69, 3-4)

En *esto pues* repara, *esto* te rija,
Prenda tus manos, y tus *pies* corrija. (V, 85, 7-8)

De igual manera utiliza la derivación, figura de dicción que afecta a la morfología de las palabras y que consiste en repetir la parte invariable de una palabra dentro de otra o sustituyendo cada vez sus partes variables:

De su beldad beldad participaban,
Y olor de sus olores recibían: (I, 36, 3-4)

Por mis ojos lo *vi,* muchos lo *vimos,*
Pues muchos admirados asistimos. (III, 100, 7-8)

Así los *vencedores,* ya *vencidos,*
Tratan a Dios, soberbios y atrevidos. (III, 177, 7-8)

Ve al *Rey* de *reyes,* Dios omnipotente,
Que en sí mismo los orbes ha fundado, (II, 145, 1-2)

En poemas tan extensos como los épicos, la velocidad es un aspecto que determina la facilidad para leerlo e incluso para memorizarlo. A ello se debe que además de la repetición retórica en sus diferentes manifestaciones, sea muy común el empleo del encabalgamiento. Se trata de una

71

figura retórica en la que la construcción gramatical rebasa los límites de la unidad métrico/rítmica de un verso y por consiguiente, abarca una parte del siguiente. Se clasifica en dos tipos: suave y abrupto (denominado también entrecortado). En el encabalgamiento suave el excedente sintáctico que se desborda ocupa todo el verso siguiente, mientras que en el abrupto o entrecortado, el excedente finaliza con sólo unas palabras más del verso siguiente, lo que provoca un rompimiento sintáctico y rítmico, marcado a veces solamente por una coma, no con un punto necesariamente.

En la octava siguiente se observan dos encabalgamientos suaves consecutivos entre los versos primero y segundo, y entre el tercero y el cuarto. Entre los versos sexto y séptimo, en cambio, aparece un encabalgamiento abrupto:

> *Oyendo, pues, el Padre de la gloria*
> *Su llanto y oración dulce y atento,*
> *Llama a Gabriel y hácele notoria*
> *Su mente inescrutable en un momento:*
> Infórmale con ella la memoria,
> *Y luz divina de su grave intento*
> *Le da*, y le dice: "Ve a la Virgen pura,
> Y dile, y de mi parte la asegura, (VI, 13)

Obsérvese ahora un par de encabalgamientos abruptos ubicados entre los versos uno y dos; y entre los versos cinco y seis:

> *Afeado aquel cuerpo más hermoso*
> *Que la tierra sostuvo*, el cielo vido,
> Estará en el sepulcro tenebroso,
> Y en varias partes con rigor herido,
> *Como el que de un afán tan riguroso*
> *Salió muerto*, aunque estaba a Dios unido;
> Mas luego que lo informe el alma pura,
> Se bañará de inmensa hermosura. (VI, 42)

Otra característica muy importante del poema es su estilo barroco, definido a partir de una serie de recursos entre los que podrían destacarse el hipérbaton, la bimembración, el contraste y la paradoja.

El hipérbaton es una figura de construcción que altera el orden gramatical por el procedimiento de la transmutación de los elementos del discurso, a través del intercambio de las posiciones sintácticas de las palabras en los sintagmas, o de los sintagmas en la oración. Se emplea más en verso porque facilita el seguimiento del ritmo y la consecución de la rima, además de que sirve tanto para poner de relieve una expresión importante, como para causar una sorpresa estética con el rompimiento de la convención lingüística lógica.

De este modo, el poeta dice:

> Ceñíalos con tiernos mil abrazos (XII, 162, 5)

En lugar del orden sintáctico de:

> Los ceñía con mil abrazos tiernos.

O en otro fragmento:

> Llaga espiritual y llaga viva,
> De la llaga del muerto compasiva. (XII, 164, 7-8)

Lo que correspondería a:

> De la llaga espiritual y viva compasiva del muerto.

El hipérbaton se ve ocasionalmente reforzado por la onomatopeya, es decir, por una expresión cuya composición fonémica produce un efecto fónico que sugiere la acción o el objeto significado por ella. En los ejemplos que aparecen a continuación se puede percibir el sonido del suspiro, del trueno, de la gota y del tono merolico del vendedor respectivamente:

> Y un suspiro del alma vehemente
> (*Señal de pena, sí, mas no de enojos*) (I, 13, 3-4)

> Que rayo fue su aspecto venerable,
> La voz trueno, y relámpago la vista;
> *Rayo, trueno y relámpago admirable* (III, 162, 1-3)
> Y adora el cielo, en este favorable
> *Peso pongo una gota, como en paga*
> Que por todas sus culpas satisfaga. (V, 52, 6-8)

> Sin dinero henchid, llevad sin plata;
> *Al que quiere se da; ved qué barata.* (VIII, 49, 7-8)

La bimembración o simetría es una figura de construcción que afecta a la forma de las expresiones. Consiste en dividir el verso en partes sintácticamente iguales, las que a su vez pueden estar vinculadas sólo por una pausa o cesura, o bien por una palabra que funciona como eje de la estructura bipartita o bimembre. Hojeda utiliza esta bimembración insistentemente, con lo que logra que la atención se oriente hacia el mensaje y que la acentuación del ritmo sea más clara.

> Más es que Citia, / más que Libia cruda,
> Ésta mi patria, / de piedad desnuda. (VI, 116, 7-8)

En varias ocasiones combina la bimembración con la enumeración sinonímica:

> Notoria es mi maldad, / mi culpa es clara, (VII, 18, 5)
>
> Solícito y humilde, / simple y diestro (VII, 26, 3)
>
> Fui ladrón siempre, / y siempre codicioso (VII, 29, 2)
>
> De darle pena, / de hacerle daño,
> Aunque le cerquen gruesos baluartes
> De exquisito favor, / de auxilio extraño (VIII, 5, 2-4)

Con mucha frecuencia esos versos bimembres presentan un contraste, también llamado antítesis. La antítesis es una figura de pensamiento en la que se contraponen o contrastan unas ideas a otras, ya sean cualidades, objetos, afectos o situaciones, a través de términos abstractos que ofrecen un elemento en común de significación.

> Obligarme a dejar el que seguía
> *En noche oscura como en claro día.* (III, 66, 7-8)
>
> Que muera yo callando las verdades
> *De sus virtudes y de mis maldades.* (VII, 19, 7-8)
> Se halla presto, sin poder salirse;
> *Porque es fácil entrar, difícil irse.* (VII, 28, 7-8)
>
> Yo pequé, mi Señor, y tú padeces;
> *Yo los delitos hice, y tú los pagas* (VIII, 44, 1-2)
>
> El pecho descubriéndole florido,
> *Sano de azotes, mas de amor herido.* (VIII, 56, 7-8)

Allí estuvo con bárbaras naciones
Su perseguida Madre conversando;
Mansa oveja con ásperos leones
Sin ofensa y rigor se vio tratando. (II, 97, 1-4)

Y el pecho atroz de espíritu inclemente,
Dulces palabras del amargo seno
Sacó, aprobando en plática insolente (III, 34, 4-6)

Por su parte, la paradoja es una figura de pensamiento que altera la lógica de la expresión porque aproxima dos ideas opuestas y que aparentemente son irreconciliables, por lo que manifiestan un absurdo si se toman al pie de la letra, pero que al mismo tiempo contienen una profunda coherencia en su sentido figurado.

Así, la oveja en lobo convertida,
Judas camina, corre, no sosiega,
La muerte busca en manos de la vida,
Y a la vida inmortal a prender llega: (III, 157, 1-4)

Azotado también el gran Macario
Con insolente popular ruido
Por monje infame y torpe fornicario,
Resplandecía en sombras escondido: (IV, 77, 1-4)

Al Padre la partida era forzosa:
Partióse; mas mostró su omnipotencia
Quedándose con ella y yendo al Padre,
Porque a los dos con solo un hecho cuadre. (I, 57, 4-8)

Y así hablando, llegarán al huerto
Buscando al vivo que dejaron muerto. (IV, 99 7-8)

Como poema religioso, la influencia de la oratoria sagrada es notable en dos aspectos fundamentales: el empleo generalizado de preguntas y exclamaciones retóricas y el uso de la deprecación. La deprecación es una figura de pensamiento que consiste en interrumpir el discurso al dirigir el emisor una humilde súplica para mover su ánimo en su favor, o un ruego para obtener alguna gracia. Aunque no era un aspecto típico del género heroico, en Hojeda existe la tendencia de predicar, y por consiguiente, con frecuencia emplea la deprecación para dirigirse al lector.

> ¿Ves los varios magníficos imperios,
> Que acaban unos, y otros se levantan,
> Y que, servidos de altos ministerios,
> Sus grandes reyes con atruendo espantan?
> ¿Ves, en fin, los gravísimos misterios
> Que oyen los rudos, y los sabios cantan,
> De la naturaleza perdurable?
> Pues son efectos deste Dios amable. (VIII, 74)

> He aquí también, ¡oh pecador!, al hombre
> Que con tus mismas culpas afeaste;
> Míralo así para que así te asombre
> El rostro del pecado que abrazaste:
> Tiene de Salvador el hecho y nombre,
> Y como a delincuente le trataste;
> Si en ti no ves tu culpa, ve tu pena
> En él, pues ella sola le condena. (IX, 149)

Resulta común encontrar una variante de la deprecación, denominada obsecración, en la que se implora el favor de la divinidad.

En esta primera octava aparece una súplica que la Oración le dirige al Padre:

> ¡Oh, basta, Padre Eterno! Si es posible,
> A tu Hijo amantísimo perdona,
> Que de tu misma lumbre inaccesible
> Por natural herencia se corona:
> Con él dispensa en muerte tan horrible,
> Pues la suya es igual a tu persona:
> De los hombres remite los pecados,
> Y los premios les da por él ganados. (II, 114)

En las palabras de Gabriel a Jesús:

> ¿Sufrirás, pues, que el mundo no se ilustre
> Tanto con esa púrpura sagrada
> De tu sangre? ¡Oh buen Dios!, no lo permitas;
> Que le privas de gracias infinitas. (III, 124, 5-8)

O en la súplica del poeta a Jesús:

¿Qué nos quejamos, ¡ay!, qué nos quejamos,
Mi Dios, si por nosotros padecistes
Tales oprobios? ¿Qué nos querellamos,
Si muladar de nuestras culpas fuistes?
¡Oh! hacednos, Señor, que lo entendamos,
Pues para el bien del hombre lo sufristes,
O moderad los ímpetus protervos
De cuerpos viles y ánimos superbos. (IV, 67)

Para finalizar el presente análisis hay que mencionar dos características más del poema: la correlación y la profusión de adjetivos. La correlación se presenta sobre todo entre octavas y ocasionalmente entre libros.
Probablemente la mejor manera de ilustrarla sea con el ejemplo de la palabra "dijo" que aparece con frecuencia en el primer verso de una octava,
para indicar con ello un eslabón que conecta la idea que un personaje ha
venido exponiendo a través de una serie consecutiva de octavas con la
secuencia del narrador poético. De esta forma se observa:

No lo tendré otra vez, hasta que llegue
Al reino do glorioso en paz sosiegue." (I, 13, 7-8)

Dijo; y mirando a todos igualmente
Con amorosa vista y blandos ojos... (I, 14, 1-2)

Playa, y del fuerte sol que así le ofende,
Con nube contrapuesta le defiende." (VI, 11, 7-8)

Dijo; y en los suspiros vehementes
Las lágrimas volaron hasta el cielo... (VI, 12, 1-2)

La función correlativa aparece incluso entre dos libros diferentes, como
sucede con los libros I y II. El libro primero concluye con las palabras de
Jesús en el Huerto de Getsemaní, y en el libro segundo se continúa con la
misma escena, conectada de la siguiente manera:

No agravien más tu gloria, si es posible;
Pase de mí este cáliz tan horrible." (I, 183, 7-8)

Dijo; y estas gravísimas razones
Tomó en sus manos la virtud suave... (II, 0, 1-2)

Y para concluir, la profusión de adjetivos da como resultado que a casi todos los sustantivos se les asigne un adjetivo calificativo o por lo menos se les asocie con uno de ellos. Se podría escoger casi arbitrariamente cualquier octava para observar lo dicho:

> Y uno me ha de entregar, dice, a la muerte,
> Uno deste *pequeño apostolado*;
> Mas ¡ay de su *infeliz y mala suerte*!"
> Añadió luego *en lágrimas bañado*.
> *Una grande tristeza, un dolor fuerte*,
> *De asombro lleno y de pavor cercado*,
> A todos los *discípulos* rodea,
> *Medrosos* de *traición tan grave y fea*. (I, 15)

> Llegan, pues, los *verdugos cohechados*,
> Y comienzan con *ímpetu furioso*
> A desnudar los *miembros delicados*
> Del *Señor de señores poderoso*;
> Con *modo vil* y *agravios* nunca *usados*
> El *vestido* le quitan *religioso*
> Y hecho por las *manos virginales*
> De la *Reina de reyes inmortales*. (VIII, 23)

Los elementos estilísticos que se han señalado en esta sección representan solamente una muestra elemental de los recursos que el poeta ha empleado para la ejecución de su épica, con lo que se comprueba su habilidad artística literaria. Dadas la cantidad y la complejidad que los caracteriza, estos recursos pueden constituir por sí mismos la base temática para un estudio más profundo, detallado y completo del poema.

PERSONAJES

El personaje principal de una épica es un héroe, quien a su vez tiene un opositor al que debe vencer. En ocasiones puede tratarse de un personaje colectivo, como sucede con algunas epopeyas que narran las hazañas ejecutadas en grupo por los conquistadores, de las cuales, el ejemplo más famoso es el poema de *La Araucana*. En el caso específico de *La Cristiada*, el héroe posee características muy particulares porque se trata de Jesús. Es un personaje único debido a la dualidad de su naturaleza, ya que es humana y divina. Su opositor es Lucifer, a quien se identifica con la encarnación del pecado y la perdición del hombre.

Además de los dos personajes principales, *La Cristiada* cuenta con un amplio elenco de personajes que puede catalogarse desde diferentes puntos de vista. En primer término se dividen en personajes primarios y secundarios. Los personajes primarios son los protagonistas, los que ejecutan las acciones o participan en los acontecimientos en forma directa en la historia. Son personajes activos porque aparecen de una u otra manera directamente involucrados en los eventos de la Pasión y muerte de Jesús. Los personajes secundarios, en cambio, solamente son mencionados o aludidos en el poema para usarlos como ejemplo, como parte de un recuento o como punto de comparación. Pertenecen al pasado o al futuro, por lo que no hablan ni actúan en los eventos presentes de la na-rración, y por lo tanto también se identifican como personajes pasivos. Además, si se toma en consideración su contexto o procedencia, los personajes constituyen cuatro grupos principales: bíblicos, históricos, mitológicos y alegóricos. También pueden clasificarse en reales o fantásticos; abstractos o concretos; humanos o divinos; terrenales, celestiales o infernales, por ejemplo. Es evidente que esta diversidad de criterios implica la posibilidad de que un personaje pertenezca a dos o más grupos diferentes simultáneamente.

Como héroe, Jesús es un personaje complejo que presenta constantemente una dualidad paradójica: es humano y divino; es vencido y vencedor; es muerto y es vivo. Hojeda ahonda su carácter para descubrir su
humanidad y al mismo tiempo realza su divinidad con lo que llama al
lector a aceptarlo y a maravillarse de la magnitud única de sus sufrimientos. En el poema, antes que ser Dios, Jesús es hombre, pero un hombre
superior, que reúne todas las cualidades que un ser humano es capaz de
alcanzar. Es un hombre misericordioso, compasivo, amoroso, sin rencor.
Como víctima, es un hombre que sufre, pero que admite su sufrimiento
sin queja, con dignidad, con paciencia y por amor; es un mártir que reza
por sus propios verdugos. Es el supremo aliado y defensor del hombre.

En cuanto a Lucifer, Urbano considera que "es el demonio auténtico, el
que sólo podía intervenir decorosamente en la epopeya de Cristo" (886).
Su personaje proyecta a un ser rebelde, fuerte, autoritario y devastador.
Sin embargo, a pesar de toda su fuerza y poderío, el mayor dilema al que
se enfrenta es la naturaleza de Jesús: no sabe si es humano o es divino. En
ese sentido, Meyer afirma que de acuerdo con los Padres de la Iglesia, la
boda entre María y José se realizó con el único propósito de ocultarle a
Lucifer el verdadero origen de Jesús. Si Lucifer trata de hacerlo caer en la
tentación y procura su crucifixión, se debe precisamente a que desconoce
el Misterio de su Encarnación (114).

La oposición entre los dos personajes se resume de esta forma:

Jesús	Lucifer
Héroe / protagonista	Anti-héroe / antagonista
Representante del bien, del perdón	Representante del mal, del pecado
Busca establecer su reino de amor	No quiere perder su reino de maldad
Recibe como mensajero a Gabriel	Envía como mensajero a Mercurio
Lo protege un ejército de ángeles	Comanda un ejército de demonios
Su Padre le envía la ayuda de la Caridad	Exige la ayuda del Temor y la Impiedad
Defendido por la Justicia Cumple su misión por Misericordia	Confundido por la naturaleza de Jesús

Los personajes bíblicos son derivados del Antiguo y del Nuevo Testamentos. Los únicos que se consideran primarios porque tienen un papel activo son los que intervienen en la Pasión y muerte de Jesús; por consiguiente, todos ellos provienen específicamente de los Evangelios. Son personajes de naturaleza humana con excepción de Gabriel, que es celestial. Sus acciones, decisiones o actitudes marcan la pauta para la secuencia del poema y sirven de conexión entre los eventos del pasado y los del futuro, en torno al destino de Jesús.

Los personajes bíblicos activos aparecen en los siguientes libros del poema:

Libro	Participantes
I	Jesús y sus apóstoles.
II	Gabriel, Jesús, sus apóstoles.
III	Los miembros del Sanedrín: Caifás, Anás, Gamaliel, José y Nicodemo. Los soldados encabezados por Judas. Malco, uno de los soldados.
IV	Jesús, Anás, Caifás, los soldados, una mujer y dos hombres que cuestionan a Pedro sobre Jesús. La esposa de Pilato.
V	Los fariseos, saduceos, esenios, sabuenos, gortenos, dositenos, bautistas y herodianos. Los testigos en contra de Jesús. Jesús, el pueblo, Pilato, Lázaro y Herodes.
VI	La Virgen, Gabriel, Jesús, Pilato, Barrabás y el pueblo.
VII	La mujer de Pilato, Judas, los miembros del senado, Pilato y Jesús.
VIII	Jesús y sus seis verdugos.
IX	Los sabios, el pueblo, Jesús, Pilato y Anás.
X	Pilato, el pueblo, María, Gabriel y Juan.
XI	El pueblo, Jesús, Simón de Cirene, las mujeres piadosas, Berenice, María, Juan y Magdalena.
XII	Jesús, el pueblo, Pilato, dos ladrones, María, Juan, los verdugos, Longinos, José, Nicodemo y Magdalena

En esta relación los personajes humanos de mayor importancia son María, Pedro, Judas, Magdalena y Pilato. Gabriel se ubica en la sección de personajes divinos. Jerárquicamente les siguen los apóstoles, los miembros del Sanedrín, Herodes, Lázaro, los soldados, los verdugos, la esposa de Pilato, Simón de Cirene, Berenice, las mujeres piadosas que se compadecen de Jesús, los ladrones que también son sacrificados y la muchedumbre.

La imagen que se adquiere de María en el poema es la síntesis de la fe, del dolor y de la aceptación de la voluntad del Padre. Es un personaje activo porque interviene directamente en los eventos de la Pasión y muerte de Jesús, su Hijo. María se dirige al Padre para pedirle que lo salve; sale a buscarlo, lo encuentra camino al Calvario, presencia su muerte y su descendimiento de la cruz. También se considera personaje pasivo porque aparece como referencia en alusiones que se hacen al pasado de Jesús en las que ella, como madre, ha estado presente. En cuanto al futuro, Gabriel le anticipa la dicha de su encuentro con Jesús resucitado y su propia Asunción. Su relación con Jesús en el poema es compleja y por lo tanto se estudia con más detenimiento en el contexto de la materia amorosa que aparece en el siguiente apartado de esta introducción.

Con respecto a los personajes de Pedro, Judas y Magdalena, Hojeda pone un énfasis especial sobre su carácter y su personalidad. Los tres provienen directamente de los Evangelios, en donde se hace referencia a sus acciones sin destacar sus sentimientos de manera especial. En *La Cristiada*, en cambio, son personajes que poseen trazos marcadamente humanos, con lo que se logra una agudeza psicológica en la trama. El poeta los hace hablar en monólogo y cada uno de ellos manifiesta una profunda sensibilidad como ser humano que reconoce la grandeza de Jesús. Pedro y Judas tienen un papel activo en la Pasión. El primero admite su pequeñez después de haber negado a Jesús, tal como se lo había anticipado, por eso se propone no fallarle nuevamente y decide cumplir con la función de piedra angular de la Iglesia que le ha sido encomendada. Judas hace una muestra clara de su arrepentimiento por haberlo vendido, reconoce que su acto infame no tiene justificación, asume que no puede recibir perdón y se suicida, lo que causa un profundo dolor a Jesús por ver perdida a una de sus ovejas.

Magdalena tiene un papel muy extenso y se desarrolla en dos planos diferentes de la historia porque al igual que María, es un personaje activo y pasivo. Ella es el símbolo del amor fraternal y la devota adoración que una mujer creyente puede ofrecerle al Redentor. Como personaje activo su participación es mínima: solamente aparece en los últimos momentos de Jesús. Ella acompaña a la Virgen a buscar a su Hijo, está presente cuando es crucificado y lo contempla cuando es descendido de su cruz. En su papel de personaje pasivo sus acciones no forman parte de la secuencia de su Pasión y muerte; sin embargo, a Magdalena se le asignan dos extensos monólogos que la convierten en la tercera voz poética en importancia después del narrador principal y de Gabriel. Pertenece al pasado inmediato de Jesús: es mencionada por la dama de la esposa de Pilato al referir la historia en que Jesús la defendió de su hermana Marta, la hizo arrepentirse de sus pecados y le permitió que le ungiera los pies con aceite aromático (libro IV). También pertenece al futuro próximo que Gabriel viene a predecirle a la Virgen: ella es una de las mujeres que irán al sepulcro en busca del cuerpo de Jesús dos días después de su muerte, y es la persona a quien Jesús se aparecerá para pedirle que anuncie su resurrección a los demás (libro VI). Judas la alude en su arrepentimiento y confiesa que le tuvo envidia cuando ella empleó el aceite para los pies de Jesús en lugar de venderlo y sacar provecho de esa venta (libro VII). Esta relación de Jesús con Magdalena también es un aspecto de la materia amorosa del poema.

En lo que concierne al personaje de Pilato, el poeta acentúa su debilidad como presidente y su cobardía como ser humano. Es así que Pilato se convierte en la gran víctima del Temor que Lucifer hace salir de los infiernos para obligarlo a condenar a Jesús.

Además de los ya mencionados, dentro de los eventos de la Pasión hay algunos personajes activos que no se derivan de los Evangelios, sino que han sido creación del poeta. Se trata de las damas en la casa de la esposa de Pilato (libro IV), y del anciano que le dice a Pilato quién es Jesús (libro V). En ambos casos, estos personajes aparecen para satisfacer la curiosidad sobre su identidad; por consiguiente, son un recurso del que Hojeda se vale para proveer mayor información sobre su vida pasada. Del grupo de damas que acompañan a la esposa de Pilato, una de ellas cuenta historias sobre Jesús y el amor compasivo que demuestra hacia las mujeres; por su parte, el anciano hace un recuento de sus maravillosos milagros.

En la secuencia real de los hechos, solamente los personajes concretos se ven entre sí. No se dan cuenta de que hay toda una lucha entre personajes abstractos provenientes del Cielo y del Infierno. Tampoco perciben que algunos como Lucifer, el Temor y la Impiedad los dominan para controlar su toma de decisiones: por ejemplo, Pilato es acorralado por el Temor, Judas es vencido por Satanás y el vulgo es dominado por la Impiedad. Ninguno de estos personajes es visto por sus víctimas.

Los personajes bíblicos pasivos provienen en su mayoría del Antiguo

Testamento. No toman parte de la acción porque pertenecen al pasado o al futuro de Jesús. Son personajes derivados desde los primeros libros bíblicos hasta los hechos posteriores a su muerte. Conforman una lista muy extensa en la que destacan Adán, Eva, Abel, Caín, profetas como Isaías, patriarcas como Moisés, Abraham, y en general, todos aquellos que merecen un lugar especial dentro de la historia del pueblo de Israel, según las Sagradas Escrituras.

Como se trata de una épica religiosa, todos los personajes históricos pasivos a los que se alude están relacionados de una u otra forma con la historia de la Iglesia Católica. Ninguno de ellos tiene participación activa en la narración del poema --con la clara excepción de los apóstoles. En general, se trata de personas que vivieron en una época posterior a la vida de Jesús. Algunos nombres aparecen varias veces dentro del poema, ya que el autor los emplea como ejemplo en diferentes contextos.

Entre los personajes que actuaron en favor de la Iglesia se encuentran los santos, los mártires y los fundadores de órdenes religiosas, cuya referencia se localiza en los siguientes libros:

Libro	Defensores de la Iglesia
IV	La primera lista de santos son los frutos de la paciencia de Jesús: Los santos monjes de Egipto: Antonio, Ammonas, Ammón, Macario el Grande, Macario el Alejandrino, Pacomio, Petronio, Orsiesio, Teodoro, Evagrio Pontico, Paladio, Isidoro de Pelusio y Shenute de Atripe. San Arsenio el Grande, también conocido como Arsenio el romano o Arsenio el diácono. San Juan Mansur, Damasceno o de Damasco. San Alejo. San Macario el Viejo, llamado también el Grande, de Alejandría. Santa Teodora. Santo Domingo. Fundador de la Orden de los Dominicos. San Pedro Crisólogo. San Luis Rey. Luis IX de Francia. Enrique Susón. Escritor dominico alemán del siglo XIV. San Juan. San Guillermo Abad o San Guillermo Arnauld. San Pedro Nolasco. Fundador de la Orden de la Merced. San Ignacio de Loyola y San Ignacio de Antioquía.

Libro	Defensores de la Iglesia
V	Jesús "ve" a Dios mientras se dirige hacia el presidente. Para consolarlo, el Padre le presenta un cielo esclarecido de grandes varones, sabios y mártires. San Ignacio de Antioquía. San Dionisio el Aeropagita. San Atanasio. San Basilio el Grande. San Gregorio de Nacianzo (Nacianceno). San Juan Crisóstomo. San Cirilo de Alejandría. San Agustín. San Jerónimo. San Ambrosio. San Gregorio Magno. Santo Tomás de Aquino. San Vicente Ferrer. San Antonino de Florencia. San Jacinto de Cracovia. San Alberto Magno. San Raymundo de Peñafort. Santa Catalina de Siena. San Buenaventura. Juan Duns Escoto, teólogo franciscano. San Egidio. San Alfonso de Orozco. Santo Tomás de Villanueva. San Antonio de Guevara. San Pedro Nolasco. Zumel de Salamanca. San Bruno. San Bernardo. San Benito.
VI	Jesús es el consuelo de los despreciados. Es una lista de despreciados para comparar la situación de Jesús con Barrabás: San Atanasio. San Gregorio de Nacianzo. San Juan Crisóstomo. San Jerónimo. San Flaviano.

Libro	Defensores de la Iglesia
VIII	Lista de mártires contada por Miguel mientras acompaña a Jesús: San Esteban. San Pedro. San Pablo. Los otros diez apóstoles aparte de Pedro y Pablo. En sustitución de Judas, Matías se incorporó al apostolado. San Laurencio de Roma. San Vicente de Zaragoza. San Ignacio de Antioquía. San Policarpo. San Sebastián. San Clemente (convertido por uno de los apóstoles). San Clemente (Obispo de Aneyra en Galacia). San Ciríaco mártir. San Trifón. Guzmán el Bueno. San Hermenegildo. Santa Catalina de Alejandría. Santa Cecilia. Santa Inés. Santa Lucía. Santa Margarita. Santa Dorotea. Santa Ágata. Santa Eulalia de Barcelona. Santa Eulalia de Mérida. Santa Justa. Santa Rufina. Santa Úrsula y las once mil vírgenes. Conrado de Alemania, inquisidor. San Juan y San Pablo mártires. San Nicolás de Pieck (o Pick). San Berengarius de Tours. San Boninsiño. San Alberto. San Poncio. Seis predicadores de Tolosa. (San Saturnino) San Melitón. San Sadoc. San Cerverio. San Antonio. San Paulo. San Cristóbal. San Guido. San Bernardo de Alziva. San Guillermo.

Libro	*Defensores de la Iglesia*
XI	Lista de sabios que acompañan a Cristo en el Vía Crucis siguiendo el ejemplo de Simón de Cirene. Son los trofeos de la cruz: San Marcos. San Antonio de Padua San Pacomio. San Basilio el Grande. San Romualdo. San Bernardo. San Bruno. Santo Domingo. San Francisco de Asís. San Jerónimo. San Pedro Nolasco. San Ángel de Jerusalén. San Patricio. San Francisco de Paula. San Ignacio de Loyola. Santa Teresa de Ávila.

De los personajes que estuvieron en contra de la Iglesia se mencionan principalmente los fundadores de sectas protestantes, los dictadores, los emperadores romanos y los herejes:

Libro	*Enemigos de la Iglesia*
I	Lista de pecadores según su pecado. Enemigos del catolicismo: Sabelio. Arrio. Manes. Martín Lutero. Lucio Cornelio Sila. Julio César. Fabio Máximo. Antíoco de Siracusa. Dioclesiano. Mahoma. Conde don Julián. Elizabeth I de Inglaterra. Asuero. Heliogábalo. Rómulo. Numa Pompilio. Enrique VIII. César.

Libro	Enemigos de la Iglesia
VI	Lista de los que son como Barrabás: Emperador Constantino. Emperador Constancio. Netario. Orígenes. Dióscoro.
VII	Lista de herejes que han actuado como Judas: Partidarios del gnosticismo. Sabelio. Samosateno. Apolo de Alejandría. Arrio. Macedonio. Catafriga. Manes o Manetos. Apolinar. Nestorio. Eutiques. Cerinto. Prisciliano. Vigilancio. Pelagio. Martín Lutero. César. Pompeyo. Curcio. Fabio.
IX	Aparece una lista de impíos cuando Luzbel viene a pedir ayuda a la Impiedad. Casi todos pertenecen a la mitología clásica, a excepción de: Fálaris. Antíoco Epífanes.
X	Participantes en la toma de la ciudad de Jerusalén: Juan de Giscala. Simón, el hijo de Giora. Anano. Sumo sacerdote. Tito. Emperador romano. María. Mujer víctima del hambre que devoró a su propio hijo.

En lo que se refiere a los personajes mitológicos el sistema o máquina sobrenatural es uno de los elementos básicos del género épico. Fue introducido desde los inicios de la poesía heroica con *La Ilíada*. En este sistema, las deidades participan en el desarrollo de la acción divididas en dos bandos opuestos: en *La Eneida*, sucede por ejemplo que Juno se presenta como enemiga de los troyanos, frente a Venus que vigila por el bienestar de Eneas y los suyos. Es un componente literario que Tasso adaptó en *Jerusalén libertada*, y que al mismo tiempo cristianizó, al establecer un enfrentamiento entre los miembros del mundo celestial cristiano contra los del infernal. En *La Cristiada*, el ejército celestial está para defender a Jesús, pero principalmente para rescatar al hombre de las garras de los demonios. En cambio como Calderón afirma "los demonios señalan en el hombre la conciencia aguda de su terrible fragilidad: fragilidad delante de las tentaciones y fragilidad, aún, delante de las fuerzas de la muerte y a merced de aquellos que 'afligen cuerpos, y almas ciegan'(L. IV, 7)" (*La Christiada...* 242). Desde el principio del poema se observa la participación del mundo sobrenatural en sus planos divino e infernal:

Libro	Presencia divina
I	- Se describe la majestad de Dios y la Trinidad.
II	- La Oración asciende al Cielo y se pormenorizan los designios de Dios - Gabriel es enviado por el Padre para consolar a Jesús.
II y III	- Gabriel consuela a Jesús en el Huerto de Getsemaní.
V	- El juicio de Lázaro en presencia de Dios.
VI y X	- Gabriel visita a la Virgen.
VII	- Se reúne la corte celestial.
VIII	- Los ángeles consuelan a Cristo y Miguel cuenta la historia de los mártires.
XII	- Miguel y los ángeles son testigos de la crucifixión y arrojan a Lucifer al Infierno.

De los personajes divinos, los ángeles aparecen en los siguientes libros:

Libro	Alusión y/o participación de los ángeles
II	Lista de los nueve coros celestiales: serafines, querubines, tronos, dominaciones, principados, potestades, virtudes, arcángeles y ángeles. El Padre manda a Gabriel a consolar y animar a su Hijo. Primera descripción de Gabriel.
III	Gabriel anima a Jesús. Según Gamaliel, en el pasado Gabriel también le habló a Daniel sobre la venida del Mesías.
IV	En el Infierno el poeta recuerda la guerra de Lucifer contra Miguel.
VI	El Padre manda a Gabriel a consolar a María. Gabriel anima a María. Segunda descripción de Gabriel.

Libro	Alusión y/o participación de los ángeles
VIII	Los ángeles le levantan trofeos a Jesús. Jesús es alabado por los nueve coros celestiales. Miguel le cuenta la historia de los varones y mártires. Los ángeles ejecutan una melodía.
X	Los ángeles anticipan la caída de Jerusalén. Gabriel le narra a María la Ascensión de Jesús, la venida del Espíritu Santo, su muerte, resurrección y asunción.
XII	Los escuadrones de Miguel se indignan ante la muerte de Jesús. Suben todos al cielo para dirigirse al Padre. Bajan todos a anunciar que es la muerte del Hijo de Dios. Miguel persigue a los demonios. Los ángeles realizan acciones para que se reconozca que es la muerte del Hijo de Dios. Los ángeles sirven al Cuerpo Santo y siguen al cortejo fúnebre.

La participación o mención de los demonios también es constante:

Libro	Presencia infernal
I	Descripción del Infierno según los pecados que ahí se castigan.
IV	Satanás reúne su consejo de demonios.
VI	Gabriel le anuncia a la Virgen el descendimiento de Jesús al Infierno.
VII	El alma de Judas va al Infierno y éste es descrito nuevamente.
VIII	Satanás ordena a sus huestes que subleven a los judíos.
IX	Satanás envía a la Impiedad para hacer sufrir más a Jesús.
X	Pilato es puesto a prueba por el Temor.
XII	Satanás y sus demonios son arrojados al Infierno.

El empleo de la mitología pagana en el poema obedece a dos funciones específicas: el fin de la idolatría y el comienzo de la conversión evangélica. Los demonios incluyen personajes de la mitología greco-latina y de las culturas precolombinas de México y del Perú. Al igual que en las épicas clásicas, Hojeda hace alusiones constantes a los mitos y dioses de la Antigüedad. A veces se trata de reconstrucciones de episodios, pasajes o acciones de tales dioses, que toma como ejemplo para explicar el carácter o las acciones de aquellos que intervienen en la Pasión de Jesús. Los emplea asimismo para resaltar la omnipotencia de Jesús como Dios verdadero. En cambio, los dioses americanos representan el enemigo presente al que hay que combatir en la lucha misionera de la conversión evangélica. En ambos casos, lo que el poeta condena es obviamente la idolatría, y apunta hacia el reconocimiento de Jesús como dios único y verdadero.

En esa relación de personajes el poeta establece a veces una antonimia entre los dioses paganos y los milagros o cualidades de Jesús. Asegura que Baco, el rey del vino, no puede convertir el agua en vino como lo hizo Jesús en la boda de Caná; el oro del rey Midas no tiene comparación con el oro de la palabra de Jesús, y ni Júpiter ni Apolo pueden hacer pan de las piedras como lo hizo él para alimentar a miles de personas. Lo que se busca con todos estos ejemplos es mostrar la grandiosidad y el poder de Jesús.

Finalmente, los personajes alegóricos aparecen tanto en el plano infernal como celestial; mientras unos sirven al Bien, otros son promotores del Mal. Las alegorías son una confluencia entre poesía y teología que tienen una finalidad de carácter misionero. A partir de este principio, Hojeda realiza la caracterización y la personificación de elementos abstractos como los pecados, por ejemplo, para cumplir con el objetivo específico de promover la enseñanza teológica del dogma católico en la América Colonial. Los únicos personajes activos son la Muerte, la Oración, la Impiedad, el Temor, la Caridad, la Justicia y la Misericordia. Los pecados son personajes pasivos que dominan en cada uno de los diferentes niveles del Infierno.

Libro	Personajes alegóricos
I	La Muerte se presenta a Jesús. Los siete pecados: La Soberbia. La Avaricia. La Lujuria. La Ira. La Gula. La Envidia. La Pereza.
II	La Oración de Jesús se presenta al Padre.
IX	La Impiedad se presenta a todos para ponerse contra Jesús.
X	El Temor se presenta a Pilato para sentenciar a Jesús.
XI	La Caridad baja a animar a Jesús a que tome la cruz.
XII	La Justicia protesta al Padre. La Misericordia defiende a Jesús. La Muerte se presenta a Jesús.

Esta rica y extensa variedad de personajes que se ve en el poema proviene de diferentes fuentes y se maneja en variados contextos. Sin embargo, a lo largo de la lectura del poema se pone de manifiesto que el principal papel común de todos y cada uno de ellos, es el de estimular el interés del lector en torno al personaje central de la figura humana de Jesús.

Hojeda se ha servido de la creación y re-creación de los personajes del poema para establecer un puente que conecta los eventos de la Pasión y muerte de Jesús con las diversas áreas del conocimiento que el poeta incluye en su obra. Se puede ver que los eventos importantes en la historia de la formación de la Iglesia católica son destacados precisamente a través de los personajes mencionados; y por último, el buen o mal ejemplo de las acciones de los diferentes personajes, representa un instrumento fundamental que el poeta utiliza a manera de enseñanza.

CONTENIDO

La épica de *La Cristiada* pertenece al grupo de obras poéticas que tiene como finalidad acercarse lo más humanamente posible a Jesús durante los momentos de su Pasión. Por tal motivo es razonable que el hilo que conecta la historia del poema sea la secuencia de los hechos ocurridos durante su Pasión y muerte. Jesús acepta sacrificarse para obtener la salvación del hombre por lo que tiene que enfrentarse contra Lucifer y sus aliados, quienes a toda costa desean impedir que el Redentor cumpla su objetivo. Esa lucha tiene como campo de batalla la Tierra y más específicamente Jerusalén. Hay dos tipos de fuerzas combatientes: las fuerzas del Bien provienen del Cielo y desde ahí se preparan para el combate dirigidas por el arcángel Miguel; las fuerzas del Mal proceden del Infierno, donde realizan sus planes encabezadas por Lucifer. La muerte de Jesús es la clave para definir al vencido y al vencedor.

A partir de ahí se despliega todo el argumento: Lucifer está inicialmente convencido de que para conservar su reino y a sus seguidores que lo idolatran es necesario que Jesús muera. Por este motivo, Lucifer echa mano de todos sus recursos y pone todo su empeño para que así suceda, pero su propósito se invierte cuando se da cuenta de que si Jesús de verdad es divino, su muerte será precisamente la causa de la pérdida de los dominios de Lucifer. Lo que desea entonces es evitar que muera, aunque en realidad como demonio no puede hacer nada, porque todo depende de la voluntad de Jesús quien ya ha aceptado su muerte para salvar al hombre. Cuando Lucifer se convence de que es imposible lograr su meta, su último recurso es que antes de morir sea vilmente ofendido, porque sabe

> Que no ha de ser amado ni temido
> Un hombre Dios mofado y escupido. (IX, 26, 7-8)

El final es de esperarse: Jesús muere en la cruz y Lucifer, junto con su ejército de demonios, es arrojado para siempre en los Infiernos por el ejército angelical que encabeza el arcángel Miguel. De esta forma, el hombre pecador recibe la salvación que Jesús quiso procurarle.

A grandes rasgos, el argumento de cada libro se resume de esta manera:

Libro	No. de octavas y versos	Eventos
I	184 octavas 1480 versos	La Última Cena y la institución de la Eucaristía. En la oración en el Huerto de Getsemaní, Jesús acepta su sacrificio y toma los pecados del hombre. Profecía de su Pasión y muerte. Pide fortaleza para aceptar su destino.
II	149 octavas 1192 versos	La Oración sube al cielo a interceder por Jesús. Descripción de los diferentes cielos. Reunión celestial. Dios decide que Cristo debe morir y envía a Gabriel para consolarle.
III	185 octavas 1480 versos	Reunión del Sanedrín para decidir el destino de Jesús. Gamaliel demuestra que es el Mesías. Gabriel lo reconforta en el Huerto de Getsemaní. Jesús es traicionado por Judas y llevado preso mientras sus apóstoles se dan a la fuga.
IV	161 octavas 1288 versos	Reunión de Satanás y sus huestes. Cristo es motivo de escarnio. Los santos como frutos de su paciencia son revelados por el Padre para que Jesús no pase la noche solo con su dolor. La negación de Pedro y su arrepentimiento. Mercurio es enviado por Lucifer a la esposa de Pilato.
V	174 octavas 1392 versos	El juicio de la mañana. Lázaro cuenta su propia muerte y resurrección. Cristo es presentado a Pilato, luego a Herodes. Se le presenta una visión consoladora de los sabios y doctores de la Iglesia.
VI	153 octavas 1224 versos	Gabriel visita a la Virgen y le revela la pasión, muerte y resurrección de Jesús. Pilato trata de salvar a Jesús, pero el vulgo clama que Barrabás sea puesto en libertad. Continúan las revelaciones de Gabriel a María.
VII	151 octavas 1208 versos	Pilato es advertido por su mujer sobre la identidad de Jesús. Judas se arrepiente, se suicida y se va al Infierno. Lista de herejes que tendrán el mismo destino de Judas. Jesús es azotado. El coro angelical vendrá a consolarlo.

Libro	No. de octavas y versos	Eventos
VIII	151 octavas 1208 versos	Satanás manda a sus huestes a agitar a los judíos. Cristo es flagelado en una columna, donde los ángeles cantan para consolarle. Cristo es arrinconado después de la flagelación. El arcángel Miguel le cuenta la historia de los futuros mártires.
IX	154 octavas 1232 versos	Satanás manda a la Impiedad a dominar a los judíos para atacar a Cristo. Algunos sabios hablan de las maravillas de Jesús. Burla y coronación de espinas. Una vez maltratado, Jesús es llevado nuevamente ante Pilato.
X	156 octavas 1248 versos	Pilato vacila, pero Satanás le manda el Temor. El vulgo clama su muerte y Cristo es sentenciado. Contempla la destrucción de Jerusalén en una visión profética. Gabriel continúa narrando a la Virgen la Ascensión de Jesús, la venida del Espíritu Santo y su propia Asunción.
XI	181 octavas 1448 versos	La gente habla sobre Jesús. Inicia su Vía Crucis. La Caridad le ayuda a Cristo a llevar su cruz. Simón de Cirene le ayuda y se muestran los futuros seguidores de la cruz. María busca a su Hijo y lo encuentra camino al Calvario. Jesús se encuentra con un grupo de mujeres. Berenice le limpia el rostro. Se inicia la crucifixión.
XII	174 octavas 1392 versos	La cruz es levantada y Cristo sufre desprecios. Su agonía y muerte. Miguel y los ángeles quieren defenderlo, pero el Padre sólo les permite manifestar que es Hijo de Dios. Lucifer y sus huestes son arrojados definitivamente al Infierno. Longinos atraviesa el costado de Jesús. Es descendido de la cruz y puesto en los brazos de María. Finalmente es sepultado.
12 libros	1,973 octavas 15,784 versos	Inicia con la celebración de la Última Cena y concluye cuando Jesús es colocado en el sepulcro.

La semántica de esta epopeya presenta una complejidad que puede ser estudiada desde diferentes perspectivas. En el caso que nos ocupa las dos vertientes principales son la literaria y la religiosa que hasta cierto punto resultan inseparables debido a que la materia narrativa sobre la que está construído el poema presenta un carácter apologético. Esto quiere decir que la obra está comprometida con la justificación y la defensa de la Fe cristiana, y al mismo tiempo, tiene como finalidad conducir al lector al acto de Fe. Como consecuencia, el poema cumple con una doble función porque por una parte se trata de lograr que el lector comprenda la paradoja de la muerte de Jesús y por otra, es posible que se busque la conversión del lector-pecador. Ya que la narración de *La Cristiada* está determinada por los eventos que tuvieron lugar en la Pasión y muerte de Jesús, el tema central parte de la dualidad de su naturaleza tanto humana como divina, y consiguientemente todo gira en torno a su figura como personaje principal. Como producto artístico del género épico reúne por lo menos tres elementos básicos de contenido: la materia histórica, la materia bélica y la materia amorosa.

En cuanto al primer elemento, se afirma que *La Cristiada* es un poema histórico porque toma como base un acontecimiento de la historia ocurrido en un tiempo y un lugar específicos. Se trata de un hecho histórico registrado en la Biblia que ha sido presentado para actualizarlo, interpretándolo poéticamente. En esa interpretación, el aspecto histórico se ve fuertemente combinado con la imaginación porque hay una notable mezcla de lo históricamente ocurrido y lo creado, de lo natural y lo sobrenatural. Es una epopeya que trata del Cielo, de la Tierra y del Infierno, e interpreta el relato histórico con un plan fundamentalmente cristiano para estimular a sus lectores, sean creyentes o no.

Con respecto al segundo elemento, Piñero afirma que "La materia bélica es algo consustancial a la epopeya" (181). Es por eso que en los poemas épicos abundan los episodios militares, las batallas, los combates individuales, los encuentros, los desafíos y las escaramuzas. En el caso de *La Cristiada*, la guerra es motivada para obtener o impedir la Redención del hombre. Hay dos bandos opuestos: el del Bien y el del Mal. El bando que representa el Bien está encabezado por Jesús y el ejército celestial que lo protege, comandado por Miguel. Es un ejército al que se le han de incorporar los santos, los mártires, los que son despreciados injustamente, y todos aquéllos que siguen la doctrina de Jesús. El bando que representa el Mal tiene como jefe a Lucifer y sus huestes infernales; le siguen Judas en primer lugar, los herejes, los impíos, los idólatras, los falsos dioses mitológicos y todos los enemigos de la Iglesia en general. Para organizarse, en cada bando se reúnen los combatientes más poderosos para discutir sus estrategias y sus planes de ataque. En primer término, hay una reunión celestial convocada por el Padre:

Mandó llamar a cortes celestiales,
Y juntarse los reyes coronados
Por su gracia, y con dones desiguales
Perfectamente bienaventurados:
A la voz de sus labios inmortales
Temblaron los dos polos encontrados;
Paróse el cielo, retumbó la tierra,
Y el infierno temió segunda guerra. (II, 17)

Posteriormente Satanás llama a sus aliados a una reunión infernal:

Y como de saberlo con certeza
Tanto depende el peso de su estado,
A nuevas cortes junta con presteza
Los grandes de su reino condenado:
Él muestra bien su indómita fiereza,
De asombros y tinieblas rodeado,
Sobre un trono de llamas espantable,
Que humo arroja y miedo perdurable. (IV, 4)

En el plano celestial, Miguel toma el comando de su ejército contra los demonios:

"¡Al arma, al arma! Basta lo sufrido:
No más, no más," clamaban dando voces,
Y llamando al ejército lucido
De los ángeles fuertes y veloces;
Y Miguel, capitán esclarecido,
Contra los insolentes y feroces
Que son demonios y eran serafines,
Mandó tocar al arma sus clarines.

Al punto, pues, las trompas resonaron,
Y los cielos al son estremecieron,
En el aire espantosas retumbaron,
Y los hondos abismos removieron;
Y a su voz obedientes se aprestaron
Los ángeles, que en partes mil la oyeron,
Los que rigen los orbes, y en la tierra
Al caos, por defendernos, hacen guerra. (XII, 83-84)

En el plano infernal, Lucifer se ve en la necesidad de pedir refuerzos para combatir la entereza y la humildad de Jesús; echa mano de varios recursos para doblegarlo y hacerlo que se rinda. Una de sus estrategias consiste en ordenar a Mercurio que vaya a atemorizar a la esposa de Pilato:

> Pilato era gentil y era casado,
> Y por aquí trazó Luzbel su enredo:
> A un demonio en fingir ejercitado
> Mandó que a su mujer pusiese miedo:
> El ángel, en Mercurio transformado,
> Su figura tomó gozoso y ledo,
> Mintiendo ser de Júpiter el nuncio,
> Que le llevaba un trabajoso anuncio. (IV, 128)

Al ver fracasados sus planes, Lucifer le envía el Temor a Pilato:

> Cuando Luzbel, sintiendo cuál ondea
> Del presidente el corazón revuelto,
> Y que sacar de la prisión desea
> A Cristo, y de la muerte libre y suelto,
> El infierno transtorna, el caos rodea,
> En furor envestido, en saña envuelto;
> Y al hórrido Temor despacha osado,
> De vencer con su ayuda confiado. (X, 3)

Por último se vale de la Impiedad, a quien Lucifer ordena:

> "Sal luego, y parte al escuadrón romano,
> Y en los más fieros ánimos te infunde,
> Y aquéste mi concepto soberano
> En sus mentes sacrílegas transfunde:
> Mueve su corazón, rige su mano
> A cada cual, y su razón confunde;
> Y veamos si puede el enemigo
> Dios vencerme, llevándote conmigo." (IX, 32)

Al final Satanás resulta vencido, pero las acciones en que se envuelven los diferentes ejércitos despiertan interés y curiosidad en el lector acerca del desarrollo y conclusión de la trama.

La intensidad del relato bélico es a menudo contrarrestada por el encanto de un tercer elemento: el relato amoroso. En el género épico los relatos amorosos poseen una gran importancia porque vienen a complementar el conjunto de las acciones bélicas, en las que los amantes exponen su vida. Piñero indica que "desde los lejanos comienzos de la epopeya occidental, apareció la materia imaginativa de entretenimiento, basada en historias amorosas" (182). Pone como ejemplo dos parejas clásicas: la de Héctor y Andrómaca (*La Ilíada*) y la de Eneas y Dido (*La Eneida*). En el poema *La Cristiada*, la materia amorosa presenta giros muy especiales por tratarse de un tema religioso: el amor que se expresa posee un carácter exclusivamente divino. Estas relaciones amorosas se proyectan en dos planos diferentes. En el plano puramente místico tenemos el amor de Cristo y la Iglesia; mientras que en el plano divino se encuentran el amor filial de Jesús hacia su madre, la Virgen María, y el amor paternal de Jesús hacia Magdalena, llamada también María por ser su nombre María Magdalena.

En el plano místico se encuentra la primera relación, es decir, el amor de Cristo y la Iglesia, en la que están presentes dos ideas fundamentales: la lealtad del amante hasta la muerte y la paradoja ausencia-presencia. Son dos conceptos que tienen sus raíces en la poesía cortesana del siglo XV; posteriormente fueron asimilados y adaptados en la poesía religiosa de los siglos XVI y XVII. (Obsérvense los paralelos que se presentan como ejemplo en las notas explicativas del libro I). En este tipo de relaciones amorosas la lealtad del amador cortés es tan firme que está dispuesto a morir para demostrar el amor por su señora. La única recompensa que espera el amador es que la dama acepte su amor, sin que él reciba nada a cambio, lo que trae como consecuencia un gran sufrimiento que el amador acepta pacientemente. Sin embargo, el dolor causado por la espera tiene un remedio único y una única consecuencia: la muerte del amador. En *La Cristiada*, Jesús es un amador leal que se dispone a morir por amor. La paradoja consiste en que con su muerte, Jesús logrará que la Iglesia viva, y de esta manera, se realice su amor místico. En el otro aspecto, los poetas religiosos por lo general recurren a la paradoja ausencia-presencia para explicar la presencia de Cristo en el Sacramento de la Eucaristía y en el Cielo al mismo tiempo. La ausencia hace crecer el amor, pero a la vez acrecienta la pena amorosa. Sin duda alguna, Hojeda se basa en el concepto de que Jesús ama a la Iglesia y por ella se sacrifica hasta la muerte; con esa ausencia acrecienta su amor infinito hacia ella. Con el fin de remediar la inevitable ausencia, ofrece su cuerpo y su sangre como símbolos de su presencia. De ahí que en el poema se expongan las siguientes ideas:

De la Iglesia, su cara y dulce esposa,
Quería por su amor hacer ausencia,
Y dejóle esta prenda generosa,
Y en ella por memoria su presencia.
Al Padre la partida era forzosa:
Partióse; mas mostró su omnipotencia
Quedándose con ella y yendo al Padre,
Porque a los dos con solo un hecho cuadre.

Muerte por ella padecer quería,
Muerte, de eterna vida inmenso archivo,
Y dejárselo en guarda pretendía
Con la llave sutil de su amor vivo;
Porque la gran riqueza que tenía
Le fuese atento y eficaz motivo
Para que abriese con la llave de oro,
Y le robase, amando, su tesoro.

Della también quería ser amado
El digno Esposo con amor sincero,
Y este ordenó suavísimo bocado,
Como hechizo de almas lisonjero,
Con tan graves misterios consagrado,
Que fuego, a quien lo come, verdadero,
Fuego de Dios aplica, y fuego enciende,
Que eleva en Dios, y a sólo Dios pretende. (I, 57-59)

En el plano divino las relaciones de Jesús con Magdalena y María son presentadas con un rico lenguaje lírico, metafórico y paradójico. El primer encuentro de Jesús con Magdalena es narrado por Gabriel a la Virgen:

Cuando ve que le engaña su sentido,
En su Señor amado considera;
Ya que en la mesa de Simón la vido,
Y allí la recibió la vez primera;
Ya que estando en su casa detenido,
Bebía de su boca verdadera
Sus divinas razones, elevada,
De sí ajena y en él arrebatada; (VI, 111)

Antes de los eventos presentes de la Pasión, Jesús había defendido a Magdalena de los ataques de su hermana Marta y le había mostrado el camino de la fe y el amor verdaderos. Para corresponderle a Jesús, Magdalena vino amorosamente a perfumarle su cabeza conforme a la costumbre de la hospitalidad oriental:

> Cenó Jesús, ¡oh triste!, en una casa,
> Y cenando llegó la Magdalena,
> Y como nunca fue con él escasa,
> Menos lo quiso ser en esta cena:
> Ella en perfecto amor de Dios se abrasa,
> Y a mí su amor divino me condena:
> De ungüento un vaso derramó precioso
> Sobre el cabello de Jesús hermoso. (VII, 31)

Desde este encuentro Jesús se convirtió en el centro de la vida de Magdalena. Hay que hacer notar que en este poema Magdalena es presentada con una personalidad muy diferente a la que tradicionalmente se le asigna. A diferencia de la mujer pecadora como popularmente se le conoce, aquí ella desempeña un papel admirable porque es la adoración divina en persona y tiene la dicha de ser correspondida por el infinito amor misericordioso de Jesús. Según la narración de Gabriel, después de que Jesús muera, ella irá a buscarlo a la tumba y manifestará un gran dolor al no encontrar a su divino amado. Los versos que le corresponden a Magdalena en su búsqueda por Jesús pertenecen a una tradición lírica denominada "literatura de las lágrimas." Hojeda emplea ese discurso "lacrimógeno" en voz de Magdalena junto a la tumba, donde se enfatiza su papel de testigo de la resurrección:

> Así estará hablando la hermosa
> En alma y cuerpo, ilustre Magdalena,
> Haciendo de su pena lastimosa
> Al huerto y monte y valle tener pena:
> Cual la viuda tórtola amorosa
> En seca rama, de tristeza llena,
> Sentada, y al consorte amando muerto,
> Hace gemir al valle, al monte, al huerto. (VI, 120)

Después de sufrir por la ausencia de Jesús, la persona a quien ama, Magdalena recibirá la dicha de su presencia y a ella le asignará la tarea de que vaya a anunciar a todos que ha resucitado.

"Pero Cristo, cual madre generosa,
Su elevación notando y su ternura,
Alegre volverá su faz gloriosa,
Claramente mostrando su figura:
—María,— le dirá con voz piadosa;
Y ella, absorta de ver su hermosura,
Responderá: —Maestro,— arrebatada
De sí, y en él y en Dios transelevada. (VI, 130)

El aspecto amoroso del poema llega a su máxima expresión lírica con la descripción del amor divino entre Jesús y su madre, la Virgen María. Como se ha visto en la previa sección de las fuentes, una de las paráfrasis bíblicas del poema más emotivas es la que se deriva del *Cantar de los cantares*, (libro XI) en la que María sale en busca de su Hijo que acaba de ser sentenciado a muerte. En la descripción que María ofrece a las mujeres, la Virgen toma los versos del poema bíblico que se refieren al amado para definir la caracterización de Jesús.

Libro XI	Cantar de los cantares
Es su linda cabeza de oro fino, Y oro que nunca tuvo semejante; Porque es de la sustancia y ser divino, Y a enamorar al mismo Dios bastante: Su cabello también es peregrino; Que si bien es hermoso y rutilante, Es de color de cuervo, y siempre sube, Cual palma enhiesta, a la postrera nube. (126)	Mi amado es moreno claro, Distinguido entre diez mil. Su cabeza es oro, oro puro; Sus guedejas, racimos de palmera, Negras como el cuervo. (5, 10-11)

El "amado" referido en el *Cantar* es su propio Hijo en *La Cristiada*, a quien tanto adora y por quien tantas penas sufre. Posteriormente, es otra vez el arcángel Gabriel quien le comunica la buena nueva de que su muerte no es eterna, sino que Jesús resucitará. Le relata los pormenores de su reencuentro con una verdadera caracterización idílica:

"Abrazarásle, y él daráte abrazos;
Besaráte, y darásle dulces besos;
Echarásle a su cuello estrechos lazos,
Y él te hará recíprocos excesos.
¡Oh, quién dividirá tan lindos brazos,
A tan gloriosos brazos también presos!
Y ¡quién apartará tan limpios labios,
Que sin hablar palabra son tan sabios!

"Sus manos cogerás, ¡oh Virgen pura!,
Y apretaráslas con tus manos bellas;
Y así, admirada de su hermosura,
Tu hermosura mirarás en ellas:
De su costado beberás dulzura,
Y beberás de amor vivas centellas,
Y verás en su alegre y linda cara
Sol, luna, estrellas, cielo, lumbre clara. (VI, 55-56)

Después de la Ascensión de Jesús y antes de la Asunción de María, habrá un lapso de tiempo en que la Virgen tendrá la frecuente visita de su Hijo amado, especialmente en las noches oscuras y frías:

"Y ¡qué de veces, cuando tú le llames
Con voces blandas en su breve ausencia,
Porque en su amor tu espíritu derrames,
Te negará, escondido, su presencia;
Y cuando más llorosa y triste clames,
Te mostrará en un punto su clemencia,
Y tú, devota y a sus pies postrada,
Oficio harás de sierva regalada!

"Y ¡qué de veces en la noche oscura
Te dará con su vista un claro día,
Y naciendo en oriente la luz pura,
Y él yéndose, vendrá tu noche fría;
Y porque su regalo poco dura
Te quejarás con dulce melodía,
Y oyéndote llorar, volverá presto
Con blanda risa en tu presencia puesto! (VI, 146-147)

El relato de Gabriel concluye con el gran encuentro final de María y Jesús que ha de ocurrir después de la muerte de la Virgen y en el momento en que ella suba a ocupar su lugar junto al Padre y al Hijo. Como puede verse, su entrada al Cielo acompañada de Jesús es una clara reminiscencia de ceremonia nupcial:

"A tu presencia llegará gozoso,
Sus tiernos brazos a tu lindo cuello
Echará, de apretarlos deseoso,
Y entonces sin dolor podrá hacerlo.
¡Qué nudo, oh virgen Madre, tan gracioso,

Para el tan dulce, para ti tan bello!
¡Qué beso tan recíproco y suave!
El mismo Dios, que lo dará, lo alabe.

"Así, arrimada la derecha mano
En aquel hombro que sustenta el cielo,
Y él siendo tu escudero cortesano,
Con presto irás y manso y limpio vuelo;
Y llegando al alcázar soberano
Do asido a la verdad vive el consuelo,
Abriéndose las puertas de la gloria,
Franca la entrada te será y notoria.

"Y del trono a los santos descubierto
Sonará en dulce y apacible canto:
—¿Quién es ésta que sube del desierto
Con tanta luz y fiesta y gozo tanto,
Y viene al deleitoso impíreo huerto,
Estribando en su Esposo e Hijo santo,
Como el aurora bella y refulgente,
Como la luna y como el sol luciente?— (X, 140-142)

En otro giro de ideas, las dimensiones de tiempo y espacio en el poema presentan continuos cambios. Son dimensiones perfectamente definidas por las escenas que se describen y los hechos que se narran. En cuanto a la dimensión temporal la secuencia cronológica corresponde al tiempo real de una jornada que transcurre desde la Última Cena del jueves por la noche hasta la tarde del viernes, cuando el cadáver de Jesús es colocado en el sepulcro por José de Arimatea y Nicodemo; y a partir de los eventos de la Pasión y muerte de Jesús se identifican dos visiones fundamentales del poema: la retrospectiva, que relata eventos del pasado; y la prospectiva, basada principal pero no únicamente en las profecías.

Dentro de la retrospectiva se incluyen eventos ocurridos desde el origen de la vida en la Tierra y del hombre, tales como la creación, la vida en el Edén y el pecado cometido por Adán y Eva. Se observan también varios de los hechos relacionados con la historia del pueblo de Israel de acuerdo a la forma en que son narrados en las Sagradas Escrituras (libros III y IV); aparecen muchos de los milagros de Jesús (IV, V y IX) y los acontecimientos inmediatos que sucedieron justo antes del momento presente que se vive en el poema, por destacar algunos.

En la prospectiva se incluyen las profecías, las visiones sobre los futuros santos y mártires que habrían de seguir a Jesús (libros IV, VIII), así como a los Doctores de la Iglesia, los despreciados (V y VI), los fundadores de órdenes religiosas (XI), los herejes y los traidores de Jesús entre los que aparecen Judas y los representantes de sectas opuestas a la religión católica (VII). Dentro de ese aspecto profético, Gabriel visita a la Virgen para anunciarle la Pasión, muerte, descendimiento al Infierno y resurrección de Jesús (VI); le anuncia la Ascensión, Pentecostés y la propia Asunción de María (X) y cuando Jesús recibe la condena de su pueblo, él puede "ver" todos los pormenores de la futura destrucción de la ciudad de Jerusalén (X).

En el contexto temporal se destaca asimismo el uso de las horas mitológicas descritas con gran detalle. Es un aspecto literario de herencia clásica, en el que el amanecer y el anochecer son las dos horas favoritas de los poetas épicos. Una muestra de ello se observa en la descripción que aparece en *La Cristiada* acerca del día en que Jesús será sacrificado:

> La blanca aurora con su rojo paso,
> En nubes escondida, caminaba,
> Y los celajes del Oriente raso,
> De oro confuso y turbia luz bordaba;
> Y adivina quizá del triste caso,
> Oscurecer quisiera, y alumbraba,
> No voluntaria, no, mas obediente
> Al que gustó de estar en cruz patente.
>
> El rubio sol, temiendo la carrera,
> Escasa daba su hermosa lumbre,
> Y discurría por la cuarta esfera,
> Ya no por intención, mas por costumbre;
> Y si juntarse con verdad pudiera
> En el bajo hemisferio y alta cumbre
> Oscuridad y luz, y noche y día,
> Todo, por hacer monstruos, lo haría. (V, 1-2)

La dimensión del espacio está determinada por los diferentes lugares en que se llevan a cabo los acontecimientos de la narración. Son espacios concretos como la casa del amigo de Jesús donde se reúne con sus discípulos para celebrar la cena de la Pascua, el Huerto de Getsemaní, la casa de Pilato, la casa de Herodes, las calles de Jerusalén, la casa de la Virgen

María y el monte del Calvario. Inclusive la máquina sobrenatural del poema nos lleva a dos espacios imaginados: el Cielo y el Infierno donde se realizan las asambleas de los dos bandos opuestos que participan en la narración. De esta manera, el lector es transportado continuamente del Cielo a la Tierra, de la Tierra al Infierno o de una casa a otra. La rica diversidad de lugares tiene como resultado una impresión de movimiento, lo que favorece en gran medida al poema porque lo hace ameno y variado.

Otro de los aspectos literarios de gran singularidad en el poema es la metatextualización, es decir que el poeta escribe basado en las Sagradas Escrituras y dentro de su narración se hace referencia a ellas. Así tenemos que Hojeda narra poéticamente un hecho que forma parte del relato bíblico, como el juicio de Jesús. En este juicio los miembros opositores señalan profecías bíblicas para determinar si Jesús es o no el Mesías. Las alusiones a la Biblia son una constante que aparece a lo largo de todo el poema. Se nota que hay por lo menos doce recuentos de la vida de Jesús hechos por diferentes personajes: la Oración cuando se presenta ante el Padre; Lucifer cuando se reúne con los demonios; Gamaliel cuando defiende a Jesús ante el Sanedrín; el anciano que habla de Jesús para satisfacer la curiosidad de Pilato; la Virgen cuando pide al Padre por la salvación de su Hijo, entre otros. Esta repetición es un recurso empleado por el poeta para instruir al lector sobre la verdadera identidad de Jesús y el contenido de la Biblia.

Ahora bien, para contemplar el poema desde el punto de vista religioso es necesario destacar en primer término que en la épica Aristóteles dicta que "el poeta debe hablar lo menos que pueda en persona propia" (62), esto es, que el poeta debe usar lo menos posible la voz narrativa en primera persona para dirigirse al lector. Sin embargo, en *La Cristiada* ocurre exactamente lo contrario. Por tratarse de una épica sagrada, la inspiración y la convicción religiosas del autor están presentes en la realización del poema. De ahí se da un didactismo religioso en el que Hojeda ocupa un lugar dentro de la obra para dirigirse al lector con un tono predicador o moralista propio del sermón. Como se mencionó antes, esta epopeya es una apología porque hay una clara adaptación del arte de la poesía puesto al servicio del fervor religioso y la aceptación de la Fe. En esta tendencia didáctica y moralizadora resulta obvio que Hojeda necesite el uso de la primera persona. Son muchas las ocasiones en que el mismo autor asume el papel de pecador, y se autodoctrina con la enseñanza de los Evangelios para que su propia toma de conciencia sirva de modelo a todo aquél que lea el poema:

> Mas ¡ay, que baja por el aire apriesa
> Sobre el cuerpo de Cristo el fiero azote!
> ¡Ay, Dios, que llueven, cual de nube espesa,
> Golpes en el supremo Sacerdote!
> ¡Ay, Dios, que de sacar sangre no cesa,
> Para que toda en el dolor se agote
> La cruel disciplina! ¡Ay, Dios amado!
> ¡Ay, Jesús, por mis culpas azotado!
>
> Yo pequé, mi Señor, y tú padeces;
> Yo los delitos hice, y tú los pagas;
> Si yo los cometí, tú ¿qué mereces,
> Que así te ofenden con sangrientas llagas?
> Mas voluntario, tú, mi Dios, te ofreces;
> Tú del amor del hombre te embriagas;
> Y así, porque le sirva de disculpa,
> Quieres llevar la pena de su culpa. (VIII, 43-44)

Cuando el poeta toma su papel de predicador, el destinatario de su mensaje es siempre el hombre pecador:

> Crióte Dios, prodújote de aquesto:
> No te encarames porque estás criado;
> Que eres campo de humores mal compuesto
> Y sepulcro de horrores blanqueado,
> A la virtud y a la razón opuesto,
> Y a ti mismo enemigo declarado;
> Y si para gozar de Dios nacido,
> De males lleno, en culpas concebido.
>
> Y tú, lo que es peor, acrecentaste
> Con tus mismas acciones tu vileza,
> Y al no ser del pecado te abajaste;
> Que es de la nada la mayor bajeza:
> Tal fuiste, y eres tal, y en tal paraste:
> Nada, hombre pecador: ¡ve qué nobleza!
> Y ¡este gran Dios por ti padece tanto!
> Pues ¿qué movió su pecho afable y santo? (VIII, 82-83)

La Cristiada transmite una emoción religiosamente fervorosa a través de algunos pasajes como los sufrimientos de Cristo, el dolor de la Virgen ante el destino de su Hijo, el arrepentimiento del apóstol Pedro y la conversión de Magdalena. Hojeda proyecta un acentuado didactismo que demuestra su habilidad como Maestro de Teología y predicador de la Fe, con lo que rinde honor al nombre de su Orden de Predicadores. En esa enseñanza de la doctrina católica, el poeta-predicador establece una constante y tenaz lucha contra el politeísmo, de ahí que su punto básico de ataque sea la cultura greco-romana en primer término, y posteriormente, cualquier cultura de América que promueva una existencia politeísta, en clara oposición al dogma católico. Es así como el poeta aprovecha a lo largo de la narración todas las oportunidades que se le presentan para "abrirle" los ojos al hombre pecador y hacerlo consciente del sacrificio de Jesús, para que se arrepienta y se aleje del pecado; destacando así el carácter apologético de la obra, en la que la Pasión y muerte de Jesús sirven de punto de partida para valorar la magnitud del sacrificio que tuvo que realizar, en cumplimiento de su misión como Redentor del género humano.

CONCLUSIONES

De acuerdo a las consideraciones presentadas en esta introducción se puede llegar a comprender sin dificultad por qué la epopeya llegó a ser valorada como el máximo de los géneros literarios. Es un género caracterizado por la profundidad de sus ideas que motivan la imaginación y la capacidad intelectual del lector, así como por la rigurosa forma literaria en que debe ser escrito. Por esta razón es indispensable que su autor cuente con una amplísima gama de conocimientos en múltiples áreas, y con una gran capacidad en el manejo del lenguaje poético.

La erudición de Hojeda no deja de ser impresionante: el vasto contenido del poema demuestra que su autor contaba con excelentes conocimientos de mitología, literatura, historia sagrada, de los escritores místicos, los Doctores de la Iglesia, ciencia en general, historia universal y eventos ocurridos en su tiempo. Consecuentemente, uno de los mayores méritos del poema es su carácter enciclopédico que implica al lector la necesidad de adquirir una extensa referencia de hechos históricos, bíblicos, literarios y tradicionales, para poder lograr la comprensión del contenido; de otra manera, se puede caer en el error de leer el poema sólo como una lista de eventos y personajes sin mayor relevancia, con lo que se dificulta que el lector comprenda su argumento, siga la narración y aprecie el poema en toda su extensión. Además, el análisis estilístico aquí presentado ha permitido comprobar que Hojeda realiza, tal vez no sin dificultad, el aspecto lingüístico que un poema épico demanda ya que resulta absolutamente necesario un completo entrenamiento literario para seguir al pie de la letra las normas de métrica y versificación que el género épico implica. Y por encima de todo esto, el autor ha sabido aprovechar perfectamente los recursos que le proporcionaran la fluidez y la variedad que caracterizan a *La Cristiada*.

A pesar del valor que *La Cristiada* alcanza como obra literaria es necesario admitir que tanto en el Perú, -donde fue originalmente escrita, como en el resto de Hispanoamérica, este poema épico no se conoce a veces ni por el nombre y mucho menos por su admirable integridad como obra literaria. El desconocimiento en que se mantiene se debe a diferentes hechos. Como bien apunta Piñero, "Salvo muy contadas excepciones, los largos poemas épicos, que entretuvieron las espaciosas horas de los lectores de entonces, no se leen hoy. Incluso muchos estudiosos de la literatura no ocultan el rechazo de este género, que fue preeminente en el pasado" (161-162). Si a esto se añade la tendencia a leer menos y a dejarse llevar por la pasividad que traen como consecuencia los nuevos medios de comunicación existentes, se deja entonces de promover la lectura como medio de adquisición del conocimiento.

En la actualidad, la literatura en general parece ser del interés solamente de unos cuantos y entre la mayoría de los estudiantes, no representa más que un requisito académico en el cumplimiento de sus materias de estudio. Otra razón fundamental que no puede pasarse por alto es que se trata de una obra sagrada y a diferencia de la época de Hojeda, la nuestra es una época mucho más secular y consiguientemente menos religiosa. De cualquier manera, la toma de conciencia de esta problemática debe empujarnos a aceptar el reto de hacer un esfuerzo por estudiar y valorar apropiadamente el poema épico; con ello se conseguiría incluso el desarrollo de las habilidades literarias que cada estudiante debe adquirir, para procurar el máximo empleo de sus capacidades intelectuales como ser humano. Hay que tomar en cuenta que a juicio de críticos como Menéndez Pelayo, *La Cristiada* "es el mejor poema sagrado en castellano" (170), lo que implica una gran responsabilidad por parte de los profesores de literatura castellana, para lograr el aprecio y la valorización que le corresponden a esta obra maestra.

Finalmente es necesario hacer hincapié en que como obra literaria debe ser celebrada para honor de nuestra propia lengua y esta edición busca en cierta medida contribuir a una celebración que conlleve la trascendencia del poema en el sentido más amplio de este concepto. Aunque ya se ha hecho énfasis en su carácter religioso hay que tomar en cuenta que esto no puede seguir representando un obstáculo para su conocimiento, comprensión, valorización y difusión; sino al contrario, deben tomarse ante todo los elementos lingüísticos y literarios que conforman esta inigualable epopeya para entender la magnitud de la celebración que podríamos realizar conjuntamente y que abarque incluso otras ramas del quehacer artístico, lo que sin duda facilitaría en gran medida que el poema épico se hiciera aún más accesible a todo tipo de lectores.

Notas

[1] Ha resultado muy difícil el acceso a las fuentes documentales originales para la biografía de Hojeda. En su edición del poema Aguayo señala que han existido las siguientes: Juan Meléndez, O.P. *Tesoros verdaderos de las Indias*, en la Historia de la gran Provincia del Perú, del Orden de Predicadores, Roma, 1861; Fray Paulino de Quirós, O.P. *Nuevos datos biográficos del gran poeta teólogo, Fr. Diego de Hojeda*, Ciencia Tomista, enerofebrero, 1912. Hipólito Sancho, *Fr. Diego de Hojeda*; *Santos, bienaventurados y venerables de la Orden de Predicadores*, por Fr. Paulino Alvarez, Vergara, 1922. Santiago Montoto de Sedas, *Ingenios sevillanos del siglo de oro que vivieron en América*, Madrid, s.f. y José de la Riva Agüero, *El Padre Diego de Hojeda, por la Verdad, la Tradición y la Patria*. Opúsculos. Lima, 1938. A éstas, hay que agregar la introducción de Sor Mary Helen Patricia Corcoran a su propia edición de 1935.

[2] Se trata de la Orden de Predicadores (del latín: ordo praedicatorum u O. P.) conocida también como orden dominicana y sus miembros como dominicos. Es una orden mendicante de la Iglesia católica que fue fundada por Santo Domingo de Guzmán en Toulouse durante la Cruzada albigense, y confirmada por el papa Honorio III el 22 de diciembre de 1216.

[3] Se ha notado una diferencia en la forma escrita de su apellido: algunos pocos lo usan como "Ojeda" mientras que la gran mayoría escribe "Hojeda." Aquí se empleará la segunda versión, es decir, "Hojeda", porque es así como aparece en la firma de la dedicatoria al virrey y en todos los documentos oficiales de aprobación para la publicación de su poema heroico de acuerdo a Corcoran.

[4] Se le llama edición príncipe (en latín *editio princeps*) a la primera edición impresa de una obra, tomada de los manuscritos del autor y de su correspondiente copia para los impresores. Es un término aplicado principalmente a obras de prestigio.

[5] Hay que tomar en cuenta que este apellido puede presentar las siguientes modalidades: Ribadeneira, Ribadeneyra, Rivadeneira y Rivadeneyra.

[6] De hecho, la introducción de esta edición de Pierce es idéntica al contenido de su artículo que aparece dentro de la compilación de Iñigo Madrigal, *Historia de la Literatura Hispanoamericana. Época Colonial*. 225-234. (Véase la bibliografía).

[7] Los miembros de esta Orden religiosa tuvieron en general una gran relevancia en la historia del Perú. Por razones de extensión, se presentan solamente los hechos que se han considerado más importantes para identificar el contexto en que se encontraba Hojeda como miembro de la misma.

[8] La Capitulación de Toledo (1529), a grandes rasgos señalaba lo siguiente:
1. Para Francisco Pizarro: los títulos de Gobernador, Capitán General, Adelantado y Alguacil Mayor de la Nueva Castilla. Extensión de su gobernación 200 leguas (1.110

km) al sur del pueblo de Santiago, Ecuador (aproximadamente hasta la actual Chincha). Sueldo: 725 mil maravedíes al año.

2. Para Diego de Almagro: Gobernador de la Fortaleza de Tumbes. Título: Hidalgo. Sueldo: cien mil ducados.

3. Para Bartolomé Ruiz: el cargo de Piloto Mayor del Sur.

4. Para Pedro de Candia: el cargo de Jefe de Artillería.

5. Para los trece caballeros de la Isla del Gallo, títulos de Hidalgos.

[9] El requerimiento era el documento oficial redactado por Juan López de Palacios Rubios en 1510 que se leía por las fuerzas conquistadoras de España a nombre del rey, para declarar la soberanía y la guerra sobre el control de las Américas.

[10] Antonio de Montesinos, O.P. fue un fraile dominico que se destacó por la defensa de los indígenas frente a los españoles; su discurso del 4 de diciembre de 1511 sirvió de motivación y modelo a muchos otros frailes para realizar su labor religiosa.

[11] Puede consultarse el trabajo de Miró Quesada, *El Primer Virrey-Poeta en América*. (Don Juan de Mendoza y Luna, Marqués de Montesclaros), un estudio en torno a la figura del virrey. En el aspecto literario resalta su relación con otros escritores contemporáneos, como es el caso de Diego de Hojeda. (Véase la bibliografía)

[12] Juan Dávalos de Ribera mantuvo estrechos lazos de amistad con Miguel de Cervantes Saavedra. A él se refiere en estos versos que le dedica en 1584 en su *Galatea*:
Por prenda rara desta tierra ilustre,
claro don Juan, te nos ha dado el cielo,
de Ávalos gloria, y de Ribera lustre,
honra del propio y del ajeno suelo:
dichosa España, do por más de un lustre
muestra serán tus obras, y modelo
de cuanto puede dar naturaleza
de ingenio claro y singular nobleza.

[13] Elogiado también por Miguel de Cervantes:
En todo cuanto pedirá el deseo,
un Diego ilustre de Aguilar admira,
un águila real que en vuelo veo
alzarse a do llegar ninguno aspira.
Su pluma entre cien mil gana trofeo,
que, ante ella, la más alta se retira;
su estilo y su valor tan celebrado
Guánuco lo dirá, pues lo ha gozado.

[14] En palabras de Cervantes:
De un Enrique Garcés, que al peruano
reino enriquece, pues con dulce rima,
con subtil, ingeniosa y fácil mano,

a la más ardua empresa en él dio cima,
pues en dulce español al gran toscano
nuevo lenguaje ha dado y nueva estima,
¿quién será tal que la mayor le quite,
aunque el mesmo Petrarca resucite?

[15] Poema compuesto por 268 tercetos y un cuarteto, haciendo un total de 808 versos. Véase un fragmento al final del volumen II dentro del apartado "Suplementos referenciales."

APROBACIONES

El Rey

Por cuanto por parte de vos el Padre Maestro Fr. Diego de Hojeda, Regente de los Estudios de la Orden de Predicadores, en el Convento de Lima, nos fue hecha relación, que vos habíades compuesto un libro, intitulado: La Christiada, en octavas, que trata de la vida y muerte de Cristo nuestro Señor, con mucho trabajo, y estudio; recogiendo lo que en tantos años de Maestro, y Lector de Teología habíais alcanzado, procurando de intento, el modo, y estilo con que se recibiese, y leyese, y con este modo se levantase el alma a la contemplación, y devoción de la vida y muerte de Cristo, con afecto pío, hallando tratadas las materias de Teología, y Escritura Sagrada, doctamente, y con levantado estilo. Y por ser el dicho libro de mucha utilidad a la República, nos pedisteis, y suplicasteis, os mandásemos dar licencia, y facultad, para imprimirlo, y privilegio por veinte años, o como la nuestra merced fuese: lo cual visto por los del nuestro Consejo, por cuanto en el dicho libro se hizo la diligencia que la Premática por nos sobre ello fecha dispone, fue acordado, que debíamos mandar dar esta nuestra Cédula en la dicha razón, y nos tuvimoslo por bien, por la cual os damos licencia, y facultad, para que por tiempo, y espacio de diez años cumplidos, primeros siguientes, que corran, y se cuenten desde el día de la fecha de esta nuestra cédula en adelante, vos, o la persona que para ello vuestro poder hubiere, y no otra alguna, podáis imprimir y vender el dicho libro, que de uso se hace mención. Y por la presente damos licencia y facultad, a cualquier impresor de estos nuestros reinos, que nombrares, para que durante el dicho tiempo, lo pueda imprimir por el original que en el nuestro Consejo se vio, que va rubricado, y firmado al fin, de Antonio de Olmedo nuestro Escribano de Cámara, y uno de los que en nuestro Consejo reside: con que antes que se venda, le traigáis ante ellos, juntamente con el dicho original, para que se vea si la dicha impresión está conforme a él, o traigáis fe en pública forma, como por Corrector por nos nombrado, se vio y corrigió la dicha impresión, por el dicho original. Y mandamos al Impresor que así imprimiere el dicho libro, no imprima el principio, y primero pliego de él, ni entregue más de un solo libro con el original al autor, y persona, cuya costa lo imprimiere, ni otra alguna para efecto de la dicha corrección y tasa, hasta que antes, y primero el dicho libro esté corregido, y tasado por los de nuestro Consejo, y estando hecho, y no de otra manera, pueda imprimir el dicho principio, y primero pliego, en el cual inmediatamente ponga esta nuestra licencia, y la aprobación, tasa, erratas, ni lo podáis, vender, ni vendáis vos, ni otra persona alguna, hasta que esté el dicho libro en la forma susodicha, so pena de caer, e incurrir en las penas contenidas en la dicha Premática, y Leyes de nuestros Reinos, que sobre ello disponen. Y mandamos que durante el dicho tiempo, persona alguna sin vuestra licencia no lo pueda imprimir, ni vender, so pena que el que lo imprimiere y vendiere, haya perdido, y pierda cualesquier libros, moldes y aparejos que de él tuviere, y más incurra en pena de cincuenta mil maravadíes, por cada vez que lo contrario hiciese. De la cual dicha pena sea la tercia parte para nuestra Cámara, y la otra tercia parte para el Juez que lo sentenciare, y la otra tercia parte para el que lo denunciare. Y mandamos a los de nuestro Consejo, Presidente, y Oídores de las nuestras Audiencias, Alcaldes, Alguaciles de la nuestra casa y Corte, y Cancillerías, y otras cualesquier justicias de todas las ciudades, villas, y lugares de estos nuestros Reinos, y señoríos, y cada uno de ellos en su jurisdicción, así a los que ahora son, como a los que serán de aquí adelante, que vos guarden, y cumplan esta nuestra Cédula, y merced que así vos hacemos, ni consientan ir, ni pasar, ni vayan ni pasen contra ella, en manera alguna, so pena de la nuestra merced, y de diez mil maravadíes para la nuestra Cámara. Fecha en Valladolid, a nueve días del mes de marzo, de mil seiscientos y diez años.

Yo el Rey.
Por mandado del Rey nuestro Señor.

Jorge de Tovar.

Aprobación

Por Mandado de los Señores del Consejo Supremo de Castilla, he visto este libro, llamado La Cristiada, compuesto por el Padre Maestro Fray Diego de Hojeda, Regente de los Estudios de predicadores de Lima, no hay en él cosa disona a nuestra Fe, ni buenas costumbres, antes es todo él un firme apoyo de lo que la Fe enseña, en que se muestra bien la suficiencia del autor, en las unas y otras letras, Escritura, y Escolástico, y su agudeza de ingenio en todo, particularmente, en acomodar el manjar a el alma, con el sabor de la Poesía, para que el gusto que hoy está para lo bueno estragado, se oficione con el nuevo sainete del verso: Por lo cual juzgo, que por todas partes será de gran provecho su lección, y por tanto digno, que se le dé la merced que suplica. Dada en este Convento de los Mínimos, Nuestra Señora de la Victoria de Madrid, último de febrero de 1610 años.

Fray Francisco Tamayo,
Calificador del Consejo de Inquisición.

Licencia del Provincial

El Presentado Fray Francisco de Vega, Prior Provincial de esta Provincia de San Juan Bautista del Perú, de la Orden de Predicadores, habiendo visto los pareceres de los dos Padres Maestros, el Padre Fray Juan de Lorenzana, Catedrático de Prima de esta Universidad, y el Padre Fray Agustín de Vega, Lector de Teología en este nuestro Convento a quien cometimos el examen de este libro: y constándome, como me consta, de la gran suficiencia, y largos estudios en letras divinas, y humanas, del Padre Maestro Fray Diego de Hojeda, Regente de los Estudios de dicho Convento: Por la presente le doy licencia, por lo que a la Religión toca, para que en este Reino, o en otra cualquier parte, pueda hacer imprimir este libro, que ha intitulado: La Cristiada, que aunque de su autor esperamos, que presto sacará a luz otros trabajos de sus estudios, mayores, y más importante, éste nos parece que será muy útil, y de gusto para todos los que lo leyeren. Dada en nuestro Convento del Rosario de Lima, a 28 de marzo de 1609.

Fray Francisco de Vega,
Prior Provincial.

Aprobación

Por mandado de nuestro muy Reverendo Padre, el Presentado Fray Francisco de Vega, Provincial de esta Provincia de San Juan Bautista del Perú, de la Orden de Predicadores, he visto el libro, intitulado Cristiada, en verso heroico, que compuso el Padre Maestro Fray Diego de Hojeda, de la misma Orden y Provincia, y no solamente no tiene cosa contra nuestra Santa Fe Católica, ni contra las buenas costumbres, mas siendo su argumento altísimo, que es la vida y muerte de nuestro Salvador Jesucristo, es en estilo grave, en erudición profundo, y en la devoción suave, y en todo digno de un gran Doctor Teólogo, y tal, que muy a honra de nuestra sagrada Religión puede salir a luz. Fecha en este Convento de nuestra Señora del Rosario de Lima, en 27 días del mes de marzo de 1609 años.

Fray Juan de Lorenzana Maestro.

Aprobación

Por mandado de nuestro muy Reverendo Padre, el Presentado Fray Francisco de Vega, Prior Provincial de esta Provincia de San Juan Bautista del Perú, de la Orden de Predicadores, he visto el libro intitulado: La Cristiada, que ha compuesto el Padre Maestro Diego de Hojeda, Regente de los Estudios, en este Convento de Lima, y Lector que ha sido por muchos años de la sagrada Teología, de la misma Orden, y no tiene cosa disonante a nuestra Fe Sagrada, ni a la doctrina de los Santos, ni a las buenas costumbres de la Iglesia Católica: antes (aunque en lengua vulgar, y en verso) es en el decir levantado, en el modo de contemplar la vida y Pasión de Cristo Redentor nuestro, devotísimo, y en el tratar las materias de Teología, y Escritura Sagrada, e Historia Eclesiástica, muy docto, y bien considerado, al fin parto digno de tal Maestro, y que juntamente ha gastado tantos años en predicar el Santo Evangelio, con tanto aplauso, y provecho de los oyentes: y así se le puede dar licencia, para que le imprima, porque será en honra de nuestra sagrada Religión, y utilidad del Pueblo Cristiano: y así lo firmé en el dicho Convento, en 27 de marzo de 1609 años.

Fray Agustín de Vega Maestro.

POEMAS LAUDATORIOS AL AUTOR

Lope de Vega Carpio,
al Autor

Aunque de espinas tantas
coronada, y ceñida,
al Autor de la vida
la tierna frente cantas,
la tuya sacro Hojeda
de Laurel inmortal ceñida queda.

Tu lira lastimosa
que pinta en tierno llanto
bañado el rostro santo
de Madre tan piadosa
con envidia del suelo
viva entre las imágenes del cielo,

El arco soberano
con cuyas juntas cerdas
hirió sus dulces cuerdas
tu diestra y limpia mano
Iris del cielo sea
porque en su llanto sus colores vea.

El Antártico Polo
y el nuestro que has honrado
historiador sagrado
te llamen sacro Apolo
y en el orbe distinto
nuevo David, y Evangelista quinto.

El doctor Mira de Amescua
Capellán de su Majestad
al Autor

Musa atrevida al sol que su luz canta
desde que al mundo en cándido rocío
bajo sobre el vellón hasta que el río
de su sangre creció inmortal y santa.

No es de aganipe, no, ni fuerza tanta
tuviera de Ipocrene el cristal frío
otra Deidad mayor, más alta Clio
mueve tu pletro, inspira su garganta.

Oscurecer tu fama no presuma
el poderoso tiempo en su porfía
que al cantar y escribir tal argumento

El Águila de Ioan te dio la pluma
Heman la voz, David el instrumento
y los orbes celestes la armonía.

Canción del Licenciado Don Gabriel Gómez
al Autor

De amor el arte numeroso canta
Ovidio y el camino
del Griego astuto Homero inmortaliza
Claudiano al fénix oriental levanta
para vivir de nuevo con divino
pletro, de la aromatiza ceniza
materia os eterniza
Hojeda religioso
más alta, cuando en verso misterioso
cantáis de amor al celestial maestro
al peregrino que del lado diestro
del Padre vino al mundo, y a aquella Ave
que en la llama suave
de nuestro amor dehecha al tercer día
volvió a vivir, y a ser la vida mía.

Cantáis de Dios al hijo humano y muerto
asunto levantado
sobre caduca voz y humana lira
y así cantáis, que en el costado abierto
de Cristo, mostráis bien haber bañado
los doctos labios que la tierra admira
este Apolo os inspira
mientras el otro Apolo
dejando en triste oscuridad el Polo
la muerte llora de la vida eterna
que le dispensa luz, y le gobierna
es el Calvario Pindo aquella
madre a un tiempo y doncella
vuestra musa, y en vez de Dafne esquiva
premio la Cruz de vuestra frente altiva.

Tan estragado el hombre enfermo tiene
el gusto que no admite
lo que ha de ser su vida, y su alimento
por la costumbre tanto mal le viene
con que del mundo al mísero convite
ciego se entrega, y de su fin hambriento:
a su peligro atento,
médico soberano,
hurtando el proceder al mundo vano,
hoy cubierto le dais el manjar bueno
con lo que él disimula su veneno,
y el verso que a las fábulas servía,
con torpe melodía,
hoy el triunfo de Dios hacéis que adorne
porque la humana condición soberne.

Anuncia el Cisne su cercana muerte
con pasos de garganta
del torcido Meandro en la ribera
muere con menos pena de esta suerte
tanta es la suavidad, la virtud tanta
de su acento final, y voz postrera
mas vos de otra manera
con vos al pletro unida
cantando os anunciasteis nueva vida
viviréis a pesar de olvido, y años
de propios gloria, admiración de extraños
y el nombre de elegante, y de piadoso
título en voz glorioso
cuando perezcan mármoles, y bronces
como metal mejor, vivirá entonces.

Soneto al Autor
(anónimo)

Entre sus rayos de oro Apolo queda
suspenso y destemplado su instrumento
porque oye rompiendo el claro viento
a otro que exceder sus cuerdas pueda

el tiempo se paró sobre su rueda
y el cielo su ligero movimiento
por ser quien toca su divino acento
el insigne varón Maestro Hojeda.

De hoy mas oh España valerosa puedes
en los trofeos de su fama alaba
poner uno el mayor que el mundo ha visto.

Pues que con él gloriosa es bien que quedes
que un hijo que es de América tu esclava
llorando cante la pasión de Cristo.

La Cristiada
Diego de Hojeda

Al Excelentísimo Marqués de Montesclaros,
Virrey del Perú.

La vida de Cristo Señor Nuestro, escrita en verso, ofrezco a Vuestra Excelencia, por el sujeto merecedora de altísima veneración, y por el estilo antiguamente estimada, y ya (no sé por qué) no tanto dedícola a Vuestra Excelencia, no por su ilustrísima sangre, respetada entre los grandes de España. Aunque pudiera esto moverme, pues la sangre de Cristo derramada en la Cruz la más noble merece en su servicio: Mas al fin es naturaleza, que no importa por sí sola para la gracia. Hagalo por dos razones. La primera, por la Sabiduría, y gran conocimiento, que de buenas letras ha comunicado Dios a Vuestra Excelencia, que de esto deben ampararse los libros, que desean con razón perpetuidad. Y la segunda, porque quien ha gobernado los dos Reinos de las Indias Occidentales, y el archivo de sus tesoros, Sevilla, con tanto acertamiento y prudencia; es justo, se le ofrezca por espejo, la fundación y acrecentamiento, y premio del Reino del Salvador, Rey de Reyes verdadero. Y si no es demasía para carta breve añadir causa tercera, el ver a Vuestra Excelencia tan aficionado a pobres en las primeras provisiones de este Reino, y tan recto distribuidor de la justicia en las segundas de Chile impelió mi deseo, para poner en manos de Príncipe tan justo y misericordioso, la unión más admirable de la Justicia, y Misericordia de Dios Recíbala Vuestra Excelencia con el afecto, y rostro que fue le tener, y mostrar a las cosas de mi religión, que con sólo esto el libro quedará honrado, y mi orden obligadísima, y servido

Nuestro Señor.
&c.
Fray Diego de Hojeda.

Libro I

Argumento

Cena el Señor con su devota escuela;
Los pies le lava; ordena el sacramento;
De Judas el pecado a Juan revela;
Con tres se va y les dice su tormento:
Duermen ellos, y Cristo se desvela,
Y en la tierra se humilla al Padre atento;
Y vestido de ajenas culpas, ora,
Ve su muerte y a Dios, y gime y llora.

Octavas 1 – 9
Propósito
(propositio)

Invocación
(invocatio)

Canto al Hijo de Dios, humano y muerto
Con dolores y afrentas por el hombre.[1]
Musa divina, en su costado abierto
Baña mi lengua y muévela en su nombre,[2]
Porque suene mi voz con tal concierto,
Que, los oídos halagando, asombre
Al rudo y sabio, y el cristiano gusto
Halle provecho en un deleite justo.

Narración
(narratio)

Dime también los pasos que obediente
Desde el huerto al Calvario Cristo anduvo,
Preso y juzgado de la fiera gente
Que, viendo a Dios morir, sin miedo estuvo;
Y el edificio de almas eminente
Que, cansado y herido, en peso tuvo;
De ilustres hijos el linaje santo,
Del cielo el gozo y del infierno el llanto.

Dedicatoria

Tú, gran marqués, en cuyo monte claro[3]
La ciencia tiene su lugar secreto,
La nobleza un espejo en virtud raro,
El Antártico mundo un sol perfeto,[4]
El saber premio, y el estudio amparo,
Y la pluma y pincel digno sujeto:
Oye del Hombre Dios la breve historia,
Infinita en valor, inmensa en gloria.

Verás clavado en cruz al Rey eterno: 4
Míralo en cruz, y hallarás qué aprendas;[5]
Que es una oculta cruz el buen gobierno,
Y en tu cruz quiere que a su cruz atiendas.
Aquí el celo abrasado, el amor tierno,
De rigor y piedad las varias sendas
Por donde al cielo un príncipe camina,
Te enseñará con arte y luz divina.

Vida de Jesús: resumen
en 5 octavas:

concepción

Ya el santo Hijo del supremo Padre,
Que, viendo su infinita hermosura,
Por sacar un concepto que le cuadre,
Con su esencia le infunde su figura,
Nacido había de una Virgen Madre;[6]
Que madre casta pide y virgen pura
El Hombre Dios, y caminado había
Su corta edad quien hizo el primer día;

Jesús a la edad de 30
años

Ya el sacro tiempo que en la Mente suma
Con dedo eterno estaba señalado,
Batido había su ligera pluma,
Y por seis lustros, sin parar, volado,
De la vida de Dios haciendo suma;
Porque quiso con tiempo limitado
Vivir, y con sagaz y oculta traza,
El que la inmensa eternidad abraza;

doctrina de Jesús

Ya, predicando su real grandeza,
Su adorada persona y ser divino,
Con voz clara a la pérfida rudeza
Y con ejemplo de su fama digno,
Había de su altísima nobleza
Dado un modelo en gracia peregrino,
Que apareció, cual Hijo de quien era,
De virtud lleno y de verdad entera;

milagros

apóstoles

Ya la esperada ley de paz dichosa,   8
En almas de profetas escondida,
Y con buril de santidad preciosa
Por Dios en sabios pechos esculpida,
Había dado a la ciudad famosa
En que dio a ciegos luz y a muertos vida;[7]
Y el colegio de apóstoles sagrado[8]
Había sobre santo amor fundado:

Celebración de la Pascua
Cuando la Pascua, de misterios llena,
En sombras antes, pero ya en verdades,
Llena de inmensa gloria y suma pena,
Varias, más bien unidas propiedades,
Se llegaba, y la noche de la cena
Y aurora de las dulces amistades
Entre Dios y los hombres, en que quiso
Ser Dios manjar del nuevo paraíso.

Octavas 10-50
Última cena
Entonces el Señor que manda el cielo,
Y franco a sus ministros de la tierra,
Rico de amor y pobre de consuelo
El que en su mano el gozo eterno encierra,
Y ardiendo en aquel santo y limpio celo
Que desde que nació le hizo guerra,
Ordenó con su noble apostolado
Celebrar el Fasé, convite usado.

La tradición pascual
Era el Fasé la cena del cordero,
Que el mayor Sacramento figuraba,
Y allá en Egipto se comió primero
Cuando el pueblo de Dios cautivo estaba;[9]
Y celebrarlo quiso el verdadero,
Que en él como en imagen se mostraba,
Para dar fin dichoso a la figura
Con su sagrado cuerpo y sangre pura.

Puesta la mesa, pues, y el manjar puesto,[10]   12
Y juntos los discípulos amados,
Y por el orden del Señor dispuesto,
Todos en sus lugares asentados,
Su amor pretende hacerles manifiesto,
Y los labios de gracia rociados
Muestra, y envuelve en caridad suave
Estas palabras de su pecho grave:

Jesús cena con sus apóstoles

"De comer con vosotros un deseo
Eficaz y ardentísimo he tenido
En esta Pascua, y por mi bien lo veo,
Primero que padezca, ya cumplido:
Este regalo, amigos, este aseo,
De vuestras dulces manos recibido,
No lo tendré otra vez, hasta que llegue
Al reino do glorioso en paz sosiegue."

Dijo; y mirando a todos igualmente
Con amorosa vista y blandos ojos,
Y un suspiro del alma vehemente
(Señal de pena, sí, mas no de enojos),
Su plática prosigue conveniente,
Y desplega otra vez sus labios rojos,
Mientras come en su plato el falso amigo
Que ya su apóstol fue y es su enemigo.

Anuncia la traición de Judas

"Y uno me ha de entregar, dice, a la muerte,
Uno deste pequeño apostolado;
Mas ¡ay de su infeliz y mala suerte!"[11]
Añadió luego en lágrimas bañado.
Una grande tristeza, un dolor fuerte,
De asombro lleno y de pavor cercado,
A todos los discípulos rodea,
Medrosos de traición tan grave y fea.

Confusión entre los apóstoles

Y cada cual pregunta espavorido: 16
"¿Soy yo, por desventura, o buen Maestro?"
Y responde el Señor entristecido,
Y en desdoblar fingidas almas diestro:
"Entregaráme aleve y atrevido,
Del número dichoso y lugar vuestro,
El que conmigo mete aquí la mano,
Y de mi plato ahora come ufano.

"Pero el Hijo del Hombre al fin camina,
Como está de su vida y muerte escrito;
Mas ¡ay del que su venta determina,
Y fácil osa tan atroz delito!
¡Ay del triste que a Dios el pecho indina,[12]
Siguiendo mal su bárbaro apetito!
No haber salido a luz mejor le fuera,
Porque en ella su culpa no se viera."

Sobre tendidos lechos recostados
Los nietos de Israel comer solían,
Y en su seno los hijos regalados
O más caros discípulos tenían.
Así estaban por orden asentados
Los que en la mesa con Jesús comían,
Y en su seno el discípulo querido,
Compuesto, acariciado y acogido.

Intervención de Pedro, Juan y Judas

Pedro, que, cual pontífice supremo,
Gozaba atento del lugar segundo,
Notando en Cristo el admirable extremo
Del decir grave y del callar profundo,
"Aunque bajeza tal de mí no temo
Por más que corra el tiempo y ruede el mundo
Al apóstol amado y amoroso,
Dijo, sabed quién es el alevoso."

Juan a Cristo pregunta por el triste   20
Que pretende hacer caso tan feo.
Tú en secreto, Señor, lo descubriste
Para satisfacer a su deseo;
Que avergonzar a Judas no quisiste,
Que era oculto, si bien odioso reo,
Su honor guardando al pérfido enemigo,
Como si fuera santo y dulce amigo.

Mas él, herida la feroz conciencia,
Y palpitando el temeroso pecho,
Ya de aquella real, sabia presencia,
Ya de su enorme y temerario hecho,
Con velo de fingida reverencia
Cela su furia, cubre su despecho,
Y: "¿soy yo?" dice. Ved cómo se esconde;
Y: "tú lo dices", Cristo le responde.

Otro quedara con razón pasmado;
La sangre al corazón se le huyera;
La vista ciega y el color robado,
Ni hablar ni sentir ni estar pudiera;
Mas él disimuló desvergonzado;
Que osa más libre la maldad más fiera,
Y alma que vende a Dios, Dios no le asombra,
Y atrévese en la luz como en la sombra.

Termina la primera cena pascual

Pues acabada la primera cena,
Y ya el cordero de la ley comido,
Cristo el más singular banquete ordena
Que el mundo sospechó, ni el cielo vido:[13]
Con pecho sosegado y la faz serena,
Aunque por tal discípulo vendido,
Gracioso de la mesa se levanta,
Y otra les apercibe sacrosanta.

Jesús les lava los pies a sus discípulos

Mas antes quiere con sus propias manos   24
Los pies lavarles con sus manos bellas,
Que adoran los supremos cortesanos,
Viéndose indignos de tocar en ellas;
Y despoja los miembros soberanos,
Resplandecientes más que las estrellas,
De su vestido y ropas convivales,
Al tiempo usadas de convites tales.

Y sabiendo también que el Padre Eterno
En sus preciosas manos puesto había
Del ancho mundo el general gobierno,
Y del reino inmortal la monarquía,
Humilde y amoroso, afable y tierno,
Fuego en las almas y agua en la bacía
Echa, y para lavar los pies, en tierra
Se postra el que en un puño el orbe encierra.

Estaban todos en el orden puestos
Que el Señor les trazó, y así ordenados,
Con rostros bajos y ánimos honestos
Al buen Jesús miraban asombrados:
A su divina voluntad dispuestos,
Y della misma y dél avergonzados,
Se encogían temblando. Pedro solo
Trató de resistir, y ejecutólo.[14]

Llegó, pues, Cristo, puso en tierra el vaso,
El lienzo apercibió, tendió la diestra,
Y absorto Pedro de tan nuevo caso,
Y aún más no viendo que una simple muestra,
Saltó animoso, dando atrás un paso
(Que al osado el amor valiente adiestra),
Y dijo: "¿Para aquesto me buscabas
Tú a mí, Señor? ¿Tú a mí los pies me lavas?"

Cristo, de su discípulo piadoso   28
El celo ponderando y la defensa,
Grave y sereno, dulce y amoroso
Responde a Pedro, que argumentos piensa:
"En este gran misterio religioso
Lo que yo intento y el amor dispensa
Ahora no lo sabes, y porfías;
Mas sabráslo después de algunos días."

Y Pedro le replica: "Eternamente
No podré permitir que mis pies laves,
¡Oh santo Dios, oh Rey omnipotente,
Que del bien y del mal tienes las llaves!
Que a tu inmenso valor es indecente,
Y a mi vileza indigno (tú lo sabes)
Que a tales pies se humillen tales manos:
¡Manos del mismo Dios a pies humanos!

Pedro no acepta que
Jesús le lave los pies

"Si me dieras lugar, yo las besara,
Y no hiciera mucho, con mi boca,
Con mi boca y las lumbres de mi cara;
Que a ti el honor, a mí el desprecio toca;
Y cuando yo a tus huellas me postrara,
Que a postrarme tu alteza me provoca,
Fuera la nada al mismo ser rendirse,
Y así rendida, al ser perfecto unirse.

"Pero ¿tú a mí, Señor? Mira que abajas
Al hondo abismo tu valor supremo;
Cuanto te humillas más y me agasajas,
De un noble extremo vas a un vil extremo;
Y si tu afrenta y mi favor no atajas,
Recelo con verdad, con razón temo
Que la naturaleza avergonzada
Se desprecie de ser por ti criada.

"Toma, pues, ¡oh buen Dios!, tu vestidura,   32
Y deja ese lugar para tu siervo;
Honra en esto mi próspera ventura,
Y tus pies me concede ¡oh sacro Verbo!
Lavarlos para mí será dulzura,
Y en permitirlo a ti, seré protervo:
Dámelos, ¡oh Maestro soberano!
Mis pies olvida; encoge allá tu mano."

Aquesto dijo; y más consideraba
Pedro, elevado en sí y en Dios absorto;
De sí el no ser, de Dios el ser miraba,
Largo en pensar, si bien en hablar corto.

*Pedro debe aceptar que
Jesús le lave los pies
para que pueda ser
parte de su apostolado*

Cristo su buen afecto contemplaba,
Y: "a la obediencia y humildad te exorto,
Añadió; que si no te lavo, amigo,
No has de tener jamás parte conmigo."

Pedro, que estar en Dios, y no en sí mismo
Quería, cual perfecto y noble amante,
Por anegarse en el inmenso abismo
Del ser y vida y bien más importante,
Medroso ya, no rehusó el bautismo,
Ni el afecto ni en voz pasó adelante;
Y dijo: "Pies y manos y cabeza
Me dejaré lavar pieza por pieza."

Y respondió el Señor: "El que está limpio,
Los pies no más, que puso entre los lodos,
Limpiarse ha menester, y ésos yo limpio;
Que vosotros lo estáis, aunque no todos."
Y esto decía por notar al impio[15]
Que le vendió, y manchó por varios modos
Su alma con pecados diferentes,
Archivo de traiciones insolentes.

Lavó, pues, con sus manos amorosas   36
Los pies a Pedro; con aquellas manos
Blancas, suaves, puras y hermosas,
De linda tez y dedos sobrehumanos:
Mostrándose las aguas religiosas,
De blanda espuma sus cristales canos
Argentaban, alegres y festivas,
Émulas de las fuentes de aguas vivas.

Las secas flores que en el vaso estaban,
Tocadas del Señor, reverdecían;
De su beldad beldad participaban,
Y olor de sus olores recibían:
Sus dulces manos con amor besaban
Con las hojas o labios que fingían,
Todas en ser primeras compitiendo
Con envidia suave y mudo estruendo.

El agua, que en sus palmas venerables
Iba de puro gozo alborozada,
Si no conceptos, voces admirables
Formar quisiera, dellas regalada;
Y lavando los pies, en agradables
Gotas o ricas perlas desatada,
Se desdeñaba de tocar el suelo,
Por ser agua que estuvo sobre el cielo.

Así lavó los pies a sus amigos,
Que siempre amó, y al fin más dulcemente:
Así los hizo de su amor testigos,
De su fe pura y de su celo ardiente:
Regalo que a protervos enemigos
De inexorabe pecho y dura frente
En suaves hermanos convirtiera,
Y no amansó de Judas la alma fiera.

Jesús le lava los pies a Judas

Llegóse, pues, al pérfido y terrible,   40
Y las rodillas en la tierra puso,
Y con semblante le miró apacible,
Y los pies en sus manos le compuso:
Con un suspiro le habló sentible,
Mas no quedó el sacrílego confuso;
Y comenzó a lavarle, acariciando
Sus pies con agua limpia y toque blando.

Las bellas manos de Jesús bañadas,
Cual herido del sol cristal, lucían,
Y de aquellos indignos pies tocadas,
Con cierta viva luz resplandecían:
Piedras preciosas en el lodo echadas,
O refulgentes rayos parecían;
Que ni ellas menos que en la mina valen,
Y ellos del muradal más limpios salen.

Vida de Jesús:

nacimiento

Herodes

huída a Egipto

Siempre que se humilló Cristo en la tierra,
Glorioso el Padre lo ensalzó en el cielo:
Nació en Belén, y la vecina sierra
De ángeles vio poblado y rico el suelo;
Hízole Herodes envidiosa guerra,
Y él a Egipto huyó con presto vuelo,
Y al niño Dios los ídolos gigantes[16]
Postraron sus vestidos rozagantes.

bautismo

Quiso ya el Salvador ser bautizado,[17]
Y rasgó el cielo su maciza cumbre,
Y predicóle Dios por Hijo amado,
Y el Jordán se ciñó de nueva lumbre:
En el yermo y el templo fue tentado,
Y sufriólo con blanda mansedumbre,
Y a servirle bajaron obedientes
Los que beben del bien las puras fuentes.

Púsose ahora humilde y amoroso   44
A los pies deste aleve y fementido,
Y no sé qué de excelso y luminoso
Resplandeció en su rostro esclarecido:
No sé qué de excelente y generoso
El noble cuerpo a Judas abatido
Y las divinas manos rodeaba,
Cuando con ellas al traidor bañaba.

Como el que atento mira al sol, armado
En el cenit de puntas de diamantes,
La misma luz lo deja deslumbrado,
Justo castigo de ojos arrogantes:
Así de vista y de razón privado
Quedó el fiero a los visos rutilantes
De aquellas manos, y confuso y ciego,
Ausentarse intentó de Cristo luego.

Lavó, pues, y besóle dulcemente
Los pies al duro con sus tiernos labios,
Y medio pronunciado un ¡ay! doliente
Despidió, lleno de conceptos sabios;
Y grave y generoso y eminente,
Despreciador de ofensas y de agravios,
Sosegado tomó su vestidura,
Y así habló con singular mesura:

"¿Veis cómo con vosotros he tratado?
Maestro me llamáis y Señor Nuestro,
Y conveniente nombre me habéis dado;
Que soy Señor de todos y Maestro:
Pues si yo, yo los pies os he lavado,
Maestro siendo, y siendo Señor vuestro,
También debéis lavároslos vosotros
Con humildad los unos a los otros.

Jesús es el mayor ejemplo de humildad

"Ejemplo ya os he dado memorable   48
Para que así hagáis como yo he hecho:
El siervo no es más digno y estimable
Que su propio señor, en buen derecho;
Ni es el embajador más venerable
Que el rey cuyo es el daño y el provecho:
Si esto entendéis y lo hacéis, dichosos
Seréis y eternamente en paz gloriosos."

Así hizo, y les dijo desta suerte,
Porque habían tratado en competencia
(¡Oh gran flaqueza!) al tiempo de su muerte,
Sobre puntos de honor y precedencia;
Que la ambición es enemigo fuerte,
Y a fuerza no se rinde de elocuencia,
Hasta que el peso vencedor le humilla
Del vivo ejemplo de humildad sencilla.

Por eso Cristo procuró vencello[18]
Con humildad de Dios, ¡ejemplo extraño!
Y echando della y de su amor el sello,
El peligro impedir, mostrar el daño:
Cortó con este filo el duro cuello
A aquel sabroso y deleznable engaño
Que a su noble y amada compañía,
De viento llena y de ambición tenía.

Octavas 51-65

Segunda cena: la institución de la Eucaristía

Esto acabado, en la segunda mesa
Cuerpo y sangre en sustento y en bebida
Darles quiso, y cumplirles la promesa
Por disponerlos bien, encarecida.
Aquí salió la gracia de represa,
Y Dios hizo mercedes sin medida,
Pues en manjar su cuerpo dio guisado,
Y su sangre en potaje regalado.[19]

Tradición pascual: segunda parte de la cena

En la cena pascual se acostumbraba   52
Que a la mesa postrera se pusiese
El plato de lechugas que restaba,
Y en sopas hasta el fin se consumiese;
Y un pan, que en los manteles se guardaba,
Después de todo aquesto se comiese
En partes dividido, y luego el vino
Se diese de uno en otro al más vecino.

Pues consumido así el manjar primero,
Tomó Cristo en sus manos venerables
Y con semblante amigo el pan entero,
Y dijo estas palabras admirables:

El pan: consagración
de su cuerpo

"Tomad: éste es mi cuerpo verdadero;
Comedlo, mis discípulos amables."
¡Oh gran manjar! Aquesto iba diciendo,
Y el sacro pan a todos repartiendo.

Tomó el cáliz también de vino aguado,
Y con su boca santa lo bendijo;
Y el rostro en devoción y amor bañado,
Dio gracias a su Padre, y luego dijo:

El vino: consagración
de su sangre

"Bebed, ¡oh generoso apostolado
Que el mismo Dios encomendó a su Hijo!
Ésta es mi sangre, y nuevo testamento,
Que se ha de derramar en mi tormento."

Estas palabras milagrosas fueron
De eficacia y virtud tan soberana,
Que el pan y vino al punto convirtieron
En su perfecto cuerpo y sangre humana:
Accidentes no más permanecieron
En su existencia, con razón ya ufana
Por verse en propios hombros sustentando
Lo que estaba en ajenos descansando.

Así los comulgó divinamente,   56
Y les dio el sacro y nuevo sacerdocio,
Dignidad alta y orden excelente
Para este raro, excelso y gran negocio.
Mas dime, ¡oh buen Jesús, oh Rey clemente!,
En éxtasis profundo, en feliz ocio,
Las suaves razones que tuviste
Cuando tal Sacramento al hombre diste.

De la Iglesia, su cara y dulce esposa,[20]
Quería por su amor hacer ausencia,
Y dejóle esta prenda generosa,
Y en ella por memoria su presencia.
Al Padre la partida era forzosa:
Partióse; mas mostró su omnipotencia
Quedándose con ella y yendo al Padre,
Porque a los dos con solo un hecho cuadre.

Muerte por ella padecer quería,
Muerte, de eterna vida inmenso archivo,
Y dejárselo en guarda pretendía
Con la llave sutil de su amor vivo;
Porque la gran riqueza que tenía
Le fuese atento y eficaz motivo
Para que abriese con la llave de oro,
Y le robase, amando, su tesoro.

Della también quería ser amado
El digno Esposo con amor sincero,
Y este ordenó suavísimo bocado,
Como hechizo de almas lisonjero,
Con tan graves misterios consagrado,
Que fuego, a quien lo come, verdadero,
Fuego de Dios aplica, y fuego enciende,
Que eleva en Dios, y a sólo Dios pretende.

Quería darle de su eterna gloria   60
Una prenda segura y dulce aviso,
Y esta presea le dejó en memoria,
Que es el fruto y autor del paraíso:
Cuyo feliz principio y tierna historia
Es un dichoso y cierto compromiso
De que a Dios gozará quien le comiere,
Pues en el modo, y no en el ser, difiere.

Quería disponer su testamento,
Que ya estaba a los fines de la vida,
Y en manda este divino Sacramento
Dejó a su esposa; manda esclarecida,
Pues se da el testador en alimento
A la que triste llora su partida,
Y en ella alegre al testador recibe:
Vivo con él se abraza, y con él vive.

Y manjar sustancial darnos quería
Que el humor de la gracia reparase,
Y la entereza que gastado había
Aquella antigua culpa restaurase:
Como el fruto que vida producía,
Quiso también que el suyo la causase,
Pero eterna, por ser fruto nacido
De Dios, e injerto al mismo Dios unido.

Por esto al fuego de su amor suave
Nos dio Cristo cocido el pan sabroso
Que al mismo Dios contiene, y a Dios sabe,
Y a Dios nos hace al paladar gustoso:
Dios, que lo hizo, su dulzura alabe,
Y el hombre lo reciba temeroso;
Que cuerpo de Dios come y sangre bebe,
Con que encienda su sed, su hambre cebe.

A todos comulgó el Eterno Hijo,   64
Y al mismo Judas, ¡oh valor paciente!

Le ordena a Judas que Y de sí franco y liberal le dijo:
cumpla con su pecado "Haz lo que haces más ligeramente."
En hablar corto y en sentir prolijo
Era este aviso, al fiero conveniente;
Mas nadie lo entendió, y el endiablado
Se levantó a dar fin a su pecado.[21]

Cristo, en saliendo, prosiguió, admirable
Y de luz lleno y claridad secreta,
Aquel sermón de vida perdurable,
Y ápice sabio de amistad discreta,
Que del Señor el nombre venerable
Su título le da y honra perfeta;[22]
Y dicho el himno sacro, levantóse,
Y los demás con él, y al fin partióse.

Octavas 66-93

Jesús se dirige hacia el
Huerto de Getsemaní

Ya el Santo ungido con virtud eterna
De gracia personal y unción divina,
Todo abrasado en caridad interna,
Al huerto sale: a padecer camina
El que la inmensa fábrica gobierna
Que sobre el mundo temporal se empina;
A padecer camina, atormentado
De su mismo gravísimo cuidado.

El alma pura, el corazón suave
(Que al sueño dulce de su cara esposa,
A quien ha dado de su amor la llave,
Siempre en vigilia está, jamás reposa)
Ahora apenas en su pecho cabe,
Con ansia reventando congojosa:
¡Tanto un pavor y una tristeza extraña
Le asombra el corazón y el pecho baña!

Con tardas huellas va, con paso lento,   68
De su amor y su pena combatido,
Y su elevado y noble entendimiento
A su pasión y cruz y muerte asido:
La vista baja, el rostro macilento,
De lágrimas el suelo humedecido,
Y el desalado suspirar, dan muestra
Que a Dios teme su eterna y propia diestra.

La noche oscura con su negro manto
Cubriendo estaba el asombrado cielo,
Que por ver a su Dios resuelto en llanto
Rasgar quisiera el tenebroso velo;
Y vestido de luz, lleno de espanto,
Bajar con humildad profunda al suelo,
A recoger las lágrimas que envía
De aquellos tiernos ojos y alma pía.

La húmeda esfera con preñez oculta
Tempestuoso parto amenazaba,
Y a la dura, infiel, bárbara, inculta
Salén con enemigo horror miraba:
Que al mundo etéreo alguna vez resulta
Un no sé qué de saña y fuerza brava
Para vengar de su Criador la ofensa,
Cuando menos el hombre en ella piensa.

Con silbo ronco el espantado viento
Al eco tristes voces infundía,
Y el agua con lloroso movimiento
Las piedras que tocaba enternecía:
El valle, a su confusa voz atento,
Suspiros de sus cuevas despedía:
Suspira el valle, duerme el hombre; quiso
El valle al hombre dar un blando aviso.

Del soplo agudo las robustas plantas   72
Con lastimado golpe sacudidas,
Temblando, de su Dios las huellas santas,
Mustias besar quisieran condolidas:
Tanto respeto, inclinaciones tantas
Mostraban copas y almas abatidas,
Que por ellas juzgara el hombre ingrato
Qué debe al Dios que compra tan barato.

Hombre dormido, advierte que velando
Brama el buey, ladra el perro, el ave pía,
Y a su buen Dios con lástima mirando,
Reverencia la noche, huye el día,
Y en amigo tropel y unido bando,
Se desvela por Dios cuanto Dios cría,
Esfera, nubes, plantas, valle y monte,
Cuevas y arroyo, y todo su horizonte.

Mas, ¡oh tú, Mente sacra, antigua ciencia
Que el cerebro enriqueces soberano
De la infinita singular esencia,
Y la ignorancia ves del seso humano!
La inaccesible luz de tu presencia
Tiempla con generosa y blanda mano,
Y la mina de intentos admirable
Me muestra de aquel pecho inescrutable.

Oración en el huerto

"Hoy, entre sí decía, fin he dado
Al mayor hecho de mi brazo fuerte:
Hoy en divino epílogo he cifrado
Cuanto el mar grande de mi ciencia vierte:
Hoy en manjar al hombre me he guisado,
Y el hombre me procura dar la muerte;
Pero así mi bondad se comunica,
Y junto a su maldad mejor se explica.

"La sustancia del pan en la sustancia   76
De mi sagrado cuerpo he convertido.
¿Qué más dulzura? ¿Qué mayor ganancia
Que a Dios comer, a Dios con ella unido?
Mesa de tan espléndida abundancia,
Que es la esencia del bien, ¿ha conocido
Jamás el hombre vil? Y ¡que pretenda
Así perder tan rica y dulce prenda!

"Dime: naciendo, en fácil compañero
Y en hermano suave al hombre ingrato,
Y, comiendo, en manjar doy verdadero
Mi cuerpo: ¿puede ser más noble trato?
Cómprame ahora el hombre, y por él quiero
Consentir que me vendan tan barato:
¡Que él dé por mí, por mí viles metales,
Y yo le compre a peso de mis males!

"Si hubiera un dios igual a mi grandeza
Y de mi propia esencia diferente,
Que su ilustre inmortal naturaleza
Me diera afable y amorosamente,
Yo Dios ¿no celebrara su franqueza
Y su inmenso y magnífico presente?
Pues ¿cómo pierde con el hombre amado
El mismo Dios, si a Dios le ha presentado?

"Pierde tanto, que el pérfido enemigo
Judas los escuadrones solicita,
Y en faz alegre, de apacible amigo,
Viene a entregarme y a prenderme incita.
¡Oh de mi puro amor fiel testigo!
¿Tan pequeño interés te precipita?
¡Qué mal me vendes! ¡Ay! ¡Tan poco valgo,
Siendo ilustre cual Dios, cual Dios hidalgo!

"Prométeme a los crudos fariseos;[23]   80
Dame a los sacerdotes envidiosos;[24]
Ofréceme a los torpes saduceos;[25]
Ríndeme a los romanos ambiciosos;[26]
Que pues nos avergonzaron tus deseos
De Dios las manos, a tus pies lodosos
Sujetas y lavándolos, clavadas
Quizá en la cruz te moverán rasgadas.

"Mas ¡ay! que morirás antes que muera
Yo, que por ti mi santa vida entrego.
Tente, Judas amigo, espera, espera;
Que a parar vas en el eterno fuego.
¡Oh terrible dolor! ¡Congoja fiera!
¡Que muera ante mi luz, de vista ciego,
El que a ciegos dio luz y a muertos vida!
Mas él huye la luz que le convida."

Pensó; y a sus discípulos amados
Dijo con ojos de piedad llorosos:

Jesús sabe que será
abandonado por sus
discípulos

"Vosotros hoy me dejaréis, turbados,
Entre lanzas de bárbaros furiosos:
Esta noche os veré escandalizados,
De mi daño y el vuestro temerosos;
Que, herido el pastor, las desvalidas
Flacas ovejas quedan esparcidas."

Pedro, que estaba a su decir atento,
Y con robusto corazón le amaba,
Este pensó entre sí noble ardimiento,
Y osado respondió lo que pensaba:

Pedro le promete
fidelidad

"Si fuera menester morir contento,
Señor, en esa guerra injusta y brava,
Moriré haciendo de mi esfuerzo alarde;
Mas no te negaré jamás cobarde."

Y Cristo: "Lo que digo no te espante;   84
Que cumplido verás lo que te digo:

Advertencia de Jesús a
Pedro: su negación

Cuando segunda vez el gallo cante,
Ya tú me habrás negado, Pedro amigo.
Y todos hoy con ánimo inconstante
Me dejaréis, huyendo a mi enemigo,
A mi enemigo, y en confuso estruendo
Me dejaréis y os volveréis huyendo.

"Mas id; que yo me ofrezco en sacrificio
De holocausto perfecto al sumo Padre:
Mi nombre es Salvador y ostia mi oficio,
Y al nombre importa que el oficio cuadre.
A este nuevo, gravísimo ejercicio
Obligado en el vientre de mi madre
La vida recibí, y ahora hago
Lo que en él prometí: débolo y pago.

Siempre estará mi espíritu animoso,
Si bien sigue a la carne su flaqueza,
Y el trance de la muerte riguroso
Temor le pone, cáusale tristeza."
Dijo; y llegando al huerto pavoroso,
De sombra armado y llena de fiereza,
A sus caros discípulos despide,
Y una hora sola de oración les pide.

Mas ellos ¿de qué suerte recibieron
El dulce ruego del Maestro santo?
Tristes, confusos, con horror fingieron
De árboles, montes, fieras, de su espanto
Vencidos, y cobardes se durmieron;
Que el miedo forma del temor quebranto:
Simón está soñando, Juan no vela,
Diego reposa, y Cristo se desvela.

¡Oh buen Señor! ¡Que siempre han de dejaros 88
En el mayor peligro las criaturas!
¡Que en la misma ocasión han de faltaros
Que vos espaldas les hacéis seguras!
Daisles para seguiros ojos claros;
Buscan para no ver sombras oscuras:
A grande amor, ingrata recompensa:
De vos el bien, y dellas es la ofensa.

Ofensas a Dios:

Rebelión de Luzbel

Al primer ángel y a su escuadra odiosa
Distes naturaleza perdurable,
Y al formar esta masa generosa,
Gracia les infundistes admirable:
Tanta merced, franqueza tan copiosa
¿Era digna de un hecho memorable?
Pues al tercer instante no esperaron;
Que en el segundo contra vos pecaron.

Rebelión de Adán

El primer hombre, de reciente tierra
Con vuestro vivo espíritu alentado,
Os hizo en sana paz aleve guerra,
De su vil polvo apenas levantado:
Su alma perfecciones mil encierra;
Su cuerpo está en vergel por Dios sembrado,
Y alcalde al fin de Dios, y a Dios ofende
En el mismo castillo que defiende.

*Pedro, Juan y Diego
también lo ofenden al
quedarse dormidos*

Y ahora Pedro, piedra ilustre y fuerte
Del celestial católico edificio,
Y el dulce Juan, a quien regalos vierte
De amado el nombre y singular oficio,
Y Diego, a quien de tres le cupo en suerte,[27]
Por vuestra providencia y beneficio,
El gozo del Tabor,[28] ahora os dejan:
¿Con qué monstruo los hombres se aconsejan?

Como el anciano padre valeroso,   92
Cuando la amada hija, en rico lecho
Durmiendo, goza del común reposo
Que el alma quieta y apacigua el pecho,
Atento vela, y nota cuidadoso
Con graves ojos su mayor provecho,
Procurando hallar marido ilustre
Que dé a la hija honor y al padre lustre;

Así Dios, de mortal carne vestido,
Cuando sueño mortal los miembros flojos
De los hombres derriba en torpe olvido
Y al cuerpo y la razón cierra los ojos;
La faz turbada, el ánimo herido
Con duras puntas de ásperos abrojos,
Por ellos vela en oración postrado:
¡Oh buen Dios, por dormidos desvelado!

Octavas 94-141

Oración de Jesús:
acepta los pecados del
hombre

Mas tú, santa Oración, virtud divina
Que a sacar una imagen verdadera
De tu misma excelencia peregrina
Bajaste al huerto con veloz carrera;
Y aquella cara de alabanzas dina,[29]
Cual si tu venerable rostro fuera,
Para aprender tu oficio, dibujaste,
¿Qué viste, ¡oh gran virtud!, y qué pintaste?

Viste que lejos de sus tres amigos,
Y como de tres partes arrancado,
Fue a lidiar con sus fieros enemigos,
Para vencer en tierra derribado:
Viste que hizo en su afán testigos
A los hombres, por ellos humillado,
En sí mismo tomando los dolores
Dellos, como fiador de pecadores.

Así es verdad; que en su tragedia triste   96
La figura de todos representa,
Y de sus culpas una ropa viste
Tejida en maldición, hecha en afrenta:
Vistiósela, y ahora no resiste
Ser echado por ella en la tormenta
Cual otro Jonás; antes le parece
Que ya perdón con ella les merece.

Por eso, cual si fuera miserable
Injusto pecador, se postra en tierra,
Y barre con su rostro venerable
El polvo que a Dios hizo tanta guerra.
La vestidura, pues, abominable

*Los siete pecados
conforman el vestido
de Jesús:*

De siete fajas consta, y siete encierra,
Tejidas de pecados, telas varias,[30]
Si bien unidas, entre sí contrarias.

En la primera está la majestuosa
Libre Soberbia, grave y empinada,

1. La Soberbia

En una silla de marfil preciosa
Con ancha pompa de ambición sentada:
Corona de oro ciñe su enojasa
Descomedida frente; y su hinchada,
Enhiesta, cruel garganta, collar rico
Para lo que le arrastra el mundo es chico.

Allí está Adán,[31] de su gentil denuedo
Y su noble persona envanecido,
Con su bella mujer gozoso y ledo,
Por el trono anhelando más subido:
Con fácil mano toma el fruto acedo
Al linaje por él tan mal nacido.
Cual Dios pretende ser: ¡loca codicia!
Quiere ser Dios, y pierde la justicia.

Allí Nembrot[32] con bárbara pujanza   100
Habla, discurre, solicita, corre,
A sus fieros gigantes da esperanza
De acabar contra Dios la excelsa torre:
Procura que a su altiva confianza
Ni la hunda el rigor, ni el mar la borre;
Y osado, a fuerza de cocida tierra,
Levanta al cielo y a su nombre guerra.

Abimélec[33] con ambición proterva
Setenta hermanos mata, y es bastardo:
La bordadura su crueldad conserva,
Y áspera faz entre un celaje pardo.
Un solo joven de la muerte acerba
Se escapa, y con espíritu gallardo
Al reino de la zarza le propone,
Y profetiza lo que Dios dispone.

Entre luz de relámpagos furiosos,
Y nubes negras de soberbias cumbres,
Se ven emperadores orgullosos,
De alma feroz y bárbaras costumbres;
Y aparecen Nabucos[34] ambiciosos
En asombradas hórridas vislumbres,
Por inmortales dioses adorados,
Y a la muerte y a vicios mil postrados.

Sabelios[35] y Arrios,[36] Manes[37] y Luteros,[38]
De singular espíritu regidos,
Y otros portentos de Alemania fieros
Los cuellos alzan por su mal erguidos:
Profetas se predican verdaderos,
Y son de Cristo apóstoles fingidos,
Y aún de la santa Iglesia crudos lobos,
Que hacen de almas simples grandes robos.

2. La Avaricia

La insaciable, tenaz, vil Avaricia,   104
El vientre nunca de tragar contento,
De oro cercada, llena de codicia,
Abre cien bocas, tiende manos ciento:
Con aquéllas da paz a la injusticia,
Con éstas de su bien busca el aumento;
De sangre de pequeños se mantiene,
Y en la ropa el lugar segundo tiene.

Esta sagaz y pérfida maestra
Al pobre Acán,[39] con lisonjeros ojos,
La refulgente púrpura le muestra,
De victoria infeliz vanos despojos:
Para esconderla sin temor le adiestra;
Y allí, pintados los matices rojos
Del paño fino entre la tierra parda,
Se ven, y que ella con temblor los guarda.

Sobre llamas también de fuego blando,
Que ardiendo, en el dibujo centellean,
Ollas están vapores exhalando,
Y nubes de caliente humor humean:
La carne más sabrosa codiciando,
De Elí[40] los torpes hijos las rodean;
Garfios arrojan, sacrificios cogen,
Y antes de tiempo lo mejor escogen.

Con la lección que sin justicia enseña
La ignorante maestra, mal fundada
Del falso Aacab[41] a la hermosa dueña,
Quita a Nabot la viña deseada:
A su marido la palabra empeña,
Y la palabra y fe mal empeñada
Le cumple; mas allí la comen perros,
Justa venganza de tan brutos yerros.

Treinta dineros que el perverso Judas[42]   108
Por la sangre de Dios alegre aceta,[43]
Están pintados, y con lenguas mudas
Allí publican su maldad secreta:
¡Oh buen Dios! ¡Que a pagar por él acudas
Con tu sangre, infinitamente asceta
Y que él te venda por tan bajo precio!
¡Oh del hombre valor, de Dios desprecio!

Entre oscuras, opacas, negras sombras,
De invierno rescoldo descubiertas,
Flamencos paños, árabes alfombras
Y arcas se ven con falsedad abiertas.
Tú, avaricia infernal, todo lo asombras:
Allí aparecen, de temor cubiertas,
Manos temblando de ladrones viles,
A la confusa luz de unos candiles.

3. La Lujuria

Entre lascivos fuegos abrasada
Que llamas bosan de alquitrán terrible,
En la tercera parte dibujada
Se muestra la Lujuria incorregible:
Su cuello altivo y faz desvergonzada,
Su mano carnicera y vientre horrible
Descubre, y con su torpe y sucia boca
A la encendida juventud provoca.

Lanzas están los cielos arrojando
De fieras lluvias, de voraces llamas,
Do se ven fuertes hombres anegando,
Y anegando también hermosas damas;
Y no menos en fuegos abrasando,
Porque los fuegos de sus torpes camas
Ahogarse en diluvios merecieron,
Y nefandas cenizas produjeron.

De Siquén el mal príncipe atrevido   112
Por fuerza a Dina en brazos arrebata,
Y luego, de su culpa arrepentido,
El matrimonio con su padre trata;[44]
Pero el linaje de Jacob temido,
Bravo y celoso de su honor, lo mata:
El mozo muere al fin circuncidado,
Y por donde pecó paga el pecado.

Cuando el Heteo capitán pelea,
Y contra el hijo de Moab se opone,
David lozano el corredor pasea,
Y en Betsabé lascivos ojos pone,
Allí se ve pintado (no se vea
Que tal varón tan gran maldad dispone);
Mas vese el adulterio allí pintado,
Y Urías muerto, pero bien vengado.[45]

Que en una plaza de alevosa gente,
Que en armas jura un príncipe heredero,
Está un labrado pabellón pendiente,
Y en él un joven ambicioso y fiero:
Es de oro su cabello refulgente,
Y su rebelde corazón de acero:
Absalón[46] es, que con malvada fuerza
Las concubinas de su padre fuerza.

Un sabio catedrático de prima,
Que gozó de riquísimos haberes
Y la ciencia nos dio de más estima
En sagrados, eternos caracteres,
Alza templos, imágenes sublima,
Por complacer a bárbaras mujeres,
Al demonio Astarot.[47] ¿Quién tal pensara,
Que a Astarot Salomón se arrodillara?

Una alameda de árboles frondosos   116
Y ricas fuentes de marfil labradas,
Que líquidos cristales caudalosos
Por gargantas escupen descolladas,
Se ve, y en ella jóvenes briosos
Y dueñas de su vano amor prendadas,
Que en bellos cuerpos al oscuro infierno
Bajan, y en torpe fuego al fuego eterno.

4. La Ira

Con arrugada frente y secos labios,
Chispas lanzando de sus turbios ojos,
Y de la boca vomitando agravios,
Y con las manos prometiendo enojos,
Entre Silas,[48] Pompeyos,[49] Julios,[50] Fabios,[51]
Guerras, victorias, armas y despojos,
Está la Ira cruel, jayana fuerte:
Voces da, piedras tira, sangre vierte.

Y entre siete mancebos memorables,
Que por su justa ley la vida ofrecen,
De Antíoco[52] las iras espantables
Con asombradas luces resplandecen:
Duras obras, palabras amigables
En odios y esperanzas aparecen;
Pero dejan los nobles Macabeos
De sí memoria, de su ley trofeos.

Aquí de limpias brasas mansos fuegos,
Y allí de óleo ferviente recias llamas,
Acá de cárcel dura nudos ciegos,
Y allá de agudas puntas fieras camas:
Mil Dioclecianos,[53] en el alma ciegos,
A niños tiernos y hermosas damas,
A mozos y decrépitos presentan:
Vence Dios, y los hombres atormentan.

El bárbaro Mahoma,[54] en color bravo   120
Y matiz pavoroso, está midiendo
Su torpe ley, como ignorante esclavo,
A peso de armas, a razón de estruendo:
Lleva con guerras su furor al cabo,
Y atropellando va, va destruyendo
Cuanto huella su pie, su mano alcanza,
Como si la verdad fuera su lanza.

Tú, conde Julián, aleve amigo,[55]
Que por vengar tu honor mal afrentado
Fuiste azote de Dios, de un rey castigo,
Estás allí entre moros dibujado:
Cruda amistad al pérfido enemigo,
De acero en contra de tu ley armado,
Hiciste, y así en llamas infernales
En pintura y verdad pagas tus males.

Una mujer, de incesto abominable[56]
Y cismática sangre concebida,
Del reino de Bretaña miserable
Oprime, y con rigor, la fe creída:
Es mujer, mas en ira memorable,
Si merece memoria la homicida
Cruel de tantos mártires modernos,
Dignos de resplandores siempre eternos.

Una mesa riquísima, de flores
Y diversos manjares adornada,
Cercando están valientes comedores,
De gesto ufano y vida regalada:
Preciosos vinos, árabes olores
A la glotona dueña rodeada
Tienen, que en los palacios de los reyes
Y en las tabernas pone y quita leyes.

5. La Gula

La ley escrita por la santa mano   124
Del mismo Dios allí se notifica,
Y al verde pie del monte soberano
Moisés la rompe y su rigor publica:
La causa fue del pensamiento vano
Que al rudo buey por sabio Dios predica,
Largo banquete, mesa regalona,
Y de dulce manjar hambre glotona.

Un gran señor a grandes caballeros,
De diversas naciones congregados,
En márgenes de arroyos lisonjeros
Convites les promete nunca dados:
Éste y otros soberbios Asueros[57]
Allí se ven al vivo retratados,
Que ofrecen a su vientre sacrificio,
Como al dios torpe del goloso vicio.

Al desgraciado umbral de un rico avaro
Lázaro[58] el aire con sus quejas mide;
Pero no halla de su mal reparo,
Si bien en la demanda se comide:
Al glotón rico y en fiereza raro,
Solas migajas el mendigo pide,
Y las migajas no le da que quiere:
Rueda el pan, sobra el vino; el pobre muere.

Heliogábalo[59] está con espumosa,
Horrenda y sucia boca vomitando,
Y la fuerza de Italia poderosa
Gasta con el lascivo y torpe bando:
Come, bebe, no duerme, no reposa,
El vientre de manjares ahitando.
¡Oh Rómulos[60] valientes! ¡Numas[61] justos!
¿Fundóse Roma para infames gustos?

Ilustres casas, ínclitas haciendas   128
Y nobles patrimonios dilatados,
Y en peligrosas y ásperas contiendas
A fuerza de armas y virtud ganados,
Allí aparecen como viles prendas,
Pobres, deshechos, rotos, disipados;
Que desta fiera los macizos dientes
Los desatan en vinos excelentes.

Y tú, de la magnífica Bretaña,
Enrique, octavo rey, total ruina,[62]
En una selva de grandeza extraña
Pintado estás con arte peregrina:
Gula tercera, acidia te acompaña,
Lujuria a deshonesto amor te inclina,
Sacrílega codicia te rodea,
Ardiente ira en tus ojos centellea.

6. La Envidia

Sirven de rubias y tendidas hebras
A la Envidia, de aspecto formidable,
Ensortijadas, hórridas culebras,
Que le ciñen el cuello abominable:
Ésta los yerros ve, mira las quiebras
De la gente en virtudes admirable,
Y descubre los mínimos defetos[63]
Que entre alabanzas mil están secretos.

A su lado Caín[64] soberbio ofrece
De espigas vanas desgraciado fruto
A Dios, y el justo Abel gracia merece
Con larga ofrenda y plácido tributo.
Caín su bravo espíritu escandece,
Y su faz cubre de envidioso luto:
Mata el fiero enemigo al buen hermano;
Que la bondad le ofende al inhumano.

Allí Saúl[65] por desgajados riscos   132
Subiendo va con ánimo furioso,
Y en altas breñas y ásperos lantiscos
A su yerno persigue el envidioso.
Búscalo en valles, cércalo en apriscos,
Cual si fuera cordero temeroso:
El canto de las damas le atormenta,
Y porque ellas cantaron, él lamenta.

De Roma los primeros anchos muros,
Con envidiada sangre humedecidos,
Y del tirano Sila[66] mal seguros
Se muestran, y de César[67] oprimidos.
Mil aves matan, hacen mil conjuros
De la patria los padres ofendidos;
Y engáñanse, que envidia los ofende,
Que leyes rompe, y su ambición defiende.

Vense allí cortesanos veladores
Vivos, mirando con atentos ojos
Por la frente el humor de los señores,
Que ya ofrece amistad, ya causa enojos.
Ajenos daños son propios favores,
Y rosas de otros son dellos abrojos:
¡Oh hija vil de la soberbia osada,
Que te desplace el bien, y el mal te agrada!

7. *La Acidia o Pereza*

El último lugar ocupa ociosa
La tarda Acidia[68] en regalado lecho;
Allí entre blandas sábanas reposa,
Puestas las manos en el tierno pecho:
Como en el fuerte quicio la espaciosa
Puerta se vuelve, así por su provecho
Y gusto, en soñolienta y dulce cama,
Se mueve la dormida y gruesa dama.

Junto a su estancia, de bostezos lleno,   136
Y sobre las rodillas la cabeza,
De cuidados solícitos ajeno,
Ni alza los pies ni el ánimo endereza
El que su diestra no sacó del seno,
Por no sacar del seno su pereza;
Y de hambre murió: ved que valiente
Para ganar el cielo osadamente.

El otro, a quien el fuego generoso
De caridad perfecta no abrasaba,
Y del pecado el hielo riguroso
El antiguo rescoldo no apagaba;
Y a quien Dios, de su estómago celoso,
Tibio y acedo en vómitos lanzaba,
Está con la Pereza allí sentado;
Que ni encendido está ni resfriado.[69]

Vense los que a pasar el tiempo salen,
Detenidos en vanos ejercicios,
Y horas que eternidad gloriosa valen,
Consumen sin razón, gastan en vicios;
Y porque sus potencias se regalen
En descansados, fáciles oficios,
Pierden lo que pudiera darles vida
Grande cual la de Dios, con Dios unida.

Allí también están los holgazanes
De sangre noble, pero mal gastada,
Que hijos son de bravos capitanes,
Y padres son de vida regalada.
El premio de ilustrísimos afanes
Cogen ellos con mano delicada:
¿Pensastes, ¡oh varones excelentes!,
Honrar a tan bastardos descendientes?

¿Pensastes que los hechos inmortales   140
Desos robustos ánimos gentiles
Pararan en las obras desiguales
De cuerpos enfermizos y almas viles?
¿Ganastes bienes para tantos males?
¿Para estas hembras fuistes varoniles?
Sin duda os afrentaran desde el suelo,
Si afrenta padecer pudiera el cielo.

Vosotros, con las armas peleando,
Alcanzastes magníficos blasones,
Y éstos, con manos torpes y ocio blando,
En vuestro deshonor cuelgan pendones:
Vosotros, vida y sangre derramando,
Mostrastes invencibles corazones,
Y aquéstos, en batallas deliciosas,
Solas victorias buscan amorosas.

Octavas 142-183

Con tan grave y horrenda vestidura
Está el gran Dios que todo el bien encierra,
Tomando en su tragedia la figura
De un todo pecador, postrado en tierra;[70]

Aunque Jesús tomó los pecados es fuente de inocencia

¡Oh de inocencia clara fuente pura!
El peso que te hace tanta guerra
Declara al hombre, porque el hombre mire
En ti su pena, y de tu amor se admire.

Es el pecado inestimable ofensa
De aquella Majestad inestimable;

Pecado - malicia Jesús - bondad

No tiene igual criada recompensa
A su infinita carga intolerable;
Con la misma bondad de Dios inmensa
Encuentra su malicia abominable;
Pesa (¿qué pesará tal injusticia?)
Cuanto Dios en bondad, él en malicia.

Pues si un pecado solo pesa tanto, 144
De todos juntos la penosa carga
¿Qué tanto le pesó al Cordero santo
En la oración de aquella noche amarga?
Pesóle al Hijo eterno de Dios cuanto
Significar no puede historia larga;
Que, si no fuera Dios, quedara opreso
Del gran tormento de tan grave peso.

Carga que tanto al mismo Dios fatiga,
¿No le fatiga al alma, no la siente?
O no la siente el alma, o es enemiga
De sí, pues que tal carga en sí consiente.
A Dios oprime tanto, que le obliga
A que bese la tierra con la frente,
Diciendo: "Padre, Padre, si es posible,[71]
Pase de mí esta carga tan terrible.

Jesús se dirige al Padre como Hijo engendrado de su sustancia

"Hijo soy natural, Hijo engendrado
De tu infinita, singular sustancia;
Mírame como a hijo, e hijo amado,
Que en negocio te hablo de importancia:
El peso que en mis hombros he tomado,

Ha tomado los pecados sobre sus hombros por voluntad propia

Hace a mis hombros santos repugnancia;
Porque la santidad que es por esencia,
No tiene con pecados conveniencia."

El Padre no responde

Así habla, y su Padre no responde,
Aunque la ropa extraña le atormenta,
Y su rostro suavisísimo le esconde;
Que pecador al fin se representa.

El poeta se dirige al Padre

¿Adónde huyes, Padre Eterno, adónde,
Si de tu gloria el Hijo se alimenta?
Mas no huye de Cristo, del pecado
Huye que en Cristo ve representado.

Si del pecado la espantable sombra,   148
Y la sombra no más, en un sujeto
Que es Salvador, y pecador se nombra,
Sin que haya en él pecado ni defeto,[72]
Al Padre Eterno, al mismo Dios asombra,
Y le hace encubrir el dulce afeto[73]
Que tiene al Hijo, e Hijo tan querido,
¡Ay del que está con el pecado asido!

Jesús hace una pausa
y sale a buscar a sus
discípulos a quienes
encuentra dormidos

Él se levanta, pues, con tierno celo,
Y en buscar sus discípulos entiende:
Vélos tendidos en el duro suelo,
Durmiendo, y con amor los reprehende:[74]
Vuélvese a la oración con presto vuelo,
Y en ella triste, a Dios y al hombre atiende,
Y vuelto a la oración, gimiendo clama,
Y arde en santa, amorosa y viva llama.

Continúa su Oración

Visión de su muerte

Arde y suspira, y una muerte horrible
De bravo aspecto, de osamenta dura,
Cuya fiera presencia y faz terrible
Ser la muerte de Dios se le figura,
Muerte de una grandeza inaccesible,
Giganta de una altísima estatura,
Muerte que ha de pasar se le presenta,
Y con sola su vista le atormenta.

De espinas y de sangre coronada
Cerebro y sienes, y cabello y frente,
La venerable cara maltratada
De injurias viles de atrevida gente:
La boca con vinagre aheleada,
Y del cuello un cordel grueso pendiente,
Y otro en las manos, hórridos despojos,
Al alma se le ofrece ante los ojos.

De rutilante púrpura vestida,   152
Y por mofa vestida se le ofrece,
Y una caña por cetro recibida,
Con el rostro le hieren, aparece:
Es muerte que en la cruz venció a la vida,
Y así la cruz en ella resplandece;
Crucificada viene: ¡oh muerte fiera!
Dios te ve, Dios te teme y Dios te espera.

Trae clavados los pies, y las espaldas
Deshechas con azotes rigurosos,
De sangre llenas las tendidas faldas,
Y a cuestas unos látigos furiosos;
Y el amarillo gesto y manos gualdas,
A los pechos más bravos y animosos
Pone pavor, y a Cristo se le pone;
Que es la muerte que el Padre le dispone.

La Muerte se dirige a Jesús

"La Muerte soy, le dice, soy la Muerte,[75]
A que tú mismo la garganta diste,
¡Oh de la eterna vida brazo fuerte!
Cuando a carne mortal unido fuiste:
Contigo lucharé, y podré vencerte
En la naturaleza que naciste
Segunda vez de humana y virgen Madre,
Si no en la esencia de tu inmenso Padre.

"Aquí me ves, a ti me represento
Con vil corona y ásperos cordeles,
Con grana infame y singular tormento
De duros clavos y asquerosas hieles:
Cruz tengo sola, y sola te presento
Cruz que abraces y des a tus fieles:
Pesada cruz, tú la harás suave,
Pues del gozo de Dios tienes la llave."

Dijo la Muerte, y con mirar severo,   156
Más que con dilatada arenga, dijo;
Pintó de sí un retrato verdadero,
Breve en palabras y en acción prolijo:
A su rostro mortal y aspecto fiero

Jesús manifiesta su humanidad a través de su propio temor

Del Padre Eterno el soberano Hijo
Sudó, tembló, cayó en tierra asombrado;
Que aún Dios teme a la muerte y al pecado.

En el polvo estampó la noble imagen
De su divino cuerpo casi frío;
Bájase Dios porque los hombres bajen
Su gran soberbia, su orgulloso brío.
Los serafines, buen Señor, atajen
Con religioso amor, con dolor pío
De ver a Dios postrado, humildad tanta,
Que enternece la tierra, el cielo espanta.

Humillado está Dios, y no le deja
La muerte horrenda, la feroz Sansona:
Repite al Padre la segunda queja,
Y su aflicción y su demanda abona:
La voluntad humana se aconseja
Con su grande pavor, y la persona

Acepta su sacrificio y Divina rige a la razón humana;
ofrece cada parte de su Que es hombre Dios, y como tal se allana.
cuerpo

cabeza - espinas "¡Que esta cabeza (dice) poderosa,[76]
Donde el seso de Dios está guardado,
Con diadema de espinas rigurosa
Será ceñida, y yo seré afrentado!
¡Que estos ojos de vista generosa,
ojos - salivazos Adonde el serafín más alumbrado
El rayo enciende de sus luces vivas,
Serán oscurecidos con salivas!

mejillas - bofetadas "¡Que estas mejillas de perfecta y pura   160
Y sacra honestidad, y a Dios unidas,
De afrenta descortés, con mano dura,
Y vergonzoso ardor serán teñidas!
boca - hiel ¡Que esta boca de inmensa hermosura,
Donde todas las gracias recogidas
Aprenden a saber, con hiel amarga
El rigor templará de sed tan larga!

barba - jalones "¡Que la barba compuesta, el rostro afable
Del sumo Sacerdote siempre santo,
Y del Rey de los reyes venerable,
Será mesada con desprecio tanto!

garganta y cuello - ¡Que esta noble garganta y cuello amable,
soga Por do espira de Dios el grave canto,
Apretada será con soga fiera!
¿Cuello del mismo Dios cordel espera?

espalda - azotes "¡Que estas firmes espaldas que sostienen
Poblados cielos de altas majestades,
Y orbes de eterna gloria en peso tienen,
De azotes sufrirán viles crueldades!

manos - nudos y clavos Y ¡que estas francas manos, que mantienen
Aquellas nueve angélicas ciudades
Con pan de vida, me serán atadas,
Y en cruz, y entre ladrones, enclavadas!

pecho - lanza "¡Que este pecho de Dios, pecho florido,
Que es de la esposa regalado lecho,
Será con lanza y con rigor herido!
¿Su amor no basta a mi florido pecho?

cuerpo - cruz ¡Que éste mi santo cuerpo, concebido
De sangre virginal, será deshecho,
Roto y harpado, y de una cruz pendiente!
Y Dios, que me conoce, ¿lo consiente?

pies - clavos "¡Que estos para los hombres pies beninos,[77] 164
Fundados sobre ilustres basas de oro,
Los han de atravesar clavos indinos![78]
Bien les guardan los hombres su decoro.

¡Que de mi sangre cinco mil divinos
sangre - derramada Ríos corrientes, líquido tesoro,
He de verter en cruz! Barato vale
Lo que tan caro al mismo Dios le sale.

Resumen:
frente, ojos, mejillas,
barba, labios, espalda,
pecho, manos y pies

"¿Mi frente es para espinas dolorosas?
¿Mis ojos y mejillas para agravios?
¿Mi barba para injurias afrentosas,
Y para amarga hiel mis dulces labios?
¿Para azotes espaldas tan preciosas?
Y ¿pecho que es la luz de tantos sabios,
Para lanza cruel? Y ¿manos tales
Y pies para heridas tan mortales?

"Y ¡que los hombres por quien tal padezco,
No me han de agradecer este servicio!
Por ellos a tan vil muerte me ofrezco,
Y ¿usarán mal de tanto beneficio?
¡Ah mi buen Padre! Yo en morir merezco
Que viva la virtud y muera el vicio

Acepta su Muerte

En los hombres: a ellos, si es posible,
Pase el premio, y a mí la muerte horrible."

Como el juez a quien humilde clama
El amigo fiador ejecutado,
Que de una parte la razón le llama
A obligarle que pague lo fiado,
Por otra la amistad firme reclama
Y avisa que es ajeno su pecado,
Grave entre la justicia y la clemencia,
Con dilación suspende la sentencia;

Así el sumo Juez, el Padre Eterno,   168
Del estrellado tribunal luciente
En que dispone el general gobierno
Que abraza el mundo estrecha y blandamente,
De su buen Hijo ve el dolor interno,
Y la fianza de la culpa siente,
Y grave con justicia y con clemencia,
El responder suspende y la sentencia.

No responde a su Hijo, y él levanta
El religioso cuerpo de la tierra,
Y busca a sus discípulos en tanta
Aflicción y en tan grave y triste guerra.
¿Quién de Dios y del hombre no se espanta?
Al hombre la razón y ojos le cierra
Un largo sueño, a Dios abre los ojos
Pagar del hombre el sueño y los enojos.

Sale a buscar otra
vez a sus discípulos
dormidos

Búscalos, pero hállalos durmiendo,
Tristes y absortos con el sueño grave:
No los despierta ni les hace estruendo,
Aunque en el pecho el alma no le cabe:
Hablóles una vez reprehendiendo,
Y otra con tierna voz de amor suave:
Calla; que inspiraciones no admitidas
Aún gracias desmerecen prometidas.

Regresa a terminar su
Oración

A su Padre se vuelve; atento espera
Dulce consuelo de su Padre amado;
Que al fin la condición de Dios severa
Se ablanda con el ruego dilatado:
Póstrase la persona verdadera
Que ha hecho cielos, orbes ha criado,
Y con semblante humilde y religioso,
Sacrificio de sí hace amoroso.

Dios se le muestra al
Hijo

Y estando en la oración con luz interna,   172
Ante los ojos de una ciencia clara,
Aquella majestad de Dios eterna
Con vivo resplandor se le declara:
El Rey que cielo y tierra y mar gobierna,
Le muestra su hermosa y limpia cara,
Y en ella sus grandezas no entendidas,
Y en una perfección cien mil unidas.

Revelación del Padre

Aquel entendimiento levantado
Con la divina esencia ve fecundo,
Y en él, como en su causa, retratado
El mundo hecho, y el posible mundo.
De su Dios Padre allí se ve engendrado
Verbo infinito y de saber profundo,
Y por acción de amor inestimable
Proceder el Espíritu inefable.

Dios es:
Trinidad

Providencia

Ciencia

Las tres Personas mira y una esencia,
Con solo un ser, con una bondad sola;
La eficaz y suave providencia
Que deste mundo rige la gran bola,
Y la infinita soberana ciencia,
Do la ciencia más pura se acrisola,
Que lo pasado alcanza y lo presente,
Y lo que puede ser le está patente.

Justicia
Misericordia

Caridad

Bondad

Allí ve la justicia vencedora,
Y la misericordia no vencida:
Ésta, que el mundo alegremente adora,
Y aquélla, en el infierno conocida;
Y la perfecta caridad, señora
Del bien y el mal y de la muerte y vida,
Y es de sí misma solamente amada
Cuanto merece su bondad sagrada.

Omnipotencia

Perfección

La omnipotencia en todo poderosa   176
Que en hazañas difíciles entiende,
Extendiendo su mano valerosa
A cuanto el mismo ser la mano extiende;
Y aquella inmensidad maravillosa
Que infinitos espacios comprehende,
En una perfección indivisible,
Mira Cristo con luz inteligible.

A Dios ve al fin, y ve todo lo bueno;
Que está todo lo bueno recogido
En aquel infinito amable seno,
Y de allí sale al mundo repartido:
Ve, pues, a Dios de inmensa gloria lleno,
Mas vele de los hombres ofendido.
¡Oh soberano Dios, que aún tus afrentas,
En ti, sin ser manchado, representas!

Jesús ve a su Padre
ofendido por el hombre

Las culpas mira que los hombres hacen
Contra la sacra Majestad divina,
Y cuán poco las obras satisfacen
De un hombre puro a su bondad benina:[79]
Pues del que está en pecado no le aplacen,
Que es mancha, y cunde su torpeza indina,[80]
Y el que más gracia tiene, nunca iguala;
Que es la culpa infinitamente mala.

¿Qué pena, qué dolor, qué desconsuelo,
Qué ansia, qué congoja, qué agonía,
Ver el intelectivo primer cielo
Tan ofendido, a Cristo causaría?
En vivas llamas de abrasado celo
Su religioso corazón ardía;
Que no merece menos recompensa
De tal Hijo el amor, de Dios la ofensa.

Porque la caridad que el pecho humano   180
Abrasaba de Cristo era inefable:
No la puede pintar la ruda mano
Del concepto en pincel más admirable:
Si bosquejar quisiere será en vano,
Que no es virtud[81] al hombre imaginable;
Es caridad que todo el coro inmenso
De los que aman a Dios le paga censo:

Tan grande, que si el número espacioso
De ángeles y hombres santos se fundiese,
Y el fuego de sus mentes amoroso
En un solo crisol se recogiese,
Y unido ya en el peso riguroso
De la equidad más recta se pusiese,
Tanto como el de Cristo no pesara;
Que es caridad perfectamente rara.

Pues como aquel famoso ilustre mudo,[82]
Viendo que un vil soldado se atrevía
Con fiera mano y con puñal agudo,
Y al rey su padre acometer quería,
El lícito dolor sufrir no pudo,
Y el natural silencio con voz pía
Rompió, diciendo: "Tente, ¿a quién maltratas?
¿Al rey ofendes? ¿A mi padre matas?"

Vio a su Padre ofendido el Hijo amado,   183
Y estaba con mortal pena suspenso;
Mas rompió del silencio el nudo atado
A la garganta con dolor intenso:

Jesús acepta su
sacrificio para corregir
la ofensa del hombre

"¡Oh Padre, de los hombres afrentado
(Dijo mirando aquel valor inmenso)!
No agravien más tu gloria, si es posible;
Pase de mí este cáliz tan horrible."

Fin del libro primero.

Libro I - Notas

[1] Homero y Virgilio son los poetas que representan los modelos literarios de la antigüedad clásica, y sus obras son el ejemplo imitable en la literatura épica culta hispánica. El orden retórico que sigue Homero es:

1) Invocatio
2) Propositio
3) Narratio

En la poética renacentista se tiende a seguir el orden de Virgilio, como lo hace Hojeda:

1) Propositio: versos 9-10
2) Invocatio: versos 11-16
3) Narratio: versos 17-24

[2] La imagen de la lengua como instrumento para escribir se encuentra en dos versiones distintas del salmo 45.

La primera es:

> Lleno me siento de palabras bellas,
> Recitaré al rey, yo, mi poema:
> Mi lengua es como un lápiz de escritor.

Y la segunda:

> Un bello tema bulle en mi corazón;
> Voy a recitar mi poema para un rey:
> Mi lengua es pluma de ágil escriba.

[3] El poema está dedicado a Don Juan de Mendoza y Luna, Marqués de Montesclaros. Llegó a Lima como virrey el 21 de diciembre de 1607. Los títulos que sostuvo fueron: Marqués de Castil de Bayuela, Señor de las villas de Higuera de las Dueñas, el Colmenar, el Cardoso, el Vado y Balconete, décimo virrey de México y undécimo virrey del Perú. En la historia peruana se le recuerda por el impulso del desarrollo urbano de Lima, pero muy pocos lo vinculan con la historia literaria peruana. Fue impulsor evidente de las manifestaciones artísticas en los primeros años del siglo XVII, por lo que recibió los halagos de todos los poetas coetáneos.

[4] perfeto = perfecto

[5] Desde este momento se define el carácter didáctico que el poeta ha de seguir en el poema. Continuamente aparecerán alusiones a este "aprendizaje" con el afán de crear conciencia del sacrificio de Jesús, el arrepentimiento de los pecadores y la aceptación de la salvación lograda en la Redención de Cristo.

⁶ Exposición de la vida de Jesús contada por los evangelistas. A lo largo del poema son varias las ocasiones en que se alude a su vida.

⁷ Milagros de Jesús.

⁸ Con respecto a los miembros del apostolado se pueden citar por lo menos dos referencias.

La primera corresponde a Mateo:

> Jesús llamó a sus doce discípulos y les dio poder sobre los malos espíritus para expulsarlos y para curar toda clase de enfermedades y dolencias.
> Estos son los nombres de los doce apóstoles: el primero Simón, llamado Pedro, y su hermano Andrés; Santiago, hijo de Zebedeo, y su hermano Juan; Felipe y Bartolomé; Tomás y Mateo, el recaudador de impuestos; Santiago, el hijo de Alfeo, y Tadeo; Simón, el cananeo y Judas Iscariote, el que lo traicionaría. (10, 1-4)

La segunda versión proviene del Evangelio de Marcos:

> Jesús subió al monte y llamó a los que él quiso, y se reunieron con él. Así instituyó a los Doce (a los que llamó también apóstoles), para que estuvieran con él y para enviarlos a predicar, dándoles poder para echar demonios.
> Estos son los Doce: Simón, a quien puso por nombre Pedro; Santiago y su hermano Juan, hijos de Zebedeo, a quienes puso el sobrenombre de Boanerges, es decir, hijos del trueno; Andrés, Felipe, Bartolomé, Mateo, Tomás, Santiago, el hijo de Alfeo, Tadeo, Simón el Cananeo y Judas Iscariote, el que después lo traicionó. (3, 13-19)

⁹ La institución de la Pascua se localiza en el libro de Éxodo. Cuando los antepasados de los hebreos peregrinaban con sus rebaños antes de bajar a Egipto, celebraban cada año la Pascua del Cordero. Este cordero era un sustituto del primogénito, que se sacrificaba anteriormente. Lo sacrificaban en la primera luna de la primavera, período especialmente crítico para las ovejas recién paridas, en vista de las migraciones primaverales. Se mataba a uno para salvar a todos, y luego con su sangre se rociaban las tiendas de campaña, con el propósito de alejar a los espíritus que pudieran atacar a hombres y animales. En la Pascua de Yahvé la sangre del Cordero selló el pacto de Yahvé con el pueblo al que escogió de todos los demás pueblos. De ahí en adelante, la Pascua sería la fiesta de la independencia de Israel. (12, 1-28; 43-49)

¹⁰ La secuencia de acontecimientos en este primer libro da comienzo con la última cena y concluye con la oración en el Huerto de Getsemaní donde se le aparece la muerte a Jesús. El poeta se ha basado en los cuatro evangelistas para narrar los hechos, de tal manera que puede identificarse una información combinada, es decir, toma de uno y otro para la composición del poema. No todos los evangelistas hablan de los mismos hechos y aún en los que se refieren al mismo evento, aparecen ciertas discrepancias. Es necesario leer los cuatro evangelios para identificar la información en la que se basa el poeta para el desarrollo de la obra.

¹¹ El siguiente es sólo un ejemplo de la diversidad en los evangelios. Se refiere a la última advertencia a Judas.

En la versión de Mateo:

> Y mientras comían, les dijo: "En verdad les digo: uno de ustedes me va a traicionar." Se sintieron profundamente afligidos, y uno a uno comenzaron a preguntarle: "¿Seré yo, Señor?"
> El contestó: "El que me va a entregar es uno de los que mojan su pan conmigo en el plato. El Hijo del Hombre se va, como dicen las escrituras, pero ¡pobre de aquel que entrega al Hijo del Hombre! ¡sería mejor para él no haber nacido!"
> Judas, el que lo iba a entregar, le preguntó también: "¿Seré yo acaso, Maestro?"
> Jesús respondió: "Tú lo has dicho." (26, 21-25)

Marcos señala que:

> Y mientras estaban a la mesa comiendo, les dijo: "Les aseguro que uno de ustedes me va a entregar, uno que comparte mi pan." Ellos se entristecieron mucho al oírle, y empezaron a preguntarle uno a uno: "¿seré yo?" Él les respondió: "Es uno de los Doce, uno que moja su pan en el plato conmigo. El Hijo del Hombre se va, pero ¡pobre de aquel que entrega al Hijo del Hombre! Sería mucho mejor para él no haber nacido." (14, 18-21)

La versión de Lucas es:

> Sepan que la mano del que me traiciona está aquí conmigo sobre la mesa. El Hijo del Hombre se va por el camino trazado desde antes. Pero ¡pobre del hombre que lo entrega!" Entonces empezaron a preguntarse unos a otros quién de ellos iba a hacer tal cosa. (22, 21-23)

Finalmente, Juan asegura:

> Tras decir estas cosas, Jesús se conmovió en su espíritu y dijo con toda claridad: "En verdad les digo: uno de ustedes me va a entregar." Los discípulos se miraron unos a otros, pues no sabían a quién se refería. Uno de sus discípulos, el que Jesús amaba, estaba recostado junto a él en la mesa, y Simón Pedro le hizo señas para que le preguntara de quién hablaba. Se volvió hacia Jesús y le preguntó: "Señor, ¿quién es?" Jesús le contestó: "Voy a mojar un pedazo de pan en el plato. Aquél al cual se lo dé, ése es."
> Jesús mojó un pedazo de pan y se lo dio a Judas Iscariote, hijo de Simón. Apenas Judas tomó el pedazo de pan, Satanás entró en él. Entonces Jesús le dijo: "Lo que vas a hacer, hazlo pronto." (13, 21-27)

¹² indina = indigna

¹³ vido = vio

[14] La resistencia de Pedro da pie a la interpretación de que él encarna al demonio para impedir que Jesús cumpla con su misión redentora.

[15] impio = impío

[16] Caída de los ídolos:

> Allá va Yahvé cabalgando sobre nube ligera
> y entra en Egipto;
> se tambalean los ídolos de Egipto ante él,
> y el corazón de Egipto se derrite en su interior. (Isaías 19, 1)

> ¡Se avergüenzan los que adoran ídolos,
> los que se glorían en puras vanidades;
> todos los dioses le rinden homenaje! (Salmo 97, 7)

[17] Los evangelistas que narran el bautismo de Jesús son Mateo (3, 13-17) y Lucas (3, 21-38).

[18] vencello = vencerlo

[19] El sacrificio de Jesús es una analogía del Cordero Pascual. Él se sacrifica para que el pueblo se purifique.

[20] En seguida se presentan dos conceptos de la poesía cortesana del siglo XV que se aceptan y se asimilan en la poesía religiosa de los siglos XVI y XVII:
1. La lealtad del amante hasta la muerte.
2. La paradoja ausencia-presencia.
Aguirre (1965) señala que muy a menudo el poeta religioso emplea la idea de la poesía cortesana de que el amador cortés está dispuesto incluso a morir como muestra de amor por su señora. El galán tiene que resignarse a servir a su señora y esperar a que ésta le corresponda. Frecuentemente la única recompensa obtenida por el galán es que la dama acepte su amor, pero que él no reciba nada a cambio. Esto da lugar a un gran sufrimiento, que el amador acepta pacientemente.

Sin embargo, el dolor causado por la espera del galardón, deseado y al mismo tiempo rechazado, tiene un remedio único y una única consecuencia: la muerte del amador. El galán muere de tristeza, y este final es ardientemente deseado como única cura de su pena.

Por otra parte, los poetas religiosos también recurren a la paradoja ausencia-presencia para razonar la presencia de Cristo en el Sacramento y en el Cielo al mismo tiempo. Por ejemplo, en un poema de Valdivieso, Cristo dice:

> Amor quiere que me vaya,
> Quiere que me quede amor,
> Lo mismo quiero que quiere
> Y así me quedo y me voy. (fol. 197)

En otro ejemplo aparece:

Aquí estoy,
Que aunque me voy no me voy,
Porque me voy y me quedo. (fol. 115 v)

Y el propio Valdivieso explica esa doble presencia:

¿Quién supo como vos irse y quedarse,
irse y quedarse, y con quedar partirse,
juntamente partirse y no apartarse? (fol. 67 v)

Pedro de Padilla, después de su renuncia al amor humano, escribe sobre el Sacramento:

Queriendo, como firme enamorado,
cumplir lo que pedía
el entrañable amor que nos tenía,
subiendo por pasión y muerte al Cielo,
y juntamente no partir del suelo. (Jardín, fol. 40 v)

Además, al mismo tiempo que la ausencia hace crecer el amor, acrecienta la pena amorosa. Tanto en la poesía cortesana como en la religiosa, el alma está:

Enferma de mal de ausencia,
Que es un mal de corazón
Para quien ama de veras. (fol. 106)

Sin duda que Hojeda se fundamenta en estos mismos conceptos. Jesús ama a la Iglesia y se sacrifica por ella hasta la muerte. Con su ausencia acrecienta su amor infinito hacia ella, y para salvar esa ausencia, ofrece su cuerpo y sangre, símbolo de su presencia.

[21] Véase la nota 11 de este libro.

[22] perfeta = perfecta

[23] Fariseos. Su origen se ubica en el libro de Macabeos. "Asideos" es una forma helenizada del hebreo jasîdîm, es decir, los "piadosos": comunidad de judíos adheridos a la Ley; resistieron al influjo pagano desde antes de los macabeos, y se convirtieron en tropas de choque de Judas, pero sin adherirse a la política de los asmoneos. Según Josefo, durante el principado de Jonatán, hacia el 150, se dividieron en fariseos y esenios, mejor conocidos desde los descubrimientos de Qumrán (2, 42).
Los fariseos formaron una secta de judíos, observantes de la Ley y muy apegados a la tradición oral de sus doctores. La interpretación diferente y profundizadora que Jesús da a la Ley, y su trato con los pecadores suscitaron una oposición por parte de ellos, de la que los evangelios, sobre todo el de Mateo, han conservado numerosos ecos. La polémica

lanzada por Mateo contra los sucesores de los fariseos ha influido muy negativamente en la opinión que se tiene de ellos. Sin embargo, Jesús mantuvo relaciones amistosas con algunos fariseos, según lo señala Lucas, y los discípulos encontraron en ellos aliados contra los saduceos. No se puede negar su celo, ni en ocasiones su rectitud. El mismo Pablo se enorgullece de su pasado fariseo.

[24] El Sanedrín estaba compuesto por los sumos sacerdotes, los escribas y los ancianos.

[25] Los saduceos por reacción contra los fariseos, rechazaban toda tradición fuera de la Ley escrita. Menos celosos y más preocupados por la política, se reclutaban sobre todo entre las grandes familias sacerdotales. El partido de los sumos sacerdotes estaba compuesto en gran parte por saduceos. Ellos también se enfrentaron a Jesús y sus discípulos.

[26] La muerte de Jesús se dicta bajo la autoridad imperial romana.

[27] El nombre de Diego no aparece en las listas de apóstoles que ofrecen Mateo y Marcos; en realidad el poeta se refiere a Santiago.

[28] Hojeda habla de la transfiguración de Jesús. El nombre de Tabor empleado para referirse al monte donde tuvo lugar esa transfiguración, no aparece en la biblia actual. Mateo habla del "Sermón del monte" en el capítulo 5 y se asume que es en el monte Tabor donde tiene lugar la transfiguración de Jesús. (17, 1-13)
El Monte Tabor se localiza en el norte de Palestina, elevándose en los planos de Esdraelon a una altura de 1,000 pies. Cuenta con una magnífica vista de la Tierra Santa. Desde la cima se alcanza a ver completamente el Mar de Galilea a 15 millas de distancia. En este lugar crecen árboles finos de roble y pistacho. Por mucho tiempo se pensó que en el Tabor se dio lugar a la transfiguración de Jesús, pero ahora se asegura que el evento tuvo lugar mucho más al norte, y que una ciudad fortificada ocupó la región en sus alrededores por siglos. Los cruzados construyeron muchas iglesias finas y monasterios en el Monte Tabor, y las ruinas de algunos de ellos todavía existen. Napoleón I ganó una victoria contra los turcos en las faldas de este monte.

[29] dina = digna

[30] Los 7 pecados capitales dentro de la religión católica son: soberbia, avaricia, lujuria, ira, gula, envidia y pereza. Hojeda emplea la écfrasis, de antecedentes clásicos en Homero y Virgilio. Consiste en un cuadro de escenas intercaladas en la trama principal del poema. En *La Ilíada* encontramos la descripción de la armadura de Aquiles en el libro XVIII, en cuyo escudo se representan escenas de la vida humana que no guardan relación con la situación o las aventuras del héroe; mientras que en *La Eneida* aparece la descripción del profético escudo de Vulcano presentado como regalo a Eneas por Venus, en la que se observan los eventos más memorables de la historia de Roma desde su fundación hasta su conquista por César, eventos que tienen una relación directa con la misión y el destino del héroe. De la misma forma en que Eneas toma su escudo, Cristo toma su ves-

tidura de siete fajas con los pecados de las generaciones pasadas y las futuras. Para cada uno de los pecados capitales, Hojeda incluye una serie de personajes que cometieron el pecado a que el autor se refiere; bien puede tratarse de personajes bíblicos o históricos que se proclamaron o actuaron en contra de la religión católica.

[31] El orden en que presenta los pecados corresponde a la jerarquización católica. Inicia con la soberbia, y dentro de ésta, aparece en primer lugar Adán, cuyo pecado fue pretender tomar la posición de Dios.

[32] Nembrot o Nemrod. Pueden mencionarse por lo menos dos referencias de este personaje en otras obras literarias:
1. En *Don Quijote de la Mancha:*

> "-Morirás-. Dijo en alta voz Radamanto-. ¡Ablándate, tigre; humíllate, Nembrot soberbio, y sufre y calla, pues no te piden imposibles!" (Parte II Cap. LXIX)

2. En el *Infierno de La Divina Comedia:*

> "-Ese soberbio quiso ensayar su poder contra el sumo Júpiter- dijo mi
> Guía-, por lo cual tiene la pena que ha merecido. Llámase Efialto, y dio muestra
> de audacia cuando los gigantes causaron miedo a los Dioses: los brazos que
> tanto movió entonces, no los moverá ya jamás." (Canto XXXI)

El bíblico Nemrod, cabeza de los descendientes de Cam, primer rey de Babilonia, pasa por ser el que propuso la edificación de la torre de Babel. Sus orígenes se señalan en Génesis:

> Cus engendró a Nemrod, que fue el primero que se hizo prepotente en la tierra.
> Fue un bravo cazador delante de Yahvé, por lo cual se suele decir: "Bravo cazador delante de Yahvé, como Nemrod." Los comienzos de su reino fueron Babel,
> Érec y Acad, ciudades todas ellas en tierra de Senaar. (10, 8-11)

El relato sobre la torre de Babel es yahvista y da una explicación de la diversidad de los pueblos y las lenguas. Es el castigo de un pecado colectivo que, como el de los primeros padres, es también un pecado de orgullo. La unión sólo quedará restaurada en Cristo salvador; milagro de las lenguas de Pentecostés (Hechos 2, 5-12) y la asamblea de las naciones en el cielo. (Apocalipsis 7, 9-10)

[33] La historia de Abimélec se localiza en el libro de Jueces. Abimélec era hijo de Gedeón-Yerubaal; en realidad no es la historia de un juez aunque aparece en el libro de Jueces, ni siquiera la historia de Israel: Abilémec era hijo de una siquenita, de ahí que Hojeda lo llame bastardo. Lo eligieron rey los cananeos de Siquén, se rodeó de aventureros y sus únicas hazañas fueron la matanza de sus hermanos, su lucha contra los amotinados de Siquén y el asalto lanzado contra la ciudad israelita de Tebés, donde recibió la muerte por una mujer. El único sobreviviente de sus setenta hermanos fue Jotán, cuyo apólogo aparece en los versos 7-20. Este apólogo es en la Biblia, el primer ejemplo de fábula que

pone en escena plantas o animales. Dicha fábula pudo tener una existencia independiente antes de que se utilizara para ilustrar la historia de Abimélec, y que Jotán empleó para retar a los que han elegido a Abimélec como rey. (9, 1-57)

La narración es histórica y señala las condiciones de la época: Israel y Canáan vivían como buenos vecinos y el régimen político que representaba este reinado mantuvo la situación que las cartas de Amarna dieron a conocer para esta región en el siglo XIV a.C. El fracaso de Abimélec se toma como ejemplo para enseñar que sólo debe haber en Israel un rey elegido por Yahvé.

[34] Nabuco es el apócope de Nabucodonosor y por extensión de significado se utiliza "nabucos." Sus hazañas se cuentan en varias partes de la Biblia, pero sin duda la más sobresaliente es a la que se refiere el poema. Su pecado consistió en haber hecho erigir una estatua de oro para adorarla, traicionando de esta manera a Yahvé.

[35] Hojeda se coloca en contra de los fundadores de sectas protestantes:
Sabelio. Heresiarca italiano o libio, fundador del sabelianismo. En Roma, vivió en el s. III, sus relaciones con los seguidores de Práxeas y Noeto le indujeron a defender la existencia de un solo Dios, que se manifiesta en las personas de la Trinidad con nombres distintos. El papa Calixto I le excomulgó y fue desterrado, o se trasladó, al norte de África. Al parecer, se ordenó sacerdote posteriormente en Tolemaida. Su herejía perduró con variantes en los siglos posteriores.

[36] Arrio (270-336). Sacerdote libio, promotor de la herejía del arrianismo. Fue discípulo de Luciano de Antioquía y rector de una parroquia de Alejandría. Enseñó que el Hijo de Dios estaba por encima del resto de la creación y que, no obstante, era algo menos que divino. El sínodo de Alejandría le depuso hacia 318. Pidió apoyo a sus amigos y la disputa persistió hasta que el concilio de Nicea confirmó su deposición en 325. El emperador Constantino le desterró a Iliria, si bien hacia 334 se reconcilió con él y cuando estaba dispuesto a forzar su admisión, le sorprendió la muerte.

[37] Manes fue el fundador del maniqueísmo. Es una gnosis dualista que sitúa en los orígenes dos principios coeternos: la luz y las tinieblas. Manes nació el 14 de abril del año 216 en Persia, se presentó como el último revelador y el sello de los profetas, como el Paráclito prometido por Jesús y encargado de fundar la Iglesia de los últimos tiempos, la del reino de la luz.

La Iglesia de Manes se enfrentó al mazdeísmo sasánida y a la Iglesia cristiana, frente a la cual pretendía presentarse como la verdadera Iglesia de Jesucristo. Por último, se enfrentó duramente al Imperio Romano. Como religión venida de Irán, país enemigo, se oponía a las costumbres de las poblaciones latinas, al trabajo, al servicio militar y a la procreación.

[38] Martín Lutero (1483-1546) Hijo de campesinos. Fue educado en Magdeburg y Eisenach. Ingresó a la universidad de Irfurt donde obtuvo una maestría en filosofía. Estudió la traducción Vulgata de la Biblia y entró al convento agustino en Irfurt. Se ordenó como sacerdote católico romano en 1507 y fue catedrático de la universidad de Wittenberg. Hacia 1509 llegó a ser bachiller en teología. No tuvo conflictos con la iglesia

católica sino hasta que John Tetzel vino a Wittenberg a vender indulgencias a los peca-dores. Como respuesta al hecho, Lutero propuso 95 tesis en contra de la doctrina de las indulgencias. Desconoció el poder del papa para perdonar pecados y declaró que la abso-lución papal no tenía ninguna validez. Rechazó toda reconciliación con la iglesia y dejó los hábitos en 1525. Junto con Malanchthon tradujo la Biblia al alemán. Las doctrinas más importantes que emergieron de sus enseñanzas son: la supremacía de la Biblia sobre los obispos y los concilios, responsabilidad individual y libertad para interpretar la biblia, y justificación de la fe.

[39] Acán cometió el pecado de violar el anatema de la ciudad de Jericó. El anatema, en hebreo jérem, es un acto que implica la renuncia a todo el botín para atribuirlo completa-mente a Dios: se da muerte a los hombres y a los animales; los objetos preciosos son en-tregados al santuario. Es un acto religioso, una ordenanza de la guerra santa, consecuen-cia de una orden divina o de un voto para asegurarse la victoria. Todo incumplimiento es un sacrilegio que se castiga severamente. En el caso de Jericó, el botín consistía de un manto de Senaar, doscientos siclos de plata y un lingote de oro de cincuenta siclos de peso. Acán confesó que le gustaron y que se los guardó. (Josué 6, 17-21)

[40] Elí. Jefe de los sacerdotes de Siló cuya función principal era guardar el santuario y en particular el arca. Acogía a los peregrinos para el sacrificio anual, recibía votos y acciones de gracias, daba la bendición y velaba sobre el servidor del santuario que estaba a su disposición. Probablemente su familia formaba parte del clan musita. Sus dos hijos, Jofní y Pinjás llevaban nombres egipcios y sólo se les menciona por sus fechorías. Cuando supo que el arca de Dios había sido capturada y que sus hijos habían muerto, Elí se cayó de su asiento y se rompió la nuca, lo que causó su muerte. (I Samuel 4, 1-18)

[41] Aacab, en la Biblia aparece como Acab o Ajab. Su pecado consistió en querer tomar posesión de la viña de Nabot con la promesa de ofrecerle otra o pagarle su precio en plata. Nabot se negó a ceder su viña porque el patrimonio de bienes raíces ligaba al israelita con su clan y fundamentaba su derecho de ciudadanía; además, con frecuencia en la misma tierra se conservaba la tumba de sus antepasados.

Ante la negativa Jezabel, la mujer de Ajab, colocó al pueblo contra Nabot con el ar-gumento de que había maldecido a Dios y al rey. Lo sacaron de la ciudad y lo mataron a pedradas. Ante esto, Ajab llegó a la viña de Nabot y tomó posesión de ella.

Una vez muerto, la palabra de Yahvé llegó hasta Elías tesbita para que le dijera a Ajab: "¿Has asesinado y pretendes tomar posesión? Por esto así habla Yahvé: En el mismo lugar donde los perros han lamido la sangre de Nabot, lamerán los perros también tu propia sangre." (1Reyes 21,19)

[42] Judas vendió a Jesús por treinta monedas de plata.

[43] aceta = acepta

[44] La historia de Dina aparece en el libro de Génesis:

Dina, la hija que Lía había dado a Jacob, salió una vez a ver a las mujeres del país. Siquén, hijo de Jamor el jivita, príncipe de aquella tierra, la vio, se la llevó, se acostó con ella y la humilló. Su alma se aficionó a Dina, hija de Jacob, se enamoró de la muchacha y trató de convencerla. Siquén dijo a su padre Jamor: 'Tómame a esta chica por mujer.' Jacob oyó que Siquén había violado a su hija Dina, pero sus hijos estaban con el ganado en el campo, y guardó silencio hasta su llegada. (34, 1-5)

En este capítulo se combina una historia de familia y una historia de clanes. Después de violar a Dina, Siquén la pidió en matrimonio y aceptó para ello la circuncisión, pero fue matado alevosamente por Simeón y Leví. La alianza general de matrimonios propuesta por Jamor, padre de Siquén, fue aceptada por los hijos de Jacob con la condición de que adoptaran la circuncisión como práctica. Después rompieron esa alianza cuando saquearon la ciudad y mataron a sus habitantes.

[45] Un heteo es el individuo de un pueblo antiguo que habitó en la tierra de Canaán y formó parte de la tribu de Judá.

La guerra amonita es el marco de la historia de David y Betsabé. La primavera era la época en que tradicionalmente tenían lugar las guerras. Fue cuando David envió a la guerra a Joab con sus veteranos, entre los que se encontraba Urías, y todo Israel. Mientras derrotaban a los amonitas y sitiaban a Rabá, David permaneció en Jerusalén.

En un atarceder se paseaba David por el terrado de la casa del rey cuando vio a una mujer que se estaba bañando. Era una mujer hermosa. David mandó a averiguar quién era y le dijeron que era Betsabé, hija de Elián y mujer de Urías, el hitita. David la mandó buscar y se acostó con ella. Betsabé quedó embarazada.

Posteriormente David mandó que pusieran a Urías en la posición frontal del ejército para que muriera a manos del enemigo y una vez muerto, mandó a buscar a Betsabé y la tomó por mujer.

Ante sus acciones, Yahvé envió a Natán para que David fuera castigado, y al arrepentimiento de éste, Yahvé lo perdonó, pero el hijo que había tenido con Betsabé debía morir sin remedio. (2 Samuel, 11)

[46] Absalón, hijo de David, asesino de su hermano, rebelde contra su padre. Es el personaje central del drama de la familia de David. Se afirma que en todo Israel no había un hombre tan apuesto y celebrado como él. En el libro segundo de Samuel se narra la acción de Absalón de tomar las concubinas de su padre, con lo que afirma su derecho a la sucesión.

Absalón tomaba a las concubinas por consejo de Ajitófel y se unía a ellas a la vista de todo Israel para hacerse odioso a su padre y fortalecer a aquéllos que estaban de su lado. (16, 20-23)

[47] La historia de Salomón aparece en el libro primero de Reyes. Salomón fue un rico rey que hizo construir palacios y amó a muchas mujeres, tuvo setecientas mujeres con rango de princesas y trescientas concubinas. Los matrimonios con extranjeras servían a la política de Salomón; los santuarios paganos se destinaban a sus mujeres y a los comerciantes.

Una vez anciano, las mujeres lo hicieron desviar su corazón hacia otros dioses, así fue como siguió a Astarté, (Astarot) diosa de los sidonios, y a Milcón, abominación de los amonitas.

[48] En el texto original aparece como Cila. Se trata de Lucio Cornelio Sila: enemigo de Mario y dictador durante las guerras civiles que culminaron con Julio César. (138-78 a.C.) Militar y político romano. Nacido en una familia noble, pero de escasos medios, restauró en su juventud la fortuna familiar. Estableció las bases de su prestigio en la guerra Social, en la que Roma se enfrentó a sus aliados de Italia. Designado cónsul, se convirtió en el máximo representante de la vieja aristocracia romana. Frente a él Mario defendió los intereses de los plebeyos. Enviado al mando de las tropas que iban a combatir a Mitrídates VI Eupator, rey del Ponto, fue relevado de su cargo. Marchó entonces sobre Roma y Mario tuvo que huir para escapar a la feroz represión desencadenada. Sin embargo no pudo evitar que el partido rival, se adueñase de nuevo del poder mientras él volvía a la lucha contra Mitrídates. Éste fue derrotado en Queronea y Orcómenos y acordó la paz con Roma. Vuelto a Italia, se enfrentó de nuevo a los partidarios de Mario capitaneados por su hijo Mario el joven. Vencido su rival, Sila se hizo nombrar dictador y procedió a una reorganización de los poderes públicos según los intereses de la aristocracia. En el año 79 a.C. se retiró a Cumas.

[49] Pompeyo, (106-Pelusium 48 a.C.) General y estadista romano, realizó campañas en Sicilia y África contra los partidarios de Mario, obtuvo del senado el gobierno de Hispania Citerior (77-71) y restableció el orden en Hispania, donde acabó con la guerra de Sertorio (77-72). Después de vencer a Espartaco, obtuvo el consulado junto a Craso, y limpió de piratas el Mediterráneo. Dirigió la guerra contra Mitrídates VI, rey del Ponto y conquistó Asia Menor, Siria y Palestina, en donde tomó Jerusalén (63). De vuelta en Italia, se enfrentó al senado y formó con Craso y César un triunvirato (60) renovado en 56. La muerte de Craso lo dejó frente a frente con César. Mientras César estaba en la Galia, Pompeyo recibió en el año 52 plenos poderes para luchar contra la anarquía romana (asesinato de Clodio). La ambición de ambos hizo inevitable la guerra civil. César cruzó el Rubicón en 49 y marchó sobre Roma. Pompeyo fue derrotado en Farsalia en 48, por lo que se refugió en Egipto, donde fue asesinado por orden de Tolomeo XIII.

[50] Cayo Julio César, (Roma 100 ó 101-44 a.C.) Estadista romano. Patricio pero ligado a medios plebeyos. Se enfrentó al dictador Sila, quien le pidió que repudiase a su esposa, hija de Cinna y se exilió en Asia (82-78). Formó un triunvirato con Pompeyo y Craso (60). Emprendió la conquista de las Galias por lo que obtuvo la gloria militar y un ejército fiel con el que cruzó Rubicón y marchó sobre Roma. Esto desencadenó la guerra civil contra Pompeyo y el senado: una vez victorioso en Farsalia (48), Tapso (46) y Munda (45), instaló a Cleopatra en el trono de Egipto y se convirtió en cónsul y dictador vitalicio de Roma. Murió asesinado en pleno senado (44).

[51] Fabio Máximo Verrucoso. Quinto (275-203 a.C.) Cónsul en numerosas ocasiones y dictador romano después de la derrota de Trasimeno (217). Llamado Cunctator (contemporizador). Fue derrotado por Aníbal en Cannas (216), y a partir de entonces eludió la lucha abierta y siguió una táctica de desgaste, con múltiples escaramuzas, lo que le dio excelentes resultados.

[52] En griego antiokhos, "que está enfrente de." Nombre de varios soberanos seléucidas. Aquí se refiere a Antíoco IV Epífanes (gobernó de 175 a 164) Hijo de Antíoco III. Fue enviado como rehén a Roma y liberado a cambio de su pirmo Demetrio. A la muerte de su hermano Seleuco IV heredó el trono. Bajo su reinado empezó la revuelta de Judas Macabeo. Antíoco IV hizo introducir su estatua en el templo, y ordenó la celebración de los aniversarios reales, que iban acompañados de ritos dionisíacos y comidas sagradas. Murió en los últimos meses del año 164, no se sabe si de enfermedad o de locura. La tradición judía interpreta su muerte súbita como el justo castigo por las fechorías que había cometido.

[53] Diocleciano. S(245-313) Emperador romano de 284 a 305. Se asoció con Maximiano a quien confió occidente, mientras que él se hizo cargo de oriente. Para defender mejor el imperio estableció la tetrarquía : dos césares (Constancio Cloro y Galerio) se añadieron a dos emperadores (los dos augustos). Diocleciano realizó una amplia reforma administrativa, militar, judicial y monetaria. Persiguió a los cristianos a partir de 303. Dejó el poder en 305.

[54] Mahoma. Nacido en la Meca hacia 570 y muerto en Medina en 632. Fundador del Islam y del imperio musulmán. Hijo de Abb Allah y de Amina, del clan de los Banu Hashim, de la tribu de Quraysh.. Quedó huérfano a los cinco o seis años, y lo educaron su abuelo Abd al- Muttalib y su tío Abu Talib, padre de Alí, yerno de M. Desde la adolescencia acompañó caravanas a Siria y Palestina, sueldo de una viuda rica, Jadicha, con quien se casó a la edad de 25 años, aunque la dama tenía quince más que él. A los 40 años tuvo una visión en el Monte Hira: el arcángel Gabriel le aconsejó predicar contra el politeísmo y prepararse para el juicio final. Las revelaciones espirituales se sucedieron. Jadicha y algunos parientes fueron sus primeros fieles: a ellos se agregaron después los humildes y pobres. Por enemistad de los mequeses, Mahoma emigró a Yatrib, la futura Medina en el año de 1622. Con ayuda de los medineces guerreó contra la Meca y otros grupos hostiles: victoria de Badr (624) derrota de Uhud (625), "sitio del foso" (625). Sus campañas terminaron en una entrada triunfal en la Meca (630), a la que siguió la destrucción de los ídolos que albergaba la Kaabah y el juramento general de fidelidad a Dios. Murió en Medina el 8 de junio de 632, su tumba está en la gran mezquita de dicha ciudad.

[55] Conde don Julián. Según la leyenda, gobernador de Ceuta (s. III), que entregó la ciudad a los moros para vengar la deshonra de su hija, la Cava, ultrajada por don Rodrigo, entonces rey de la España visigoda. Aparte la leyenda, ni su identidad ni la actuación que se le atribuye tienen base histórica comprobada.

[56] Elizabeth o Isabel I de Inglaterra. (Greenwich 1533-Richmond 1603) Reina de Inglaterra y de Irlanda (1558-1603) Hija de Enrique VIII y de Ana Bolena. Soberana enérgica y autoritaria. Dotó a Inglaterra de una religión de estado, el anglicanismo, por el Acta de supremacía (1559) y el bill de los Treinta y nueve artículos (1563). Tuvo que enfrentarse a la oposición de los puritanos, a los que atacó en la persona de su protectora, su propia prima María Estuardo, a la que hizo decapitar (1587). La ejecución desencadenó hostilidades entre Inglaterra y España, pero la armada española fue derrotada (1588). Este combate consagró la supremacía marítima de Inglaterra y potenció su expansionismo.

[57] Asuero. Nombre bíblico del rey Jerjes I. Rey persa aqueménida (484-465 a.C.) Hijo de Darío I. Reprimió duramente las revueltas de Babilonia y de Egipto, pero no logró dominar las ciudades griegas. Murió asesinado víctima de intrigas palaciegas.

La referencia del poema alude a la versión del libro de Ester:

> En tiempo del rey Asuero, el que reinó desde la India hasta Etiopía sobre ciento veintisiete provincias, en aquellos días, estando el rey sentado en el trono real, en la ciudadela de Susa, en el año tercero de su reinado, ofreció un banquete en su presencia a todos sus servidores: a jefes del ejército de los persas y los medos, a los nobles y a los gobernadores de las provincias. Les hizo ver la riqueza y la gloria de su reino y el magnífico esplendor de su grandeza durante ciento ochenta días. (1, 1-4)

[58] "El rico malo y Lázaro el pobre," es una historia-parábola, que al parecer no mantiene ninguna relación con la historia. Se localiza en el Evangelio de Lucas y se refiere al rico que se hartaba de manjares mientras a la puerta de su casa un pobre no tenía ni qué llevarse a la boca, y hasta los perros venían a lamerle las llagas. Cuando ambos mueren, el rico es atormentado, mientras que Lázaro está en el seno de Abraham. Entonces el rico le pide a Abraham que envíe a Lázaro a que moje en agua la punta de su dedo y le refresque la lengua. Abraham se niega haciéndole ver que si ya vivió entre bienes ahora debe ser atormentado, mientras que el pobre tiene su recompensa. Le pide que por lo menos lo envíe a la casa de su padre para que le advierta a sus cinco hermanos el castigo que les espera, pero Abraham asegura que ya tienen a Moisés y a los profetas para que se arrepientan y cambien, y que si no los oyen tampoco se convencerán aunque un muerto resucite. (16, 19-31)

[59] Heliogábalo. (204-222) Emperador romano, proclamado emperador por las legiones frente a Macrino, impuso al dios solar de su ciudad natal, Emesa, como dios supremo del Imperio. Los ritos extraños que realizaba y su afeminamiento lo desacreditaron. Murió asesinado por los pretorianos.

[60] Rómulo. Según la leyenda, fundador y primer rey de Roma. Hijo de Marte y Rea Silva y hermano gemelo de Remo. Arrojados al Tíber la madre y los hijos, aquélla fue convertida en diosa y éstos se salvaron milagrosamente de las aguas. Amamantados por una loba, lograron sobrevivir hasta que unos pastores los recogieron y cuidaron. Tras haber fundado Roma, ambos hermanos sostuvieron una violenta disputa. Rómulo mató a Remo y se erigió como rey único de la ciudad.

[61] Numa Pompilio (715-672 a.C.) Segundo rey legendario de Roma, sucesor de Rómulo. Se le atribuye la fundación de colegios religiosos en Roma y la elaboración del derecho sagrado.

[62] Enrique VIII (1491-1547). Rey de Inglaterra e Irlanda (1509-1547). Segundo hijo de Enrique VII Tudor. Sucedió en los derechos al trono de su hermano Arthur y se casó

con su viuda, Catalina de Aragón. Instigado por su ministro Wolsey, se unió a la Santa Liga y derrotó a los franceses en Guinegatte. Se puso de parte de Carlos V, pero las victorias del emperador en las campañas italiana y francesa le obligaron a reconsiderar su postura: inteligente conservador del equilibrio europeo, se alió con Francia en 1525. Luchó ideológicamente contra los protestantes y el papa León X le concedió el título de "defensor de la fe." Obsesionado por tener descendencia masculina, quiso divorciarse de Catalina de Aragón, alegando la invalidez del matrimonio por ser ésta la viuda de su hermano. Al oponerse al divorcio León X, que no quería enemistarse con Carlos V, sobrino de Catalina, Enrique VIII, de acuerdo con Thomas Crammer, arzobispo de Canterbury, se hizo reconocer como jefe supremo de la iglesia de Inglaterra. El papa le excomulgó en 1533. Persiguió y acusó de traidores a los católicos que no quisieron reconocer su autoridad y mandó matar a Moro y a Fisher. Tras divorciarse en 1533 de Catalina de Aragón, se casó con Ana Bolena, que tampoco le dio hijos varones y fue acusada de adulterio y ejecutada en 1536. Juana Seymour le dio un hijo, el futuro Eduardo VI, pero murió en el parto. Ana de Cléves fue su cuarta esposa y Catherine Howard la quinta.

[63] defetos = defectos

[64] La envidia de Caín proviene del hecho de que al brindar sus ofrendas a Dios, Abel le da lo mejor de su rebaño porque él es un pastor, mientras que Caín le ofrece el fruto de su tierra, porque él es un agricultor. Dios no acepta el regalo de Caín, sino el de Abel. El tema de la preferencia de Dios del menor sobre el mayor o del débil sobre el fuerte, se ve continuamente en la Biblia: José y David sobre sus sendos hermanos mayores; Raquel sobre Lea, Israel sobre Egipto, etc.

Según la interpretación de Diel en *Los símbolos de la Biblia*, Abel es el pastor de corazón puro y por eso su ofrenda es agradable; mientras que Caín es pervertido por sus deseos, y Dios no acepta su ofrenda. Caín es el agricultor y al matar a su hermano, la cultura de los pastores deja su lugar a la de los agricultores. Caín es entonces maldecido y perseguido por haber matado la inocente cultura de los pastores, para reemplazarla con la preocupación excesiva de los deseos terrestres. (Génesis 4)

[65] La envidia de Saúl se narra en el Libro primero de Samuel. David tomó parte en un combate contra Goliat, el filisteo de Gat y afrenta de Israel. David era un niño y Goliat un hombre de guerra, por lo que nadie creía que pudiera vencerlo. Sin embargo, David se presentó ante Saúl con la cabeza del filisteo y fue celebrado por todo el pueblo. Las mujeres, danzando, cantaban a coro: "Saúl mató sus millares y David sus miriadas." Lo que disgustó mucho a Saúl y desde entonces lo vio con ojos envidiosos, diciéndole que lo único que le faltaba era ser rey. Saúl temía a David porque Yahvé estaba con David y de Saúl se había apartado. Lo nombró jefe de sus tropas y en todas sus empresas salió triunfante, por lo que todo Israel lo quería. (1Samuel, 18)

[66] Véase la nota 48 de este libro.

[67] César es el nombre que reciben los emperadores de Roma. Su origen se remonta a Octavio, hijo adoptivo de Julio César, quien toma ese nombre al asumir el poder. Y éste a su vez, lo pasa a su hijo adoptivo Tiberio. Calígula, Claudio y Nerón también lo usaron.

[68] Acidia o pereza.

[69] Aquí aparecería la octava # 139 de acuerdo a la edición príncipe del poema y que no se encuentra en el manuscrito de la Biblioteca del Arsenal:

> Y el que enterró sin causa el gran talento
> Que el rey le dio, pintado allí se vía
> Triste, flojo, cobarde, soñoliento,
> Y enemigo de santa mercancía;
> Y de los otros el corrillo exento,
> Que estuvieron ociosos todo el día,
> Hasta que el padre a su labor los trujo,
> Al vivo se mostraba en el dibujo.

Alude a la parábola de los talentos (Mateo 25, 14-30) sobre el criado que no supo aprovechar el único talento que se le había dado.

[70] Jesús es el pecador inocente que asume los pecados de la humanidad para poder recibir la muerte.

[71] La oración de Jesús en el Huerto de Getsemaní es narrada por los cuatro evangelistas. Se localiza en Mateo (26, 36-46); Marcos (14, 32-42); Lucas (22, 39-53) y Juan (17, 1-26).
Muchos llaman Oración sacerdotal a esta oración en que Cristo, antes de morir, ofrece en sacrificio su propia vida; Jesús es sacerdote y víctima a la vez. En ese contexto la palabra santificar tenía dos funciones: el sacerdote se santificaba para ser digno de ofrecer el sacrificio y también santificaba, es decir, hacía santa, a la víctima al momento de sacrificarla. Con esto, Jesús cierra el culto del Antiguo Testamento que los judíos rindieron a Dios en el templo durante siglos. (Hebreos 8, 13; 10, 9)

[72] defeto = defecto

[73] afeto = afecto

[74] Odiseo también amonesta a sus compañeros "hablándoles con dulces palabras: –No permanezcáis acostados, disfrutando del dulce sueño." (*La Odisea*, X)

[75] Como personaje alegórico, la Muerte aparece frecuentemente no sólo en la literatura de la Edad media, sino en los escritos de los siglos XVI y XVII, especialmente en los autos. Uno de los más populares es "La Cena del rey Baltasar" de Calderón. Las octavas habladas por la Muerte en esta obra se consideran uno de los mejores logros de este autor.
La Danza de la Muerte fue tema favorito para escritores y pintores en toda Europa durante la Época Medieval. España cuenta con la más fina obra literaria existente del género en La Danza de la Muerte, escrita en el siglo XV. Es significativo observar que el primer verso de la estrofa de la Muerte: "Yo so la muerte cierta a todas criaturas" en La

Danza es similar a la octava con que la Muerte inicia su discurso en el poema de Hojeda.

[76] Hojeda, aunque no es jesuita, sigue el sistema meditativo de San Ignacio de Loyola en los ejercicios espirituales.

[77] beninos = benignos

[78] indinos = indignos

[79] benina = benigna

[80] indina = indigna

[81] Frente a los pecados capitales se encuentran las virtudes:

Pecados:	Virtudes:
Soberbia	Humildad
Avaricia	Generosidad
Lujuria	Castidad
Ira	Paciencia
Gula	Templanza
Envidia	Caridad
Pereza	Diligencia

[82] Referencia no identificada.

LIBRO *II*

Sube de Cristo la oración al cielo;
Al Padre llega, y dale su embajada:
Cuenta del Hijo el amoroso celo,
La encarnación, y vida trabajada:
Pide por esto al Padre algún consuelo,
Y es con Gabriel a Cristo despachada:
Un cuerpo toma el ángel aparente;
Baja al huerto y se admira sabiamente.

Octavas 1-13
Concluye la Oración
de Jesús

Dijo; y estas gravísimas razones
Tomó en sus manos la virtud suave
Que almas consagra, limpia corazones,
Y los retretes de la gloria sabe,
La Oración, reina ilustre de oraciones,
Que del pecho de Dios tiene la llave;
Y dejando el penoso oscuro suelo,
Caminó al despejado alegre cielo.[1]

La Oración subre
hasta el Padre

Con prestas alas, que al ligero viento,
Al fuego volador, al rayo agudo,
A la voz clara, al vivo pensamiento
Deja atrás, va rasgando el aire mudo:
Llega al sutil y espléndido elemento
Que al cielo sirve de fogoso escudo,
Y como en otro ardor más abrasada,
Rompe, sin ser de su calor tocada.

De allí se parte con veloz denuedo
Al cuerpo de las orbes rutilante;
Que ni le pone su grandeza miedo,
Ni le muda el bellísimo semblante;
Que ya más de una vez con rostro ledo,
Con frente osada y ánimo constante,
Despreciando la más excelsa nube,
Al tribunal subió que ahora sube.

Estaban los magníficos porteros   4
De la casa a la gloria consagrada,
Que con intelectivos pies ligeros
Voltean la gran máquina estrellada;
Estaban, como espíritus guerreros,
Para guardar la celestial entrada
Puestos a punto, y viendo que subía,
A su consorte cada cual decía:

La Oración llega a las
puertas del Cielo

*Descripción de la
Oración con una serie
de paradojas*

"¿Quién es aquesta dama religiosa
Que de Getsemaní volando viene?
Es su cuerpo gentil, su faz hermosa,
Mas el rostro en sudor bañado tiene:
Que beldad tan suave y amorosa
Con tan grave pasión se aflija y pene,
Lástima causa. ¿Quién es la afligida,
En igual grado bella y dolorida?

"Es de oro su cabeza refulgente,
Su rubia crin los rayos del aurora,
De lavado cristal su limpia frente,
Su vista sol que alumbra y enamora,
Sus mejillas abril resplandeciente;
En sus labios la misma gracia mora:
Callando viene, pero su garganta
Da muestras que suspende cuando canta.

"En polvo, en sangre y en sudor teñida
Aparece su grave vestidura:
Como quien pies lavó, sube ceñida,
Y humildad debe ser quien le asegura:
Vedla, que en santo amor está encendida,
Y así de amor el fuego la apresura:
¿Si es por dicha oración de algún profeta?
Si es oración, es oración perfeta.[2]

"Oración es; que los atentos ojos,   8
Y las tendidas arqueadas cejas,
Y lo demás que lleva por despojos,
Son desta gran virtud señales viejas:
Sin duda puso en tierra los hinojos,
Y a sólo Dios pretende dar sus quejas:
El barro de la ropa lo declara,
Y la congoja de su pecho rara.

"Cual humo de pebete es delicada,
De amarga mirra y de suave incienso,
Y de la especería más preciada
De que a Salén pagó la Arabia censo:[3]
Mirra fue de su sangre derramada
La primer causa, y un dolor inmenso,
Y destos aromáticos olores
Ciencia, virtudes, gracia, resplandores.

"Ella dirá quién es, que ya se llega;
Mas la oración del Verbo soberano,
Que a dura muerte su persona entrega,
Debe ser; que su talle es más que humano.
Si a mis ojos su ardiente luz no ciega,
He de besarle su divina mano:
Es la oración de Cristo, eslo sin duda;
Ábrasele la puerta, el cielo acuda."

Le permiten entrar al Cielo

Dijeron; y la dama generosa
En la ciudad entró de vida eterna,
Y aquella compañía venturosa
La recibió con rostro y alma tierna:
Van con ella a la casa luminosa

Es recibida por los 9 coros celestiales

Del sumo Emperador que los gobierna,
Y su lugar le dan las dignidades
Más altas de las nobles potestades.

Pasa de los espíritus menores[4]   12
El coro excelso y orden admirable,
Y sube a los arcángeles mayores
De ilustre faz, de vista venerable:
Hácenle reverencia, da favores,
Y atrás deja el ejército agradable
De las virtudes, y a los potentados
Llega, en fuerzas y gloria sublimados.

Los príncipes supremos la reciben
Con blandos ojos, con humildes frentes,
Y los que en señorío eterno viven
Le postran sus coronas refulgentes:
Los tronos, de su gran valor conciben
Altas empresas, hechos eminentes;
Adóranla los sabios querubines,
Y hónrala los amantes serafines.

Octavas 14-78

*La Oración ante la
presencia del Padre*

Al tribunal llegó del Rey sagrado,
Del sumo Padre, que de inmensa lumbre
Y ardiente resplandor está cercado,
Por siempre eterna, inmemorial costumbre:
Aunque le ve de soles rodeado.
No teme que su vista le deslumbre,
Y su ardimiento valeroso abona
Saber que es oración de igual persona.

Vídola y respetóla el sacrosanto
Padre, de santidad fuente benina;[5]
Y no es nuevo que Dios pondere tanto
Del Verbo humano la oración divina,
Que es de oraciones un ejemplo santo
Y original de gracia peregrina:
Mas antes que la escuche la entretiene;
Que darle aplauso general conviene.

*Primera reunión: en el
Cielo.
Después de escuchar
a la Oración, el
Padre convoca a una
asamblea celestial*

Mandó llamar a cortes celestiales,[6]   16
Y juntarse los reyes coronados
Por su gracia, y con dones desiguales
Perfectamente bienaventurados:
A la voz de sus labios inmortales
Temblaron los dos polos encontrados;
Paróse el cielo, retumbó la tierra,
Y el infierno temió segunda guerra.

Después de aquella singular victoria
Contra Luzbel y su cuadrilla fiera,
Dicen (pero no es fama transitoria,
Sino eterna, infalible y verdadera)
Que varias sillas de distinta gloria
A la milicia de ángeles guerrera
Y victoriosa señaló, en diverso
Lugar, el Hacedor del universo.

Participantes de la
asamblea

Llamados, pues, con voces resonantes
Que en todo el grande cielo se escucharon,
Los que habitan el Norte y Sur distantes
Al punto en el alcázar se hallaron;
Y aquéllos que las plazas rutilantes
Pisan del alba roja, se aprestaron,
Y vinieron también los que el Poniente
Hacen con clara luz ilustre Oriente.

Los que presiden a los graves reyes,
Y blandas condiciones les inspiran;
Los que ponen al mar y quitan leyes,
Y siempre firmes sus mudanzas miran;
Los que gobiernan religiosas greyes,
Y dulce paz con manso asiento aspiran,
Sin dejar sus oficios acudieron,
Y sin pasar por medio allí estuvieron.

Invocación del poeta
para tener la habilidad
de describir el Cielo

Mas ¡oh tú, Gracia eterna, sabia musa,   20
Que por el cristalino empíreo cielo
Con vivo resplandor estás difusa
En sacras mentes de glorioso celo!
Porque es mi alma en distinguir confusa
Aún conceptos vilísimos del suelo,
Tú ilustra y purifica mis sentidos
Con verbos nobles de tu luz vestidos.

Descripción de las mansiones celestiales

De los grandes palacios inmortales
Donde vive el Señor de los señores,
Píntame las murallas celestiales,
Las anchas puertas y altos corredores;
Y aquellas salas con verdad reales
En materia y en arte y en labores,
Y lo que estaba dibujado en ellas
Con rayos de oro y esplendor de estrellas.

El sumo alcázar para Dios fundado,
Sobre este mundo temporal se encumbra;
Su muro es de diamante jaspeado,
Que sol parece y más que sol relumbra:
Está de doce puertas rodeado,[7]
Que con luz nueva cada cual alumbra,
Y la más fuerte y despejada vista
No es posible que a tanto ardor resista.

Los doce tribus de Jacob valientes
Están en los umbrales sobrescritos,
Y en las basas de mármoles lucientes
Doce maestros de cristianos ritos:
La materia es de piedras excelentes,
Y de oro coruscante los escritos:
Ninguna puerta con rigor se cierra,
Porque no hay noche ni se teme guerra.

Deste rico metal, cual vidrio puro, 24
Es la hermosa plaza cristalina,
Y el ancho suelo, como el alto muro,
De ardiente claridad y luz divina:
Por ella un río de cristal, seguro
De ofensa vil, con blanco pie camina;
En urna va de perlas murmurando,
Y el margen de oro líquido esmaltando.

A la ribera deste ameno río[8]
Está luciendo el árbol de la vida
Con grave copa y descollado brío,
Que con su olor a eterna edad convida:
Fruta da que jamás dará hastío,
Que es fruta cada mes recién nacida;
Él es de oro y sus hojas de esmeraldas,
Y hacen dellas los ángeles guirnaldas.

Luego sobre estas aguas caudalosas
Están lindos y alegres corredores,
Y galerías de marfil preciosas,
Bañadas en suaves resplandores,
Divisan desde allí todas las cosas
Aquellos celestiales moradores,
Y lastímales vernos fatigados
En pequeños y míseros cuidados.

La sala del Artífice superno
Que esta soberbia máquina compuso,
Es de un fino rubí de ardor eterno,
Que en cuadro y forma cóncava dispuso:
De aquí ejercita el general gobierno,
En que dulzura y eficacia puso:
Es la piedra labrada en varios modos,
Y de ciento y cuarenta y cuatro codos.

Por una y otra parte dibujadas[9]   28
En ella están las ínclitas victorias
Del mundo antiguamente celebradas,
Por siempre dignas de felices glorias;
Y aún se conservan hoy depositadas
En cristianas altísimas memorias,
Por su gran prez y su valor ilustre,
Que honra dieron a Dios, y al hombre lustre.

*Llegan los integrantes
de la asamblea y
contemplan las
descripciones el pasado*

Aquí llegaban ya los cortesanos
Del Rey supremo, y cuando aquí llegaban,
Desde aquellos umbrales soberanos,
La escultura magnífica miraban:
Los ojos extendían sobrehumanos
Que todo en un momento lo alcanzaban,
Y en la gran superficie externa vían[10]
Esto que las figuras ofrecían.

Relato bíblico:

El Edén

En un jardín[11] cuyas perpetuas flores
Son carbuncos, jacintos y esmeraldas,
Plata y matiz los pájaros cantores,
Y oro de un río las alegres faldas;
Entre varias suavísimas colores,
Blancas, verdes, azules, rojas, gualdas,[12]
Está durmiendo Adán[13] un sueño blando,
Y una costilla Dios le va sacando;[14]

Sueño de Adán

Y habiendo hecho della una agradable
Y hermosa mujer, se la presenta:
Él la recibe, y con el rostro afable
De su beldad y gracia se contenta,
"¡Oh de mi carne y huesos hueso amable,
Y carne que mi espíritu alimenta!
Naciste de varón, serás llamada,
Le dice, varonesa deseada."[15]

Creación de la mujer

Muerte de Abel

El justo Abel se mira en otra parte   32
Muerto y en el matiz descolorido,
Que aquel primero y envidioso Marte[16]
Le tiene a sus robustos pies tendidos:
A la materia sobrepuja el arte,
Y a la verdad iguala lo esculpido;
Muerto aparece por la dura mano
De su crudo enemigo y fiero hermano.

Cerca de allí, colérico y terrible
Se muestra Dios al fratricida odioso,
Y la sangre de Abel con voz sentible[17]
Clama contra el soberbio y alevoso:
Pintado el matador incorregible
Va huyendo con ímpetu furioso:

Huída de Caín

¿De qué huyes, Caín, y por qué huyes;
Que a Dios ofendes y tu bien destruyes?

Diluvio

Perlas y aljófar son las aguas vivas
Que representan el diluvio extraño[18]
Del cielo, que con lanzas vengativas
Al mundo hizo irremediable daño:
Allí se ven las ondas fugitivas
Deslizarse y bajar con dulce engaño

El Arca de Noé

De la nave[19] gentil, que burla dellas
A fuerza de oraciones, no de estrellas.

Arcoiris

Poco después el Iris[20] generoso,
De diversas colores variado,
Aplacándose el tiempo borrascoso,
Aparece en el cielo dibujado:
El rico sardio y el rubí precioso
Con el bello crisólito mezclado,
Son figura del arco, no pintura;
Que en eso el Iris dellos es figura.

Formado de carbuncos refulgentes   36
Un fuego está de llamas encendidas;
Y el padre ilustre de las muchas gentes,

Sacrificio de Isaac
hecho por Abraham

En él sacrificar quiere mil vidas,
La suya y de sus claros descendientes
En la de Isaac, su hijo, prometidas:[21]
Allí el alfange con valor levanta,
Y aún en dibujo reluciendo, espanta.

Rayo parece que del cielo baja,
Y en los ojos de Isaac relampaguea
Amenazando; pero el golpe ataja
Un ángel a la fuerte mano hebrea:
Si aprestabas al joven la mortaja,
Santo Abraham, apréstale librea;
Que ha de ser padre de ínclitos varones,
Temidos de ilustrísimas naciones.

*Su hijo Jacob se hace
pasar por su hermano
Isaac*

También Jacob,[22] su hijo, allí se muestra
Con dulces vinos y suaves flores,
Y la prudente madre, que le adiestra,
Manjar le da, y con él ricos favores:
Vellosa hace su tratable diestra;
Pieles le viste, fíngele rigores:
La bendición de Isaac con esto gana:
Que la merece el hijo que se humana.

Después un grueso y lúcido diamante[23]
Pinta del alba roja el blanco paso,
Y la frente un piropo rutilante
Que el Oriente pusiera en el Ocaso.
Con Dios lucha Jacob más adelante,
Y el mismo Dios le dice: "Basta, paso;
Suéltame, que ya viene el alba;" pero
Su santa bendición le da primero.

*José es vendido por sus
hermanos*

A José en el otro cuadro venden[24]   40
Sus envidiosos pérfidos hermanos,
Y con la venta desmentir entienden,
Y hacer sus verdaderos sueños vanos;
Y el edificio que arruinar pretenden
Lo fundan y levantan con sus manos.
¡Oh solo sabio Dios! Tu suma ciencia
Se burla de la humana providencia.

Poco después con grillos rigurosos
Preso se halla en una cárcel dura,
Mas luego con pronósticos dichosos
Y adversos al rey bárbaro asegura;
Y en carro de caballos poderosos
Triunfando va con próspera ventura;
Señor se ve de las provincias bellas,
Y adorado de sol, luna y estrellas.

Jonás devorado por
una ballena

Contra Jonás[25] parecen levantados
Soberbios mares, turbulentas ondas,
Y rebramar los vientos conjurados
En huecas Cilas, en Caribdis hondas.[26]
Los cielos ¡oh profeta! están airados;
Quilla no puede haber en que te escondas
De tu gran culpa; la infalible pena
Sólo el vientre será de una ballena.

Allí el robusto pez con alto lomo,
Atenta y ancha boca, y seno abierto,
Lo espera, y lo recibe y guarda, como
A la alta nave el apacible puerto:
Escollo desasido, grueso plomo
No cae al hondo piélago más cierto,
Que el profeta en aquel vientre profundo;
Mas sale al fin, y ve la luz del mundo.

Sansón

Membruda imagen de Sansón[27] el fuerte   44
Ilustra aquellos ínclitos palacios,
Y con victorias mil en vida y muerte
Ocupa mil anchísimos espacios:
Quien la materia del dibujo advierte,
Advierte que en luz vence a los topacios,
Y en orden y valor de piedras bellas,
Al orden y valor de las estrellas.

*Sansón derriba el
templo de los filisteos*

Un templo allí se mira bien fundado,[28]
Que se aventaja en todo al verdadero,
Sobre columnas dos edificado,
Do se arrima el indómito guerrero:
Dellas a puras fuerzas abrazado,
Hace caer el edificio entero,
Y con su muerte a sus contrarios mata,
Y aún su venganza juzga por barata.

En un arroyo dulce y apacible
De líquido cristal y plata ondosa,
Toma el pastor y príncipe invencible
Piedras para su honda valerosa:
Parece que se escucha el son terrible
Del arma pastoril y venturosa,
Y el estallido crujidor resuena,
Con que la furia del gigante enfrena.

*El combate de David y
Goliat*

Entre un rojo matiz hórrida espuma
Con hinchadas vejigas se levanta,
Y antes que en tierra y lodo se consuma,
Con asco ofende y con bufido espanta:
Luego hacia el infierno se rezuma;
Sangre es de Goliat, y sangre tanta,
Que un mar parece, y es un mar de gloria
Para David, que alcanza la victoria.[29]

Tendido en tierra está y amortajado,   48
De una pobre viuda un hijo solo,
*Eliseo y la viuda
sunamita*
Y Eliseo[30] con él se ve ajustado,
Con él se acomodó, y resucitólo:
Una imagen del Verbo es encarnado,
Que al hombre se ajustó, y engrandeciólo:
Los ángeles aquésta y otras vían,[31]
Y ser de Cristo emblemas conocían.

Luego, entrando en la sala venerable
Del sumo Emperador de emperadores,
La superficie vieron admirable,
Con otras mil riquísimas labores:

Encarnación y vida de Jesús La encarnación y vida memorable,
Los trabajos, las armas, los amores
Del Verbo Dios, que están allí grabados,
Y del Eterno Padre respetados.

Las tarjas de la obra peregrina
Son de otra más que celestial materia,
Y sospechas de cosa tan divina
Aún no se hallan en la humana feria.
¡Oh cuánto pierde el hombre que se inclina
A la de acá, vilísima miseria!
Hombre, levanta los cansados ojos;
Lidia y vence, y habrás tales despojos.

Estaba aquel gran Padre omnipotente
El sumo trono de su eterno imperio
Llenando, y con su ropa refulgente
El Ártico y Antártico hemisferio,
Y a sus pies dibujada ilustremente,
En alto modo y con sutil misterio,
Por la naturaleza curiosa,
Del mundo aquesta fábrica espaciosa.

La Creación La tierra estaba informe, oscuro el aire,[32]   52
Confusa la agua, asido della el fuego:
Fuego y agua mezclados, tierra y aire;
Y aire y tierra en un globo, y agua y fuego:
Sin lugar fuego y agua y tierra y aire;
Y el aire y tierra en caos, y el agua y fuego;
Fuego y agua riñendo, y aire y tierra,
Con la agua el fuego, el aire con la tierra.

Nació la luz, y con su linda cara
La distinción, la gracia, la armonía;
No fue la luz en darse al mundo avara,
Que hoy divide la noche y hace el día:
Alegre y bella, rutilante y clara,
Al hágase de Dios aparecía;
Y apenas le mandaba que alumbrase,
Cuando salió, sin que jamás faltase.

El globo celestial y corpulento
De grandes orbes y elevadas cumbres,
Con su igual incansable movimiento,
Varias estrellas y distintas lumbres,
Sobre el fogoso rápido elemento
Dando estaba magníficas vislumbres
Del poder sumo de la excelsa mano
Que globo fabricó tan soberano.

10 - El cielo empíreo

El cielo empíreo, trono rutilante,[33]
Y palacio de Dios allí se vía[34]
Estable, fijo, espléndido, radiante,
Que en apacible y santa luz ardía:
De fuego puro o de un rubí flamante,
O de un piropo inmenso parecía,
Llamas lanzando, y entre las centellas
Rayos vivos, no lúcidas estrellas.

9. El cielo que domina los planetas y el tiempo

Luego estaba el primero ilustre moble,[35]   56
Que con ligero paso y propio vuelo
Lleva tras sí todo el concurso noble
De los planetas del sagrado cielo:
De éste procede el movimiento doble,
Que aun se percibe desde el bajo suelo,
La distinción, el tiempo, las edades,
Diversos años, varias calidades.

8. Las constelaciones

Después, pintado el cielo cristalino
Con aguas, mas no líquidas, bañaba
El orbe octavo,[36] y con aspecto dino[37]
De admiración, su antigua faz mostraba:
El firmamento, al parecer divino,
Y las estrellas firmes volteaba,
Templanzas imprimiendo diferentes,
Mudando imperios, variando gentes.

En el octavo círculo voltario
Estaba fijo el virginal trofeo,
Y a Géminis volviendo el rostro Acuario,
Hércules bravo, indómito Cefeo,
Bohote el fiero, el crudo Serpentario,
Casiopea, y Andrómeda y Perseo,
De relumbrantes luces dibujados,
Y en varias influencias ocupados.

7. Saturno

Rayaba el orbe séptimo Saturno,[38]
De chicos ojos y pequeña frente,
Rostro largo y espíritu nocturno,
Cejas vellosas y ánimo inclemente,
A quien enfada el resplandor diurno
La claridad suave y luz caliente,
Padre de venenosas pestilencias,
De almas turbias y pérfidas conciencias.

6. Júpiter

El soberano Júpiter se vía[39]   60
Luego en el sexto círculo admirable;
El aire ponzoñoso deshacía,
Y el viento nos prestaba saludable:
En sus ojos templado ardor tenía,
Cara ilustre y aspecto venerable;
Mostrábase en el punto del Oriente,
Do le hizo el Señor omnipotente.

5. *Marte*

El membrudo, terrible, osado Marte,[40]
Fiera estrella, planeta vengativo,
Que da victorias, y despojos parte,
Y guerras causa con furor esquivo,
Del cielo quinto en la suprema parte
Lanzando estaba en rayos fuego vivo,
Bravo, espantoso, armado, furibundo,
De fuerte pecho y ánimo iracundo.

4. *El Sol*

El hermoso planeta coronado
De encendidos carbuncos refulgentes,
Que raya el monte y fertiliza el prado,
Con luces de pirámides ardientes,
Estaba en otro cielo retratado[41]
Rigiendo sus caballos impacientes,
Que en un día caminan, por su cuenta,
Siempre trescientos grados y sesenta.

3. *Venus*

La estrella de la noble Citerea,[42]
A quien el vulgo de la gente vana,
Que el tiempo en deshonesto amor emplea,
Diosa llamó de la belleza humana,
Y con sus pies dorados se pasea
Por la tercera bola soberana;
Bella extendía sus lucientes rayos,
Como en los frescos y serenos mayos.

2. *Mercurio*

El maestro del arte generosa[43]   64
De la ilustre y magnífica elocuencia,
Ocupaba otra esfera luminosa,
Propio lugar desta divina ciencia:
Sobre ingenios facundos luz copiosa
De gracia, de dulzura, de afluencia,
Por labios de oro fino derramaba,
Y al necio sin su amiga luz dejaba.

1. La Luna	La antorcha clara de la noche oscura,
	Del rojo sol el cristalino espejo,
	Gran presidente y noble hermosura
	Del estrellado y lúcido consejo,
	Su faz triforme, su inmortal figura
	Y su resplandeciente rostro viejo,
	Cano mostraba en la celeste esfera
	Que a nuestra flaca vista es la primera.[44]
Los continentes	También las cinco zonas perdurables[45]
	Que el mundo ciñen invisiblemente,
	Y tres fingieron ser inhabitables
	Por su frialdad y su calor ardiente
	(Que ya los españoles memorables
	Han declarado por ficción patente),
	De celestiales piedras ordenadas,
	Estaban a los pies de Dios fundadas.
Los 12 signos	
zodíacales:	
	Los signos sus figuras descubrían,[46]
1. Aries	Y sus grados al sol firmes tomaban;
	Los cuernos del Carnero humedecían,
2. Tauro	Y los del bravo Toro calentaban:
	Dos Hermanos de un vientre se mecían,
3. Géminis	Y al campo su doblada fuerza daban;
	A un lado meneábase el Cangrejo,
4. Cáncer	Y era de estrellas su inmortal pellejo.

El León con su greña vedijosa   68
5. Leo
Quemaba la erizada inculta tierra;
6. Virgo
La Virgen casta de la faz hermosa
Al mundo publicaba estéril guerra;
Libra, que en su balanza rigurosa
7. Libra
Con equidad constante al sol encierra,
Ardiendo estaba, y el Escorpio fiero
8. Escorpión
Mordía, halagándonos primero.

9. Sagitario	Después el enfermizo Sagitario
	Nieves lanzaba con furor valiente,
10. Capricornio	Y el dios fingido, de semblante vario,
	Sus cuernos levantaba al sol caliente;
11. Acuario	Aguas llovía de su seno Acuario,
	Y humedades brotaba de su frente,
12. Piscis	Y en los dos Peces el calor más tibio
	Con vapores templaba el campo libio.

Los cuatro vientos   También los cuatro poderosos vientos,
En celestial materia dibujados,
Hacían encontrados movimientos
Con sus mismos resuellos encontrados:
Solano de sus claros aposentos
Soplaba al Occidente, y con hinchados
Carrillos el Gallego se oponía;
El Sur al Norte, el Norte al Sur hería.

Los océanos   Las aguas que debajo están del cielo,[47]
Y antes con las de arriba se mezclaban,
Ocupando el terreno, inculto suelo,
Allí su vientre líquido ensanchaban:
Juntas después con presuroso vuelo,
En crespas y altas ondas se mostraban,
Lisonjeadas de un fabonio blando,
La tierra descubriendo, el mar formando.

La flora   A su lado riberas deleitosas,   72
Fecundas plantas, bien nacidas flores,
Yerbas suaves, matas provechosas,
Mil frutas varias, varios mil colores
Daban de sus entrañas generosas,
Cercadas de aromáticos olores,
Cual ricas herbolarias oficinas
De dulces y eficaces medicinas.[48]

La fauna

De la argentada quebradiza espuma
Aves subir se vían[49] voladoras,
De leves alas y hermosa pluma,
Y voces delicadas y sonoras:
El pez, que no las tiene, no presuma
Alzarse con escamas nadadoras
A la sutil región del aire puro,
Que ni estará en su centro ni seguro.

Así los peces entre azules ondas,
Del cielo etéreo líquidos espejos,
En bajas cuevas y cavernas hondas,
Nadando, se mostraban desde lejos.
No llegarán allá prolijas sondas,
Aunque hacían visos y reflejos
Las escamas y conchas plateadas,
Del sol heridas y en el mar lavadas.

Corre el lebrel, la liebre se apresura,
El caballo relincha, el toro brama,
Pace la oveja, el perro la asegura,
La cabra juega y el cabrón se inflama:
Huye el cordero y el león lo apura,
Bala el cabrito y a su madre llama:
Todo aquesto se vía[50] dibujado
A los pies del Señor, que lo ha formado.

El hombre

Hecho el hombre del polvo de la tierra, 76
Antes que alma tuviese, aparecía.
¿Quién dirá que este polvo ha de ser guerra
Del mismo Dios piadoso que lo cría?
Mas su pesado polvo le destierra
De la patria feliz que allí tenía;

Concluye la descripción de las figuras

Un jardín era de vitales plantas,
Que, animado, hollaba con sus plantas.

La Cristiada

Los ángeles llegan a la asamblea

También los mismos ángeles que entraban,
De aquella sabia mano producidos,
Y en el cielo criados, se miraban
En un bello crisólito esculpidos;
Gracias a Dios con reverencia daban
Por verse de su amor favorecidos,
Y de Luzbel ganando la victoria,
Y con su gracia la divina gloria.

Asentados en sillas rutilantes,
Hechas en perfectísimas labores
De topacios, verilos y diamantes,
Envueltos en celestes resplandores,
Ceñíanlos guirnaldas coruscantes,
Como a santos y dignos triunfadores;
Pero, si bien en sillas asentados,
Estaban a los pies de Dios postrados.

Octavas 79-121
La Oración de Jesús frente al senado celestial

Juntos en el gravísimo conclave,
Moviendo la severa y blanca vista
Que los ocultos pensamientos sabe,
Y con mirar los ánimos conquista;
Abrió su pecho con dorada llave
El Rey supremo, y su licencia vista,
La Oración puso en tierra los hinojos
Obedeciendo a los divinos ojos.

Hecha señal, se levantó llorosa, 80
Mirando al Padre de piedad inmensa:
Limpióse luego con su crin hermosa,
Y al sabio remedó que en algo piensa:
Grave, humilde, rendida y animosa,
En Dios devota y en su amor suspensa,
Puesta en el pecho la siniestra mano,
Habló con baja voz y estilo llano:

216

La Oración le habla al
Padre

"Soy, Señor, de tu Hijo embajadora,
Del Verbo que nació de tus entrañas,
Del Dios que en tu divina esencia mora,
Del mismo hacedor de tus hazañas:
A ti con afligidos labios ora;
Sus voces no te deben ser extrañas;
Que son voces de Dios y de tu Hijo,
Si bien Dios Hombre las habló y las dijo.

"¿Quién a su Hijo natural no escucha,
E Hijo de infinita gracia lleno,
Y cuando con la fiera muerte lucha,
Limpio de culpa y de pecado ajeno?
Su pena es grave, su congoja es mucha;
El alma no le cabe ya en el seno:
Óyele; que sus méritos presenta
El que de tu ser mismo se alimenta.

La Oración narra la
vida de Jesús:

Encarnación

"En vientre puro de una Virgen santa[51]
Tomó cuerpo mortal, carne pasible,
Y en él vivió con obediencia tanta,
Que parece a los hombres imposible.
¿A quién no maravilla, a quién no espanta,
A quién no le será incomprehensible,
Temporal, el eterno; Dios, humano;
El hombre, Dios; humilde, el soberano?

Nacimiento

"Nació después al riguroso hielo,   84
En portal destechado, en pobre cama,
En pajas viles, en desnudo suelo,
Éste que padre con razón te llama:
El rey de gloria, que sustenta el cielo,
Del pecho virgen de una tierna dama
Rayos de leche recibió suaves:
Si te agradó con ello, tú lo sabes.

"No ignoro que los ángeles cantores,
De tu casa real noble ornamento,
Celebraron con músicos loores
Su nuevo y admirable nacimiento;
Y devotos, benévolos pastores
Le ofrecieron su rústico alimento,
Danzas, bailes, sonajas, tamboriles,
Y almas simples, en juegos pastoriles.

"Bien sé que a Dios la gloria en las alturas
Los convecinos valles resonaron,
Y al hombre paces con verdad seguras
En los cóncavos montes retumbaron;
Y que tres reyes con entrañas puras
Del Niño eterno el grave pie besaron,
Postrando en tierra sus coronas de oro,
Y dándole en ofrenda su tesoro.

"Pero, Señor, sus tiernos pucheritos,[52]
Sus niñas quejas, sus pueriles llantos,
(Granos de aljófar con razón benditos,
Y blandas perlas de sus ojos santos)
¿No son merecimientos infinitos,
Dignos de mil y mil eternos cantos,
De suma gracia, de perpetua gloria,
Y de alcanzar sin muerte la victoria?

"Pues al octavo día señalado[53]   88
(Que el tiempo a Dios, el tiempo a Dios se cuenta)
Derramó de su cuerpo delicado
Sangre de Dios, que méritos aumenta,
Sangre deste Cordero figurado,
Que no en figura, en obra se presenta,
Poderosa será, será bastante
A labrar corazones de diamante.

"Contempla, ¡oh sumo Rey! Mas ¿qué te digo?
Lo pasado a tu ciencia está presente;
Ella es de todo universal testigo,
Cual suprema, infalible, eterna Mente,
Y yo postrada en tierra la bendigo;
Pero yo hablo como el alma siente:
Considera al gigante, valeroso
Niño, vertiendo su licor precioso.

"¿Habrá pechos de piedra que no rompa?
¿Cuellos habrá de bronce que no rinda?
Si mi voz fuera tu sagrada trompa,
Cantara esta niñez preciosa y linda:
Tu majestad altísima interrompa,[54]
Y con su discreción sutil prescinda;
El ser tu Hijo sangre de Dios basta.
¿A la muerte tan sangre no contrasta?

*Recibe el nombre de
"Jesús"*

"Si se le dio ilustrísimo apellido,
Si de JESÚS el grave y dulce nombre,
Con esta primer sangre ¿no ha cumplido
De Salvador el ínclito renombre?
Con una gota sola ha merecido
Salvar al mundo, redimir al hombre;
Que sangre más hidalga en ser y esencia
No la puede hacer tu omnipotencia.

*Es presentado en el
templo*

"Pues presentado en tu divino templo,   92
¿No dio de su pobreza venerable
Un singular y nunca visto ejemplo,
Y otro la Virgen de humildad notable?
Si esta pobreza y humildad contemplo,
Me arrebato en un éxtasis admirable.
¡Que con tórtolas Dios se sacrifique,
Y el vientre virginal se purifique!

"Si pretendes, ¡oh Rey!, que se te ofrezca
Hostia infinita, que infinita paga
Por su infinita perfección merezca,
¿Para qué esperas que la Cruz se haga?
Ya puede ser que el sacrificio crezca
En su valor por una y otra llaga;
Mas crecerá, Señor, en accidente;
Que no puede crecer esencialmente.

Jesús y el anciano
Simeón

"No se me esconde que el Profeta anciano[55]
De gracias rico, rico de favores,
Llegó a su seno, recibió en su mano
Al Niño con magníficos loores,
Y que anunció con pecho soberano
Sus trabajos, sus penas, sus dolores
A su Madre bendita: ya los pasa,
Y sin peso, sin límite, sin tasa.

Amenaza de Herodes

"Pero, ¿qué digo? ¡Ay Dios! Apenas supo
Menear los bracitos amorosos,
Cuando en la tierra de Belén no cupo,
Cercado de cuchillos ambiciosos:
Si largo espacio en referirte ocupo
Su vida y sus trabajos rigurosos,
Perdóname; que casi eternos fueron,
Pues que desde la cuna le siguieron.

Huída a Egipto

"Desterrado salió de aquel pesebre,   96
¡Oh Dios, aún de pesebre desterrado!
¿A quién habrá que el corazón no quiebre
Veros en el confuso Egipto echado?
¿Hay entre los gentiles quien celebre
Pecho tan dulce, amor tan abrasado,
Que por dejar vuestro Evangelio escrito,
Huir quisistes al oscuro Egito?

"Allí estuvo con bárbaras naciones
Su perseguida Madre conversando;
Mansa oveja con ásperos leones
Sin ofensa y rigor se vio tratando.
¡Oh fieros ambiciosos corazones!
La paloma veloz, de arrullo blando,
Huyó de vuestra furia no vencida,
Y halló entre gavilanes acogida.

"Volvió por despoblados arenales
Después a la dejada humilde tierra:
Puso en ella las plantas celestiales;
Hizo en ella a Luzbel oculta guerra:
Con José, entre pobres oficiales
(¡Oh cuánto la soberbia humana yerra!),

Oficio de carpintero

Dios trabajó, sudó, fue carpintero:
Tanta humildad bendiga el cielo entero.

"¡Ay, qué de veces en la edad pequeña
Una pequeña y fácil cruz formastes,
Y cual liviano y dulce haz de leña
En esos tiernos hombros la llevastes!
El que así niño su palabra empeña,
¡Cuáles serán, mas hombre, sus contrastes,
Cuáles sus penas, cuáles sus dolores,
Ensayado en tan ásperos rigores!

Disputa con los sabios.

"No pasó de su vida los momentos;   100
Que es en todo su vida memorable:
Sé que entre sabios, sabios mil intentos[56]
Disputó con prudencia incomparable,
Y se mostró en sutiles argumentos,
Y en profundas respuestas admirable;

Jesús perdido en el templo

Y que perdido, fue después hallado,
Cual si perderse fuera ser ganado.

"Mas luego conservó silencio santo
Hasta los años de su edad perfecta.[57]
¡Que la palabra eterna calle tanto
Al alma unida del mayor Profeta!
Enmudeció a Luzbel con nuevo espanto,
Que le asombró y ahora le inquieta:
En hablar y en callar ha merecido
Ser de tu sacra majestad oído.

"No dejaré de referir, suspensa
Y arrebatada en un profundo abismo
De admiración, que la persona inmensa
Del Verbo recibió de Juan bautismo:[58]
Si tu divina voluntad dispensa
Siempre con la humildad, el acto mismo
De la humildad mayor ha ejercitado;
Con él dispensa en ser de ti escuchado.

"Entre los publicanos pecadores,
Cual si lo fuera, bautizarse quiso:
Viéronse allí tus ínclitos favores,
El Jordán convirtiendo en paraíso.
Tu voz, entre divinos resplandores,
Que le hicieron rutilante friso,
Sonó, y la singular Paloma eterna[59]
Se vio que cielo y tierra y mar gobierna.

"Allí las aguas del Jordán sagradas   104
Al toque de su cuerpo más que humano
Dejó con su inocencia preparadas
Para el sacro bautismo del cristiano;
Y me atrevo a decir que están lavadas
Con este lavatorio soberano,
Desde que quiso bautizarse en ellas
El purificador de las estrellas.

Jesús ayuna en el desierto

"Mas ¿quién olvidará de sus ayunos
Las noches largas, los prolijos días?
Túvolos con rigores importunos,
Y al cabo con Satán graves porfías:
No son tiempos aquestos oportunos,
Ni suficientes son las fuerzas mías,
Para significar de su abstinencia
La menor parte, en lumbres de elocuencia;

"Que el rostro, a quien el alba más luciente
Miró ya colorada y vergonzosa,
Vencida su beldad resplandeciente
De aquel limpio cristal y fresca rosa,
Amarilla mostró su blanca frente,
Y perdido el color su tez hermosa;
Que el dilatado ayuno pudo tanto
En aquel bello rostro y cuerpo santo.

"¡Oh cuántas veces el desierto amigo
Con reverencia, con pavor, con miedo,
De su larga oración fiel testigo,
Vio la verdad que yo explicar no puedo!
Sin techo, sin amparo, sin abrigo,
El yermo lo acogió, gozoso y ledo
De tener en su bosque a Dios orando,
Y ser quisiera lecho alegre y blando.

"Después abrió de dos corales finos   108
Y de mil gracias los rosados labios,
Y descubrió tesoros peregrinos
De ilustres ciencias, de conceptos sabios:
Los Cicerones[60] de alabanza dinos,[61]
Demóstenes,[62] Antonios,[63] Julios,[64] Fabios,[65]

Inicia su doctrina

Y la misma razón enmudeciera,
Si su doctrina celestial oyera.

Reúne a sus discípulos "Luego con su divino magisterio
Discípulos juntó, movió ciudades,
Hinchó de luz el Ártico hemisferio,
Ciego con sus hipócritas deidades:
De tu perfecta ley el sumo imperio,
Fundado a fuerza de ínclitas verdades,
Predicador y milagroso En la tierra extendió gloriosamente
De un pueblo en otro, de una en otra gente.

Víctima de agravios y "¡Qué no sufrió de rigurosos males!
calumnias ¡Qué no pasó de agravios insufribles!
Ya con falsas calumnias infernales
Sus milagros fingieron imposibles;
Ya con armas y fuerzas desiguales
Opugnaron sus hechos invencibles;
Ya su nombre amoroso era temido,
Y él por samaritano aborrecido.[66]

"Ya como a hechicero le miraban,
Ya por endemoniado le tenían,
Ya como a publicano le trataban,
Ya por blasfemo y vil le perseguían:
Ya en las tabernas motes le cantaban,
Ya en las calles injurias le decían.
¿Saldrán al fin, saldrán con sus deseos,
Contra tu Hijo Dios los fariseos?

Pasión de Jesús "¿Al Justo prenderán los pecadores, 112
Y los culpados matarán al Santo?
Y ¿en dura cruz y en ásperos dolores
Pondrán a Dios? ¿A Dios? ¡Horrendo espanto!
¿Entre infames y viles malhechores,
Al que cubre la tierra con su manto
Celestial y divino, el pueblo rudo
Alegremente mirará desnudo?

Crucifixión

"¡Ay! ¿Desnudo estará tu Hijo amado
Que de estrellas el grande firmamento
Viste, y de flores el hermoso prado,
Y de luz el diáfano elemento?
Y ¡qué! ¿Tus ojos han de ver colgado,
Lleno de injurias, pobre de ornamento,
De un palo a Cristo? ¿A Dios entre ladrones?
¿Qué fin llevan tan graves intenciones?

*La Oración pide
perdón*

"¡Oh, basta, Padre Eterno! Si es posible,
A tu Hijo amantísimo perdona,
Que de tu misma lumbre inaccesible
Por natural herencia se corona:
Con él dispensa en muerte tan horrible,
Pues la suya es igual a tu persona:
De los hombres remite los pecados,
Y los premios les da por él ganados.

Pide justicia

"Si quieres que se guarde la justicia,
La justicia se guarda rigurosa,
Pues paga el mismo Dios por la malicia
Del hombre, y Dios con vida trabajosa:
Si Adán tuvo fantástica codicia
De pretender tu cátedra gloriosa,
Por lo que Adán soberbio entonces hizo,
Hoy tu hijo humillado satisfizo.

Pide clemencia

"Y si quieres mostrar suma clemencia,   116
Al hombre castigado justamente,
De tu misericordia la eminencia
En el perdón que pido está patente;
Y si es primera y última excelencia
Desta grande virtud alzar la frente
Bella entre las virtudes de tu pecho,
Muéstrala en tan ilustre y noble hecho;

"Que tu Hijo de madre ya engendrado,
Y en un pesebre por tu amor nacido,
Y como pecador circuncidado,
Y con pobres palomas redimido,
Y a Egipto por justicia desterrado,
Y humilde y abstinente y perseguido,

Pide a ti, dulce Padre, que remitas
De su muerte las penas infinitas."

Dijo; y postrado el húmedo semblante,
De polvo y sangre y de sudor cubierto,
Al sacro pie del trono rutilante,
El despacho esperó seguro y cierto;
Mas con pecho fiel y alma constante
Imitando al que oraba desde el huerto,
Sujeta al blando y eficaz gobierno
Del sumo Emperador, del Padre Eterno.

Tal fingen que la hermosa Policena,[67]
Viendo la griega espada vengativa,
Con el rostro apacible y faz serena
A compasión movió la gente argiva;
Mas no fue tanta la piadosa pena,
Que, prosiguiendo la tormenta esquiva,
Para amansarla con tan grave medio,
Su muerte no tomasen por remedio.

Mirando, pues, de la Oración divina,   120
Aquellos más que ilustres cortesanos,
Postrada la belleza peregrina,
Y llorosos los ojos soberanos,
A piedad justa cada cual se inclina,
Y cogiendo incensarios en las manos,
Ofrecen de aromáticos olores
Pardas nubes y blancos resplandores.

Pero el gran Padre de bondad inmensa,
A quien aplace de su Hijo caro
El santo amor, la caridad intensa,
Y el sacrificio de su muerte raro,
Un rato a la Oración tuvo suspensa,
Y al fin, con blanda vista y rostro claro,
La levantó por señas, y le dijo
Estas graves palabras de su Hijo:

Octavas 122-148

Respuesta del Padre a la Oración

"De Redentor a la suprema gloria
Mi dulce Hijo fue predestinado;
Por medio señalé de su victoria
Ser muerto en cruz y en ella deshonrado:
Mi voluntad no es de alma transitoria,
Que muda el parecer una vez dado;
Cuando lo decreté tuve presente
El dolor que mi Hijo ahora siente.

"Bien sé que es árbol de raíz amarga
La cruz, pero de frutos saludables:
Carga es de culpas, y terrible carga;
Pero será de glorias admirables:
Si no se niega el premio que se alarga,
Premios daré a mi Hijo inestimables
Por la muerte de cruz, y eterna vida
Al que amare la cruz aborrecida.

"Muera; que por su muerte y cruz preciosa   124
A aquestas nobles sillas despobladas,
Con alas de mi gracia valerosa
Almas han de subir crucificadas;
Derrame, pues, su sangre generosa;
Que en ella estolas mil serán lavadas,
Que con vivo esplendor y eterno lustre
Han de lucir en esta casa ilustre."

Dijo; y como a la cándida mañana,
Entre pintadas, olorosas flores,
Con lengua placentera y voz ufana
Hacen aplauso pájaros cantores;
Como al céfiro blando y luz temprana
Saludan amorosos ruiseñores
Al rumor manso de agua cristalina,
Que con aljofarado pie camina;

Las palabras de aquella eterna boca
Los príncipes oyeron inmortales,
Y como a todos la respuesta toca,
Todos le cantan himnos celestiales:
La Oración a entonarlos les provoca,
Rendida a los decretos siempre iguales,
Diciendo: "Santo el Padre, el Hijo Santo,
Santo el Amor que al hombre estima tanto."

"Bendíganle sus obras memorables,
Los grandes orbes y ángeles dichosos,
Y las aguas del orbe invariables
Que están sobre los cielos espaciosos:
Los dos ojos del mundo perdurables,
Las estrellas de rayos luminosos,
Y los fijos planetas le bendigan,
Y siempre Santo, Santo, Santo digan.

"El fuego bravo, el riguroso estío,   128
El aire puro, el desgarrado viento,
La nieve empedernida, el crudo frío,
La luz bella, el diáfano elemento,
El seco ardor, el húmedo rocío,
La pacífica tierra, el mar violento,
Los días y las noches le bendigan,
Y siempre Santo, Santo, Santo digan.

"Los peñascos y montes empinados,
Y los campos y vegas extendidas,
Y los bosques y valles dilatados,
Y las yerbas y plantas bien nacidas,
Las fuentes y arroyuelos argentados,
Y las aves y fieras atrevidas,
Y los hombres le digan Santo, Santo,
Santo, en devoto y dulce y grave canto."

Esta voz pura de alabanza doble
Retumbó en el sagrado empíreo cielo,
Y el sumo Rey del otro mundo, inmoble
Quiso dar a su Hijo algún consuelo;
Y a un sabio nuncio del linaje noble,
De los que con humilde y casto celo
De Luzbel alcanzaron la victoria,
Llama, y así le informa la memoria:

Como respuesta a la Oración, el Padre manda a Gabriel para consolar a Jesús

"Ve, Gabriel, a mi Hijo, y con razones[68]
Vivas a la batalla le conforta:
Declárale mis graves intenciones,
Y a seguirlas con ánimo le exhorta.
Y tú, espejo de santas oraciones,
Vete; que tu despacho al mundo importa."
Dijo; y de sus conceptos un abismo
Y un mar de gloria les mostró en sí mismo.

La sagrada cabeza y alma pía   132
Inclinó la Oración devotamente,
Y aquella soberana compañía
Le hizo aplauso con humilde frente.
El sabio mensajero la seguía,
Y a entrambos el ejército luciente
Del seráfico reino acompañaba,
Y con ilustre pompa veneraba.

Yendo por la ribera deleitosa
Do está plantado el árbol de la vida,
A la Oración con gracia religiosa
Hizo una reverencia comedida:
También con murmurante lengua ondosa
El arroyo de plata derretida
Música le entonó de voz suave;
Que cual río de gloria cantar sabe.

Los muros sus coronas almenadas
Rindieron a los dos legados bellos,
Y humillaron las puertas encumbradas
A su presencia los empíreos cuellos:
Abriéronse, de inmensa luz tocadas,
Y oscurecidas con la lumbre dellos,

Regresa la Oración a
la tierra

Y despedidos con amor, dejaron
El cielo, y a la tierra caminaron.

Mas Gabriel del aire refulgente
De la región más pura un cuerpo hace,

Descripción de Gabriel

Y cércalo de luz resplandeciente,
Que las tinieblas y el horror deshace:
Cuerpo humano de un joven excelente,[69]
Gallardo y lindo que a la vista aplace;
Mas bañada su angélica belleza
En una grave y señoril tristeza.

Lleva el rojo cabello ensortijado   136
Del oro fino que el Oriente cría,
Y en mil hermosas vueltas encrespado,
Que cada cual relámpagos envía:
De un pedazo del iris coronado,
Del iris, que con fresco humor rocía
El verde valle y la florida cumbre,
Cuando entre nieblas da templada lumbre.

La vergonzosa grana resplandece
En las mejillas de su rostro amable;
Y aljófar de turbada luz parece
El sudor de su frente venerable:
Aspecto de un legado triste ofrece,
Que hace su hermosura más notable,
Cual invernizo sol en parda nube
Opuesta al tiempo, que al Oriente sube.

Prestas alas de plumas aparentes,
De color vario y elegante forma,
Y de vistosas piedras relucientes
Puestas a trechos, en sus hombros forma.
Con la grave embajada convenientes
Ojos, y traje y parecer conforma:
Es morado el vestido rozagante,
Y lagrimoso el juvenil semblante.

Cual de arco tieso bárbara saeta
Arrojada con ímpetu valiente;
Cual apacible, cándida cometa,
Que el aire rasga imperceptiblemente,
Cual sabio entendimiento que decreta
Lo que a su vista clara está evidente;
Así, pero no así, con mayor vuelo
Baja el sagrado embajador del cielo.

Ala no mueve, pluma no menea,   140
Y las espaldas de las nubes hiende;
Seguirle el viento volador desea,
Y en vano el imposible curso emprende:
Déjale de seguir, la vista emplea,
Y a celebrar su ligereza atiende;
Y acierta en conceder justa alabanza
A quien con fuerzas y valor no alcanza.

Cala de arriba el mensajero santo,
Y llega al verde y religioso monte
Adonde está el Cordero sacrosanto,
Y sordo y mudo mira el horizonte:
Paró su luz con improviso espanto
Más tarde el rubio padre de Faetonte[70]
A la oración del capitán hebreo,
Que a la de Cristo el celestial correo.

El aire ve de pavorosa niebla
Y de sombra confusa rodeado;
Opaca, triste y hórrida tiniebla
Lo tiene de ancha oscuridad cercado:
De asombro y miedo, y de terror se puebla
El huerto, ya de espinas coronado:[71]
Detiénese Gabriel, y atento escucha
Y mira a Dios, que con la muerte lucha.

Del cielo puro el cristalino aspeto,[72]
Del espantado arroyo el lento paso,
Del aire mudo el proceder secreto,
Y del manso fabonio el soplo escaso,
De aves y fieras el callar discreto,
Y de ver triste a Dios el grave caso,
Como caso tan grave comprehende,
Las plumas y la lengua le suspende.

Apenas hubo por su bien nacido   144
El ángel, cuando en el tercer instante
Glorioso la divina esencia vido[73]
Con luz que siempre le será constante;
Pues el que a Dios sin velo ha conocido,
Y en él, como en clarísimo diamante
Y espejo vivo, su valor inmenso,
¿No quedará de verle tal suspenso?

Ve al Rey de reyes, Dios omnipotente,
Que en sí mismo los orbes ha fundado,
Y a la suprema intelectiva gente,
Hollando estrellas santas, ha criado:
Vélo aquí por el hombre inobediente
Sobre la tierra con dolor postrado,
Y como quien es Dios y el hombre sabe,
En el cuerpo fingido apenas cabe.

Ve a Dios, a Dios, de quien se maravillan
Los coros de las nueve dignidades,[74]
Y a quien sus cuellos con razón humillan
Las soberbias, terrestres majestades;
Y a cuya voz temblando se arrodillan
Del infierno las fieras potestades:
A Dios postrado ve: ¿qué no hiciera
Quien conoce a Dios bien, si así le viera?

Si no se admira el hombre miserable,
Es que no alcanza su mortal rudeza
La unión de los extremos admirable
Que el ángel ve con viva sutileza:
Unión del mismo Dios inestimable
Con la tierra y el polvo y la bajeza,
De conocer a Dios y al polvo pende,
Y así, quien no se admira no la entiende.

Levanta, hombre, la vista; al cielo mira,   148
Y mira esa estrellada pesadumbre;
Y si tan grande fábrica te admira,
El Hacedor te admire de su lumbre:
Vuelve a la tierra, mírala y suspira,
Y suspirando, alcanza una vislumbre
De quién es Dios y tierra, y verás luego
Que el ángel mira bien, y tú estás ciego.[75]

Fin del libro segundo.

Libro II - Notas

[1] La alegoría de la Oración es una de las más elaboradas y adornadas del poema. La Oración del Salvador es personificada como una dama bella que asciende del Jardín de Getsemaní al Cielo, donde es recibida con afecto, respeto y veneración. Ella le presenta a Dios los méritos de Jesús desde su nacimiento, su infancia y su vida como predicador.

Esta personificación tiene mucho en común con la alegoría de Lope en *La Dragontea*, y como se deduce que Hojeda tuvo acceso a esta obra, es posible que le haya servido de modelo. En ambas se observa la entrada al Cielo y su sorpresa ante las maravillas encontradas en ese lugar.

No es la única referencia en que aparece la figura alegórica de la Oración. En una de sus metáforas Tasso habla de la oración de Godofredo (*Jerusalén Libertada*, XIII) mientras que en *Orlando furioso*, (XIV) el ángel Guardián recibe la oración del Emperador Carlomagno y la lleva hasta los oídos del Salvador.

También es probable que Hojeda haya querido aprovechar este episodio para describir el Cielo, como lo hace Boccaccio cuando Arcita y Palemone dirigen sus oraciones a sus deidades favoritas, y se ofrece una espléndida descripción de los templos de tales dioses.

Finalmente puede decirse que la descripción del Cielo corresponde al primer plano de la estructura vertical descendente del poema que pasará después a la Tierra y posteriormente al Infierno.

[2] perfeta = perfecta

[3] Hojeda se refiere a la conquista del año 636 en la que Jerusalén (Salén, en el poema) pasó a posesión arábica bajo el mando de Califa Omar. Este dominio sobre Jerusalén concluyó hasta 1099, cuando los cruzados plantaron la cruz sobre los domos y la convirtieron en el asiento de la monarquía cristiana.

[4] El autor que llevó el pseudónimo de "Dionisio" (500 d.C.) fue el primero en escribir un tratado sistemático acerca de la jerarquía celestial. Posteriormente Gregorio el Grande, siguiendo a San Agustín, dedicó especial atención al tema. Ambos autores fueron de fundamental importancia para la angeología medieval.

La doctrina de la jerarquía celestial se desarrolla a lo largo de 15 capítulos en el segundo tratado del *De coelesti hierarchia* de Pseudo-Dionisio. Los nombres están tomados de los libros canónicos y clasifica las 3 tríadas de 9 coros de la siguiente manera:

I. Serafines, querubines, tronos
II. Dominaciones, virtudes, potestades
III. Principados, arcángeles y ángeles.

En la clasificación angelical del poema Diego de Hojeda sigue a Gregorio el Grande, debido probablemente a que su trabajo es canónicamente más auténtico y confiable que el de Dionisio. Tanto en la obra de Gregorio el Grande como en la de Hojeda se obtiene el siguiente orden:

I. Serafines, querubines, tronos
II. Dominaciones, principados, potestades
III. Virtudes, arcángeles y ángeles.

[5] benina = benigna

[6] Estructura vertical descendente de las 3 primeras asambleas del poema:
1. En el Cielo (libro II)
2. En la Tierra (libro III)
3. En el Infierno (libro IV)

[7] Este pasaje del poema es una descripción de la Jerusalén mesiánica localizada en Apocalipsis:

> Me trasladó en espíritu a un monte grande y alto y me mostró la ciudad santa de Jerusalén, que bajaba del cielo, de junto a Dios, y tenía la gloria de Dios. Su resplandor era como el de una piedra muy preciosa, como jaspe cristalino. Tenía una muralla grande y alta con doce puertas; y sobre las puertas, doce ángeles y nombres grabados, que son los de las doce tribus de los hijos e Israel; al oriente tres puertas; al norte tres puertas; al mediodía tres puertas; al occidente tres puertas. La muralla de la ciudad se asienta sobre doce piedras, que llevan los nombres de los doce apóstoles del Cordero. (21, 9-14)

Los rasgos de esta descripción aparecen de manera mucho más extensa en Ezequiel, 40-48. La perfección en la totalidad del pueblo nuevo sucede a la del antiguo, por eso es que a las doce tribus de Israel corresponden los doce apóstoles. Se puede consultar Mateo 19, 28; Marcos 3,14; Efesios 2, 20. Todos los números múltiplos de 12 expresan en esta descripción la idea de perfección.

[8] En Apocalipsis leemos: "Luego me mostró el río de agua de vida, brillante como el cristal, que brotaba del trono de Dios y del Cordero." (22, 1-2) Las aguas vivas y vivificantes se interpretan como un símbolo del Espíritu. En Juan 4 y 7, 37-39 se deja entrever la Trinidad.

[9] Semejanza con Marco Girolamo Vida en *Christiados*, Libro I. En dicha obra aparece una descripción de las pinturas de las paredes del templo de Jerusalén. Probablemente basado en Vida, Hojeda agrega muchos detalles que demuestran su conocimiento de astronomía y astrología.
Se asimilan también a las figuras místicas del templo de Salomón cuya construcción se narra en 1Reyes: "Esculpió todos los muros del templo, del santuario y de la nave, con bajorrelieves de querubines, palmeras, capullos abiertos. Recubrió de oro el pavimento del templo, del santuario y de la nave." (6, 29)

[10] vían = veían

[11] El jardín es geográficamente la comarca situada entre el Tigris y el Éufrates, la cuna fértil en donde comenzó la historia del pueblo hebreo. En términos simbólicos, el Edén es el Paraíso Terrestre. La misma palabra "edén" significa "jardín, paraíso." Es el lugar en que vivió el hombre inocente y equivale a la Edad de Oro de los mitos politeístas.

[12] La idea de la eterna primavera del Edén y de que el mundo fue creado en la primavera se encuentran constantemente en la poesía antigua. En Virgilio se puede leer:

> No creo que fuesen otros los días que iluminaron al mundo en su primera infancia, ni que fuese otro el orden con que se sucedían. Era una eterna primavera; la primavera sola llenaba entonces el gran círculo del año y callaban los invernales soplos de Euro, cuando los primeros animales gozaron de la luz, y la férrea raza de los hombres sacó la cabeza del duro seno de la tierra, y las alimañas cubrieron las selvas, y las estrellas el cielo.
>
> Ni las cosas recién creadas hubieran podido soportar el vigor de las estaciones a no mediar entre el frío y el calor aquel largo sosiego de la primavera, y si la clemencia del cielo no se extendiese sobre la haz de la tierra. (*Las Geórgicas*, II)

Ovidio alude a la misma idea cuando escribe sobre la edad de oro: "La primavera era eterna y los apacibles Céfiros acariciaban con sus tibios soplos a las flores nacidas sin semilla." (*Las Metamorfosis*, I)

Mientras que en Dante encontramos: "Aquí fue inocente el origen de la raza humana; aquí la primavera y los frutos son eternos: este es el verdadero néctar de que todos hablan." (Purgatorio, XXVIII)

Entre los Padres de la Iglesia, se señala a san Ambrosio como el primero entre en ubicar la Creación del universo en la primavera.

[13] La palabra "adán" viene del hebreo "adamah" que significa barro, suelo, tierra. Es el hombre tomado del barro y su sentido de ser consiste en trabajar el suelo. Es decir, el hombre se ha creado para cultivar la tierra.

[14] Creación de la mujer: "Entonces Yahvé Dios hizo caer un profundo sueño sobre el hombre, que se durmió. Y le quitó una de las costillas, rellenando el vacío con carne. De la costilla que Yahvé Dios había tomado del hombre formó una mujer y la llevó ante el hombre." (Génesis 2, 21)

La mayor parte de las traducciones subrayan el profundo o letárgico sueño que se apodera del hombre. En una interpretación psicológica, se dice que nada simbólicamente positivo puede salir de un estado letárgico, ya que hay un adormecimiento de la lucidez. Aquí se determina por la aparición de la mujer como elemento negativo, porque representa la encarnación de los deseos terrestres. La mujer extraída de la estructura de Adán se convertirá en Eva la tentadora, es decir, en la imaginación susceptible de perversión.

[15] Hojeda toma el sentido etiológico de la palabra "eva" que se deriva del hebreo "ishshah," "la mujer." En otras palabras, "ser mujer" equivale a "ser la pareja del hombre."

[16] Marte es equivalente al Ares de la mitología griega. Es el dios de la fuerza viril, del amor, de la guerra. Lo importante aquí es señalar la conexión que el poeta hace con Caín:

Marte fue probablemente un antiguo dios italiano de la fertilidad y la vegetación antes de ser el dios romano de la guerra. En el primitivo calendario de diez meses, el primer mes del año, marzo, fue nombrado y dedicado a él. Su transición de dios de la agricultura al de la guerra no ha sido satisfactoriamente explicada, pero es importante notar que las guerras normalmente comenzaban en la primavera.

Se deduce que:

1.   Como dios de la guerra Marte cuidaba los campos de la gente, y

2.   La gente agrícola que frecuentemente se encontraba en guerra lo identificó con estas dos actividades, o sea, con la guerra y la agricultura.

[17] Existen pecados que claman al cielo. Entre ellos se encuentran la sangre de Abel (homicidio intencional,) el pecado de los sodomitas, el clamor del pueblo oprimido en Egipto, el lamento del extranjero, de la viuda y del huérfano, y la injusticia para con el asalariado. Posteriormente, en la octava 102 del libro VIII, Jesús insiste en que su muerte no pide venganza como la de Abel, porque es Jesús mismo quien se está ofreciendo al sacrificio.

[18] "El diluvio duró cuarenta días sobre la tierra." (Génesis 7, 17-24) Las aguas de abajo y las aguas de arriba rompen los diques que Dios les había impuesto: es el retorno al caos.

[19] El arca que construyó Noé por orden de Dios en la que permanecen Noé, su esposa, sus hijos, las esposas de éstos y con ellos, una pareja de animales de cada especie. (Génesis 7, 7-10)

[20] El iris es la representación de la alianza de Dios con Noé que se extiende a toda la creación. Sin embargo, la alianza con Abraham cuya señal es la circuncisión, sólo afecta a los descendientes del patriarca.

En el contexto mitológico griego, según Hesiodo, Iris es la hija de Tauramante, uno de los Titanes, y de Electra, ninfa del mar. Es sirvienta y mensajera de los dioses, en especial de Juno, quien le confiaba sus mensajes secretos. Es la personificación, la diosa del arco iris.

[21] En Génesis se narra el sacrificio de Isaac hecho por Abraham. Justifica la prescripción ritual del rescate de los primogénitos en Israel: éstos, como todas las primicias, pertenecen a Dios; pero no deben ser sacrificados, sino rescatados según se señala en Éxodo 13, 11. Es principalmente una lección espiritual que muestra el ejemplo de la fe de Abraham. Por otra parte, se ha visto el sacrificio de Isaac como la figura de la Pasión de Jesús, Hijo Único.

El ángel de Yahvé llamó a Abraham desde el cielo para impedir que sacrificara a su hijo. Entonces le prometió que lo colmaría de bendiciones y que acrecentaría muchísimo su descendencia por no haberle negado a su único hijo; que esta descendencia derrotaría a sus enemigos y que por ella se bendecirían todas las naciones de la tierra. (22, 1-19)

[22] Esaú y Jacob eran hijos gemelos de Isaac. Desde el vientre, Rebeca sentía que se entrechocaban y esta lucha presagió la hostilidad de los pueblos hermanos: los edomitas, descendientes de Esaú, y los israelitas, descendientes de Jacob. El primero, cazador, era el predilecto del padre; el segundo, casero, era el favorito de la madre. Después Esaú le vendió su primogenitura a Jacob. Cuando el padre ya en su vejez le pidió a Esaú que le preparara un guiso para bendecirlo antes de que se muriera, Rebeca, su madre, escuchó

la conversación e instruyó a su hijo Jacob para que fuera él quien complaciera a su padre. Esaú era velludo y Jacob era lampiño, pero la madre le cubrió las manos y el cuello con pieles de cabritos y de esta manera, fue Jacob quien vino hasta su padre y recibió su bendición como primogénito. (Génesis 25- 27)

[23] Posteriormente Jacob salió de Berseba y fue a Jarán. Tomó una piedra como cabezal y pasó ahí la noche. Tuvo un sueño en el que se le apareció Yahvé y le dio la tierra donde estaba acostado, para él y su descendencia; le aseguró que por él se bendecirían todos los linajes de la tierra. Jacob despertó de madrugada y tomó la piedra que se había puesto de cabezal, la erigió como estela y derramó aceite sobre ella. Fue así que a aquel lugar le puso el nombre de Betel, que significa "la puerta del cielo" (Génesis 28).

[24] Toda la última parte de Génesis, con excepción de los capítulos 38 y 49, gira en torno a José y describe sus diferencias con sus hermanos, quienes tratan de matarlo. Los últimos capítulos complementan el final de la historia de Jacob: él y toda su descendencia se establecen en Egipto.

Según la tradición elohísta, los hijos de "Jacob" querían matar a José y Rubén consiguió que se contentaran con echarlo a una cisterna, de donde pensaba sacarlo después; pero unos mercaderes madianitas, que pasaban sin ser vistos por los hermanos, lo sacaron y se lo llevaron a Egipto. En cambio, en la tradición yahvista se narra que eran los hijos de "Israel" quienes deseaban matarlo, pero Judá les propone venderlo a una caravana de ismaelitas de paso hacia Egipto. El resultado es el mismo en los dos casos: José fue vendido a Putifar, eunuco del faraón.

Sus sueños, muy importantes en la historia de José, se interpretan como anuncios.

[25] Jonás es uno de los 12 profetas menores de la Biblia. El suyo difiere del resto de los libros proféticos, y se trata de una sencilla narración en la que cuenta la historia de un profeta desobediente que primero quiere sustraerse a su misión y que luego se queja a Dios del éxito inesperado de su predicación.

Por encargo de Yahvé Jonás tenía que ir a Nínive para anunciarle a la gente que su maldad había llegado hasta el Padre. En su travesía se desató una tormenta de la que los marineros acusaron a Jonás como responsable. Para calmarla, Jonás les propuso que lo arrojaran al mar y Yahvé hizo que una ballena se lo tragara y que lo mantuviera en su vientre por tres días y tres noches. Jonás elevó sus oraciones desde el interior del gran pez y entonces Yahvé le ordenó al animal que vomitara a Jonás en tierra firme. (Jonás, 1 y 2)

[26] Corresponde a las líneas bíblicas: "...Yahvé desencadenó un viento tempestuoso sobre el mar, y se desencadenó una borrasca tan violenta que el barco amenazaba naufragar." (Jonás 1, 4)

[27] La historia de Sansón refiere la vida de un héroe local, desde su nacimiento hasta su muerte. Sansón era fuerte como un gigante y débil como un niño, seducía a las mujeres y éstas le engañaban, jugaba malas pasadas a los filisteos, pero no liberó de ellos al país. La historia posee el humor de los cuentos populares, en los que se venga de un opresor al que es preciso aguantar, pero del que se hace escarnio.

En contraste con su aspecto popular y profano, Sansón fue consagrado a Dios desde el seno de su madre, su nazireato era la fuente de su fuerza y no se le podía pasar navaja por su cabeza. (Jueces 13)

[28] Después de que Sansón fue traicionado por Dalila y rapado, perdió su fuerza. Los filisteos lo dejaron ciego y lo encarcelaron. Cuando lo sacaron para divertirse con él Sansón aprovechó la oportunidad y, dispuesto a sacrificarse se apoyó en las columnas que sostenían el templo donde se encontraba. Invocó una vez más a Yahvé y logró derribar el templo matando a miles de filisteos. (Jueces 16)

[29] Véase la nota 65 del libro I para una referencia a David y Goliat.

[30] En el libro segundo de los Reyes se narran algunos milagros de Eliseo. En este fragmento Hojeda alude a la historia de Eliseo y la sunamita. Eliseo le profetizó que tendría un hijo, pero después el niño murió y ella acudió hasta él para pedirle ayuda. Eliseo se tumbó sobre el niño, manteniéndose recostado sobre él hasta que el niño entró en calor. Hizo oración y por fin el niño resucitó. (2 Reyes, 4)

[31] vían = veían

[32] El caos que precede a la Creación. Aunque Hojeda parece haber sido inspirado directamente del primer capítulo del Génesis, hay que tomar en cuenta su conocimiento de los escritos hechos por San Basilio y San Ambrosio, Padres de la Iglesia. Este tipo de literatura religiosa floreció vigorosamente durante la Edad Media. En 1579 du Bartas escribió *La première sepmaine*, y en 1592 Tasso compuso un trabajo más extenso sobre el mismo tema: *Il mondo creato*. El escrito de du Bartas es casi idéntico en paráfrasis al de Hojeda, como se puede ver en seguida:

> Ce premier monde estoit une forme sans forme,
> Une pile confuse, un meslange difforme,
> D'abismes un abisme, un corps mal compassé,
> Un Chaos de Chaos, un tas mal entassé
> Où le liquide avoit avec le sec querelle,
> Le rond avec l'aigu, le froid avec le chaut,
> Le dur avec le mol, le bas avec le haut,
> L'amer avec le doux: brief, durant ceste guerre
> La terre estoit au ciel, et le ciel en la terre.
> La terre, l'air, le feu se tenoient dans la mer;
> La mer, le feu, la terre estoient logez dans l'air;
> L'air, la mer, et le feu dans la terre; et la terre
> Chez l'air, le feu, la mer. (223-236)

Existieron varias ediciones disponibles para Hojeda, por lo que pudo haberlo conocido en francés o en latín.

[33] En las siguientes octavas se expone un sistema astronómico similar al de Ptolomeo (siglo II d. C.) Este matemático y geógrafo griego asumió que la Tierra era un cuerpo fijo

en el centro del universo, con el sol y la luna girando alrededor como satélites. Su sistema fue aceptado hasta el siglo XVI cuando Copérnico implementó la idea de que era el sol el centro del universo, en torno al cual giran los planetas. Hojeda tuvo que haber conocido ambos sistemas y sin embargo se basó en el primero, como lo había hecho Dante, para la metaforización de su poema.

A fines de la época medieval e inicios del renacimiento, los tratados del arte de la memoria contaban con una gran trascendencia dentro de la filosofía. El cosmos fue uno de los sistemas de lugares utilizados en el desarrollo de la memoria artificial. En este sistema aparecen las esferas de los elementos, de los planetas, las estrellas fijas, las esferas celestes y encima las esferas de los nueve órdenes angélicos.

Hojeda presenta un orden descendente y parte del cielo empíreo donde se encuentran Dios y las cortes celestiales. Concluye con el primer círculo. En sentido opuesto, es decir, en sentido ascendente, en *La Divina Comedia* Dante inicia con el primer círculo y concluye con el empíreo.

[34] vía = veía

[35] Noveno cielo o primer móvil. Dios y los ángeles.

[36] El cielo de las estrellas fijas. Para Dante este octavo cielo es el Triunfo de Cristo.

[37] dino = digno

[38] Saturno: rey romano de la agricultura (en griego equivale a Cronus) Padre de Júpiter. Para Dante este séptimo cielo es el de los contemplativos. (Beatriz y Dante en el signo de géminis. Mirada a los planetas y a la tierra)

[39] vía = veía
Júpiter: jefe de los dioses romanos. Hijo de Saturno y esposo de Juno. Su equivalente en griego es Zeus. Según *La Divina Comedia* en el sexto cielo se encuentran los justos y los piadosos.

[40] Marte es el dios de la guerra. Véase la nota 15 para una mayor explicación sobre Marte. Según Dante, en el quinto cielo están las almas de los que han combatido por la fe.

[41] Apolo, el Sol. Dante ubica aquí a las almas de los sabios.

[42] Venus. Morada de las almas que estuvieron sujetas al amor.

[43] Mercurio: engañador, mensajero falso. Hojeda considera a Mercurio como el que domina la palabra con un fin opuesto a la verdad. En el libro IV será el mensajero de Lucifer para dar un recado a la esposa de Pilato.
Para Dante el cielo de Mercurio es el lugar de las almas que practicaron el bien por conseguir honor y fama.

[44] La Luna. Donde están las almas que no cumplieron sus votos, según Dante.

[45] Los cinco continentes. Hojeda desacredita la teoría de Aristóteles sobre las Zonas Tórrida y Frígida. Según el filósofo, ésas eran zonas inhabitables.

[46] En el arte de la memoria, los signos del zodíaco fueron empleados como otro tipo de sistema porque proveen un orden fácilmente memorizable de lugares.

[47] Se refiere al orden de la Creación. El orden empleado por Hojeda equivale al explicado en Génesis, en donde existe un paralelismo con lo creado y los elementos que lo conforman. En *God's Word to Israel* Jensen lo sintetiza de la siguiente manera:

Primera serie:
Día Obra
1   1 Creación de la luz; separación de la luz y la oscuridad
2   2 Creación del firmamento; separación de las aguas de arriba de las aguas de abajo
3   3 Separación de la tierra y de las aguas abajo
     4 Producción de la vegetación.

Segunda serie:
Día Obra
4   5 Creación de los cuerpos celestes (luces)
5   6 Producción de los animales acuáticos y los pájaros
6   7 Producción de los animales terrestres
     8 Creación del hombre.

Cada serie tiene una obra en cada uno de los dos primeros días y dos obras en el tercero.

Con cada obra hay un elemento creado como resultado:
-    Luz : cuerpos celestes
-    Aguas de arriba y abajo: pájaros y animales acuáticos
-    Separación de la tierra y de las aguas de abajo; y producción de la vegetación; producción de los animales terrestres y creación de la vegetación como alimento del hombre.

[48] El progreso logrado en medicina causó un gran interés en el estudio de minerales, plantas y animales del Nuevo Mundo. Para entonces prevalecía la creencia de que cada animal, planta y piedra preciosa tenía una función específica y que al hombre solamente le correspondía descubrir cuál era esa función.

[49] vían = veían

[50] vía = veía

[51] La Encarnación de Jesús está incluída en el Evangelio de Mateo: "Jesús nace de una

madre virgen" (1, 18-25) Lucas: "La Anunciación" (1, 26-38) y Juan "La Palabra de Dios se hizo hombre" (1, 1-18)

[52] Algunos críticos han señalado el lenguaje popular de Hojeda, tanto aquí como en el martirio que sufre cuando incluye términos como "pescozones." Mientras que otros han interpretado el empleo de este tipo de lenguaje como una forma de enfatizar la naturaleza humana de Jesús.

[53] La circuncisión de Jesús obedece al rito de la tradición judía. "Cuando se cumplieron los ocho días para circuncidarle, se le puso el nombre de Jesús, el que le dio el ángel antes de ser concebido en el seno." (Lucas 2, 21)

[54] interrompa = interrumpa

[55] Simeón fue la persona que presentó a Jesús en el templo. (Lucas 2, 26-35)
En tiempo de Jesús, la ley prescribía en el Levítico que toda mujer debía presentarse en el templo para purificarse a los cuarenta días que hubiese dado a luz. Si el hijo nacido era varón, debía ser circuncidado a los ocho días y la madre debería permanecer en su casa durante treinta y tres días más, purificándose a través del recogimiento y la oración.
Ya que se cumpliera la fecha, acudía en compañía de su esposo a las puertas del templo para llevar una ofrenda: un cordero y una paloma o tórtola. Todo primogénito debía ser consagrado al Señor, en recuerdo de los primogénitos de Egipto que había salvado Dios. Lo mismo pasaba con los animales primogénitos.
José y María llevaron a Jesús al templo de Jerusalén. Como eran pobres, llevaron dos palomas blancas. Al entrar al templo, el anciano Simeón, movido por el Espíritu Santo, tomó en brazos a Jesús y lo bendijo diciendo que Él sería la luz que iluminaría a los gentiles. Después le dijo a María que una espada atravesaría su alma, profetizando los sufrimientos que tendría que afrontar con la muerte de su Hijo.

[56] Jesús perdido en el templo. Se cuenta que los padres de Jesús iban cada año a la fiesta de la Pascua y que cuando Jesús tenía 12 años fueron como de costumbre a la fiesta. Sin embargo, cuando estaban de regreso ellos asumieron que el niño se encontraba entre los de la caravana, pero al no localizarlo regresaron al templo y a los tres días lo encontraron entre los maestros, escuchándolos y haciéndoles preguntas. Cuando sus padres le preguntaron por qué estaba ahí, Jesús les contestó que no debían sorprenderse porque era la casa de su Padre.
Aquí hay una alusión a su muerte y resurrección donde aparecen tres elementos fundamentales: la fiesta de la Pascua, los tres días que estuvo perdido y su presencia en casa de su Padre. (Lucas 2, 41-50.)

[57] perfeta = perfecta

[58] Juan el Bautista anuncia la próxima llegada de Jesús. Bautiza a la gente que desea arrepentirse para que esté preparada y pueda recibir las enseñanzas de Jesús. Mateo (3, 1-17)

[59] Imagen en el bautizo de Jesús. "Una vez bautizado Jesús, salió luego del agua; y en esto se abrieron los cielos y vio al Espíritu de Dios que bajaba como una paloma y venía sobre él. Y con una voz que salía de los cielos decía: 'Éste es mi Hijo amado, en quien me complazco.'" (Mateo 3, 16-17)

[60] El poeta menciona a oradores y políticos famosos para destacar la elocuencia divina e incomparable de Jesús.

Marco Tulio Cicerón. Político y orador latino (106-43 a.C.) Pertenecía a una familia plebeya que había entrado en el orden ecuestre, fue abogado. Comenzó su carrera política atacando a Sila a través de uno de sus libertos (Pro Roscio Amerino), y después defendió a los sicilianos contra las exacciones de su gobernador Verres. Se unió al partido de Pompeyo, pero después se alió con César. A la muerte de éste, atacó duramente a Marco Antonio, enfrentándolo a Octaviano. Al ser proscrito por el segundo triunvirato fue asesinado.

Aunque fue un político mediocre, llevó la elocuencia latina a su apogeo: sus alegatos y discursos sirvieron de modelo a toda la retórica latina. Escribió famosos tratados sobre elocuencia, filosofía y política.

[61] dinos = dignos

[62] Demóstenes. Político y orador ateniense (384-322 a.C.) Logró superar sus dificultades de elocución a fuerza de estudio y tenacidad. Adquirió un notable talento oratorio que empleó primero como abogado y más tarde en política contra Filipo de Macedonia. Intervino activamente en política y obtuvo la alianza de Tebas, pero los atenienses y los tebanos fueron derrotados por Filipo (338). Exiliado, alentó la rebelión de los griegos tras la muerte de Alejandro. Se envenenó después de que los griegos resultaron derrotados.

[63] Marco Antonio. General romano (83-30 a.C.) Lugarteniente de César en la Galia, pero enemistado con su heredero, Octavio. Se reconcilió con él y ganó la batalla de Filipos (42). Recibió oriente en el reparto del triunvirato y se casó con la reina de Egipto, Cleopatra VII, repudiando a Octavia, hermana de Octavio. Se suicidó después de haber sido vencido en Accio.

[64] Julio. Véase la nota 50 del libro I.

[65] Fabio. Véase la nota 51 del libro I.

[66] La Oración anticipa las acusaciones en contra de Jesús que se basan principalmente en los hechos y los milagros que ejecutó.

[67] Policena, hija de Príamo y Hécuba; cuñada de Elena de Troya. Homero la ignora, pero se haya en otras fuentes como herida en Troya y sepultada por Neoptolomeo. Otras fuentes señalan que es sacrificada al espíritu de Aquiles, al cual había sido prometida. *Historia Troyana Polimetrica* y luego del Siglo de Oro, Tirso de Molina en *El Aquiles* y Camoens en *Los Lusíadas*.

[68] De manera semejante a la de Gabriel, en la Biblia, Rafael es el ángel protector enviado a Tobit y Sara, y ha estado antes delante de Dios como intercesor de la oración de ambos. (Tobías 12, 12-15)

Los libros sagrados no incluyen más que tres nombres de ángeles:

1. Gabriel (Daniel 8,16; Lucas 1,19)
2. Miguel (Daniel 10,13-21; 12,1; Judas 9)
3. Rafael (Tobías 12,15 y 3,17.)

Según algunos, los Evangelios Apócrifos completan la lista de los siete ángeles dejándose llevar por la fantasía. Sin embargo, en Apocalipsis sí se habla de siete ángeles en correspondencia a los siete pecados: "Vi entonces a los siete ángeles que están en pie delante de Dios; les fueron entregadas siete trompetas... Los siete ángeles de las siete trompetas se dispusieron a tocar. Tocó el primero... etc." (8, 2-7) Cuando cada ángel toca su trompeta vienen los castigos para cada uno de los siete pecados.

En el Evangelio de Lucas no se menciona el nombre del ángel que viene a confortar a Jesús. (Lucas 22, 43) La tradición ha tratado de llenar ese vacío que dejó el evangelista, y aunque la mayoría se inclina a decir que fue San Gabriel, el ángel de la Encarnación, otros llegan a creer que se trata de San Miguel.

En literatura encontramos otros ejemplos que anteceden a Hojeda en este contexto. Por ejemplo, en la obra de Virgilio, cuando Eneas está detenido en Cartago, enamorado de Dido, Mercurio es enviado por el Omnipotente para que deje de estar sometido a una mujer y cumpla con su misión en Italia. (*La Eneida*, IV) Posteriormente, en la épica cristiana el papel de tal mensajero de Dios es asignado a un ángel, y casi siempre al ángel Gabriel. Tal es el caso del *Poema del Mío Cid* (19), *El Cantar de Roldán* (CCLXI y CCXCI) y *Jerusalén Libertada* en la que el Padre Eterno manda a Gabriel hasta Godofredo de Bouillon, para confortarlo y aconsejarlo mientras duerme en el plano de Tortosa (I). La diferencia fundamental es que en estas obras el mensaje se da a través de un sueño. Hojeda emplea el recurso del sueño únicamente en el mensaje que Mercurio le da a la esposa de Pilato (Libro IV).

[69] Se da una transformación del ángel en figura humana, lo que representa una semejanza con las obras de Virgilio y Tasso, en cuyas obras también se detiene el ángel. Por ejemplo, en *Jerusalén libertada* encontramos:

> El fiel Gabriel ya ha revestido su invisible substancia con una apariencia aérea. Ha tomado figura humana, pero brilla en sus miradas una majestad celestial. Está en esa edad que separa la juventud de la infancia. Adornan su rubia cabellera rayos resplandecientes.
> Lleva en la espalda unas alas ágiles, incansables; son blancas, con las puntas de oro. Con esas alas atraviesa los vientos y las nubes y se cierne sobre la tierra y sobre los mares. Sus alas detienen un momento el vuelo encima del Líbano. Por fin, se precipita hacia las llanadas de Tortosa... (I)

Uno de los principales textos que tratan sobre las características de los ángeles es la gran obra de Santo Tomás conocida con el nombre de *Suma teológica*. Está compuesta de 60 volúmenes. El volumen IX está dedicado completamente al tema de los ángeles. Entre otros aspectos, Santo Tomás se refiere a su naturaleza, su capacidad de asumir un cuerpo, posición en el espacio, conocimiento, voluntad, amor, creación, pecado y castigo. Afirma que los ángeles asumen cuerpos pero no porque ellos lo necesiten, sino para hacerse presentes en nuestro mundo humano y poder hablar con seres humanos. Asumen cuerpos hechos de aire, pero condensados por el divino poder.

[70] Faetonte: hijo de Helio y Climene. Cuando supo quién era su padre, fue a pedirle que lo dejara guiar sus caballos desde el Oriente. Lo concedió Helio y el muchacho en su fogosa juventud, los llevó arrebatadamente. Los animales se encabritaron produciendo en el mundo mil desastres. Clamaron todos a Zeus en demanda de remedio y Zeus lo hizo matar con un rayo. Fue a caer en el Eridano y sus hermanas, que lo habían seguido contemplando desde la tierra, se convirtieron en árboles de ámbar que gotean lágrimas constantemente. Es un mito dramatizado por Ovidio en *Las Metamorfosis*.

[71] Huerto coronado de espinas de la misma forma en que ha de estar Jesús.

[72] aspeto = aspecto

[73] vido = vio

[74] Véase la nota 4 de este libro.

[75] Se interpreta como la ceguera causada por el pecado que será curada únicamente con la Fe cristiana.

LIBRO III

Prueba Gamaliel profundamente
Que Cristo es el Mesías prometido,
En el consejo de la inicua gente,
En que le vende Judas atrevido:
Gabriel conforta al Hombre omnipotente,
Y él, de su amada escuela despedido,
Recibe del traidor el falso beso;
Vence con una voz, y al fin es preso.

Octavas 1-34
Segunda reunión: en la
Tierra.

Pero en tanto los príncipes hebreos,
De su antiguo furor estimulados,
Y los más pertinaces fariseos
Y escribas, de su envidia provocados,
Con los falsos herejes saduceos
Fueron a su concilio congregados[1]
Para tratar la muerte prevenida
Del que ora y suda sangre por su vida.

Caifás convoca a los
miembros del Sanedrín
a una asamblea

Caifás, sumo pontífice, los llama,
Soberbio, altivo, hinchado y ambicioso;
Que quiere oscurecer la ilustre fama
Del Rey de reyes, santo y poderoso:
Maldice a Cristo, y su virtud infama,
De su doctrina y obras envidioso.
Mas ¿qué no hará un pecho donde lidia
Ambición fiera y desalmada envidia?

Descripción de los
miembros del Sanedrín

En alta silla con pomposa muestra
De larga ropa y seda rutilante
Se ve sentado, y a su mano diestra
Anás,[2] su suegro, al yerno semejante:
Y aunque más venerable, a la siniestra
Gamaliel[3] está, varón constante,
Y luego en orden y lugar se siguen
Muchos que el nombre de Jesús persiguen.

José y Nicodemo
forman parte del
senado y son amigos
de Jesús

Solos dos senadores excelentes   4
De antiguas casas, de ínclitos blasones,
El uno espejo de ánimos prudentes,
Y el otro luz de sabios corazones,
Entre los consultores insolentes
Firmes conservan puras intenciones:
José[4] ilustre, y Nicodemus[5] doto,[6]
De Cristo amigo aquél, y éste devoto.

Estando así el injusto y mal prelado,
Los turbios ojos con dolor menea,
Muérdese el labio, y por el gran senado
Con el rostro y el alma se pasea:
Ya se finge el hipócrita elevado,
Ya que el cielo en espíritu rodea,
Ya que el honor de Dios le martiriza,
Ya que futuros daños profetiza.

Caifás les explica la
razón de la asamblea:
acusaciones contra
Jesús

"Sabios (les dice) que la ley perfeta[7]
De Moisés penetráis con luz divina,
Y el más profundo y más sutil profeta
Con alma veis de magisterio dina,[8]
Y sois doctores de la fe secreta
Que a la clara visión nos encamina;
Aquí nos hemos en consejo unido
A un caso muchas veces referido.

"A Jesús conocéis, que, revolviendo
La tierra en bandos y opiniones varias,
Ha hecho y hace peligroso estruendo,
Bastante a provocar fuerzas contrarias:
Rey se intitula, y como a rey sirviendo
Le van las gentes con humildes parias,
Y si no lo impedimos, su persona
Será adorada y le pondrán corona.

"Sus milagros, ¿qué digo? Sus portentos   8
Tienen al vulgo en partes dividido,
Y siendo a la verdad encantamientos,
Cual probanzas de fe los han creído:
Palmas le ofrecen,[9] póstranle ornamentos,
Danle honor de Mesías prometido:
Hijo de Dios le llaman. ¿Qué esperamos?
Que todos nos perdemos si tardamos.

"Infámanos en públicos sermones,
De hipócritas, de falsos, de ambiciosos;
Destruye las antiguas opiniones
De nuestros patriarcas religiosos;
Síguenle atropellados escuadrones
De chicos, grandes, simples y curiosos;
Él sube en gloria, en deshonor caemos
Nosotros; pues caídos, ¿qué haremos?

No lo aceptan como rey

"¿Mirarémosle, tristes, coronado
De verde lauro su feliz cabeza,
Y en palmas de la gente levantado,
Desa vil gente que adorarlo empieza?
Y ¿veremos en hombros ensalzado
Al que furiosos tiros endereza
Contra la fama y honra inestimable
Deste sabio consejo venerable?

"Mas veámosle así; pase adelante
Su mala pretensión no resistida.
¿Sufrirálo el ejército pujante
De Roma, en daño nuestro apercibida?
Fiero, esquivo, soberbio y arrogante,
Toda su fuerza en un tropel unida,
Vendrá su capitán a darnos guerra
Y a quitarnos las armas y la tierra.

"Arrasará los empinados muros,   12
Batirá los castillos eminentes,
Las altas puertas y cerrojos duros
Con artificios romperá valientes:
Males parecerán estos futuros,
Mas no lo son; que males son presentes,
Presentes, claros, infalibles, ciertos,
Y tanto, que nos juzgo ya por muertos.

"Si somos padres de la patria justos,
Que serlo todos con razón debemos,
Temores del errado pueblo injustos
Por su amor y su bien atropellemos;
Y atropellemos los fingidos gustos
De la falsa quietud que apetecemos,
Por librar a ese vulgo no entendido,
Deste rey, que lo tiene pervertido.

Les propone la muerte de Jesús

"Prendamos a Jesús, démosle muerte;
Que un hombre importa que por todos muera:
Muera en infame cruz, en baja suerte;
Que muerte tal a un hombre tal espera:
Del cautiverio lastimoso y fuerte
En que el pueblo mezquino persevera
Saldrá." Feneció aquí el hablar prolijo,
Mas no entendió lo que hablando dijo.

Pidió después a cada cual su voto
Y sobre el caso atroz libre consejo,
Y con aspecto al parecer devoto
En el cielo fijó su rostro viejo;
Y luego, como el bravo y fiero Noto[10]
Mira el campo con negro sobrecejo,
Y tempestades sopla cuando mira,
Así él tiende los ojos y suspira.

Anás toma la palabra: explica que Jesús no es el Mesías que señalan las Escrituras

Anás al punto, Anás, que deseoso   16
De hablar y escupir ponzoña estaba,
Comenzó con espíritu furioso
Enemiga oración, plática brava:
"¿Es posible que el cielo generoso,
Que antes por gran favor nos anunciaba
Un Mesías en armas señalado,[11]
Y a un Cristo carpintero nos ha dado?

"Si la Escritura Santa profetiza
Un capitán gallardo, un rey valiente;
Si su dichoso imperio solemniza,
Robusto en fuerzas, respetado en gente;
Si sus altas victorias canoniza
Con fama excelsa y voz permaneciente,
¿Cómo será el Mesías prometido
Un hombre nunca armado ni temido?

"David en dulce canto le apercibe[12]
A que se ciña cortadora espada,
Y un brazo en él fortísimo concibe,
Un valor grande y una diestra osada;
Con saetas le avisa que derribe
La gente en varias tropas conjurada.
¿Adónde está la espada, el brazo y diestra,
Saetas y valor que este rey muestra?

"Píntale en otro salmo tan terrible,
Que al cielo asombra y a la tierra espanta,
Y en furia bravo, en fuerzas invencible,
Dobla cervices y ánimos quebranta;
El fuego abrasador, la llama horrible
Le hace escolta y su escuadrón le planta;
Grandes abrasa, reyes atropella:
Pues aqueste Jesús, ¿qué reyes huella?

"Mas ¿qué digo? El profeta cortesano   20
Le dibuja en batalla rigurosa
Entre despojos de la muerte ufano,
Y alegre en un raudal de sangre ondosa:
Bañado rostro y cuello y pecho y mano,
Tinta la vestidura generosa
De Edón[13] viniendo, y con estola rica:
¿Quién de Jesús tanto valor publica?

"Ya sus felices ínclitas victorias
Dibuja con metáforas sagradas;
Ya eternas hace sus debidas glorias
Con nuevo estilo y frases nunca usadas;
Ya insignias, ya trofeos, ya memorias,
Ya empresas por el mundo celebradas,
De Cristo, en voz suave, profetiza:
Ved si a Jesús por Cristo solemniza.

"Siempre que Dios con apacibles ojos
El pueblo mira de su amada gente,
Fábula hecho y míseros despojos
Y presa de algún bárbaro insolente,
Y en risa volver quiere sus enojos,
Y el vengativo rostro en blanda frente,
Por defensa nos da grandes varones,
Que asombro ilustre son de altas naciones.

"Estaba en lamentable cautiverio
Sujeto al yugo vil del cielo Egito,[14]
Y del injusto rey al duro imperio
De nuestra gente un número infinito:
Salió de aquel infame vituperio,
Pasó el desierto y áspero distrito,
Entró en la dulce prometida tierra.
Pero ¿qué capitán llevó en la guerra?

"Un bravo Josué,[15] que al sol, armado   24
De ardientes rayos y fogoso escudo,
Y en carro de invencible luz sentado,
A fuerza de armas detenerlo pudo;
Y al pueblo de gigantes coronado
Dejó de asombro y miedo, sordo y mudo,
Y heló más que encendidos corazones
De innumerables fieros escuadrones.

"Pues contra los altivos filisteos
Nos dio un Sansón[16] de espíritu admirable,
Excelso muro de ánimos hebreos
Y terror de enemigos espantable.
¡Oh fuerte honor de santos nazareos,
Al mundo eternamente memorable!
El nombre claro de inmortal Mesías,
Si no te hubieras muerto, merecías.

"Robusto pecho, corazón ardiente,
Membrudo cuerpo y alma belicosa
Ha de tener el príncipe excelente,
Cristo digno de fama y silla honrosa;
Cual tú, gran capitán, Sansón valiente,
Fuerza del mismo cielo prodigiosa,
Y espanto de la bárbara potencia;
No blanda voz de hipócrita elocuencia.

"Pues cuando aquel Antíoco[17] superbo
Hizo de sangre noble un mar turbado
Esta ciudad, con ánimo proterbo
De violar nuestro templo consagrado,
¿Quién su ruina triste y daño acerbo
Impidió con espíritu esforzado?
¿Quién nos libró de tan horrendos males?
Los Macabeos, a Sansón iguales.

"Éstos, en la ciudad nunca vencidos,   28
Y siempre en el desierto vencedores,
Pocos, de muchos bárbaros temidos,
Fueron de almas y cuerpos redentores:
Truenos de la verdad esclarecidos,
Rayos de la justicia voladores,
Y del brazo de Dios vigor robusto,
Que mantuvo en su ley al pueblo justo.

"Ahora opresos del romano imperio,
Rendido el cuello con dolor vivimos,
Y en largo miserable cautiverio
A su tirana voluntad servimos:
El que deste afrentoso vituperio
Que, forzados al yugo, recibimos,
Nos ha de redimir, será el Mesías.
Pero ¿qué tal, según las profecías?

"Un nuevo Josué, que al sol romano
A fuerza de armas y virtud detenga;
Un Sansón, que al ejército profano
Batalla en campo con valor mantenga;
Un Judas,[18] en hazañas soberano,
Que firme el peso de la fe sostenga
En fuertes hombros, cual divino Atlante;[19]
Que sólo un Cristo tal es importante.

"Pues concluyendo mi sentencia libre
De enemiga pasión y amor celoso,
Si conviene que agudas lanzas vibre
El Rey ungido, en armas poderoso,
Hasta que vuelva osado el grande Tibre[20]
En mar de humana sangre caudaloso,
Con daño de su ejército temido,
Jesús no puede ser el Rey ungido.

"Que es pacífico, humilde, manso, afable,   32
De armas desnudo, de riquezas pobre,
Y un varón ha de ser inespunable
Quien nuestra libertad perdida cobre;
Fiero, bravo, espantoso, formidable,
Ceñido de robusto y verde roble,
Y que sangre derrame y sangre beba,
Para dar de su imperio ilustre prueba.

"No es el Mesías, no; no es el Mesías:
No es Cristo, no; no es Cristo verdadero:
Gentes engaña, por su mal baldías,
Con dulce arenga el bajo carpintero;
Y si son fuertes las razones mías,
Preso, azotado y puesto en un madero,
Como blasfemo, debe ser el hombre
Que usurpa el reino a Cristo, a Dios el nombre."

Termina de hablar
Anás y el senado lo
aclama

Dijo; y el sumo sacerdote lleno
De aplauso, y de favor la boca y frente,
De gracia el rostro, el alma de veneno,
Y el pecho atroz de espíritu inclemente,
Dulces palabras del amargo seno
Sacó, aprobando en plática insolente
La oración de su suegro mal fundada,
Y el voto confirmó y sentencia dada.

Octavas 35-57
Habla Gamaliel para
defender a Jesús y
demostrar que sí es el
Mesías

Pero siguióse en el lugar segundo
Gamaliel, maestro venerable,
Grande en linaje, y en saber profundo,
Y en virtud a los sabios admirable,
Conocido por letras en el mundo,
Y con razón por ellas estimable;
Y comenzó a hablar osadamente
Con gravo estilo y ánimo prudente.

"Toda la pena que Jesús merece,   36
Dijo, si la merece, ha procedido
De que el mundo por Cristo le engrandece,
Y él se predica por el Rey ungido:
Luego si es Rey, si Cristo, mal padece
La opinión de blasfemo que ha tenido,
Y será injusto darle por sentencia
De muerte infame cruda penitencia.

"Si es el Mesías, debe ser honrado
Con faz humilde y corazón piadoso;
No por blasfemo hereje maltratado
Con dura ofensa y término afrentoso;
Pues hasta aquí no está determinado,
Aún ahora en razón está dudoso
Si es el Mesías Rey, si es el Rey Cristo;
Que pruebas mil en su favor se han visto.

"Y antes que darlas con verdad pretenda,
Supongo por seguro fundamento
Que Cristo no ha de ser hombre que atienda
Al militar y belicoso intento:
Su guerra, justa y celestial contienda,
Noble orgullo y magnífico ardimiento
Contra el mundo será, contra el pecado
Y el infierno, en su ofensa conjurado.

"Que si Cristo ha de ser hombre divino
Y Dios humano, y hombre y Dios perfeto,[21]
Supremo en ciencia, en vida peregrino,
Y al mismo Eterno Padre igual conceto;[22]
Terreno aplauso no es aplauso dino[23]
De tan subido y singular sujeto,
Ni merecen batallas temporales
Capitán de victorias inmortales.

"Es vil materia la riqueza humana,   40
Pequeño bien la fama transitoria,
Reino infeliz la dignidad mundana,
De poco vaso la mortal memoria;
Y cuanto abarca la ambición profana,
Es pobre de valor, falto de gloria,
Para la calidad más que excelente
Del gran Mesías, Rey omnipotente.

"Y esa que el vulgo llama fortaleza,
Ya muchos pecadores la gozaron,
Y de su excelsa cumbre y suma alteza
Presto al infierno con dolor bajaron:
Los Alejandros[24] llenos de fiereza,
Y los Ciros,[25] que el mundo sujetaron,
Hombres fueron a culpas mil rendidos,
Y por malos, de Dios aborrecidos.

"Pues lo que a pecadores miserables
Tantas veces da Dios liberalmente,
Y a gentiles en vida abominables
Les permite con ánimo paciente,
Ha vendido en promesas inefables
A su pueblo feliz y amada gente.
Bienes que con la muerte se consumen,
¿Tantos profetas anunciar presumen?

"No, padres, no; no, sacerdotes sabios;
No, escribas doctos en la Ley sagrada:
Nunca pronuncien tal discretos labios,
Ni lengua a la verdad acostumbrada;
Que ésos al rey ungido son agravios,
Y ofensa a la Escritura en Dios fundada;
Y en balde han celebrado al gran Mesías
Tantos mil años a las profecías.

Gamaliel expone un resumen de la misión de Jesús

"Riquezas ha de dar, pero inmortales;   44
Despojos ganará, pero al infierno;
Bienes tendrá, mas bienes celestiales;
Y grande imperio, mas imperio eterno:
Hará a los siete vicios capitales
Guerra invisible en su feliz gobierno,
Y justos premios de divina gloria
Prometerá en el fin de la victoria.

"Redentor ha de ser de pecadores,
Y Salvador ilustre de pecados;
Que para tan magníficos favores
Los tesoros de Dios están guardados:
Por aquí los intérpretes mejores
Y en la Escritura Santa ejercitados,
Las guerras metafóricas explican
Que los grandes profetas dél predican.

"Pues contra el vicio esgrimirá desnuda
Su fuerte espada y su veloz saeta;
Al vicio enristrará su lanza aguda,
Y su herida en él hará secreta
El riguroso fuego y llama cruda
De fuego celestial, llama perfeta;[26]
Y amor será que abrase corazones,
Las culpas venza, y rinda las pasiones.

"Así Daniel,[27] en apellido ilustre,
El Santo le llamó por excelencia,
El Santo, que dará divino lustre
Al mundo, de justicia y de clemencia;
Y así conviene que a la tierra ilustre
Con sagrada purísima presencia,
El que, santificado a Dios el suelo,
Al hombre llevará glorioso al cielo.

"Sabido, pues, que el próspero Mesías   48
Lo ha de ser en virtudes más que humanas,
Resta entender que ya las profecías
Casi le anuncian con palabras llanas:
Dicen que ha de venir en estos días,
Y dícenlo en figuras soberanas,
Las cuales propondré, varones graves,
Porque de mi verdad son fuertes claves.

"Cuando estuvo Jacob en mortal lecho,
De nuestros doce príncipes cercado,[28]
Su adverso daño y su feliz provecho
A cada cual dejó profetizado:
Dijo a Rubén con varonil despecho
Que fuese como el agua derramado,
Y abominó el consejo riguroso
De Simón fiero y de Leví ambicioso.

"Pero llegando a Judas, tronco noble
Del gran Mesías, con aplauso dino[29]
De doble acento y alabanza doble
Le declaró su próspero destino:
—El cetro y mando, dijo, estará inmoble
En tu linaje con favor divino,
Hasta que venga el que promete el cielo,
Por esperanza y bendición, al suelo.—

"Y hasta ahora el ínclito gobierno
De reyes, de jueces, de prelados
Ha vivido en un curso casi eterno
En los nietos de Judas esforzados;
Pero ya, padres, el señor moderno
Que a nuestros hijos tiene avasallados,
No es del tribu judaico venerable,
Sino extraño idumeo[30] detestable.

"Luego Cristo el Mesías ha venido,   52
Cristo en Jerusalén está presente,
Pues cetro y mando Judas ha perdido;
Y rige extraño rey la tierra y gente.
¡Oh para nuestra gloria prometido!
Un vivo rayo de tu luz ardiente
Nos da, Hijo de Dios, con que veamos
Quién eres, dónde estás y qué buscamos.

"Con esta memorable profecía
Se conforma Daniel,[31] por Dios eleto,[32]
Para que al tiempo del feliz Mesía
Años señale y número perfeto:[33]
En Babilonia con dolor vivía
De ver al crudo bárbaro, sujeto
El pueblo justo de su gente amada,
Pobre, cautiva, presa y despojada."

Postróse en oración, pidiendo al cielo
Con pecho humilde y ánimo piadoso
Vuelta segura y libre al patrio suelo,
Y perdón franco al pueblo temeroso:
Dios sus lágrimas vio, miró su celo,
Oyó su voz y llanto doloroso,
Y a Gabriel envió resplandeciente,
Que así le dijo dulce y blandamente:

Gamaliel expone la profecía de Daniel

"—Santo varón de espíritu sincero,
Ya setenta semanas señaladas
Están para cumplir el curso entero
De las esperas a tu pueblo dadas:
Vendrá sin duda el Cristo verdadero
Estas largas edómadas pasadas,
Y el fin vendrá con él de la malicia,
Y el principio y favor de la justicia.—

"De años son, no de días, las semanas   56
Que el ángel dio por término infalible
Para que de las sillas soberanas
Bajase al mundo el príncipe invencible
A darnos gracia y fuerzas más que humanas
Contra el pecado y muerte aborrecible;
Y sabemos que edómadas setenta
Son años cuatrocientos y noventa.

"Y están pasados: luego el Rey ungido,
El Hombre Dios, el Santo de los santos,
El Emanuel al mundo prometido,
El esperado con humildes llantos
(Si oráculos no engañan), ha venido,
Y con él cierta la salud de tantos

Gamaliel termina de hablar

Pobres, mezquinos, tristes pecadores:
Sí, sí; que el cielo llueve ya favores."

Caifás se ha enfurecido ante las palabras de Gamaliel

Caifás inquieto y reventando estaba
De ver suspenso al noble y gran senado,
Y el aplauso y valor con que hablaba
El maestro de doctos respetado:
Salir quisiera, mas su fuerza brava
Reprimió con espíritu doblado;
Que la ciencia y virtud, que no era poca,
Le ató la lengua y le cerró la boca.

Octavas 59-72
Caifás está a punto de salir cuando aparece Judas

Salir quisiera, y aún salir quería,
Ya de tanto callar arrepentido,
Si Judas,[34] que a vender a Dios venía,
Licencia no pidiera, mal sufrido:
Diósela el que furioso presidía,
Y entró luego el discípulo atrevido,
Y al cabildo espantó con su presencia,
Y suspendió al autor de la licencia.

Éste fue de la tierra abominable   60
Que, roto el yugo, y la vergüenza rota,
Contra la fe de Cristo venerable
Cría blasfemos, renegados brota:
Escarias su patria detestable
Nombre le dio, que es de traidores nota.
¡Oh infiel viborezno cauteloso,
Su vientre no rompieras ponzoñoso!

No hubiera dado al bárbaro Mahoma[35]
Cómitres duros, capitanes fieros,
Que, negando la eterna ley de Roma,
En contra afilan pérfidos aceros;
Mas el que rebelados cuellos doma,
Pechos ablanda y ánimos severos,
El seno ablande de tu patria dura,
O hágale en ti mismo sepultura.

Entró el perverso, y con astucia rara
Compuso el rostro, mesuró los labios,
Bajó los ojos, humilló la cara,
Como confuso ante varones sabios:
Con el manto cubrió la mano avara
Que hizo a sí y a Dios y al cielo agravios:
La ropa a lo devoto recogida,
A hablar comenzó con voz fingida.

Judas presenta su
acusación contra Jesús

Y dijo así: "Pontífice sagrado,
Cabildo santo, graves senadores,
Cónclave de maestros congregado
Para dar ciencias y quitar errores:
Yo, con mucha razón desventurado,
Pues no gocé los vivos resplandores
De vuestra clara luz, arrepentido,
A vuestros pies clementes he venido.

Judas dice arrepentirse
de haber sido parte del
grupo de Jesús

"Confieso con dolor, mi mal confieso: 64
Yo seguí de Jesús las huellas locas
Por senda angosta, por camino avieso,
Por borrascoso mar y agudas rocas:
Fui de su nueva religión profeso.
¡Oh verdad que a decirte me provocas!
Diréte al fin, verdad: yo te obedezco;
Mas engañado fui; perdón merezco.

Él es un hombre de quien Dios me libre,
Aunque parece un Abraham perfeto;[36]
Del pequeño Cedrón al grande Tibre
No mira el sol jamás igual sujeto:
El cielo en su cabeza rayos vibre;
Su mal vivir al mundo está secreto:
El que todo lo sabe lo descubra;
Que no es razón que tanto mal se encubra.

"Mas porque no me llame el pueblo rudo
Traidor a Dios, aleve a mi Maestro,
Mi boca cerraré, haréme mudo;
Que en revelar pecados no soy diestro:
Sólo entended que la justicia pudo,
Y la santa opinión del celo vuestro,
Obligarme a dejar el que seguía
En noche oscura como en claro día.

"Supe que en este cónclave celoso,
Para su mal y por mi bien juntado,
Con vista clara y ánimo piadoso
De su muerte y mi vida se ha tratado:
Soy, aunque de su secta, religioso,
Y el decreto juzgué por acertado;
Que de tan justos padres el decreto,
Como de tales, ha de ser perfeto.[37]

"Mirará el bien común, el bien divino   68
Y universal del pueblo incorregible,
Que, despeñado por su mal camino,
Sigue a Jesús con ímpetu terrible:
Tuve por hecho de la causa digno,
Si no es al ciego vulgo aborrecible,
Que un discípulo suyo le entregase,
Porque vuestra justicia se aclarase.

*Judas les ofrece su
ayuda para apresarlo*

"Vengo a dárosle preso, yo me ofrezco;
Que en un jardín ahora está seguro:
De veros tan alegres me enternezco.
¡Oh de la santidad espejo y muro!
Y si por trabajar, algo merezco
(Que de serviros con certeza juro),
Mirad cuánto ha de ser, y los romanos
Me dad, y lo pondré vivo en sus manos."

Dijo el traidor que al mismo Dios inmenso
Puso en venta de precio limitado:
Quedó el bravo pontífice suspenso,
Y absorto en maravilla el gran senado:
La novedad causó pavor intenso
Al docto de la Ley más estimado:
Gamaliel calló, y hablaron luego
Los que abrasó la envidia en triste fuego.

*Deciden entregarle
una recompensa a
Judas por su ayuda*

Alabaron su plática, cubierta
De blanda piel de oveja no entendida,[38]
Y su infame codicia y maldad cierta
Fue por virtud y religión tenida:
Privanza le ofrecieron descubierta,
Y gloria a su buen ánimo debida,
Ricos dones, aplauso nunca visto,
Y treinta escudos porque entregue a Cristo.[39]

Si su propio discípulo le vende,   72
De escrúpulo herida la conciencia,
¿Quién su vida infernal no comprende?
¿Quién de muerte le impide la sentencia?
¿Quién nuestro celo y causa no defiende?
¿Quién da a su yerro nombre de clemencia?
"Muera el blasfemo en cruz, muera, decían;
Que su favor los cielos nos envían."

*Caifás insiste en matar
a Jesús*
Esto Caifás hablaba, rebosando
Gozo y envidia por los turbios ojos,
Y aplauso le hacía el mayor bando,
Que seguir profesaba sus antojos:
El gran maestro de Salén, mirando
En su furor patentes sus enojos,
Esperó y dijo, atento y advertido,
Así, aplacado un poco el gran ruido:

*Octavas 74-105
Gamaliel interviene
nuevamente*

"Padres, no es argumento poderoso
A un claro y bien regido entendimiento
Que un discípulo aleve y codicioso
Haya mostrado tan perverso intento;
Antes para un ingenio cuidadoso
Es contrario y fortísimo argumento

*Censura la avaricia de
Judas*
Que con certeza prueba su malicia,
Pues le vende llevado de avaricia.

"Si de causas legítimas guiado,
Y diciéndolas todas se moviera,
Pudiera suspender este senado,
Mas resolver la causa no pudiera;
Que un solo acusador apasionado,

*Pide que se prueben los
delitos de Jesús*
Aunque su acusación patente fuera,
A dar justa sentencia no bastara
Si primero el delito no probara.

"A decir comenzó, mas nunca dijo   76
Cosa determinada o caso cierto;
Sólo confusamente le maldijo,
Deseándole ver sin culpa muerto:
Yo por razones mi discurso rijo,
Y no voy, padres, por camino incierto;
Un rato me escuchad." Oyeron luego
Forzados, reprimiendo el furor ciego.

Gamaliel insiste en
las profecías para
probar que Jesús sí
es el Mesías: nuevo
recuento de su vida

Y prosiguió su plática suave
Gamaliel, diciendo: "Claramente,
Si el tiempo y condición y alma se sabe
De Cristo, Dios y Rey omnipotente,
A mi discurso quiero echar la clave,
Y ver si por ventura está presente,
Y si hallo en Jesús las profecías
Cumplidas ya del ínclito Mesías.

"Del linaje ha de ser esclarecido
Y antigua casa del real Profeta,
Que por fruto excelente y escogido
Se ha de dar a la planta más perfeta:[40]
Pues de David Jesús ha procedido,[41]
Viene del rey David por línea reta;[42]
Nacimiento
Y así ya la nobleza no le falta,
Y el ser pobre oficial no es digna falta.

De Belén, y por él será gloriosa
Más que las otras partes de Judea,
Rica en pueblos y en gentes poderosa:
Dícelo Dios y afírmalo Miquea.[43]
¡Oh eterna luz, verdad maravillosa!
Jesús nació en Belén, tierra de Cristo:
Ya la patria y linaje en él se han visto.

"Y si queréis hacer justa memoria,   80
Al tiempo de su ilustre nacimiento,
Visita de los tres reyes
Tres reyes, como a silla de su gloria,
Vinieron a adorar su pobre asiento:
Digna es de cierta relación la historia,
Y es importante al pretendido intento;
No os canse el escuchar, varones sabios,
Simples palabras de mis rudos labios.

268

"Los magos del oriente aquí vinieron
Por el rey de Judea preguntando,
Que una estrella de nuevo lustre vieron
Que los venía con su luz guiando:
A Herodes su demanda propusieron;
Mas él en hospedaje alegre y blando
Los tuvo, y prometióles que sabría
De nosotros la tierra del Mesía.

"Y todos respondimos, consultados,
Que era Belén la patria venerable
Que daban los oráculos sagrados
Al nacimiento deste Rey notable:
Con ello los de Oriente despachados,
Y de su luz regidos admirable,
A Belén caminaron prestamente,
Y de allí se volvieron al Oriente.

Herodes deseaba
acabar con Jesús

"Por esto Herodes, en furor envuelto,
El alma en ira, el corazón en saña,
Como burlado, al fin, quedó resuelto
De mostrar luego su crueldad extraña:
Contra millares de inocentes vuelto,
¡Oh cuanto la ambición valiente daña!,
Mandó en Belén matar los niños todos
Con fieras muertes de diversos modos.

Huída a Egipto

"Jesús entonces a Egipto fue huyendo,   84
De un ángel incitado amigamente,
Que huir pudo con el poco estruendo
De pobre casa y madre diligente:
Voy, padres de la patria, refiriendo
Cosa cierta y al caso conveniente,
Donde se ve, por tan subida guerra,
Cuál es de Cristo y de Jesús la tierra.

"También dice el profeta Ezequías[44]
Que alto predicador y gran maestro
De Santas ciencias, de virtudes pías
Será el glorioso y célebre Rey nuestro:
Según esta verdad, es el Mesías
(Con razón me parece que lo muestro),
Es el Mesías todo deseable,
Jesús en doctrina y gracia incomparable.

"A fuerza de gravísimas razones
De viva luz y espíritu divino,
Almas enciende, abrasa corazones,
Y otro ser les infunde peregrino:
A las palabras junta las acciones,
Y un rostro de obediencia y amor dino,[45]
Tal, que tiene las gentes elevadas
De su bien mismo y voluntad forzadas.

"Y así, cuando una escuadra valerosa
De suertes varias de soldados fieros
A prender su persona religiosa
Enviastes con ánimos severos;
De romana cohorte belicosa,
Vuelta en manada simple de corderos,
Tornó suspensa, y dijo a nuestra gente:
—Hombre nunca habló tan sabiamente.—

"Pero ¿qué digo? No ha gozado el mundo,   88
El sol no ha visto, no ha cubierto el cielo
Predicador en ciencia tan profundo,
De alma tan pura y tan ardiente celo;
Ni puede haber a su bondad segundo,
Ni otro tal sustentó jamás el suelo:[46]
Tartamudo es Aarón,[47] tibio es Elías,[48]
Puestos con él, y bárbaro Isaías.[49]

"También Cristo ha de ser hombre afable,
De mansa condición, de pecho blando:
Pintólo así el Profeta venerable,
Su vida y muerte y gracias dibujando:
Daño no ha de hacer al miserable,
Ni ofensa al enemigo de su bando;
Que ni la caña romperá cascada,
Ni la pavesa matará apagada.

"No va con tan suave mansedumbre,
Alegre y clara, el agua cristalina,
Que ni baja de altiva enhiesta cumbre,
Ni entre peñascos rígidos camina,
Como Jesús, cuya real costumbre
A respeto y honor el alma inclina,
Y cuya noble y señoril blandura
Regala y quieta, amansa y asegura.

"Y si verdad nos dijo Zacarías,
A este pueblo mostrando venturoso
Del Rey de reyes ínclito Mesías
La entrada humilde, el triunfo religioso,
Ya lo vimos cumplido en estos días
Con asombro de sabios espantoso;
Ya lo vimos cumplido: ¡Oh Dios inmenso!
Déte el mundo de fe perpetua censo.

El senado le aplaude a Gamaliel. Caifás desea interrumpir ese aplauso

"Dice el profeta que vendrá triunfando   92
En un manso pollino el Rey suave,[50]
Y a la grande Sión está avisando
Que dé al suceso alegre aplauso grave.
¿Cuándo vimos cumplido aquesto? ¿cuándo?
El más rudo, el más bárbaro lo sabe:
Ayer, que entró Jesús en un jumento,
Rico de gloria, pobre de ornamento.

"Los niños le entonaban dulcemente
Discretos himnos y sonoros cantos;
Los viejos el espíritu prudente
Daban resuelto en apacibles llantos;
La gente moza, la robusta gente,
Con santas voces y clamores santos,
Ropas y almas y cuerpos le ofrecían,
Corazones y ramos le esparcían.

"La patria y el linaje, al fin, le abona,
Y la grande humildad y noble pecho
Su derecho justísimo pregona:
Désele su justísimo derecho."
Viendo alabada la inmortal persona,
Caifás saliera en ímpetu deshecho;
Mas reprimióse, e hizo algún ruido
Porque fuese el aplauso interrumpido.

Torció la boca, meneó los labios,
Y en los ojos mostró desabrimiento
Para inquietar a los varones sabios
Que atendían al docto y grave intento:
Las razones teniendo por agravios
Contra su declarado pensamiento,
Tosió al fin, movió el cuerpo, fingió pausa;
Pero Gamaliel siguió su causa.

Gamaliel continúa con sus explicaciones

"Vengamos, dijo, a los milagros ciertos   96
Que ha de obrar el famoso y grande Cristo,
A ciegos dando luz, y vida a muertos,
Con que la envidia le hará malquisto.
¿Han sido por ventura en Jesús inciertos?
¿Por ventura en Jesús ya no se han visto?
¿Ya no se han visto en muchedumbre tanta,
Que su número y suerte y modo espanta?

Habla sobre sus
múltiples milagros

"A su divina voz hablan los mudos,⁵¹
Los sordos oyen, los tullidos andan,
Los tardos cojos tienen pies agudos,
Los mancos sus helados nervios mandan:
Viejos prudentes son los niños rudos,
Las mismas piedras su dureza ablandan;
Los sepulcros ofrecen sus despojos
Vivos, y viva luz los muertos ojos.

"El agua pura en vino milagroso⁵²
A su simple mandato se convierte;
Los grandes peces en el mar ondoso
Buscan la red y entréganse a la muerte:⁵³
El desabrido pan es pan sabroso,
Y cinco multiplica de tal suerte,
Que cinco mil personas comen dellos,⁵⁴
Echando a su verdad cinco mil sellos.

Resurrección de
Lázaro

"Mas, entre sus prodigios admirables,
Lázaro a nuestra luz resucitado
Oscurece los hechos memorables
Que obró la fe, y el mundo ha celebrado:
Entre las dos hermanas venerables,
Que le habían con lástima llorado,
Llegó Jesús a la antigua sepultura,
Y levantar mandó la piedra dura.

"Con breve llanto por el muerto amigo   100
Muestras dio de su grave sentimiento;
Mirando estuve lo que ahora digo,
Y notándolo estaban otros ciento;
Mas este gran senado es buen testigo
Del espantable caso que le cuento:
Por mis ojos lo vi, muchos lo vimos,
Pues muchos admirados asistimos.

"Lloró, gimió, habló con voz entera,
Llamó al difunto con divino imperio:
—Lázaro, dijo, Lázaro, sal fuera.—⁵⁵
¡Oh estupendo, inefable, alto misterio!
Temblando obedeció la muerte fiera,
Y alzó confusa al muerto el cautiverio:
Y roto el yugo y rota el atadura,
Salió vivo y dejó la sepultura.

"El noble cuerpo ya podrido estaba
Y de horribles gusanos ya cubierto,
Como quien olvidado reposaba,
De cuatro días, en la tierra, muerto;
Pero a la grande voz que le llamaba,
Del mar de muerte, de la vida al puerto,
No pudo resistir, y alegre y sano
La luz tornó a gozar y aliento humano.

"El hecho veis aquí; he aquí la historia,
Historia conocida y hecho visto.
¿No es caso digno de la inmensa gloria
De nuestro excelso y admirable Cristo,
Alcanzar de la muerte tal victoria,
Y quedar con la muerte tan bienquisto?
Y alcanzarla mandando, ¿quién lo hiciera
Si virtud más que humana no tuviera?

"Sólo Dios el Señor es de la vida,   104
Y a sólo Dios su presa da la muerte;
Luego Dios es el que mandó a la vida
Que matase de Lázaro la muerte:
Con imperio Jesús le dio la vida;
Con imperio Jesús venció a la muerte;
Luego Jesús es Dios, o Dios le ayuda;
Que no se da la vida sin su ayuda.

*Gamaliel manifiesta su
fe en Jesús*

"Y pues que se la da, con ella firma
De Jesús la doctrina verdadera:
Y si Jesús, como lo hace, afirma,
Ser el divino Rey que el mundo espera,
Dios con milagros su verdad confirma,
Y así debemos darle fe sincera:

*Caifás lo interrumpe
definitivamente*

Sincera y pura se la ofrezco yo."
Caifás aquí su plática cortó.

*Octavas 106-112
Cólera de Caifás*

Cual grande arroyo, cual aceña ondosa,[56]
A quien detuvo su veloz corriente
Parte de alguna cumbre peñascosa
Desgajada en lo hondo de su fuente,
Que, impedida su fuerza poderosa,
Brama entre sí con ímpetu valiente,
Hasta que, furia y aguas aumentando,
Vence la roca y sale reventando;

Tal el fiero pontífice, oprimido
Del peso ilustre de verdad tan grave,
Inquieto brama, y sufre detenido,
Y al fin en su furor y en sí no cabe:
Enojado, colérico, encendido,
Que ni puede callar ni hablar sabe,
Olas de saña y de ambición aumenta,
Y sobre la verdad misma revienta.

Al religioso y docto reprehende,   108
Y su doctrina y plática atropella.
"¿Piensa que la Escritura comprehende
(Le dice), y lo más claro ignora della?

*Habla Caifás en contra
de Jesús*

Enseñarnos la ley de Dios pretende;
Nuestras fundadas opiniones huella.
¿Nosotros, por ventura, no entendemos
Los sagrados profetas que leemos?"

Acontece dos ríos caudalosos,[57]
En aguas y corrientes encontrados,
Suspender sus raudales animosos,
Que en fuerza de olas braman igualados;
Y en medio de sus ímpetus furiosos
Y líquidos combates encrespados,
Otro de nuevo al uno dellos viene,
Y vence porque ayuda nueva tiene.

La razón y la envidia en peso estaban
Y con iguales armas combatían;
A la razón, razones amparaban,
Y a la envidia pasiones defendían:
Doctos y apasionados reventaban,
Pero ni éstos ni aquéllos se vencían;
Judas llegó y a la razón se opuso,
Y la envidia venció donde se puso.

El senado determina que se le dé muerte a Jesús

Determínanse, al fin, que Cristo muera
En cruz, y que lo prendan los romanos.
¿A la vida entregáis, oh gente fiera?
Hoy quedarán sin ella vuestras manos.
Mándase, y la canalla lisonjera
Alaba sus decretos inhumanos;
Que a los grandes, los grandes pretensores
Adulaciones venden por favores.

Hablan al presidente, y solicitan   112
Al capitán y a su cohorte odiosa;
Paga les dan, con premio los irritan,
Y al vulgo fingen causa religiosa:
A sus criados con rigor incitan,

A Judas le dan su recompensa

Y a Judas con la ofrenda generosa:
Andan, corren, no paran, no sosiegan;
Quéjanse, acusan, claman, piden, ruegan.

Octavas 113-130
Jesús continúa en el
huerto

Mas en tanto, benigno Dios, en tanto
Que de tu muerte el hombre aleve trata,
La sangre de tu cuerpo sacrosanto
Al verde suelo sirve de escarlata.
Ponga al mundo pavor y al cielo espanto
Tu franqueza divina y su alma ingrata:
¡Oh Dios! que por el hombre sangre sudas
Cuando el hombre te compra, y vende Judas.

Gabriel encuentra a
Jesús

Sangre sudaba el Hijo soberano
Que sin trabajo y tiempo el mundo hizo,
Y sembraba de lágrimas el llano,
Perlas con que a su Padre satisfizo;
Y el ángel vía,[58] con el rostro humano
Que para la embajada contrahizo,
Lágrimas y sudor; y al fin decía,
Despierto ya del rapto que tenía:

Palabras de Gabriel

"Salve, más que los nobles serafines[59]
Digno de sacrosanta reverencia,
Salve tú, que a los sabios querubines
Infundes inefable oculta ciencia;
Tú, que del mundo los distantes fines
Abrazas con suave providencia,
Salve, y salve, Dios Hombre, que criaste
Los ángeles, y al hombre te humillaste.

La presencia de
Gabriel es la respuesta
a su Oración

"Tu Padre Dios (a cuyo eterno estrado,   116
Y en esta causa para ti terrible,
La reina de oraciones ha llegado,
Y oró por ti devota y apacible)
Hoy por su embajador me ha despachado:
Soilo; que rehusarlo fue imposible;
Y así vengo a esforzarte, ¡oh varón fuerte!,
Al trance duro de la instante muerte.

"Sé que está de infinita gracia lleno
Y de invencible y suma fortaleza
De tu alma preciosa el ancho seno,
Sagrado archivo desta gran riqueza;
Y que es de tu virtud inmensa ajeno
Rastro de miedo, punto de flaqueza,
Y que no has menester favor criado,
Pues vive el mundo en tu favor prestado.

"Y así te propondré ceñidamente
En breve espacio fáciles razones,
Con que animes tu espíritu valiente
Para las ya ofrecidas ocasiones.
Responde, pues, tu Padre omnipotente,
¡Oh gran valor de invictos corazones!,
Que has de beber el cáliz desabrido
Que te ha la muerte vista referido.

Gabriel se refiere al
dolor y a la muerte
que Jesús tiene que
padecer

"Prisión infame, rígidos cordeles,
Graves encuentros, fieras bofetadas,
Viles desprecios de ánimos crueles,
Tristes noches de injurias nunca usadas;
Confusión vergonzosa, amargas hieles
En varios casos con dolor tragadas;
Crudos azotes de impiedad horrible,
Espinas, clavos, cruz, muerte infalible.

Su amarga purga será
alivio para el hombre

"Purga es de acíbar, purga trabajosa[60]   120
Para tu paladar y labios tiernos;
Mas medicina al hombre poderosa
Para lanzar de sí males eternos;
Y también si la bebes, provechosa
Para bienes de gracia sempiternos:
No es mucho, pues, que amargue así la purga
Que enfermedades incurables purga.

"Si eres tú la cabeza inestimable
Del noble cuerpo de tu Iglesia santa,
En quien está su boca deleitable
Y su pura y dulcísima garganta,
El cáliz desta purga saludable,
Que es de tanto provecho y gloria tanta,
Por ti debe pasar; que al fin los labios
Sienten de la amargura los agravios.

"Siéntalos; que los miembros afligidos,
Que de tu boca la salud esperan,
Lanzarán los humores detenidos,
Como si ellos la purga recibieran;
Y estarán con amor agradecidos
A tus divinos labios, que pudieran
No probar la bebida, y la gustaron
Por sanar a los miembros que enfermaron.

"Si la tragas, Señor, ¡oh qué de bienes
De especies varias y diversas formas,
Y de las gracias que en tu archivo tienes,
Gozará el cuerpo místico que informas!
Pues ¿qué aguardas, mi Dios, qué te detienes?
¿Por qué con tanto bien no te conformas?
Pero conforme estás, y lo deseas,
Y presto vendrá el tiempo que lo veas.

"Veráslo cierto; y con tu sangre ilustre,   124
En la cruz por el hombre derramada,
Honor al cielo, y a la tierra lustre,
Y al Padre gloria le darás colmada.
¿Sufrirás, pues, que el mundo no se ilustre
Tanto con esa púrpura sagrada
De tu sangre? ¡Oh buen Dios!, no lo permitas;
Que le privas de gracias infinitas.

"Prívasle de las fuentes caudalosas
Y ricas minas de tus nobles llagas,
Dulces fuentes y minas generosas
Con que al hombre sustentas y a Dios pagas:
Fuentes y minas de almas religiosas
Son, para que con ellas satisfagas
Su pobreza y su sed: minas y fuentes,
Adoro vuestras betas y corrientes.

"Y de aquellos arroyos inmortales
Que desas minas, cual de fuentes, manan,
Donde, bañadas de infinitos males,
Almas enfermas al instante sanan;
Y de aquellos tesoros celestiales
Que, limpios, ya de sus pecados, ganan
Los hombres, de los siete sacramentos,
Les privas, si no acabas tus intentos.

"Pero si tú les das perfecta cima
¡Oh qué de dulces regalados frutos
Veré en la santa cruz de inmensa estima,
Y tú con ojos los verás enjutos!
¡Qué de gozo que al cielo se sublima
(Rotos ya los antiguos negros lutos
De que al hombre infeliz cubrió el pecado)
La pena de la cruz habrá causado!

"Vírgenes puras como blancos lirios   128
El árbol cercarán de tu victoria,
Y entre espantosos rígidos martirios,
Varones dignos de inmortal memoria,
Alcanzará la Gloria   Y confesores cual ardientes cirios
después de su Muerte   Abrasados en celo de tu gloria,
Honrarán tu pasión, frutos suaves,
Y otros crucificados que tú sabes.[61]

Le pide que sea fuerte

"Cíñete, pues, de osada fortaleza,
Y sal a tus contrarios al camino;
Toma la cruz con suma ligereza
Y con igual valor, Verbo divino."
El Nuncio[62] de inmortal naturaleza
Acabó; y con espíritu benino[63]
Y tiernos ojos Cristo le despide,
Y él se humilla y se va, y el aire mide.

Gabriel desaparece y recobra su forma de ángel

Y el cuerpo humano que tomó sensible,
Restituye al diáfano elemento,
Y en sustancia gentil, pero invisible,
Se parte al estrellado firmamento;
Y en la cumbre del polo inaccesible
Se pone sin trabajo en un momento,
Y sin pasar por medio, el medio pasa,
Vuelve a Dios, y la vida en gloria pasa.

*Octavas 131-143
Jesús acepta la voluntad del Padre y suda sangre*

En esto el Hombre Dios, postrado en tierra,
Al Padre con amor simple obedece,
Y el fin dichoso de la instante guerra
Le encomienda fiel, y en paz le ofrece:
El tedio y el pavor de sí destierra,
Si bien la fortaleza en él no crece;
Que desde niño, como a Dios le dieron
Sumas gracias, que en él jamás crecieron.

Mas ya, de puro amor del hombre ingrato,   132
Por sus divinos poros sangre vierte:[64]
¡Oh licor para el hombre tan barato,
De Dios comprado al precio de su muerte!
Cría en el hombre duro un pecho grato,
Do puedas, como en balsa, recogerte;
Que es lástima que sangre de Dios viva
En tierra, y no en el alma se reciba.

Sudaba sangre a hilos, y corría
A la tierra la sangre que sudaba:
El cuerpo virginal ¡cuál estaría
Si la tierra de sangre se regaba!
Y el rostro amable ¡qué sudor tendría
Si el cuerpo tanta sangre derramaba!
Y ¡qué sudor la frente, si el sagrado
Rostro estaba en sudor y afán bañado!

¡Oh mi perfecto Padre, Adán segundo,
Que con sudor de tu hermosa cara
Ganas el pan que da sustento al mundo,[65]
El alma esfuerza, el corazón repara!
Cuando al rostro te miro me confundo
Y tu magnificencia en todo rara
Bendigo, pues tu sangre das vertida
En sudor, y con él me das la vida.

Sudando estás licor maravilloso,
Sangre de Dios en cuerpo venerable,
Como el árbol de bálsamo precioso,
Que suda medicina saludable:
Él, cuanto más herido, es más copioso
En verter su tesoro inestimable;
Y tú, cuanto en más partes más herido,
Das bálsamo y tesoro más cumplido.

Mas ¡ay Jesús! ¡Ay Dios!, que mis pecados   136
Los poros abren de tu carne pura:
Ellos son los cuchillos afilados
En mi mal corazón y piedra dura;
Ellos azotes de impiedad armados,
Corona horrible que tu afán procura,
Clavos agudos y mortales penas
Que desangrando están tus dulces venas.

Ni aquí, Señor, ministros infieles
Prenden tu lindo cuello y blancas manos
Con fuertes sogas y ásperos cordeles,
Y palabras y hechos inhumanos;
Ni aquí te azotan bárbaros crueles,
Ni te punzan idólatras romanos,
Ni en cruz te clavan gentes vengativas:
Mis culpas son las armas ofensivas.

Sangre suda el señor, sangre divina;
El cuerpo suda sangre, el rostro santo;
¡Oh tierno amor! ¡Oh caridad benina![66]
¿A tu mismo principio afliges tanto?
Pero si Cristo suda sangre dina[67]
De suspender el cielo con espanto,
El ánima bendita, ¿qué padece,
A quien Dios ofendido se le ofrece?

Como la gruesa nube combatida
De dos contrarios vientos animosos,
Que, de sus fuertes soplos sacudida,
Aprieta en sí los miembros esponjosos,
Y cual entre dos prensas oprimida
Exprime golpes de agua caudalosos,
Baña los cerros, y los montes riega,
Tira piedras al campo, al valle aniega;

Así de Cristo el alma ocultamente   140
Entre varios afectos se fatiga,
De las culpas el peso extraño siente,
Y de su Padre el justo amor le instiga.
¡Oh batalla de espíritu valiente,
Que a tanto afán al mismo Dios obliga!
El alma llueve, como nube opresa,
De viva sangre al cuerpo lluvia espesa.

Mas ¡oh Profeta Rey!, si aquí llegaras,
Y exprimida esta nube de Dios vieras,
¡Cómo con su licor tu sed hartaras!
¡Cómo su lluvia de sudor cogieras!
¡Cómo tus limpios labios regalaras!
¡Cómo tu pecho y alma enternecieras,
Lamiendo, como ciervo, gota a gota
La sangre que esta nube y fuente brota!

Y tú, santa y hermosa Magdalena,[68]
Que, destrenzados los cabellos rojos,
Encendida en amor, resuelta en pena,
Sus pies besaste con tus lindos ojos:
Ven; que su cara está de sudor llena,
Cual si ya la ofendieran los abrojos:
Con la madeja de oro refulgente
Su rostro enjuga, límpiale su frente.

Y tú, Virgen, y Madre milagrosa
Del Hombre Dios que sangre de Dios suda,
Razón es que tu mano religiosa
A tan devoto sacrificio acuda.
Llega, ¡oh bendita!, llega presurosa;
Que tu buen Hijo mil semblantes muda;
Y con la toca que tu frente cubre,
Su rostro aclara, su color descubre.

Octavas 144-184

Mas Cristo de la tierra se levanta, 144
Y el rostro limpia de sudor bañado;
El grave rostro que al infierno espanta
Vuelve sereno y pone mesurado;
La sangre que le dio congoja tanta
Y el corazón le tuvo así ahogado,
Quiere que no dé pena a sus amigos
Ni esfuerce a sus crueles enemigos.

Y adonde sus discípulos durmiendo
Están llega, y los mira y los contempla;
Que ni del agua sorda el ronco estruendo
El sueño profundísimo les tiempla,
Ni el tropel de las armas estupendo
Que el alma a Judas con rigor destempla,
Velar los hace. ¡Oh Cristo!, así pensaste,
Y en despertando, aquesto les hablaste:

"Dormid y descansad; que ya la hora
De mi pasión acerba está presente:
Seré entregado a gente pecadora.
¡Mirad a qué piadosa y buena gente!
La traza de un discípulo traidora
Hoy ha de ejecutarse claramente:
Vamos, que ya está cerca el que me entrega;
Con armas viene y con soldados llega.

"Levantaos y abrazadme, ¡oh dulces prendas
Y de mi corazón tiernos pedazos!
Gozadme ajenos de ásperas contiendas,
Ceñidme libres con amigos lazos:
Recibid mis postreras encomiendas,
Tiernos tomad mis últimos abrazos,
Piedra de mi edificio milagroso,
Querido Juan, y Diego valeroso."

Lloraban los discípulos amados,   148
Y él, con pecho amoroso y alma fuerte,
Los deja en tristes lágrimas bañados,
Y a presentarse va a la dura muerte:
Al encuentro con pies acelerados
Le sale firme, echada ya la suerte;
Que al pavor mandó que le turbase,
Y ahora que se fuese y le dejase.

Sale, pues, invencible a campo abierto,
Y al rayo tibio de la luna escasa,
De niebla opaca el aire ve cubierto,
Y más de polvo que a la niebla pasa:
De enhiestas lanzas coronado el huerto,
Que cada cual su corazón traspasa;
La luz turbada en los bruñidos hierros
Mira, y descubre de Salén los yerros.

Los soldados vienen a
apresar a Jesús

Fiera canalla, ejército insolente,
Por las vislumbres de la noche oscura
Muestra escondida su enojosa frente
En mal distinta y hórrida figura:
Óyese de vulgar confusa gente,
Que ni en peligro está, ni está segura,
El sordo caminar, los pasos mudos,
Topar de lanzas, encontrar de escudos.

Cual manso arroyo por ameno valle[69]
Entre menudas guijas se dilata,
Y murmurando por su antigua calle,
En ellas hiere con su ondosa plata,
Que a su voz no sabréis qué nombre dalle,
Porque cuando más piedras arrebata,
El bajo acento y el sutil ruido
Que hace, toca apenas el oído;

Tal viene el escuadrón con pasos lentos,   152
Ronco murmullo y sordos pies marchando,
Envolviendo en el polvo sus intentos,
Su traición en las nieblas ocultando:
¡Oh noche! tú que viste los portentos
Fieros dese alevoso inicuo bando,
Son guiados por Judas Dime: ¿qué capitán los gobernaba?
Un apóstol de Cristo los guiaba.

¡Oh de la humana vil naturaleza,
Aunque más llena esté de ricos dones,
Jamás bien conocida, y gran flaqueza
Si la dejan en graves ocasiones!
¡Ah! que es de sólo Dios la fortaleza
Que arma nuestros cobardes corazones:
Dios vence; sólo Dios, cuando vencemos,
Vence, y el hombre cae cuando caemos.

Pues Judas, de los ríos caudalosos
De la divina gracia alimentado,
Y a los pechos de Cristo generosos
Con leche de su espíritu criado,
Es caudillo de hipócritas furiosos,
Y de homicidas capitán osado,
Y homicidas de Dios, ¡quién tal pensara!
Mas ¿quién estriba en sí, si en sí repara?

Rige la tropa de soldados fieros,
Incítalos al arma detestable,
Su fuego enciende, afila sus aceros,
Y gloria les promete perdurable.
"Prendedlo bien, valientes caballeros,
Les dice, que es un monstruo deleznable,
Que sin verlo se irá de entre las manos,
Y nos hará nuestros intentos vanos.

"Bien saben los prudentes fariseos   156
Y los doctos escribas, que enviados
Engañó mil solícitos correos
Y más de mil fortísimos soldados:
Frustró sus pretensiones y deseos;
¿Los nuestros han de ser también frustrados?
No, no lo quiera Dios, oid, sabedlo:
A quien yo diere paz, él es; tenedlo."

Así, la oveja en lobo convertida,[70]
Judas camina, corre, no sosiega,
La muerte busca en manos de la vida,
Y a la vida inmortal a prender llega:
Espéralo él, que a gracia le convida,
Y ofrécele su luz, mas él se ciega;
Que la vida desprecia y luz no quiere
El que en la noche de sus culpas muere.

Llegó, pues, Judas, y con él llegaron
Los príncipes del viejo sacerdocio,
Que de sus manos solas confiaron
El fin terrible deste gran negocio;
Y conforme a su espíritu acertaron;
Que solicita el mal, sacude el ocio,
Sufre el trabajo, y vela sin acidia,
La envidia, en contra del que tiene envidia.

El perverso discípulo se atreve
Con torpes labios, con nefanda boca,
El beso de Judas Y da beso cruel de paz aleve[71]
A Dios, y el rostro con el suyo toca;
Y porque dulce y tierno amor le cebe,
Con amor dulce y tierno le provoca,
"¡Salve (diciendo), salve, oh buen Maestro!"
¡Ah traidor, en fingir astuto y diestro!

"Amigo, ¿a qué viniste?" le responde   160
El Salvador. Si el pobre lo entendiera,
Era como decirle: Mira adónde
Vienes, y a quién y a qué maldad tan fiera.
¿Dónde? Al lugar do el mismo Dios se esconde.
¿A quién? Al Verbo eterno, que te espera
Para darte la vida. ¿A qué? ¡Oh mezquino!
Vienes a dar la muerte al Rey divino.

Y vuelto a la canalla sediciosa
El rostro grave y corazón valiente,
Les habla así con voz maravillosa,
Terrible, preguntando mansamente:
"¿A quién buscáis?" Y dice temerosa
La tropa de romanos insolente:

Jesús se entrega a los soldados

"A Jesús Nazareno." Y Cristo al punto,
"Yo soy," responde en riguroso punto.

Que rayo fue su aspecto venerable,
La voz trueno, y relámpago la vista;
Rayo, trueno y relámpago admirable,
Tanto, que no hay valor que le resista;
Y así fue tan horrible y espantable
Aspecto y voz y vista apenas vista,
Que luego todos con pavor cayeron
Heridos del asombro que sintieron.

Mas con aquel poder que derribados
Cayeron, los levanta de la tierra
Espavoridos, ciegos, asombrados
De la luz que les hace oculta guerra:
Tórnales a hablar, y preguntados,
(¡Oh cuánto el hombre a Dios la puerta cierra!)
Que a Dios buscan responden; y él les dice:
"Yo soy." ¡Mirad con qué les contradice!

Y otra vez caen, y levantados luego,   164
Contra el mismo Señor que los levanta
Parten con ira loca y furor ciego.
Ciegos, locos, parad. ¿Quién os encanta?
Mas ¡ay! que al pertinaz no ablanda el ruego,
Ni la amenaza ni el rigor le espanta;
Y al que no enfrena Dios, ni Dios le rige,
Ni amor le enmienda, ni temor corrige.

Pero el Señor, con vista regalada,
Blandos ojos y término apacible,
Serena vista, mas de horror bañada,
En lo secreto del mirar terrible,
Vista de justo celo acompañada,
Que amenaza de Dios ira infalible,
Mirando a Judas, dice: "¿Así me vendes?
¡Ah! ¿con beso de paz a Cristo prendes?

¿Al Hijo de la Virgen así entregas?"
No dijo más. ¡Oh vista poderosa,
Que cuando al alma con dulzura llegas,
La cercas de tu luz maravillosa!
¡Oh voz, que a nadie tu enseñanza niegas,
Doctrina predicando milagrosa!
Vista, ni a Judas con tu luz tocaste;
Voz, ni con tu doctrina le enseñaste.

Estaban los discípulos atentos
En torno del Maestro soberano,
Y viendo ya los ímpetus violentos
Del atrevido ejército romano,
Con firmes y justísimos intentos
De ampararle con presta y fuerte mano,
Le dijeron: "Señor, dadnos licencia
Para mostrar aquí vuestra inocencia.

Los discípulos desean intervenir para que Jesús no sea capturado

"Fuimos ovejas, mas por vos leones,   168
Y leones bravísimos seremos,
Pocos, pero de grandes corazones,
Con que por muchos en virtud valemos:
Dejadnos, pues; que en tales ocasiones
Con esfuerzo y con gusto moriremos,
Por daros vida; he aquí dos espadas,
Que en sangre las veréis presto anegadas."

*Pedro desea salir en
defensa de Jesús*

Pedro, por todos, esto le decía,
Cuando vio que seguro y diligente,
Un siervo del pontífice venía
A poner en su Dios mano insolente.
En el anciano cuerpo y sangre fría
Amor vivo reinaba y celo ardiente;
Y así, abrasado el pecho generoso,
Contra el siervo salió Pedro animoso.

Saca su alfanje, afírmase advertido
(Que ya supo reñir el viejo en guerra);
Malco,[72] en su mismo daño mal regido,
Contra el buen pescador sin arte cierra;

*Pedro le corta una
oreja a uno de los
soldados*

Pedro, en buena postura recogido,
Atento aguarda, fijo el pie en la tierra;
Y antes que el siervo llegue arrebatado,
A cercén una oreja le ha cortado.

Y adelante pasara el viejo sabio
En el amor de Dios y en la defensa,
Si Cristo no moviera el dulce labio
Para estorbar de su ofensor la ofensa:
Dícele, pues: "No vengues hoy mi agravio,
Y no des mal por mal en recompensa:
Vuelve a su vaina el instrumento fiero;
Que apóstol de Dios eres, no guerrero."

Y tocando la oreja bien cortada,   172
Suave al siervo vil la restituye;

*Jesús realiza el milagro
de curarle la oreja al
soldado*

Por milagro la deja remediada;
Atento espera y la prisión no huye;
Y desta gran piedad ejecutada,
Con dulzura y amor, a Pedro arguye
Que le quiere enseñar como maestro
Al que ha de serlo de paciencia y nuestro.

*Jesús tiene que
confrontar a Pedro
para que lo deje
cumplir con la
voluntad del Padre*

"Y ¿el cáliz que me dio mi Padre amado,
Dice, no quieres, Pedro, que le beba?[73]
Cáliz es de pasión, mas preparado
Bien, pues mezclada vuestra gloria lleva:
Si me importara, hubiérame enviado
Mi Eterno Padre, en manifiesta prueba
De que su Hijo soy, diez escuadrones
De sus fuertes angélicas legiones;

"Mas aquesto conviene." Y luego mira
Despacio a los pontífices atroces,
Y de su aliento pertinaz se admira,
Porque entiende sus ánimos feroces:
Nota que lanzan furia y bosan ira
Por los ojos y boca y vista y voces;
Y dice: "¿Soy ladrón; que así venistes
Armados contra mí entre sombras tristes?

"Pero ya se ha llegado vuestra hora;
Ésta es, y el poder de las tinieblas:
Haced, haced a vuestro gusto ahora;
La noche os tapa, cúbrenos las nieblas."
Dijo el Señor a quien el cielo adora,
Y ofende el mundo, envuelto en sus tinieblas,
Que figura tomó de condenado,
A Babel[74] en sus miembros entregado.

Dada, pues, al romano atrevimiento   176
Segura permisión, libre licencia,
Con faz sañuda y ánimo sangriento
Ejecutan su bárbara insolencia:
Acometen a Cristo en un momento,
Y el último valor de su potencia
En él muestran, atándole crueles
A cuello y manos rígidos cordeles.

Cual masageta ejército furioso,
Ganada en fuerte guerra la victoria,
Bravo, insolente, osado y orgulloso,
En silbos canta su adquirida gloria,
Y a la presa se arroja presuroso,
Haciendo en ella su crueldad notoria;
Así los vencedores, ya vencidos,
Tratan a Dios, soberbios y atrevidos.

Recibe maltratos

Cuál de coces le da, cuál de empellones,
Cuál torpe y descortés le desconsuela,
Cuál donaires le dice, cuál baldones,
Cuál sus barbas gravísimas repela,
Cuál le afrenta con duros bofetones,
Cuál con mayores ímpetus anhela
A mayor daño; y el Cordero manso
Calla, sufre y camina sin descanso.

Los discípulos huyen

En tanto los discípulos, temiendo
Parte de aquel furor incontrastable,
De la noche ayudados, van huyendo
El mal que cerca ven irreparable;[75]
Que el gozo no pensado, el loco estruendo,
El gran ruido y confusión notable
Del enemigo en su ganada presa,
Les dio lugar a la cobarde empresa.

Todos huyen, y sólo Pedro sigue   180
Del buen Jesús las venerables huellas,
Y la canalla que a su Dios persigue
Le hace a ratos tropezar en ellas:

Pedro sigue al grupo que se lleva a Jesús

Pedro el camino con horror prosigue
A la mezquina luz de las estrellas:
Lejos va de Jesús, de su bien lejos;
Mas sus pisadas sigue y sus consejos.

También aquel discípulo querido
Sigue a su amado y único Maestro;
Pero fue descubierto y conocido
De un soldado, en prender astuto y diestro,
Y échole mano; y él, descabullido,
Hurtándole sagaz el hombro diestro,
El manto le dejó y se fue desnudo;
Que vino así, y así hacerlo pudo.

Era Juan este joven diligente,[76]
Que, habiéndose en la cena despojado
Las ropas, como usaba antiguamente
El pueblo en ceremonias admirado,
Sabiendo en ella el ánimo inclemente
De Judas, triste, absorto y olvidado,
No las tomó de nuevo, y siguió a Cristo
Con vestidura convival, no visto.

Huye, pues, y los otros: ¡oh medrosos
Ahora, y al principio tan gallardos!
Si fuisteis al hablar tan presurosos,
¿Cómo sois al cumplir la fe tan tardos?
Parad, parad, discípulos briosos
Antes, y en la ocasión hijos bastardos:
¿Adónde vais? ¿Adónde vais perdidos,
De vuestro mismo espanto acometidos?

¿Do vendrá a dar la nave sin piloto?   184
Sin el pastor, ¿adónde irá el ganado,
Y el escuadrón en la batalla roto,
Sin caudillo prudente y esforzado?
¿Dónde sin el Maestro en ciencia doto,[77]
El tropel de estudiantes no enseñado?
Nave, ganado y escuadrón y escuela
Huye y se aleja, y se apresura y vuela.

Una vez tomado preso, el grupo de Jesús se dispersa

Fin del libro tercero.

Libro III - Notas

[1] Segunda asamblea: la reunión del senado en la Tierra. La representación de un consejo de líderes terrenales después de una reunión celestial cuenta con un antecedente épico en la literatura clásica. En *La Ilíada*, por ejemplo, se celebra un consejo de los aqueos o de los troyanos alternadamente con un consejo de los dioses reunido por Zeus.

[2] La expresión "los sumos sacerdotes Anás y Caifás" (Lucas 3, 2) tiene un sentido muy general y sirve para designar a los miembros influyentes de las grandes familias sacerdotales.

El verdadero nombre de Caifás era José. Fue sumo sacerdote a partir de la procuraduría de Valerio Grato, el año 26 d.C. Fue depuesto por Vitelio, probablemente después de la destitución de Poncio Pilato al comienzo del año 37. Acerca de su sobrenombre "Caifás" unos lo interpretan como "el sagaz," mientras que para otros es "el opresor." Hay quienes lo relacionan con el vocablo arameo "roca" (Cefas). Según el Evangelio de Juan (18, 13) era yerno de Anás, sumo sacerdote antes del año 15 d.C. Al inicio de su proceso, Jesús es llevado a casa de Caifás (Mateo 26, 3-57; Juan 18,13-14, 24, 28).

En *La Divina Comedia*, Dante coloca a Caifás crucificado en el eterno destierro junto con Anás y todos los miembros del Sanedrín: "Está atravesado y desnudo sobre el camino, como ves; y es preciso que sienta lo que pesa cada uno de los que pasan. Su suegro está condenado a igual suplicio en esta fosa, así como los demás del Consejo que fue para los judíos origen de tantas desgracias" (Infierno, XXIII).

[3] El nombre de Gamaliel se encuentra en los Hechos de los apóstoles (5, 34-39). Es Gamaliel I, el maestro de San Pablo. Era el representante más conspicuo de la tendencia liberal y más humana en la interpretación de la Ley. Su intervención corresponde a la actitud general del partido fariseo. Según una leyenda cristiana, se habría adherido al cristianismo a escondidas; pero de acuerdo con la tradición judía fue uno de los más célebres doctores de la Ley.

[4] José de Arimatea era vecino de Jerusalén, donde había hecho cavar una tumba en la roca. Representó un papel muy importante en la historia de la pasión, principalmente en el entierro de Jesús. Según los evangelistas, era rico, respetado, bueno y justo. Fue miembro del Sanedrín y discípulo de Jesús. En el Consejo "no había asentido al consejo y proceder de los demás" (Lucas 23,51).

Fue él quien después de la muerte de Jesús, pidió a Pilato el cuerpo de su Maestro y lo puso en su propia sepultura. Según el evangelista Juan, fue ayudado por Nicodemo. (19, 38-42)

[5] Nicodemo fue un fariseo, notable, como judío probablemente miembro del sanedrín y uno de los raros representantes de la élite judía que en cierto modo reconocen la autoridad de Jesús. En el Evangelio de Juan, Nicodemo defiende a Jesús y proporciona unas cien libras de mirra y áloe para su sepultura.

[6] doto = docto

[7] perfeta = perfecta

[8] dina = digna

[9] La palma es un signo de victoria. Aquí se refiere a la entrada de Jesús a Jerusalén ocurrida justamente el día anterior a los hechos presentes del poema. Juan es el único evangelista que da relación de ello: "tomaron ramas de palmera y salieron a su encuentro gritando: '¡Hosanna! ¡Bendito el que viene en nombre del Señor.'" (12, 13)

[10] Noto. En mitología griega es el viento del sur o del suroeste. Noto fue hijo de Astreo o Eolo y Eos, y hermano de Céfiro, Boreas y Euro. Fue el viento de la niebla y la bruma, era peligroso para los pastores en la cima de las montañas o para los marineros en el mar. Era amigo de los ladrones.

[11] A partir de esta octava se hace alusión directa a las profecías mesiánicas. Caifás, Anás y Gamaliel inician una batalla verbal sobre la interpretación de tales profecías. (Véase la relación de profecías en la sección "Suplementos referenciales" al final del volumen II.)

[12] Se refieren a las profecías localizadas en los salmos 45, 47, 65, 66 y 68.

[13] Edón. Aparece como "Edom" en el texto bíblico. Edom, edomitas: país y población de la montaña de Seír. Edom significa "país rojo." Se denomina así por la piedra de arena rojiza que caracteriza la vertiente oriental de la Arabá. El territorio de Edom, que abarcaba el Néegueb y el extremo sur de la actual Jordania, se lo repartían entre sí diversas tribus de pastores nómadas.
Las menciones de un rey de Edom en 2 Reyes (3, 9) resultan anacrónicas. Fue bajo el poder de Joram que el país de Edom recobró su independencia y se constituyó en reino unitario.

[14] Egito = Egipto. Liberación del pueblo de Israel que se encontraba sujeto al poder de los egipcios.

[15] Josué condujo a Israel a la Tierra prometida. Tras un reconocimiento de Jericó se colocó a la cabeza de todo Israel, atravesó el Jordán e instaló su base en Guilgal. Desde ahí se lanzó a la conquista del país, se apoderó de Jericó e hizo una alianza con Gabaón. Logró la conquista total, seguida de la repartición del país entre las doce tribus. Cumplida su misión de conducir a Israel por el camino de la fidelidad a Yahvé, Josué murió y fue enterrado en la montaña de Efraím.

[16] El nacimiento de Sansón fue anunciado a su madre por un ángel. Sansón salvaría a Israel de la mano de los filisteos. (Jueces 13) Véase nota 27 del libro II en la que se ha

hecho una referencia a su misión.

[17] Antíoco es mencionado en el libro I. (Véase nota 52.) Es importante señalar aquí la oposición que se presenta con este personaje: Hojeda lo ha colocado en el Infierno, mientras que para los enemigos de Jesús, Antíoco es un héroe.

[18] Judas, hijo de Matatías, conocido con el sobrenombre de "Macabeo." Se puso al frente de los combates tras la muerte de su padre en el año 166 a.C. Después de derrotar sucesivamente a las tropas de Apolonio, Serón y Gorgias, aprovechó la muerte de Antíoco IV Epífanes y las negociaciones del regente Lisias para proceder a la purificación del templo e instaurar la fiesta de la Dedicación. Después, él mismo tuvo que continuar la guerra por otros tres años. El problema es que las narraciones encontradas en los dos libros de Macabeos hacen imposible una reconstrucción satisfactoria de los hechos.

[19] Atlante o Atlas. Titán, hijo de Yapeto y Climene. Custodia los pilares en que el cielo se sostiene. Más tarde se le asigna el papel de sostenedor del mundo sobre sus espaldas. También fue identificado con el Monte Atlas en el Norte de África. Perseo lo convirtió en piedra, con sólo mostrarle la cabeza de Gorgona. Es padre de las Hespérides, según algunas fuentes. También es padre de las Pléyades y de Calipso. Tuvo relaciones diversas con Heraclés durante sus trabajos. En la batalla contra Cronos fue jefe de los gigantes. El único que no resultó vencido.

Desempeña un gran papel en el mito de Prometeo. Conocía todos los abismos del mar y tenía su reino en la legendaria Atlántida, que se sitúa imaginariamente en la que es ahora África. Su pueblo hizo de esta región un vergel con el cultivo y la conducción de aguas al desierto. Tenía alianza con sus hermanos, que eran cinco pares de gemelos masculinos. Cuando Zeus vio lo que había hecho, envió un diluvio, del que solamente escaparon él y Menocio. Finalmente fue condenado por Zeus a cargar sobre los hombros la bóveda del cielo.

Ésta es la primera de tres ocasiones que la figura del Atlas aparece en el poema. También se verá en los libros VIII y XII.

[20] Tibre o Tiber, en italiano "Tevere." Famoso río de Italia que desemboca en el Mediterráneo. Su cauce, de un total aproximado de 235 millas, forma una línea en zigzag, especialmente en la parte superior. Hay rápidos entre Lodi y Passo del Forello. Recibe el agua del Nera y su desemboque está situado a unas 15 millas de Roma. Tiene 300 pies de ancho y de 10 a 20 pies de profundidad a su entrada al mar. El valle del Tibre es una región fértil atravesada por varias vías de ferrocarril. Su agua es amarilla debido al barro de su base, por esta razón también se le conoce con el nombre de Tibre Amarillo.

[21] perfeto = perfecto

[22] conceto = concepto

[23] dino = digno

[24] Alejandro Magno (357-323 a.C.) Hijo de Filipo II de Macedonia y conquistador del imperio persa. En la Biblia se le nombra en el primer libro de Macabeos (1, 1-9), refiriéndose al origen del reino sirio de los seléucidas, contra los cuales se rebelaron los macabeos y a propósito del templo de Elymaida. Se le menciona como fundador del imperio helenístico, aunque sin nombrarlo, en las visiones de Daniel.

[25] Ciro II, el grande. Hijo de Cambises I, verdadero fundador del imperio persa. Desde su ascensión al trono el año 550 a.C. emprendió la conquista del Asia Menor, resultando siempre victorioso. En el interior de sus estados, Ciro practicó una política inteligente y buscó asociar a las poblaciones a la grandeza del imperio, favoreciendo la prosperidad económica y aliviando las obligaciones que pesaban sobre ellas en los reinos que él conquistaba. Tres libros del Antiguo Testamento ponen de manifiesto el éxito de la política de Ciro con respecto a los judíos: Isaías, 2Crónicas y Esdras.

[26] perfeta = perfecta

[27] En hebreo la palabra "Daniel" quiere decir "Dios ha hecho justicia." Es el nombre propio del profeta Daniel. Debido a su rigurosa fidelidad, Dios le concedió los dones de extraordinaria sabiduría, interpretación de los sueños y explicación de signos misteriosos. Su libro se compone de dos partes: la primera (1-6) es hagádica y la segunda (7-12) es apocalíptica. En la parte apocalíptica Daniel cuenta un sueño y tres visiones, y el marco de estos capítulos lo proporciona el esquema de la historia universal, cuyos trazos esenciales se fijan en el capítulo 2.

Ambas partes se compusieron para los judíos que vivían la época sombría de Antíoco IV. Daniel se convierte en el defensor de la majestad eterna e indiscutible del Dios de Israel.

Su teología se basa en la idea de que en el gobierno del mundo Dios sigue un plan: la evolución de la historia está orientada hacia el establecimiento del reino de Dios y este reino sólo puede ser el resultado de los esfuerzos de Israel como nación.

[28] El patriarca Jacob reveló y decidió con sus palabras el destino de sus hijos y de las tribus que llevaban sus nombres. Rubén era el primogénito pero como se dejó llevar por la primicia de su virilidad, el exceso de pasión y de ímpetu, perdió su preminencia en castigo de su incesto. A Simeón y Leví se les maldijo por su ataque alevoso contra Siquén. Sus tribus serían dispersadas en Israel: la de Simeón se extinguió pronto, absorbida principalmente por Judá; la de Leví desapareció como tribu profana, pero su función religiosa se destaca en Deutoronomio (33, 8-11.)

Al referirse el patriarca Jacob a Judas le dice:

> A ti, Judá, te alaben tus hermanos; tu mano en la cerviz de tus enemigos: ¡Inclínense ante ti los hijos de tu padre! ... No se irá cetro de mano de Judá, bastón de mando de entre tus piernas, hasta que venga el que le pertenece, y al que harán homenaje los pueblos (Génesis 49, 8-10).

[29] dino = digno

[30] Idumeo: natural de Idumea, ubicada en el Asia antigua.

[31] Se trata de la profecía de Daniel: el ángel Gabriel le habló a Daniel sobre la llegada del Mesías:

> Setenta semanas han sido fijadas
> a tu pueblo y a tu ciudad santa
> para poner fin al delito,
> sellar los pecados
> y expiar la culpa;
> para establecer la justicia eterna,
> sellar visión y profecía
> y consagrar al santo de los santos. (Daniel 9, 24)

[32] eleto = electo

[33] perfeto = perfecto

[34] El ofrecimiento de Jesús hecho por Judas se localiza en: Mateo (26, 14-15); Marcos (14, 10-11) y Lucas (22, 3-6).

[35] De Mahoma se habló en la nota 54 del libro I. Hojeda lo coloca en el círculo de la ira.

[36] perfeto = perfecto

[37] Ibid.

[38] Comparación encontrada en las palabras de Jesús cuando advierte a sus discípulos: "Guardaos de los falsos profetas, que vienen a vosotros con disfraces de ovejas, pero por dentro son lobos rapaces" (Mateo 7, 15).

[39] Dinero entregado a Judas por ofrecer a Jesús. Fueron 30 denarios, la moneda romana con la efigie e inscripción del emperador (Mateo 22, 19). Cada denario pesaba unos 3.81 gramos de plata. Representaba el jornal de un obrero agrícola según la parábola de los obreros de la viña (Mateo 20, 1-16) y en tiempos de hambre, el precio de una medida --algo más de un litro, de trigo o tres medidas de cebada: "Y oí como una voz en medio de los cuatro Vivientes que decía: 'Un litro de trigo por denario, tres litros de cebada por denario. Pero no causes daño al aceite y al vino.'" (Apocalipsis 6, 6)

[40] perfeta = perfecta

[41] Hojeda se basa en el Evangelio de Mateo para la narración de la vida de Jesús. Linaje: 1, 1-17; nacimiento: 1, 18-24; magos: 2, 1-12; y la huída a Egipto: 2, 13-18.

[42] reta = recta

[43] Miqueas es un profeta menor, originario del reino de Judá donde ejerció su ministerio. Profetizó en tiempo de Ezequías, y fue contemporáneo de Oseas, que predicaba en el norte, y de Isaías, que lo hacía en el sur. En su teología se afirma que el fin de Jerusalén no es el fin de Israel y gracias al perdón y misericordia de Dios habrá restauración. Las naciones serán humilladas y surgirá un rey mesías, descendiente de David y de la humilde Belén para salvar a Israel.

[44] En la Biblia no aparece ningún libro bajo el nombre de Ezequías, sin embargo la misión de este profeta se encuentra en varios libros: Isaías, 2 Reyes, 2 Crónicas y Proverbios, entre otros.

[45] dino = digno

[46] A continuación en el poema se alude a la superioridad de Jesús comparada con Aarón, Elías e Isaías cuyos méritos deben ser muy bien conocidos por los miembros del senado.

[47] Las tradiciones antiguas dan una imagen muy vaga de Aarón, quien no aparece jamás con título o en funciones de sacerdote. Aarón "el levita" era hermano de Moisés y era su portavoz y boca ante los hebreos. Acompañó a Moisés en su primera entrevista con el faraón. Encargado por Moisés para sustituirle durante su estancia en la montaña, Aarón permitió que el pueblo cayera en la infidelidad fabricándole un becerro de oro. Finalmente cuestionó junto con su hermana Miriam, la autoridad profética de Moisés.

[48] El personaje de Elías gozó siempre de gran popularidad en Israel. Los episodios principales en torno a la imagen de Elías son: envío de la sequía, retirada al torrente de Querit, milagro de la harina y el aceite en Sarepta, resurrección del hijo de la viuda, encuentro con Abdías y con su señor Ajab, matanza de los sacerdotes de Baal en el Carmelo, reencuentro con Dios en el Horeb, vocación de Eliseo, anuncio del castigo de Ajab, anuncio de la muerte de Ocozías y subida al cielo en un carro de fuego. Su misteriosa subida al cielo hizo pensar que, como Henoc, había podido contemplar los secretos celestiales.

[49] Isaías es el primero de los profetas mayores. Fue hijo de Amós y ejerció su actividad en Jerusalén, desde el último año de Uzías hasta el sitio de Jerusalén por Senaquerib, el año 701 a.C.
En su teología, Isaías no propone ningún discurso teórico acerca de Dios. Sin embargo, en sus oráculos se puede discernir una vigorosa teología implícita. Él define aspectos como: Santidad de Dios "Yahvé es el Dios Santo." Unicidad de Dios "Yahvé es el Dios único." Intransigencia de Yahvé: Isaías anuncia sin cesar el castigo divino, pero también insiste en la razón profunda de tal amenaza que es el multiforme orgullo de Judá y de sus dirigentes. Justicia de Dios "Yahvé es un Dios justo." Y benevolencia de Dios "Yahvé es un Dios benévolo." Cuando Isaías anuncia desgracias no lo hace para espantar a la población, sino para abrirle los ojos y trata de ayudarlos a tomar buenas decisiones. Isaías se muestra

como un hombre esperanzado.

[50] Profecía de Zacarías en la que se afirma que el Mesías había de entrar en Jerusalén montado en un asno. (9, 9)

[51] Relación de los milagros hechos por Jesús.

[52] El primer milagro, en la boda de Caná. El único evangelista que narra el milagro es Juan: Jesús y su madre asistieron a una boda en la que se acabó el vino. María vino hasta Jesús a pedirle que les ayudara y él transformó 6 tinajas de agua en un vino cuya calidad hizo sorprender a todos los invitados, quienes asumieron que se trataba de una gran generosidad de sus anfitriones. (2, 1-12)

[53] El milagro de la pesca abundante se localiza en Lucas. Jesús estaba en la orilla del lago Genesaret y toda la gente se agolpaba para escuchar su palabra. Él entonces vio dos barcas y se dio cuenta de que los pescadores no habían tenido éxito en su trabajo. Entonces le ordenó a Simón que volviera mar adentro y arrojara sus redes. Simón protestó diciendo que ya habían estado esperando toda la noche sin obtener nada, pero finalmente hizo lo que Jesús le mandó. "Y haciéndolo así, pescaron gran cantidad de peces, de modo que las redes amenazaban romperse." (5, 1-7)

[54] dellos = de ellos
Primera multiplicación de los panes. En su predicación, Jesús fue seguido por mucha gente hasta que llegaron a un lugar deshabitado y sin nada para comer. Sus discípulos le pidieron que despidiera a toda la gente porque ellos no tenían nada qué ofrecerles, pero Jesús les dijo que ellos mismos les dieran de comer. Solamente contaban con cinco panes y dos peces. Jesús pidió a la gente que se reclinara sobre la hierba, tomó los cinco panes y los dos peces, los bendijo y los partió. Todos pudie-ron comer y aún así recogieron doce canastas de los trozos sobrantes. Los que comieron fueron unos cinco mil hombres, sin contar mujeres y niños. (Mateo 14, 13-21; Marcos 6, 35-44 y Lucas 9, 12-17)
En la segunda multiplicación del pan el milagro es muy semejante, la diferencia estriba en que en esta ocasión contaban con siete panes y se alimentó a unos cuatro mil hombres, sin contar mujeres y niños. Con los restos recogieron siete espuertas llenas de pan. (Mateo 15, 29-39 y Marcos 8, 1-10)

[55] Juan es el único que se refiere a la resurrección de Lázaro. (5, 1-7) El poeta Hojeda hace una interpretación de lo ocurrido a Lázaro en el libro V, octavas 41 a 67, según el evangelista.

[56] Signo de victoria de Caifás: furia que vence. Se observa una semejanza con *La Ilíada*:

> Como las olas impelidas por el Céfiro se suceden en la ribera sonora, y primero se levantan en alta mar, braman después al romperse en la playa y en los promontorios; suben combándose a lo alto y escupen la espuma; así las falanges

de los dánaos marchaban sucesivamente y sin interrupción al combate. (Canto IV)

[57] En *La Ilíada* encontramos:

Como dos torrentes nacidos en grandes manantiales se despeñan por los montes, reúnen las fervientes aguas en hondo barranco abierto en el valle y produce un estruendo que oye desde lejos el pastor en la montaña; así eran la gritería y el trabajo de los que vinieron a las manos. (Canto IV)

[58] vía = veía

[59] Nueva alusión a los coros celestiales, véase la nota 4 del libro II.

[60] Según la interpretación de Meyer, la ciencia médica de la Edad de Oro, con su énfasis en los humores de Hipócrates y los espíritus vitales de Galeno, está reflejada figurativamente en el cáliz amargo que Cristo tiene que tomar para salvar a la humanidad. Meyer explica que el progreso de la medicina aumentó el interés por el estudio de los minerales, plantas y animales que abundaban en el Nuevo Mundo. Las bellas hierbas de la época ejercieron una influencia ejemplar en el desarrollo de la medicina.

En términos de origen mitológico, se puede hablar de las representaciones babilónicas de una copa o cuenco sostenido por los dioses desde el cual se vierte el agua de vida.

Como elemento bíblico, la copa de la purga conocido como cáliz, tiene un significado mucho más profundo que probablemente aquí no cabe analizar. De cualquier manera, puede mencionarse que en el Antiguo Testamento la determinación del destino es asociado con la voluntad de un Dios personal, y que por tanto, la copa se convierte en copa de juicio, en un símbolo del poder de Dios como juez en la historia de la humanidad, es decir, en su derecho de juzgar.

En el Nuevo Testamento la copa mencionada en el Monte de los Olivos es la "copa de ira" llena del vino de la furia de Dios. En ese sentido, Dios está furioso con el pecador por su propio pecado, pero la furia de Dios no es una emoción irracional sino la manifestación de su propia capacidad de perdonar; y como parte de su ministerio, esta furia es la revelación de su actitud divina.

[61] Alusión a los seguidores de la doctrina cristiana y la causa de su muerte.

[62] Jesús es el Nuncio divino de su Padre. Nuncio es el que lleva aviso, noticia o encargo de un sujeto a otro, enviado a él para este efecto. Representante del papa, que ejerce además, como legado ciertas facultades pontificias.

[63] benino = benigno

[64] Dado que la sangre se consideraba como principio vital del hombre y del animal no se le podía consumir. Se creía que tenía una virtud purificadora y se utilizaba en diversos rituales, en particular en la alianza. Por este motivo, siguió representando un

papel importante en la teología del Nuevo Testamento, en el que la sangre de Cristo sella la nueva alianza. Así como el vino era "la sangre de las uvas," la "comunión en la sangre de Cristo", es decir, la verdadera vid, se realiza mediante el rito eucarístico en el que el fiel "bebe la sangre de Cristo" al consumir el fruto de la vida.

No hay que olvidar en ese sentido, la importancia de la sangre en los sacrificios ejecutados por las culturas precolombinas en las que se observa claramente una oposición notable. En su caso, ellos ofrecían la sangre humana como alimento para los dioses.

[65] En Génesis se le advierte a Adán que ha de ganar el pan con el sudor de su propia frente. (3, 19)

[66] benina = benigna

[67] dina = digna

[68] Los evangelios hablan de la acción de Magdalena, mujer originaria de Magdala, en el lago Galilea, que fue liberada y curada por Jesús según narra el Evangelio de Lucas (8, 2). Junto con otras mujeres se convirtió en discípula de Jesús siguiéndole hasta su muerte y entierro (Marcos 15, 40-41); fue ella quien anunció su resurrección (Marcos 16, 1-8; Juan 20, 1-2 y 11-18).

A partir de Marcos (16, 9) la tradición de Occidente la identificó con María de Betania y con la pecadora que perfumó a Jesús en casa de Simón (Lucas 7, 36-50). Algunas leyendas de los siglos XI y XII refieren que fue a establecerse con Marta y con Lázaro en Vezelay o en Aix-en-Provence, donde pudiera estar enterrada. Sin embargo, la tradición de Gregorio de Tours del siglo VI fija su sepultura en Éfeso.

Diego de Hojeda le asigna un papel muy especial dentro del poema en el que destaca principalmente su función como testigo de la resurrección de Jesús, a diferencia del trato tradicional en el que Magdalena es recordada solamente por sus pecados.

[69] Semejanza con los murmullos del arroyo que dan también un aviso en *La Ilíada* (Canto IV.)

[70] La verdadera naturaleza de Judas es la de un lobo disfrazado de oveja.

[71] La entrega de Judas se localiza en los evangelios: Mateo (26, 47-56); Marcos (14, 43-50); Lucas (22, 47-53) y Juan (18, 2-12).

[72] Servidor del sumo sacerdote. Pedro le cortó la oreja derecha (Juan 18, 10). Los tres evangelios sinópticos cuentan el mismo incidente sin mencionar el nombre. Lucas añade que Jesús tocó la oreja y la curó. (22, 51)

[73] En la interpretación teológica, la defensa de Pedro se considera un obstáculo para la misión de Jesús, y es él mismo quien le llega a decir: "Vuelve la espada a la vaina. La copa que me ha dado el Padre, ¿no la voy a beber?" (Juan 18, 11).

[74] Alusión a Babel como ciudad maldita. La palabra se deriva de "Balaah" que significa "demonio."

[75] La falla prevista de los apóstoles es mencionada por los cuatro evangelistas: Mateo (26, 31-35); Marcos (14, 27-31); Lucas (22, 31-38) y Juan (13, 36-38).

[76] El evangelista Marcos es el único que señala a la persona que siguió a Jesús, pero no especifica que se llame Juan. Como es el único que narra este detalle, se llega a pensar incluso que Marcos esté hablando de sí mismo: "Un joven le seguía cubierto sólo de un lienzo; y le detienen. Pero él, dejando el lienzo, se escapó desnudo" (14, 51- 52).

[77] doto = docto

LIBRO IV

ARGUMENTO

Llama Luzbel a su escuadrón furioso,
Porque entre dudas mil confuso vive;
Y ante Anás, Cristo, humilde y religioso,
Un bofetón y afrentas más recibe:
Niega Pedro a Jesús, y él cuidadoso
Le mira, y Pedro un gran dolor concibe.
La mujer de Pilato a Cristo sueña,
Y dícele quién es su casta dueña.

Octavas 1-51
Tercera reunión: en el
Infierno.

Lucifer convoca a una
asamblea

Mas Lucifer en el tartáreo abismo
De horror poblado y de tinieblas lleno,
Donde habita el confuso barbarismo
De verdad falto y de virtud ajeno,
Manda llamar y llama por sí mismo,
Con voz terrible de espantoso trueno,
A nuevas grandes generales cortes
El osado escuadrón de sus consortes.[1]

Sonó la voz y retumbó en las hondas
Y ardientes cuevas del opaco infierno,
Y del Leteo las turbadas ondas
Movimiento sintieron casi eterno,
Vueltas haciendo en huracán redondas,
Con que perdió espantado su gobierno
Y timón el solícito Aqueronte:[2]
Tal temor puso en todo su horizonte.

Estaba el rey feroz del caos horrendo
En una grave y peligrosa duda:
Quiere pedir consejo al estupendo
Senado, que si elige, no se muda:
El mal suyo, y del hombre el bien temiendo,

Duda de Lucifer sobre
la naturaleza de Jesús

Ríos de fuego y piedrazufre suda;
Y es que no alcanza con su ingenio oscuro
Si Cristo es hombre y Dios, o es hombre puro.[3]

Y como de saberlo con certeza   4
Tanto depende el peso de su estado,
A nuevas cortes junta con presteza
Los grandes de su reino condenado:
Él muestra bien su indómita fiereza,
De asombros y tinieblas rodeado,
Sobre un trono de llamas espantable,
Que humo arroja y miedo perdurable.

Descripción de Lucifer

Una corona de encendido acero
Ciñe su negra y obstinada frente,
Y el cetro, insignia de su mando fiero,
Rige y sacude con despecho ardiente:
Orgulloso y feroz, bravo y severo,
La tropa aguarda de su horrible gente
En la cueva do sierpes ponzoñosas
Ornan suelo y paredes espantosas.

No así el Vesubio[4] monte, reventando,
De espesa humareda cubrió el cielo,
Parda ceniza y fuego vomitando
De la Campaña en el tendido suelo;
Ni así hediondas llamas regoldando
Está el hueco abrasado Mongibelo,[5]
Como por boca y ojos el rey fuerte
Del crudo imperio de la eterna muerte.

*Acuden todos los
demonios a su llamado*

Al son, pues, ronco de la estigia trompa,[6]
De varias partes del etéreo mundo,
Con fingido aparato y falsa pompa
Vienen los grandes dioses del profundo:
No es menester que tierra o mar se rompa
Para que baje el golpe furibundo
De los que afligen cuerpos, y almas ciegan;
Que sin pasar por medio, al punto llegan.

*Relación de los
participantes
infernales*

Entran, y cada cual sobre la escama   8
Menuda y tiesa de un dragón se asienta,
Y cércalo en redondo oscura llama,
De que el dragón se ciñe y se alimenta:
¡Oh de aquel reino abrasadora cama!
Esos feroces prende y atormenta,
Porque no suban a espirar volcanes
En tierra, y en el Ponto[7] huracanes.

Mas tú, gran sol, de cuya inmensa lumbre
Estos cobardes monstruos asombrados
Huyendo van, desde tu santa cumbre
Me recuerda sus nombres ya olvidados:
Bajó, de la soberbia pesadumbre
De los Quirinos[8] templos elevados,
El demonio, que a Júpiter fingía
Sumo rey de la antigua idolatría.

Un rayo agudo en su vibrante mano
Trajo blandiendo centelloso y fiero,
Cual si fuera del Polo soberano
Príncipe natural, Dios verdadero:
Vino también el ángel inhumano
Que a las batallas presidió severo,
Y del marcial estruendo tomó el nombre,
Y engañando, espantó furioso al hombre.

De Behemot[9] la piel impenetrable
Llevaba por horrísona armadura,
Y el mástil de un bajel incontrastable
Era su lanza, de eminente altura.
Y del ara de Delfos[10] memorable
Llegó Apolo[11] con roja vestidura,
Y entre fuego que rayos parecía,
Como sol del infierno, así lucía.

Carro fingió de sierpes enroscadas   12
De ahumado alquitrán y llama oscura,
Cuyos silbos las gentes engañadas
Juzgaron por suavísima dulzura.
¡Oh fábulas de locos inventadas![12]
¡Bendito el que encerró vuestra locura
En las hondas tinieblas del abismo,
Y la verdad fundó del Cristianismo!

Otro que al melancólico Saturno,[13]
Mintiendo ancianidad, representaba,
Llegó al palacio de su rey nocturno,
Con ceño enojadizo y frente brava:
Éste, huyendo el resplandor diurno,
Del alegre comercio se apartaba
Rabioso, apasionado, vengativo,
Triste demonio, espíritu nocivo.

Y el que adorado en la radiante estrella,
Segunda luna del hermoso cielo
Como diosa de amor lasciva y bella,[14]
Dejó de Chipre el ancho y verde suelo;
Éste inspira el favor y la querella,
El gozo y la tristeza y el recelo,
El bien y el mal desos amantes viles
En que no se engañaron los gentiles.

Y el que imitó y fingió envidiosamente[15]
De la deidad eterna el limpio culto,
Y quiso adoración de casta gente,
Teniendo el vicio en la virtud oculto,
Cual diosa de las vírgenes clemente,
De Diana[16] tomó el triforme bulto,
Y entró rayando, entre nublados gruesos
De negra luz, relámpagos espesos.

También el diligente mensajero[17]   16
Que falso padre fue de la elocuencia,
Alado en pies, estuvo allí ligero,
Pretendiendo mostrar su antigua ciencia;
Espíritu en los sueños lisonjero,
Gran pintor de fantástica apariencia,
Y fingidor de nuevas mentiroso,
Que el sosiego cortaban más sabroso.

Y el Apis bruto del brutal Egito,[18]
En figura de vaca celebrado,[19]
Vino, y el otro número infinito
En yerbas y legumbres adorado.
¡Oh loca tierra! ¡Oh bárbaro distrito,
Adonde tanto dios produce el prado,
Siendo Dios por esencia un acto puro,
De nacer libre y de morir seguro!

Y el demonio Astarot,[20] a quien el sabio,
Perdido el claro, juvenil juicio,
Con deshonesto pecho y torpe labio
Ofreció enamorado sacrificio,
Llegó haciendo a la verdad agravio,
Glorioso del sacrílego servicio
Que recibió de un rey tan excelente,
Discreto mozo, y viejo ya imprudente.

Y el otro vil que presidió al becerro[21]
Por Dios tenido y en crisol forjado,
Efecto pertinaz del loco yerro
Del pueblo de Israel desatinado,
El oro antiguo convertido en hierro,
Y de buey el aspecto conservado,
Bajó, dando bramidos pavorosos,
Con los dos de Samaria fabulosos.

Ni los dioses en México temidos[22]   20
De aqueste horrendo cónclave faltaron,
De humana sangre bárbara teñidos,
En que siempre sedientos se empaparon;
Ni del Perú los ídolos fingidos,[23]
Que en lucientes culebras se mostraron;
Ni Eponamón, indómito guerrero,[24]
Mavorte altivo del Arauco fiero.

311

Juntos ya todos en la oscura sala,
Ni bien puestos en pie, ni bien sentados
(Que orden no sigue aquella tierra mala
Del afligido rey de atormentados,
Porque la pena a su soberbia iguala,
Y confusión es pena de pecados),
Juntos batió Luzbel sus grandes cuernos,
En conceptos así hablando internos:

Lucifer inicia la
reunión

"Bravo ejército de ángeles briosos,
Que fuistes en el cielo producidos,
Aunque, por ser de vuestro honor celosos,
Estáis en hielo y llamas sumergidos:[25]
Si os acordáis de aquellos dos dichosos
Instantes en que fuimos detenidos
En la impírea región de luz perfeta,[26]
No os puede ser mi plática secreta.

Habla de su pasado

"Ya sabéis que, cual nobles cortesanos,[27]
De su oficina amando a Dios salimos;
Mas pusónos preceptos inhumanos
En el segundo instante que nos vimos:

Dios les ordenó que
veneraran a Jesús

Mandónos que, rendido cuello y manos,
Que para nuestra gloria recibimos,
A la tierra adorásemos, unida
A su persona, y de mujer nacida.[28]

"Y que la humanidad poco estimable   24
De no sé qué Hombre Dios y mortal hombre,
Fuese nuestra cabeza venerable,
Y él de nuestro Señor tuviese nombre:

Se rebelaron porque lo
juzgaron intolerable

Juzgamos, pues, por cosa intolerable
Dar a la tierra tan feliz renombre,
Y resistimos, ángeles osados,
A sus bajos intentos mal fundados.

Lucharon contra
Miguel

"Tuvimos con Miguel trabada guerra,[29]
Y con otros espíritus cobardes
Que infames adoraron esa tierra
Haciendo de humildad viles alardes:
Esta ilustre hazaña nos destierra
A estas eternas tenebrosas tardes,
Siendo lucientes hijos del aurora
Que en nuestra excelsa patria siempre mora.

Vencidos por Miguel,
fueron enviados al
Infierno

"Aquí bajamos, pero aquí muriendo,
Por sus dioses el mundo nos respeta.
Mas ¡oh que por mi daño estoy temiendo
Alguna traza dese Dios secreta!
Oigo un confuso y nuevo y grande estruendo
De un milagroso y singular Profeta;
Y he imaginado, si es el polvo unido
Al Verbo, de la tierra ya nacido.

Ahora temen perder su
poder en el mundo a
causa de Jesús

"Y si lo fuese, ¿qué dolor sería
Mirar al enemigo Dios pujante,
Y nosotros perder la monarquía
Del mundo, a la del cielo semejante?
Mas dejemos el mal que nos vendría,
Y en el caso pasemos adelante,
Y sepamos si el Hijo es encarnado
Que allá por Dios nos fue representado.[30]

"Y parece que sí, porque él me vino   28
A hablar cuando tuve en la serpiente[31]
Vencido al hombre, y con furor divino
Me maldijo enojosa y bravamente,

Necesitan saber si Jesús
es es Hijo prometido

Diciendo: —Un parto nuevo y peregrino
De mujer quebrará tu altiva frente,
Y pondré enemistades perdurables
Entre él y tus consejos deleznables.—

Argumento sobre la
naturaleza y la vida
de Jesús

"¿Quién, pues, como Jesús ha procurado
Nuestras hazañas disipar grandiosas?
Y ¿quién con tantas veras ha mostrado
Armas contra los vicios poderosas?
¿Quién como este Jesús ha declarado
Artes de perfección tan rigurosas?
Y es parto de mujer, de Adán es hijo:
Temo ser éste, de quien Dios me dijo.

Mención de las
profecías que lo
anunciaron

"También me acuerdo que al anciano abuelo
De Jacob[32] prometió por grandes dones
Un hijo ilustre, en cuyo santo celo
Benditas fuesen todas las naciones;
Que es el Verbo[33] inmortal, de quien recelo
Que ha de sacar las almas de prisiones;
Y entiendo que ha de ser este Profeta,
Por su gran vida y santidad perfeta.[34]

"Pecado venial no se le ha visto,
Imperfección en él jamás parece,
Tal ha de ser en excelencias Cristo,
Cual aquéste en virtudes resplandece:
Así lo juzgo, y pésame y resisto;
Mas no puedo vencerme; que me ofrece
Mi entendimiento mil razones vivas,
Con que ardo en llamas de furor esquivas.

"También de virgen ha de ser nacido   32
El hombre Dios que ha de salvar al hombre;
Y su Madre cual virgen ha vivido
Con pura castidad y santo nombre.
Si no decid: ¿quién de nosotros vido[35]
(¡Oh gran dolor! el más sutil se asombre),
¿Quién vido[36] en ella sombra o seña oscura
De alma liviana o voluntad impura?

"Yo con temor de aquesto la he mirado,
Siempre a sus pasos y a su vida atento,
Y en ella ni sospechas he hallado
Por donde divertir mi pensamiento;
Aunque no puede ser averiguado
Con patente y legítimo argumento,
Pues fue casada con José,[37] su esposo;
Mas él era también casto y celoso.[38]

"Dejo al fin estas y otras conjeturas,
Y vengo a la razón más invencible
(Que no entendemos bien las escrituras,[39]
Si bien temblamos de su voz terrible)
A discursos y trazas voy seguras,
Y supongo, cual es cosa infalible,
Que se compone el hombre con certeza
De la persona y la naturaleza;

"Y que nosotros con verdad sabemos
Cuanto Dios en el mundo ha producido,
Por las especies claras que tenemos,
Y él mismo con su luz nos ha infundido:
Si es ente natural, lo conocemos,
Y esnos secreto solo y escondido
El sobrenatural y soberano;
Con esto mi discurso está en la mano.

"Vemos, pues, en Jesús distintamente   36
Su humanidad de bienes adornada;
Mas nunca su persona está patente
A nuestro ingenio y vista delicada:
Luego aquesta persona es eminente
A cualquiera persona ya criada,
O nos la oculta Dios por gran misterio,
Y todo en mal de nuestro sacro imperio.

"Si es persona de Dios, es la persona
De aquel divino Verbo carne hecho:
Sí, que su grande santidad le abona,
Y su noble y excelso y fuerte pecho;
Si él es, él hollará nuestra corona,
Y deshará nuestro infernal derecho;
Y no seremos dioses adorados,
Sino tristes demonios conjurados.

"Muéveme esta razón, y otra me espanta;
Y es decir él que es hombre y Dios perfeto,[40]
Y confirmar con muchedumbre tanta
De milagros aqueste gran secreto:
Él lo dice, y el mundo se lo canta.
¡Ah! presto el mundo le estará sujeto;
Que los milagros son de Dios la firma,
Y falsedad con ellos no se firma.

"Y aquestas hace ilustres maravillas,
No cual hombre santísimo rogando;
Mas con palabras puras y sencillas,
Con sumo imperio, como Dios, mandando;
Y de nuestras humanas pobres sillas,
Do estamos en segura paz reinando,
Nos echa altiva y desgraciadamente,
Cual si fuéramos vil terrena gente.

Los integrantes de la asamblea también exponen lo que saben de la vida de Jesús

"Juntándolo, pues, todo, he colegido   40
Que debe ser el hombre y Dios terrible
Que para nuestro daño ha descendido
De aquella etérea luz inaccesible:
Muchas veces a aquél me ha parecido,
Y si él es, nuestro mal es infalible.
Decidme qué sentís, dad vuestros votos,
¡Oh sabios!, desde el cielo a mí devotos."

*Luifer llega a la
conclusión de que la
vida de Jesús coincide
con las profecías*

Así habló con su ahumada boca
El crudo rey del asombrado averno;
Y como a cada cual el daño toca,
Rebosa cada cual su enojo interno:
El senado a blasfemias se provoca,
Roncos maitines del confuso infierno,
Y éste y aquél el bravo ingenio informa
Del fiero Lucifer, en esta forma.

*Los integrantes de la
asamblea también
exponen lo que saben
de la vida de Jesús*

Uno las tentaciones del desierto
Y el nuevo y largo ayuno le declara,
Y que dello entendió por caso cierto
Ser Cristo en santidad persona rara;[41]
Otro, el mandar con ánimo despierto,
Y con real semblante y fuerza clara,
Y voz sublime, al mar que se aplacase,
Y al fuerte vendaval que se amansase.[42]

Otro, lo que una vez (que no quisiera)
Oyó al supremo Apóstol, cuando dijo
Con pura confesión de fe sincera:
"Protesto que de Dios eres el Hijo."[43]
Y otro, que a la infructífera higuera
Con la fuerza secó que la maldijo;[44]
Y otros, otras mil cosas admirables
Contaron de sus obras memorables.

Oyólo todo con feroz denuedo
El enemigo del linaje humano,
Y de todo quedó con grande miedo
De que era Cristo el Verbo soberano;
Y de asquerosa llama y humo acedo
Por el hondo volcán del pecho insano
Vomitó ríos, que otra vez bastaran
A Sodoma[45] quemar, si en ella entraran.

44

"Y ora, pues, dijo, yo me determino
De saberlo mejor. Id luego todos,
Y notad si es humano o si es divino
Por estos nuevos y exquisitos modos:
Si del trono de Dios excelso vino
Al cieno vil desos terrestres lodos,
Probado con deshonra y con violencia
Particular y atroz, tendrá paciencia;

"Que el orar y ayunar es fácil cosa,
Y el enseñar al mundo es arte honrada,
Y el rigor de una vida trabajosa
No es prueba cierta de virtud fundada:
El sufrir una injuria vergonzosa
Con rostro amigo y frente sosegada,
Y padecer por Dios grandes tormentos,
Es muestra en la virtud de altos cimientos.

Lucifer los convoca a
luchar contra Jesús

"Id, pues, y por caminos diferentes
Le procurad afrentas nunca vistas,
Graves mofas, oprobios indecentes,
Duras batallas, ásperas conquistas:
Juntad soberbios pechos, insolentes
Manos, y almas guerreras y malquistas,
Y denle horribles íntimas pasiones
Ángeles y hombres, tigres y leones.

"Id presto, furias del Estigio[46] lago,   48
Id, del reino feroz bravas quimeras,
Dadle de su intención el justo pago
Con duras obras y palabras fieras:
Id y haced un riguroso estrago,
¡Oh tropas de mi ejército ligeras!,
En príncipes, escribas, fariseos,
En griegos, en romanos, en hebreos.

*Salen los demonios del
Infierno y se dirigen a
Jerusalén a alborotar a
la gente*

"A los unos envidia mordedora,
Y a los otros soplad soberbia altiva,
Y al vulgo adulador que en Salén mora,
Lisonja infame y abjeción nociva."[47]
Al punto aquella orífica y traidora
Escuadra, de la cárcel vengativa
Salió, a hacer a Dios y al hombre guerra,
Formando un vivo infierno acá en la tierra.

El aire con asombros ofuscaron,
De fantasmas la poca luz cubrieron,
Con mentiras las almas perturbaron,
De engaños los espíritus hincheron,
Entre la ruda plebe se mezclaron,
Y en la gente más noble se ingirieron:
¡Ved qué haría turba apasionada,
De tales vientos contra Dios soplada!

Mas ¡oh tú, resplandor maravilloso,
Del Padre de las lumbres soberano,
Sobre quien vino el ímpetu furioso
Del ejército de ángeles profano!
Un sentimiento y corazón piadoso
Me comunica de tu propia mano,
Para que sienta y diga, llore y hable
El rigor de tus penas inefable.

*Octavas 52-87
Jesús es llevado ante
Anás*

Era Anás del colegio preeminente   52
Que de la Ley juzgaba y del Profeta,
Gran sacerdote, príncipe excelente,
Con sumo imperio y potestad perfeta:[48]
Por eso la canalla inobediente
A Dios, y al mal pontífice sujeta,
Le llevó a Cristo, y con tropel confuso
En este tribunal su examen puso.

Nuevo estado de Jesús

Estaba el Hombre Dios que manda el cielo
Con nudos corredizos maniatado,
Y del fiero escuadrón del lacio suelo
Y del judaico pueblo rodeado;
Traído sin piedad al redopelo,
La barba y el cabello maltratado,
Los ojos en la tierra, y el semblante
Grave y sereno, al Padre semejante.

Y el indigno prelado en silla estaba
Pomposa y alta, esquivo y desdeñoso,
Con faz sañuda y apariencia brava,
En ropa largo, en ánimo ambicioso:
Lisonjera familia le cercaba,
Y vulgo de agradarle deseoso,
Sus hechos aplaudiendo, y sus razones
Con gestos admirando y con acciones.

Interrogatorio

Pregunta, pues, al Rey de la divina
Y eterna gloria, deshonrado y preso,
Por su colegio santo y su doctrina
Sagrada, comenzando aquí el proceso:[49]
Respondió el Salvador con voz benina,[50]
Limpia de hinchazón, libre de exceso:
"En el templo común he predicado,
Y mi doctrina en público enseñado.

"Cualquiera podrá ser della testigo;   56
A todos llama y todos dirán della."
¿Quién desta blanda voz de afable amigo
Formar pudiera con razón querella?
Formóla, pues, un bárbaro enemigo
De la justicia y de la luz en ella,
Que era del mal pontífice criado,
Y de un demonio adulador tentado.

Quiso lisonjear al arrogante
Que mostró en el semblante sentimiento,
Y pretendió vengar sólo el semblante,
Y fingir en Jesús atrevimiento:[51]
La diestra armada de acerado guante
Alzó (¡válgame Dios!) en un momento,
Y dio con ella un bofetón a Cristo.
¡Cielos! ¿Habéis tan nueva injuria visto?

Jesús recibe una bofetada de Anás

¡En el rostro de Dios la mano airada
De un hombre vil! ¡Oh crimen espantable!
Y ¿míralo la máquina criada,
Y su curso prosigue favorable?
¿En el rostro de Cristo bofetada?
¡De Cristo en aquel rostro venerable!
Y ¿ardiendo brama y quéjase el cristiano
Si el viento se le atreve de una mano?

Diósela, y señalados en la cara
Le quedaron los dedos insolentes,
Y Anás, de aquella injuria al mundo rara,
Entre risa y favor mostró los dientes;
Y menos la pasión disimulara,
Mas el vario sentir de los presentes
Le refrenó; que algunos se rieron,
Y otros devotas lágrimas vertieron.

Serenó Cristo los honestos ojos,   60
Y al ofensor miró con mansedumbre
Llena de suavidad, libre de enojos,
Y envuelta en mansa y generosa lumbre;
Que, vencido de amor, dio por despojos
Peso y modestia, gracia y dulcedumbre,
Y dijo:[52] "Muestra en qué, si he mal hablado;
Y si bien, ¿por qué así me has afrentado?"

¡Oh de santa humildad ejemplo vivo!
¿Tal pena mi soberbia merecía?
¿Hay hombre ya con esto vengativo?
¿Hay quien odios mantenga sólo un día?
Dios, de un pecho cruel y un brazo altivo
Sufre tan baja y vil descortesía,
Y ¿ara el mar y trastorna cielo y tierra
El polvo, por su honrilla, en cruda guerra?

El prisionero es
enviado a Caifás

Examinado, pues, en esta parte,
Al príncipe Caifás fue remitido[53]
El gran Señor cuya bondad reparte
Paz al turbado, gozo al afligido:
Aquí el infierno todo, toda el arte
Antigua de tentar puso en olvido,
Y exquisitas buscó trazas y enredos
Para dar fin a sus ocultos miedos.

Senado de Caifás para
juzgar a Jesús a la
mañana siguiente

Había de juntar el gran senado,
Caifás, de los setenta escribas dotos,[54]
Para que fuese Cristo en él juzgado
Como falso profeta, por sus votos,
Y esperó a la mañana alborotado,
Fingiéndole entre sueños, terremotos,
Espantos y fantasmas, la sañuda
Tropa, de cuerpo y no de mal desnuda.

Por esto aquellos bárbaros atroces   64
Jesús es tomado como   Al Señor en el patio detuvieron,
objeto de burla   Y con horribles gestos y altas voces
Injurias nunca vistas le hicieron,
Inspirados los ánimos feroces
Para las nuevas trazas en que dieron,
Por las crueles furias infernales;
Que dellas solas fueron penas tales.

Sabían que trataron de prendello,[55]
Por ser profeta en ciencia peregrino,
Y así quisieron con sus ojos vello,[56]
Probándolo en sus males adivino:
Atáronle una soga al santo cuello,
Y un trapo al rostro con verdad divino,
Y jugando con él, le preguntaba
Quien le ofendía, si le adivinaba.

Y uno, en el rostro que respeta el cielo,
Con torpe y sucia boca le escupía;
Y otro, alzando el lodoso pie del suelo,
En su modesta frente lo imprimía;
Y otro, por más dolor y desconsuelo,
Con el bastón armado le hería;
Y otros con rigurosos pescozones,
Con befas otros, y otros con baldones.

¿Qué nos quejamos, ¡ay!, qué nos quejamos,
Mi Dios, si por nosotros padecistes
Tales oprobios? ¿Qué nos querellamos,
Si muladar de nuestras culpas fuistes?
¡Oh! hacednos, Señor, que lo entendamos,
Pues para el bien del hombre lo sufristes,
O moderad los ímpetus protervos
De cuerpos viles y ánimos superbos.

El sol luciente con ligeros pasos   68
Se va escondiendo en la región secreta,
Para el sosiego de los miembros lasos,
En el reposo de la noche quieta.
Y a vos ¿aún estos bienes son escasos?
¡Oh del bien celestial fuente perfeta![57]
¡No descansastes en el largo día,
Ni os abrigastes en la noche fría!

La Cristiada

Condición lamentable
de Jesús

Vuestros cabellos repelados fueron,
Y trapos vuestros ojos anublaron;
Golpes vuestras mejillas ofendieron,
Y afrentas vuestra cara avergonzaron;
Vuestros labios sedientos estuvieron,
Voces vuestros oídos perturbaron;
Y a vuestras manos ásperos cordeles
Crudos rompieron las delgadas pieles.

Y estando en tan prolija y grave pena
Con manso corazón y rostro amable,
Y la casa de varia gente llena,
Nadie os mostró siquiera vista afable.
¡Oh grande Dios! ¡Oh Majestad serena!
Bendiga el mundo vuestro amor notable,
Pues padecistes por el hombre mismo
Que así os trató, bondad de inmenso abismo.

Cual dura roca con gentil firmeza,
Descollada y altiva, excelsa y fuerte,
Las ondas, que la baten con braveza,
Al propio mar que se las da, las vierte;
Mas con espuma de sutil belleza
Mejoradas y ricas: desa suerte
Las penas que del hombre recibía
Cristo, al hombre por méritos volvía.

Meditación

Mas en esta batalla rigurosa,   72
¿Qué pensaba el Señor omnipotente,
Para templar la fuerza dolorosa
De aquel de afrentas rápido torrente?
¿Qué meditaba su ánima piadosa
En medio, y apartada de la gente?
Píntemelo su luz contemplativa,
Viva al amor, como al tormento viva.

Allí su clara, infusa, ilustre ciencia,
Le dibujaba con pincel suave
Los grandes frutos de su gran paciencia,
Que retratarlos en el alma sabe,
Como en templo de altísima eminencia:
En la suprema y dilatada clave
Hombres formó por Cristo despreciados,
Con luces de conceptos bien pintados.

Lista de los que serán despreciados a causa de Jesús

Los santos monjes del inculto Egito[58]
Del cielo sabios, locos de la tierra,
Los primeros en número infinito,
Estaban al honor haciendo guerra;
Y del mandar hollando el apetito,
Que de la eterna patria nos destierra,
Lucían con bellísimas colores
Graves sombras y ufanos resplandores.

Arsenio[59] que de Arcadio el magisterio,
Y el palacio dejó del griego altivo,
Del buen Teodosio el soberano imperio
Mirando estaba con desprecio esquivo;
Y el Damasceno,[60] en bajo ministerio,
Por hollar el espíritu nocivo
De la vieja ambición de Alexandría,
Espuertas donde fue señor vendía.

Alexio,[61] entre mil luces dibujado,   76
Cual imagen de Cristo verdadera,
A vista de su esposa maltratado,
Solo y sufrido estaba en su escalera;
Y otro su imitador,[62] mozo esforzado
Y humilde monje, que en su edad primera
Pobre murió en la casa de su padre,
Desconocido dél y de su madre.

Azotado también el gran Macario[63]
Con insolente popular ruido
Por monje infame y torpe fornicario,
Resplandecía en sombras escondido:
Teodoro,[64] en nombre y en sucesos vario
(Pues fue mujer, y por varón tenido),
En hábito de fraile allí se vía,[65]
Que semejante falsedad sufría.

Y al buen Domingo,[66] de humildad maestro,
Le echaban los herejes en el lodo,
Y él, en paciencia ejercitado y diestro,
Rostro alegre mostraba y dulce modo;
Y el hombre serafín del cielo nuestro,
De las virtudes un segundo todo,
Entre piedras y vulgo, ardiendo estaba
En Dios, y las injurias despreciaba.

Y destos patriarcas venerables
De las dos celestiales religiones,
Había en la pintura innumerables,
Hijos de valerosos corazones:
Un Pedro,[67] entre sufridos admirables,
Admirable señor de sus pasiones,
Y un Luis,[68] rey, con otros Pedros sabios,
Y otros Luises mil sufriendo agravios.

Mas Enrique Susón,[69] de arnés tranzado,   80
Sobre un cielo de estrellas parecía,
Desde los pies a la cabeza armado,
Con que inmensos trabajos padecía;
Y un mastín fiero, a su derecho lado,
Que un trapo con los dientes deshacía,
Porque cual trapo vil le deshicieron
Las lenguas que después le acometieron.

Aquéste tuvo como propio nombre,
Por premio de su altísima paciencia,
El amado de Dios por sobrenombre,[70]
Nuevo y grande apellido y excelencia:
Las obras conformó con el renombre,
Y al cabo de una extraña penitencia,
No pasó día sin afrenta y daños,
En muchos, largos y penosos años.

Y así ya le faltaban sus amigos,
Y ya le deshonraban sus parientes;
Ya le daban temor sus enemigos,
Y ya le atropellaban insolentes;
Ya le hacían mal falsos testigos,
Y ya en diversos modos varias gentes;
Ya con tormentas y rigor el cielo,
Y ya con trazas y pasión el suelo.

Y él, a todos intrépido y constante,
Cual amado de Dios, entre colores
Y lumbres, generoso y rutilante,
De sí echaba divinos resplandores;
Y al derredor un título radiante
De letras, si no góticas, mayores,
Le cercaba y decía: "Soy de Cristo
Retrato, y así al mundo tan malquisto."

Los Guillermos,[71] humildes y sufridos,   84
En infusos conceptos se mostraban;
Y los Nolascos,[72] del amor vencidos
De Dios, haciendas y honras despreciaban;
Y los Ignacios,[73] en virtud seguidos,
La iglesia con su ejemplo edificaban,
Y dibujados en el alma ilustre
De Cristo, recibían santo lustre.

Éstos y otros gravísimos varones,
En valiente paciencia memorables,
De injurias y deshonras y baldones
Sed tenían y pechos insaciables,
Por imitar en algo las pasiones
Del Hombre Dios, del todo inimitables;
Y así la ciencia infusa y peregrina
En él los retrató con luz divina.

Y si determinado no estuviera
De no admitir en su rigor consuelo,
Esta hermosa escuadra se lo diera
Con su fuerte paciencia y raro celo;
Pero quiso beber pura y entera
La horrible purga que le daba el cielo,
Para ofrecer en méritos mayores
Por los mismos al Padre sus dolores.

Jesús pasa la noche
como prisionero

Y así toda la noche en peso estuvo
Afrentas padeciendo vergonzosas,
Y la batalla, sin faltar, mantuvo
A las estigias furias venenosas;
Mas en tanto que el buen Señor sostuvo
Los golpes de sus armas enojosas,
Hombres sufriendo y ángeles pasmando,
Le dio esta guerra el enemigo bando.

Octavas 88-121
Pedro había seguido de
lejos a Jesús

Después que Pedro al insolente mozo   88
Cortó la oreja con gentil denuedo,
Pobre de esfuerzo y lleno de alborozo,
Siguió a Jesús, y con tristeza y miedo,
Parte por haber hecho aquel destrozo,
Y parte recelando algún enredo
Del mancebo enojado y vengativo,
Que al fin quedaba poderoso y vivo.

De lejos al Maestro de la vida
Siguió con pies y pecho desmayado:
Lejos del sol la flor esclarecida
Con la luz pura del Oriente amado,
Su gracia pierde y su lindeza olvida,
Porque la hermosea el sol mirado.
De Pedro, ¿qué esperamos, pues va lejos,
Si es flor, Cristo su sol, luz sus consejos?

Al patio de Caifás turbado llega,
Donde un poco de fuego ardiendo estaba,
Y que le dejen calentarse ruega,
Que temblando de frío tiritaba.
¡Oh Pedro, tienes ya la vista ciega!
¿Qué te importa esa luz, que al fin se acaba,
Si mientras te va el fuego calentando,
El fuego del amor te va faltando?

Mas llégase, y al fuego se recrea;
Tiende los pies, las manos desentume:
Mira, Pedro, ya tibio no te vea
Quien a esa llama y resplandor te ahume:
El fuego con su ardor le lisonjea,
Y poco a poco ardiendo, le consume,
Como a la cera que la luz derrite
Más, cuanto más en su amistad la admite.

Andaba una mozuela revoltosa[74]   92
Por allí, cual mujer, impertinente,
De saber novedades codiciosa,
Y por su mal portera diligente:
Miró a Pedro con vista ponzoñosa,
Y como a nuestra madre la serpiente,
Le habló transfundiéndole el veneno
De que su lengua y silbo estaba lleno.[75]

Y díjole atrevida y desenvuelta
"¿Tú eres de la escuela de aquel hombre?"
Pedro los labios abre y la voz suelta;
Mujer es, Pedro, y sola; no te asombre:
Con todo aqueso Pedro da la vuelta
Del bien al mal, y de su propio nombre,
Que es de valor, a la flaqueza infame;
Por tanto Pedro ya Simón se llame.

Primera negación de Pedro

Simón triste responde y afligido:[76]
"Mujer, yo no conozco tal persona."
Simón, ¿tan presto pones en olvido
Al Hijo Eterno a quien el Padre abona,
De quien el cielo tiembla estremecido,
A quien el mundo por Señor pregona?
¿A Jesús tu Maestro no conoces?
¿Qué has visto en él, que así le desconoces?

¿Tú no le viste en el excelso monte
Del Tabor,[77] empapado en luz divina,
Y oscurecido el carro de Faetonte[78]
Con su belleza y gracia peregrina?
Y ¿viste arrebolado el horizonte,
Y el campo vuelto en esmeralda fina,
Los ríos en cristal, y el cerro en oro,
Al descubrir su celestial tesoro?

¿No le dijiste que a la cárcel, fuerte   96
Y preso de su amor y alegre irías,
Y estable y firme la espantosa muerte
Por su dulce amistad abrazarías?
¿Quién tal desmayo en tus entrañas vierte?
¿Con sola una mujer flaca porfías?
¿Qué ejércitos armados te amenazan,
Flechas tiran y hierros desembrazan?

Cual quiso Dios al Faraón protervo
Con mosquitos herir, vencer con ranas,[79]
Y a Goliat el ánimo superbo
Rendir con niñerías, no con canas,[80]
Y al otro, de Nabuco altivo siervo,
Con apariencias de deleite vanas: [81]
Permitió que Simón así cayese
A un soplo fácil, porque humilde fuese.[82]

Y apenas hubo aquesto respondido,
Cuando un hombre llegó; mujer le basta:
Demonio, ¿por qué sigues al vencido,
Si una moza y portera le contrasta?
Del varón guarda para el más valido
El fuerte golpe, que una débil asta
Postró a Simón; pero es nuestro adversario
Al más cobarde más feroz contrario.

Díjole, pues, el bravo: "Tú eres dellos."
Segunda negación Y él respondió: "No soy; hombre, ¿qué quieres?"
Y una hora estuvo conversando entre ellos;
Y otro le dijo: "¿al fin tú dellos eres?"
Tercera negación Aquí Simón echó todos los sellos;
Aquí perdió, perdido, sus haberes;
Aquí negó y mintió, juró y maldijo—
Se, si trató jamás de Dios al Hijo.

Negando comenzó su mal pecado;   100
Jurando prosiguió su culpa grave;
Maldíjose tercera vez tentado;
Que una maldad con otra unirse sabe:
Abrió la puerta al enemigo osado,
Y no supo cerrarla con la llave,
Huyendo la ocasión con fortaleza,
Y entrósele, y rindiólo con presteza.

El gallo canta por
segunda vez

Segunda vez en esto cantó el gallo,
Y volvió Cristo su amorosa vista
A Simón Pedro, y púsose a mirallo[83]
Con la luz pura que ánimas conquista.

Jesús y Pedro se miran

Si mira a Pedro y gusta de alumbrallo[84]
El sol de Dios, ¿habrá quién le resista?
Pedro no resistió, y así advertido,
Salió del fuego, y de otra luz herido.

De palacio y de sí salió llorando,
Y ahora gime, y no lloró primero,
Porque le mira Dios con rostro blando,
Que es el sol destas lluvias verdadero:
Una vez y otra vez pecó negando
A Cristo, y no fue dél mirado; pero
A la tercera vez le mira y llora:
Veme, ¡oh vista de llanto causadora!

Mírale Cristo, y vánsele los ojos
Por la oveja al pastor que ve perdida,
Y con ellos le habla, y sus enojos,
Aunque ofendido, por cobrarla olvida:
Era del lobo atroz muertos despojos,
Y es de Dios presa, y presa ya con vida.
¡Oh Pedro! ¿Qué pensaste y qué dijiste
Cuando hablado de sus ojos fuiste?

Puso en tierra la vista, ya importante   104
Sólo para llorar su desatino,
Y su memoria le ofreció al instante
Como su buen Maestro le previno,
Diciendo: "Al tiempo ya que el gallo cante

Pedro recuerda las
palabras de Jesús y se
arrepiente

Segunda vez, ¡oh Pedro!, te adivino
Que dos veces y aún tres me habrás negado."
Y como se acordó, dijo asombrado:

"¿Soy Pedro yo? ¿Soy Pedro? No es posible.
¿Soy yo la piedra en que la Iglesia estriba?[85]
No; que aquélla ha de ser piedra inmovible,
Piedra fundamental y piedra viva;
Y yo de un golpe menos que sentible
Caído estoy: un golpe me derriba
Y la fuerza me quita y el aliento,
¿Cómo he de ser de un mundo el fundamento?

¿Soy yo el prometedor alabancioso
De una y otra difícil y alta empresa?
Si soy; que al hombre vano y jactancioso
Es natural faltar en su promesa.
¡Qué fácil es fingirse hazañoso
Cuando el peligro en paz alegre cesa!
Y ¡qué cierto caer el atrevido
Que su esfuerzo y su fuerza no ha medido!

"Mi esfuerzo no medí, caí ligero,
Negué al Señor, ¡oh caso nunca visto!
Negué al sol de la gracia verdadero:
¿Qué gracia o luz tendré lejos de Cristo?
A la vida negué, ¿cómo no muero?
Mas como muerto en el vivir consisto.
¿Soy Pedro o soy su sombra desgraciada?
Nada soy; que el pecar me hizo nada.

"¡Oh, qué bien respondí cuando le dije   108
Al soldado "no soy" pues ya no era;
Que al ser negando, de mi ser desdije,
Y aún ojalá de solo mi ser fuera!
Al ser de Dios negué y mi ser maldije,
Y el ser aniquilé con que viviera
Hecho Dios por la gracia. ¡Oh loco! ¡Oh loco!
Que tan gran ser perdí por ser tan poco.

La Cristiada

"Por temor de perder el ser humano,
El divino perdí, ¡quién tal pensara!
Llorad, ojos de un muerto por su mano
Antes que otro enemigo le matara;
Y más llorad a un hombre muerto en vano,
Muerto a la vida más preciosa y cara;
Y sin ganar con esta muerte infame
Vida que importe, ser que ser se llame.

"Porque sin Dios, ¿qué ser, qué vida es algo?
Sin el primero ser, ¿qué ser es fuerte?
¡Ay de mí! que soy nada, y nada valgo
Después de aquesta miserable muerte;
Era hijo de Dios e hijodalgo,
Hijo del ser que ser divino vierte:
Dije "no soy;" negándole, neguéme:
¡Maldito el hombre que tan poco teme!

"¿Qué temí? ¿una mozuela? ¡Oh miedo triste!
¿Una portera vil me descompuso?
¿Junto al brazo de Dios, Pedro, temiste?
Y ¿a una mujer? ¡ah! Con razón te acuso:
A la flaqueza misma te rendiste,
Que por lanza y espada, rueca y huso
Gobierna; y a la misma fortaleza
Negaste, por temor desta flaqueza.

"Ya ¿qué no temerá quien temió tanto,   112
Que a la misma flaqueza miedo tuvo,
Y ante el sumo poder que causa espanto
Al que siempre sin él protervo estuvo?
Mi enfermo corazón deshecho en llanto,
Que en caso tal tan poco ser mantuvo,
Será símbolo cierto y propio nombre
Del poco ser del corazón del hombre.

"Mas, pues, amor, y no la fe, te falta,
Que bien sé que la fe no te ha dejado,
¿Qué defecto hallaste en Dios, qué falta,
Alma cobarde, por qué le has negado?
Aquella esencia poderosa y alta
Que en pie mantiene todo lo criado,
¿Qué mal te hizo, o qué bien no te ha hecho,
Que tan presto la echaste de tu pecho?

"El ser te dio vital y generoso:
¿A quién el ser te dio, su ser negaste?
Después el ser te conservó precioso,
Y en él fundado, en contra dél te armaste:
Llamóte, al fin, con ánimo piadoso;
Hízote su discípulo, que baste;
Y tú, a su leche y a su amor criado,
Como cuervo a los ojos le has saltado;

"A aquellos ojos de divina lumbre,
Que dulces hablan con mirar, callando;
A aquellos soles de la etérea cumbre,
Que las almas regalan abrasando;
A aquellos rayos cuya real costumbre
Es encender el corazón amando,
Y la vaina del cuerpo sin tocalla[86]
Dejar. ¡Dios le diste! ¡A Dios batalla!

Pedro llora arrepentido

"Llorad, pues, ojos, que de aquellos ojos   116
Mirados fuistes con halagos tiernos;
Llorad, mis pobres ojos, los enojos
Dados a los de Dios ojos eternos:
Tristes ojos, llorad y sed despojos
De dos lluviosos fértiles inviernos;
Que a fuerza de aguas en el alma mía
Primavera produzcan de alegría."

Así lloraba, en lágrimas resuelto,
El buen Simón en Pedro convertido,
Y en sí, y a Dios por penitencia vuelto,
Y a sí, y a Dios con caridad unido,
El mar del alma con razón revuelto,
Por la playa del cuerpo está vertido:
Y con golpes de lágrimas lo riega,
Y más lo lava cuanto más lo anega.

Cual caminante que en la noche oscura,
Sin verlos, grandes riscos ha pasado,
Que al nuevo amanecer de la luz pura
Advierte sus peligros espantado;
Mira y remira la montaña dura,
El hondo valle, el cerro levantado;
Y confuso, no acaba de asombrarse
De ver que los pasó sin despeñarse;

Tal Pedro va mirándose a sí mismo,
Y ve los cerros de su culpa extraña,
Y del infierno el peligroso abismo,
Y del demonio la sutil maraña:
Quédase absorto; dale un parasismo,
Y cuando torna en sí todo lo extraña;
En el muslo se hiere y en la frente,
Del peligro asombrado ya patente.

Y es fama que el correr de los raudales   120
Tristes y presurosos de su llanto
En sus mejillas hizo dos canales;
Que el dolor de una culpa puede tanto;
Y que siempre con lágrimas iguales
Solemnizó del gallo el ronco canto;
Que fue siempre afirmar con osadía
Lo que una vez negó por cobardía.[87]

Octavas 121-138
Los confundidos
demonios tienen que
hacer algo contra Jesús

Mientras burlado Cristo no reposa,
Y no reposa Pedro enternecido,
La escuadra del averno temerosa
Su perdición en ambos casos vido;
Porque atendió con vista cautelosa
Al llanto del discípulo afligido,
Y a los ojos de Dios, ojos tan buenos,
Que a tal ofensa estaban tan serenos.

Rumían también de Cristo las grandezas,
Del mundo el venerable acatamiento,
Y en tantas y gravísimas vilezas
El jamás irritado sufrimiento;
Y el excelso valor de sus proezas
Y el padecer tan grande abatimiento:
Y en todo la quietud modesta y fuerte
Los pasma, y así hablan desta suerte:

"Y si hombre fuera, dicen, si hombre puro,
En tenerse por Dios pecado hubiera,
Y tan firme, tan grave, tan seguro,
Tan sereno y humilde no estuviera:
El daño que esperábamos futuro,
La pena que temíamos postrera,
Vemos; que tal valor en tal batalla
En hombres pecadores no se halla.

"Y alguna traza en padecer oculta   124
Tiene para asolar nuestro gobierno,
Y en viles asperezas la sepulta,
Porque el rey no la entienda del infierno:
Si es traza suya, inmenso mal resulta
Al sacro imperio de Plutón[88] eterno;
Que en su muerte querrá poner la vida
Del hombre, antiguamente destruída.

*Los demonios deciden
que Jesús no debe
morir*

"No consintamos, ángeles prudentes,
Que muera este Hombre Dios cual hombre injusto;
Estorbemos con ánimos valientes
Aún del morir infame su mal gusto."
Así hablan los fieros impacientes
Del batallón de espíritus robusto;
Y Lucifer, en todo consultado,
Este engaño salió determinado.

*Para condenar a
Jesús, los miembros
del senado necesitan
que Pilato otorgue la
sentencia*

Procuraban los príncipes hebreos
Que Cristo en afrentosa cruz muriese;
Mas cumplir no podían sus deseos,
Sin que Pilato la sentencia diese:
Fingieron los demonios sus rodeos
Porque a la ejecución no se viniese,
Temiendo de perder su monarquía
Si por el hombre, Cristo en cruz moría.

Descripción de Pilato

Presidente supremo era Pilato[89]
Por el latino imperio instituído,
Y al rudo pueblo su gobierno grato,
Y así de los mayores más temido:
El gran consejo al buen Señor ingrato,
En semejantes causas detenido,
No sentenciaba a cruz últimamente
Sin determinación del presidente.

*Lucifer envía a
Mercurio para
entregar un mensaje a
la esposa de Pilato*

Pilato era gentil y era casado,   128
Y por aquí trazó Luzbel su enredo:
A un demonio en fingir ejercitado
Mandó que a su mujer pusiese miedo:
El ángel, en Mercurio transformado,
Su figura tomó gozoso y ledo,
Mintiendo ser de Júpiter el nuncio,
Que le llevaba un trabajoso anuncio.[90]

Transformación de
Mercurio

Ricas alas formó del aire vano,
Hermoso aspecto y juvenil presencia,
Y un caduceo en la derecha mano,
Y en los labios un río de elocuencia:
Bello donaire y proceder lozano,
Y ropas cual de noble inteligencia,
Y fantástica luz y rojo pelo,
De oro el calzado y de ave presta el vuelo.[91]

Mercurio llega a la
habitación de la esposa
de Pilato

Entra, pues, en la sala do la dueña[92]
Sola durmiendo está en su blando lecho;
Y entra con arrogancia no pequeña,
Y coruscante faz y altivo pecho:
Muéstrale su poder, luego la enseña,
Y al fin la deja triste y sin provecho;
Efectos de demonio convertido
En ángel mentiroso y dios fingido.

El mensaje es
entregado a través de
un sueño

Dícele: "¡Oh rara y única matrona!
Justa consorte de un varón tan grave,
De cetro digno, y digno de corona,
Y de que el cielo su bondad alabe,
Pues todo el universo la pregona;
De los dioses el cónclave la sabe;
Y yo la estimo y yo la reverencio,
Y vengaré su injuria del silencio.

"Yo soy Mercurio, embajador supremo   132
Del soberano Júpiter Tonante,
Y de la gran ciudad que fundó Remo[93]
Particular fautor, antiguo amante:
Yo procuro la paz, la guerra temo,
El mal deshago, el bien pongo delante;
Y para el bien y paz soy enviado
De tu familia y tu consorte amado.

"Hoy el concilio de la gente hebrea
A un hombre justo quiere presentarle,
Al cual muerte injustísima desea,
Pues quiere, siendo tal, crucificarle:
Avísale que atento y libre vea
Todo el proceso para sentenciarle;
Porque es Hijo de Dios y varón sabio,
Y el cielo mismo vengará su agravio.

"Es Jesús, aquel ínclito profeta
Que prodigios ha hecho innumerables,
Y de Moisés las leyes interpreta
En sermones a todos admirables:
El vulgo, que es sencillo, le respeta,
Y los mayores no le son afables,
Porque sus vicios con certeza entiende,

Y con celo y verdad los reprehende.
"Odio los rige, envidia los provoca
A procurarle baja y cruda muerte;
Y el hombre es tal, que no abrirá su boca,
Herido y afrentado desta suerte:
Sólo a su Padre en su pasión invoca,
Y el Padre Dios a su dolor advierte,
Y si bien disimula y sufre y calla,
Mira con sentimiento su batalla.

"Dile, pues, a Pilato que lo libre   136
De la muerte que aguarda rigurosa,
Antes que tronadores rayos vibre
Júpiter con su diestra poderosa.
Yo deseo que torne al patrio Tibre
Tu marido y su casa religiosa;
Y así le doy este importante aviso
Del sumo Rey del alto paraíso.

"Si lo cumpliere vivirá seguro,
En paz alegre, en vida regalada,
Y ceñido del firme y santo muro
Y defensa de Júpiter sagrada;
Si no, guerra infeliz, combate duro,
Deshonra infame y muerte acelerada
Tema por la amenaza que le anuncio
Yo, del gran Dios divino y cierto nuncio."

Mercurio concluye su
mensaje y desparece

Dijo; y el aire disipado y suelto
Del fantástico cuerpo que movía,
Y en invisible espíritu resuelto,
Quedóse allí esperando el nuevo día,
Y entre la gente de la casa envuelto,
Para alcanzar el fin que pretendía;
Y algo pudo, mas no lo pudo todo;
Que es débil contra Dios su traza y modo.

Octavas 139-160
La esposa de Pilato
despierta

La dueña, pues, del sueño recordada,
Espavorida y con temor despierta,
Y entre asombros y sombras espantada,
Qué hacer no sabe, qué decir no acierta:
Alza la frente, al fin, y así esforzada,
Mueve el pie, deja el lecho, va a la puerta,
Abre, da voces, llama a su familia,
Y amistad con sus dioses reconcilia.

Despertaron las viejas y prudentes   140
Amas que cerca de su lecho estaban,
Y por saber el caso, diligentes
De la causa y efectos preguntaban:

Confundida, llama
a las sirvientes de su
casa

La dama se quitó, y a las sirvientes
De menos calidad, que más instaban,
Mandó salir, y a las de rueca y huso,
De su Dios la amenaza les propuso.

La Cristiada

Quiere saber quién es Jesús

Y después inquirió para su intento
De Jesús la doctrina y calidades,
Y ellas, por darle en su temor aliento,
Le contaron algunas falsedades;
Que, cual gentiles, sin fiel cimiento
Fábulas envolvieron en verdades,
Fingiendo a Cristo hijo deseado
De un dios hasta aquel tiempo no adorado.

Una discípula secreta de Jesús le cuenta historias sobre él relacionadas con mujeres

Mas entre todas, una dueña ilustre,
Natural, pero noble, de Samaria,[94]
Mujer de grande peso y mucho lustre,
Aunque seguida de fortuna varia,
Cuya gloria inmortal la fama ilustre,
Ya que a su propio nombre fue contraria,
Hazañas ciertas refirió de Cristo,
Por haberlo en su patria y Salén visto.

Dijo cómo este Príncipe divino,
Solo y sediento, en el brocal de un pozo
Se sentó, caminante y peregrino,
Por dar a un alma triste el sumo gozo;

Primera historia: el encuentro de Jesús con una samaritana

Mostrando el rostro y ánimo benino,[95]
Y enseñando quién era, sin rebozo,
A una pobre mujer samaritana,
Cual grande Dios, mas con dulzura humana;

Y cómo vino la mujer dichosa,   144
Y al pozo se llegó bien descuidada,
Y le pidió con plática amorosa
Agua, la fuente del vivir sagrada;
Y que ella, zahareña y desdeñosa,
Libre despidió a Cristo y mal mirada;
Y él le ofreció con caridad interna
Agua que sube hasta la vida eterna.

Y que, burlando de su rica ofrenda
Ella, porque él acetre no tenía,
Alumbrada después, la noble prenda
Recibió que él gracioso le ofrecía;
Y de aquella suavísima contienda
Supo, en fin, que Jesús era el Mesía,
Porque le declaró sus cinco bodas,
Y, cual Verbo de Dios, sus culpas todas.

Y más, que la mujer, ya evangelista,
Al momento a Samaria[96] fue volando,
Hecha de lo que vido coronista,
Y obras y fe de Cristo predicando;
Y al fin que allá la conoció de vista
La misma que lo estaba relatando;
Y que por sus razones se movieron
Muchos a verle, y viéndole creyeron.[97]

Y preguntada la sagaz matrona
Si a las mujeres era Cristo afable,
"Eso, dijo, la fama lo pregona,
Y en prueba diré un caso memorable
Que su infinita santidad abona
Y hace su virtud más venerable,
Suponiendo que es virgen excelente,

Limpio, como la luna refulgente.   148
"Y es la historia, que estando una mañana
En el templo, vinieron los escribas,
Y cierta ley celando poco humana,
Sus entrañas mostraron vengativas:
Trajeron una moza algo liviana,
Cogida en obras no sé qué lascivas,
Y a Jesús le dijeron: —Ésta ha sido
Adúltera a la fe de su marido.[98]

Segunda historia:
La adúltera defendida
y perdonada por Jesús

"Al punto debe ser apedreada
Por la ley de Moisés. ¿Qué dices della?—
Él miró a la mujer desventurada,
Y a los autores de su vil querella;
Y con frente apacible y sosegada,
Que jamás la pasión hizo en él mella,
Bajóse, y señaló en la tierra dura,
Y con el dedo, no sé qué escritura.

Alzóse luego y dijo:— El que se halla
Sin culpa, la primera piedra arroje;
Parezca el que se atreve a sentencialla,[99]
Hable, acuse y la ropa le despoje:
Venga el que ha pretendido condenalla,[100]
Y en su sangre infeliz las manos moje.—
Calló; y avergonzados de sus males,
Se fueron de uno en uno los fiscales."

Deseaba entender qué hubiese escrito,
La dama ilustre y la curiosa gente,
Y satisfizo bien a su apetito
La dueña, y dijo así discretamente:
"Señora, su saber es infinito,
Y sobre nuestras ciencias eminente:
Quizá escribió de cada cual las culpas,
Que a la mujer sirviesen de disculpas:

"La cual se quedó triste, y preguntóle   152
El buen Jesús:— Mujer, ¿quién te condena?—
Y ella humilde y confusa respondióle:
—Nadie, por tu piedad, me ha dado pena.—
Y él, manso y amoroso, replicóle
Con santa y dulce boca y faz serena:
—Ni yo tampoco. Vete, y más no peques;
Porque en justicia la piedad no trueques.—"

Quedaron todas con razón movidas
Del casto amor y paternal oficio,
De la pobre mujer enternecidas
Y admiradas del alto y gran juicio;
Y por verse más tiempo entretenidas
En tan suave y plácido ejercicio,
Le rogaron que más les refiriese
Historias del Señor, si más supiese.

Tercera historia: el encuentro de Jesús con Magdalena

Y ella les dijo: "Contaré gozosa
De Magdalena[101] la mudanza extraña,
Dama en beldad y en discreción famosa,
Y famosa por esto su hazaña:
Una hermana tenía religiosa,
Que la virtud jamás a nadie daña,
Marta por nombre, que a Jesús seguía
Y sus divinas pláticas oía.

A Magdalena persuadió lo mismo,
Diciéndole: — Verás un hombre nuevo,
De gloria un sol, de gracias un abismo,
Un varón grave y un gentil mancebo.—
Por aquí comenzó su cristianismo;
Aquéste fue de su afición el cebo;
Y fue María, que es su propio nombre,
A verle, no por Dios, sino por hombre.

"Oyó un sermón, y oyóselo en tal punto,   156
Que, de mujer profana y deshonesta,
La hizo de virtudes un trasunto,
Y una imagen de bienes mil compuesta:[102]
Dio a sus deleites y a sus vicios punto,
Devota se mostró, mostróse honesta,
Lloró sus culpas y gimió sus males,
Y dello fueron los principios tales.

"Supo que estaba el buen Jesús comiendo
En casa de Simón, y toda llena
De lágrimas, dejó su vano estruendo,
Y a declararle fue su santa pena;
Y un vaso preciosísimo cogiendo
De nardo, caminó con faz serena,
Y triste le buscó, y hallóle luego;
Y así le declaró su casto fuego.

"A sus espaldas y a sus pies se puso,
Y comenzó a lavar sus pies beninos[103]
Con un ardiente amor del cielo infuso,
Y con ríos de lágrimas divinos:
Su peinado cabello descompuso,
Haciendo mil prudentes desatinos;
Y volvió sus cabellos en toallas,
Para, en vertiendo lágrimas, limpiallas.[104]

"Vertiólas de sus ojos, y limpiólas
Con sus cabellos y sus blancas manos;
Mas no dio de su amor las muestras solas,
Cual los amantes suelen dar profanos:
Con hechos las juntó, y acompañólas
Con ejemplos de vida más que humanos;
Ahora vive y vivirá su fama
Mientras queme el calor y arda la llama."

Esto contó la dueña venerable   160
Y secreta discípula de Cristo,
Y aún más dijera de su trato afable
Casos que había en varias partes visto;
Pero fuese la noche irrevocable,
Y andaba por allí Mercurio listo,

*Mercurio interrumpe
la plática de las
mujeres*

Y desató la plática, enojado
De ver que él la ocasión hubiese dado.

Fin del libro cuarto.

Libro IV - Notas

[1] Tercera reunión: el Infierno. Semejanza con el consejo infernal en el poema *Jerusalén libertada* de Tasso (Canto IV) y con una reunión infernal en el libro I de Vida, *Christiados*. También es preciso indicar una cierta semejanza con la asamblea de las deidades del agua que tratan de destruir las naves de los lusitanos en *Los lusíadas*, debido al temor de perder su poder de dioses, ante el valor y la osadía de los navegantes por conquistar y dominar el mar. (Canto VI)

[2] Con respecto a los nombres "Leteo" y "Aqueronte" hay que hacer una aclaración. En la mitología griega los ríos de la región de la muerte son: Estigio (Aborrecido), Aqueronte (Temible), Piriflegeton o Flegeton (Fiero), Cocito (Lamentoso) y Lete (el que da olvido), Aqueronte es un río de Tesprotia al sur de Epiro. Es un río irregular y se pierde en algunas regiones para aparecer después emergiendo de la tierra. A esa circunstancia se debe que se le haya atribuido ser el camino hacia el mundo de los muertos, al infierno. Conduce al Hades y es el que presagia la muerte.

Virgilio menciona al desbordado río Aqueronte en el sexto libro de *La Eneida* cuando Eneas y Sibila llegan a la entrada del infierno. El barquero que los conduce es Caronte. Virgilio habla del Leteo como el río donde las almas beben para olvidar su pasado y prepararse para volver a la tierra.

Por su parte, Dante, siguiendo a Virgilio, los incluye en el canto tercero del Infierno y denomina Aqueronte al río y Carón al barquero que los ayuda a cruzarlo. Sin embargo, se observa una discrepancia en Hojeda cuando se refiere al río como Leteo y al barquero como Aqueronte.

[3] El principal objetivo de Satanás ahora es averiguar la naturaleza de Jesús. La referencia a sus intenciones y al desarrollo de sus acciones en la secuencia del poema, corresponden al Libro de la Sabiduría, donde se lee:
> Pongamos trampas al justo, que nos fastidia
> Y se opone a nuestras acciones;
> Nos echa en cara nuestros delitos
> Y reprende nuestros pecados de juventud.
> Presume de conocer a Dios
> Y se presenta como hijo del Señor.
> Es un reproche contra nuestras convicciones
> Y su sola aparición nos resulta insoportable,
> Pues lleva una vida distinta a los demás
> Y va por caminos diferentes.
> Nos considera moneda falsa
> Y nos evita como apestados;
> Celebra el destino de los justos
> Y presume de que Dios es su padre.
> Ya veremos si lleva razón,
> Comprobando cuál es su desenlace:
> Pues si el justo es hijo de Dios, él lo rescatará
> Y lo librará del poder de sus adversarios.

Lo someteremos a humillaciones y torturas
Para conocer su temple
Y comprobar su entereza.
Lo condenaremos a una muerte humillante,
Pues, según dice, Dios lo protegerá. (2, 12-20)

[4] Vesubio: volcán activo de Italia a 1,277 metros sobre el nivel del mar. Tuvo una gran erupción en el 79 d.C. que destruyó Pompeya.

[5] Mongibelo, nombre poético del Etna. Volcán activo de Italia, en el noreste de Sicilia. Tiene 3,345 metros de altura.

[6] Convocación para el consejo infernal en el poema *Christiados* de Vida: "Con un son lúgubre y ronco, la infernal trompeta convoca a los moradores de las sombras eternas... De pronto, las potencias del abismo acuden a pasos acelerados. ¡Qué espectros tan extraños, tan horribles, tan espantosos!" (Canto IV)

En *Los Lusíadas*, Tritón también hace llamar a los dioses:

En la mano la gran concha torcida
Que traía, con fuerza ya tocaba;
Su voz grande y canora es bien oída
Por todo el mar, pues lejos retumbaba.
Toda la compañía de dioses al palacio caminaba
Del dios que hizo los muros de Dardania,
Después hundidos por la griega insania. (Canto VI)

[7] Ponto: reino helenístico, situado junto al mar Negro, en el norte de Asia Menor. Pasó a ser provincia romana bajo Pompeyo el año 63 a.C. Unido a Bitinia al comienzo del imperio, el Ponto constituyó una provincia senatorial. El Ponto albergaba una comunidad judía. El cristianismo se expandió rápidamente en esa región.

[8] Quirinos. Nombre dado al divinizado Rómulo. A veces también se aplicaba este nombre a Augusto, y a la nación romana. En el contexto del poema, se refiere en general a los templos romanos.

[9] Behemot. Se trata de la forma plural de la palabra que significa "bestia", "ganado". Esta forma puede designar la bestia o el bruto por excelencia, sin importar de qué monstruo se trate. De hecho, Behemot ha sido identificado con frecuencia con el elefante, o con un búfalo mítico mencionado en los texto de Ugarit. En el segundo discurso del libro de Job, aparece una descripción que representa al hipopótamo, símbolo de la fuerza bruta que Dios controla, pero que el hombre es incapaz de domesticar. (40, 15-24)

[10] Delfos de la antigua Grecia. Es un importante centro religioso y sede de los juegos píticos en la Fócida, sobre la ladera suroeste del Parnaso, en un lugar excepcional donde

Apolo tenía un templo en el que una pitonisa emitía sus oráculos.

[11] Apolo. Con Atenea es acaso el más celebrado y representativo de los dioses griegos. Todas las ilusiones masculinas se encarnan en este dios. Se le atribuyen todos los más altos y útiles menesteres humanos: música y medicina; profecía y arte de las armas; ganadería y agricultura; la ley y la moral. Sus mitos son interminables. Fue hijo de Zeus y Leto. Por órdenes de Zeus, la serpiente Pitón persiguió incansablemente a Leto. Leto se fue hacia Delos y ahí dio luz a Apolo. Salido de Delos, Apolo se encaminó al Parnaso y buscó a Pitón, la perseguidora de Leto. La hirió con sus flechas y la mató. Apolo fue adverso al matrimonio pero tuvo varios hijos con diversas ninfas y mujeres.

Lo más notable de Apolo eran los oráculos de Delfos.

[12] Censura de Hojeda sobre la mitología, al mismo tiempo que ofrece alabanzas al Cristianismo.

[13] El poeta identifica a los dioses griegos como demonios.

Saturno. Forma latina del Kronos o Cronos de los griegos. Hijo menor de Urano y el que lo mutiló feamente. Se casó con su propia hermana Rea. Pero tanto Rea, como su padre Urano al morir, le anunciaron que un hijo suyo tenía que destronarlo del reino que sus hermanos le habían asignado. Por esta razón, cuantos hijos nacían eran devorados por él. Así lo fueron Hestia, Démeter, Hera, Hades y Poseidón.

Rea, grávida de otro hijo se fue al monte Liceo en Arcadia y la diosa de la tierra hizo llevar al niño a Creta para ocultarlo después en la cueva de Dicte, a las faldas del monte Egeo. La cuna de Zeus estaba colgada de un árbol, porque según el oráculo, no estaba ni en la tierra, ni el cielo, ni en el mar.

Rea entre tanto, envolvió una piedra en pañales y se la dio a Saturno pretendiendo que era el recién nacido para que lo engullera. No aceptó el engaño Saturno y empezó a perseguir a Zeus pero nunca logró encontrarlo.

Rea le preparó a Saturno una bebida de miel, mostaza y sal, con algún vino. Este quedó embriagado y como consecuencia, vomitó a todos sus hijos, quienes recobraron la vida.

Zeus armó la batalla contra su padre. Fue una guerra que duró diez años. Los Cíclopes le dieron el rayo a Zeus como arma propia. Finalmente Saturno fue vencido por su hijo Zeus, tal como había sido pronosticado.

[14] Venus, su equivalente en griego es Afrodita. Diosa del amor en todas sus formas, de la fertilidad y de la belleza. Era muy venerada en toda la región de la cultura griega y sus principales santuarios se hallaban en Pafos, Amatos, de Chipre, en Citera y en Corinto, de donde se derivan sus nombres de Pafia, Cipris, Citerea, etc.

Los mitos sobre su vida y su obra son muy variados. Nació entre las espumas del mar y fue en una gran concha a dar a las playas de la isla de Citera. Como le pareció muy pequeña, se fue hacia el Peloponeso y de paso estuvo en Pafos, en Chipre. Donde ella pisaba brotaban hierbas, plantas y flores.

Como Diosa tuvo gran fama. Llevaba un cinto que tenía el don de encender en amores al que lo portaba. Todos lo deseaban y ella a nadie quería dárselo. Zeus la casó con Efesto, quien era cojo y nunca pudo tener trato con ella a gusto. Procreó tres hijos:

Deimos, Fobos y Harmonía, que según las fuentes autorizadas, no eran hijos de su esposo, sino del dios Ares.

Tuvo después varios hijos de diferentes padres: con Hermes, Hermafrodito; con Poseidón, Rodo y Herófilo; con Dionisio, Priapo; con el mortal Anquises, Eneas; con el argonauta Butes, Erix, rey de Sicilia; con Adonis, Golgo y Beroa.

[15] Demonio que imita a la verdadera castidad, es decir, a María. La idea del triforme bulto o rostro es una confusión renacentista típica entre Diana, Artemisa y Hécate.

[16] Diana, en griego Artemisa. Su campo de acción es la tierra, pero en especial la no cultivada, como selvas, llanuras esteposas, montañas indómitas. Es también diosa de algunas ciudades.

Era diosa de los nacimientos y de la fecundidad masculina, lo mismo entre los hombres que entre las bestias. Era concebida como virgen perpetuamente intacta. Fue hermana de Apolo, hija de Zeus y Leto. Como su hermano, lleva arco y saetas y es capaz de curar enfermedades, pero también de matar funestamente. Protege a los niños pequeños y ama la caza, principalmente de ciervos.

Era sumamente rigurosa con sus ninfas y exigía que fueran castas. Cuando Zeus sedujo a Calisto y Diana se dio cuenta de que iba a ser madre, la convirtió en osa y la echó a la selva entre los demás animales. Otras fuentes señalan que la arrojó a su jauría. Pero Zeus vino en ayuda de ella y la llevó al cielo, convirtiéndola en la constelación conocida como Osa Mayor.

Un día Acteón, hijo de Aristeo, descubrió a Diana bañándose y se quedó contemplando su hermosura. Más tarde hizo alarde de que la diosa se había desnudado para que él la viera. Para vengarse de la infamia, Diana lo transformó en ciervo y le echó a sus cincuenta perros para que lo hicieran pedazos.

[17] Mercurio, en griego Hermes. Hijo de Zeus y Maya. Nació en una caverna del monte Cilene. Aún muy pequeño, Mercurio le robó su ganado a Apolo y a todos les costó mucho trabajo averiguarlo, y más aún creer que un niño había hecho tal hurto.

Después de que lo descubrieron, Zeus lo obligó a prometer que no robaría ni diría más mentiras. Entonces el pequeño Mercurio le pidió a Zeus que lo hiciera el mensajero divino. Aunque Zeus consideró que era mucho pedir, se lo otorgó. Lo convirtió en el mensajero de los dioses, para presidir los tratados tanto públicos como privados, fomentar el comercio, custodiar los caminos y ser el amparo de los viajeros en todo el mundo. En señal de sus oficios le dio un bastón con cintas, para que todo el mundo lo respetara, un sombrero de alas anchas para defenderse de la lluvia y unas sandalias con alas para volar más que el viento. Hades le dio también cargos: tenía que ir a anunciar la muerte con su bastón de oro y blandirlo repetidas veces ante sus ojos a los que estaban cercanos a morir.

Se le atribuyen la invención del alfabeto, la magia en general y algunos modos de adivinar, así como filosofías ocultas.

[18] Egito = Egipto

[19] Los egipcios veneraban a toros vivos conocidos con los nombres de Apis y Mnevis,

a quienes consideraban dioses encarnados.

[20] En la nota 48 del libro I se ha hablado del pecado de Salomón al desviarse del camino de Yahvé, por seguir a otros dioses, entre los que se encuentra Astarot, la diosa de los sidonios.

[21] En el libro del Éxodo se narra la rebelión de Israel que viene a romper la alianza elohísta a través de la adoración del becerro de oro. El "becerro de oro" así llamado en son de burla, es en realidad la imagen de un toro joven, uno de los símbolos divinos del Oriente antiguo. Un grupo rival de Moisés o una fracción disidente de ese grupo, tuvo o por lo menos quiso tener como símbolo de la presencia de su Dios a una figura de toro en lugar del arca de la Alianza. (32)

[22] Hojeda se refiere a los dioses de México a quienes se les ofrecían sacrificios humanos. González Torres (1994), presenta un extenso estudio en el que clasifica a los dioses en diferentes grupos. Cada grupo está representado principalmente por:

Huitzilopochtli – dios del Estado y de la guerra, tenía a su cargo obtener las víctimas para que el continuara su tarea.

Tlaloc – dios del agua; se le ofrecían sacrificios de niños.

Xipe Tótec – dios de la fertilidad, a quien se le rendían sacrificios de cautivos.

Huitznahua – se le ofrecían esclavos.

Mixcóatl – dios de los cazadores; se le sacrificaba una mujer.

Tezcatlipoca – dios que daba y quitaba la riqueza y protector de los esclavos.

Cihuacóatl – diosa guerrera, se le sacrificaban hombres.

Toci – diosa de las médicas y de las parteras; de los cultivadores de flores y de las plantas medicinales. Se le ofrecían cuerpos desollados.

Yacatecuhtli – dios de los comerciantes; sacrificio masivo de esclavos.

Xiuhtecuhtli – dios del fuego; asociado con el sol. Sacrificios en masa por fuego.

Quaxólotl-Chantico – una diosa del fuego, se dice que de Xochimilco.

Chicomecóatl-Cintéotl – dioses del maíz.

Totochtin – dioses del maguey y del pulque

[23] A diferencia de México, la teogonía andina era menos compleja. Había seis dioses principales:

Inti – el Sol.

Viracocha - el creador del mundo y dios civilizador.

Quilla - la Luna.

Pachamama - la Tierra.

Illapa - dios del rayo y el relámpago.

Mamacocha - la diosa del mar.

[24] La figura de Eponamón aparece en la épica *La Araucana* de Ercilla:

Gente es sin Dios, ni ley, aunque respeta
A aquel que fue del cielo derribado,
Que como a poderoso y gran profeta
Es siempre en sus cantares celebrado:
Invocan su favor con falsa seta,
Y a todos sus negocios es llamado,
Teniendo cuanto dice por seguro
Del próspero suceso o mal futuro.

Y cuando quieren dar una batalla
Con él lo comunican en su rito,
Sino responde bien, dejan de dalla,
Aunque más les insista el apetito:
Caso grave y negocio no se halla
Do no sea convocado este maldito;
Llaman le Eponamón, y conmúnmente
Dan este nombre alguno si es valiente. (Parte I, Canto I)
...
En esto Eponamón se les presenta
En forma de un dragón horrible y fiero,
Con enroscada cola, envuelta en fuego,
Y en ronca y torpe voz habló luego. (Parte I, Canto IX)

Hay una descripción similar en el poema *Arauco domado* de Pedro de Oña:

Al gran Eponamón, a quien servimos,
Los magos le responden, presentamos,
Y en su verdad auténtica citamos. (II, 48)
...
De tal superstición y extraño rito
Usa la miserable gente vana,
Y a la vedija va de buena gana
El regidor perpetuo de Cocito. (II, 51)

[25] En el Infierno hay hielo y llamas. La idea de esta alternancia de castigos ha sido originalmente sugerida por la lectura de Job en la *Vulgata*: "Ad nimium calorem transeat ab aquis nivium." Lo que se traduce como: "[al pecador] déjenlo que pase del calor excesivo a las aguas nevadas." (Job 24, 19)
Santo Tomás argumenta que los condenados han de pasar del más intenso calor al más intenso frío, sin que esto les dé ningún alivio. De este castigo también hablan Virgilio, Dante y Fray Luis de Granada, entre otros.

[26] perfeta = perfecta

[27] Según la doctrina de Santo Tomás, al igual que los ángeles buenos, los demonios son seres puramente espirituales y en su estado original fueron dotados de gracia supernatural. (*Suma teológica*, IX)

[28] Los espíritus apóstatas fueron expulsados del Cielo al inlierno como castigo a su rebelión. Aunque no sea aceptada por todos los teólogos hoy en día, existe la idea de que el pecado de Lucifer consistió en rehusarse a adorar al Dios-Hombre. Para la época de Hojeda sin embargo, era un concepto relativamente novedoso. Por eso mismo, es posible que la haya querido expresar en su poema. Deben observarse con cuidado las palabras de esta octava y la siguiente.

[29] Miguel derrota a los demonios y los manda al Infierno. Su nombre significa "¿quién como Dios?" Es el mayor de los ángeles en la tradición judeo-cristiana. Hay varias referencias bíblicas sobre él. En el Antiguo Testamento sólo se menciona a este ángel en el libro de Daniel, como "uno de los primeros príncipes," "el gran príncipe," el representante y protector de Israel. Miguel es uno de los ángeles que están ante el trono de Dios y se le llega a reservar el papel de abogado de los justos en el juicio final. En Apocalipsis (12, 7) se describe el combate realizado en el cielo por Miguel y sus ángeles contra el Dragón y sus ángeles. En su epístola, Judas se refiere al combate de Miguel contra Satán por la posesión del cuerpo de Moisés. (Judas 9)

[30] Al perder su lugar en el Cielo, los demonios también perdieron su intelecto y su conocimiento hasta cierto grado. En la doctrina de Santo Tomás, el conocimiento de la verdad que viene de la naturaleza no les fue arrebatado ni disminuído, pero el conocimiento de la verdad que viene de la gracia y la divinidad sí disminuyó indudablemente. Por lo mismo, los secretos divinos se les revelan sólo en lo absolutamente necesario. Los escritos de los Padres y los Doctores de la Iglesia hacen un sinnúmero de referencias a la ignorancia de Satanás con respecto al misterio de la Encarnación y el nacimiento virginal de Jesús.

Así se puede comprender fácilmente la duda de Satanás concerniente a la divinidad de Jesús; y por tanto, en el poema la finalidad de todos sus esfuerzos consiste en averiguar si él es el Hijo de Dios, el prometido Redentor.

[31] Hojeda sigue la interpretación mesiánica de la condenación que se dicta en Génesis:

> Entonces Yahvé Dios dijo a la serpiente:
> Por haber hecho esto,
> Maldita seas entre todas las bestias
> Y entre todos los animales del campo.
> Sobre tu vientre caminarás,
> Y polvo comerás
> Todos los días de tu vida.
> Enemistad pondré entre ti y la mujer,
> Entre tu linaje y su linaje:
> Él te pisará la cabeza
> Mientras acechas tú su calcañar. (3, 14-15)

[32] De Jacob se ha hecho referencia en la nota 23 del libro II. En el camino de Berseba a Jarán, Jacob tuvo un sueño en el que Yahvé le dio su bendición diciéndole:

La tierra en que estás acostado te la doy para ti y tu descendencia. Tu descendencia será como el polvo de la tierra y te extenderás al poniente y al oriente, al norte y al mediodía; y por ti se bendecirán todos los linajes de la tierra, y por tu descendencia. (28, 13-14)

[33] El prólogo al Evangelio de Juan se enfoca principalmente en el Verbo hecho carne: "Y la Palabra se hizo carne, y puso su Morada entre nosotros" (1, 14).

[34] perfeta = perfecta

[35] vido = vio

[36] Ibid.

[37] De acuerdo con San Basilio el Grande, San Ambrosio, San Jerónimo, San Juan de Damasco y otros, la razón de las bodas de la Virgen María fue ocultarle a Satanás el misterio de la Encarnación, porque si no se hubiera casado, habría resultado evidente para él que el nacimiento de Jesús era la obra de Dios y que el anunciado Mesías había llegado al mundo. Aquí, Satanás expresa que son las bodas precisamente lo que lo confunden, porque reconoce y admite que aún estando casada, María ha vivido con José como virgen.

[38] En los Evangelios Apócrifos José es presentado como un viudo con hijos, pero en el poema se trata de enfatizar la castidad existente entre él y María. Precisamente son los hijos de José anteriores a Jesús, con que algunos justifican la existencia de sus "hermanos" que llegan a mencionarse en los evangelios.

[39] Los demonios no tienen la capacidad de entender e interpretar correctamente las escrituras. En la tierra los sacerdotes se comportan como demonios que tampoco las entienden según Gamaliel.

[40] perfeto = perfecto

[41] El evangelista Lucas une en su relato los datos de Marcos (cuarenta días de tentación) y los de Mateo (tres tentaciones al final del ayuno de cuarenta días.) Lucas modifica el orden de Mateo de modo que Jesús pueda terminar en Jerusalén (4, 1-13). Según San Mateo, las tentaciones se refieren al hambre que sintió Jesús, al poder de Dios su Padre para salvarlo y a la adoración única a Dios.

En términos teológicos existe el argumento de que Jesús no pudo haber sido "tentado" ya que su naturaleza no tenía ninguna inclinación al pecado. Algunos teólogos prefieren usar la idea de que fue "puesto a prueba" para comprobar su origen divino a través del rechazo de Satanás.

[42] Tanto Marcos (4, 35-41) como Lucas (8, 22-25) refieren el milagro de la tempestad que es calmada por Jesús. Se narra que Jesús y sus discípulos iban en una barca atravesando el lago Tiberíades, cuando se desató una borrasca y la barca amenazaba con

hundirse. Jesús dormía en popa cuando se acercaron sus discípulos y le preguntaron si no le interesaba que perecieran. Entonces Jesús se dirigió a la tormenta y ésta desapareció. Finalmente les reclamó su miedo y su falta de fe, mientras que ellos se preguntaban sobre la identidad de ese hombre a quien hasta el viento y el mar obedecían.

[43] Una vez llegado Jesús a la región de Cesarea de Filipo, les preguntó a los discípulos: "¿Quién dicen los hombres que es el Hijo del hombre"? Ellos contestaron que algunos decían que era Juan Bautista, otros que Elías, que Jeremías o uno de los profetas. Jesús entonces les dirigió la pregunta a ellos y Simón Pedro contestó: "Tú eres el Cristo, el hijo de Dios vivo." (Mateo 16, 13-20; Marcos 8, 27-33 y Lucas 9, 18-27)

[44] Después de pasar la noche en Betania, Jesús regresó al amanecer y tenía hambre. Vio una higuera junto al camino, pero ésta no tenía más que hojas. Entonces la maldijo diciéndole que nunca más daría frutos y al momento el árbol se secó. Los discípulos quedaron maravillados y Jesús les contestó que si actuaban con fe y sin vacilaciones, todo lo que pidieran con fe en la oración se les concedería. (Mateo 21, 18-22; Marcos 11,12-14 y Lucas 13,1-9)

[45] Sodoma era la ciudad principal de la Pentápolis cananea. Sodoma, a la que Lot con poca prudencia eligió y en la que vivió, recibió la visita de los ángeles de Yahvé, mostró sus vicios y fue castigada: "Entonces Yahvé hizo llover sobre Sodoma y Gomorra azufre y fuego de parte de Yahvé." (Génesis 13, 12-13; 18, 16-33; 19) Por eso la ciudad se convirtió en símbolo de la iniquidad. (Mateo 11, 23-24; Lucas 10, 12; 17, 29; Apocalipsis 11, 8)

[46] Estigio era el mayor de los ríos de los Infiernos en la mitología griega. Sus aguas formaban una zona pantanosa llamada laguna Estigia, y hacían invulnerable a quien se bañaba en ellas.
Las furias del Estigio lago son personajes ficticios que habitaban en el bajo mundo de los paganos. Aparecen en *La Ilíada*, IX; *La Eneida*, XII y *Las Metamorfosis*, IV, VIII, X.

[47] Los demonios salen del Infierno en contra de Jesús. Cada uno tiene una función para hacerlo doblegar como ser humano.

[48] perfeta = perfecta

[49] Inicia el proceso contra Jesús. En el primer interrogatorio ante Anás, el poeta sigue el orden presentado en el Evangelio de Juan:

El sumo sacerdote interrogó a Jesús sobre sus discípulos y su doctrina. Jesús le respondió: "He hablado abiertamente ante todo el mundo; he enseñado siempre en la sinagoga y en el Templo, donde se reúnen todos los judíos, y no he hablado nada a ocultas. ¿Por qué me preguntas? Pregunta a los que me han oído lo que les he hablado; ellos saben lo que he dicho. (18, 13; 19-21)

[50] benina = benigna

[51] Continúa el Evangelio de Juan: "Apenas dijo esto, uno de los guardias, que allí estaba, dio una bofetada a Jesús, diciendo '¿Así contestas al sumo sacerdote?'" (18, 22-23)

[52] Y concluye: "Jesús le respondió: 'Si he hablado mal, declara lo que está mal, pero si he hablado bien, ¿por qué me pegas?'" (Juan 18, 23)

[53] Según el evangelio: "Anás entonces le envió atado al sumo sacerdote Caifás" (Juan 18, 24).

[54] dotos = doctos

[55] prendello = prenderlo

[56] vello = verlo

[57] perfeta = perfecta

[58] Santos monjes de Egipto. El monaquismo es una creación del Egipto cristiano que en el siglo VI tuvo un gran desarrollo. Fue una reacción natural contra el peligro de secularización después de que la Iglesia logró la paz y de que el cristianismo se adoptó como religión del Estado. Entre los autores cristianos aparecen ermitaños y monjes. Crearon un nuevo tipo literario: reglas monásticas, tratados ascéticos, colecciones de sentencias espirituales de los Padres del desierto, escritos hagiográficos y edificantes, sermones y cartas. Además, compusieron ensayos muy eruditos de elevado valor teológico e histórico.

Una de las fuentes principales sobre los orígenes y difusión del movimiento del monaquismo la constituye una "Historia de los monjes de Egipto" de autor anónimo, que se conserva en griego y en una traducción latina de Rufino. Su representante inicial fue San Antonio, quien desarrolló el antiguo ascetismo conocido como anacoterismo o vida erimítica. Después de la muerte de Antonio, la colonia de ermitaños se halló bajo la dirección de Ammonas. Otro destacado abad es Ammón a quien se le considera el fundador de la famosa colonia de Escete, cuyo héroe espiritual fue Macario el Egipcio, apellidado también el Viejo o el Grande. También puede mencionarse a Macario el Alejandrino, conocido con el nombre de "el hombre de la ciudad" por el lugar de su nacimiento y para distinguirlo del anterior.

Cuando en las provincias septentrionales de Egipto el anacoterismo se hallaba en pleno proceso de desarrollo, Pacomio dio forma en el sur al cenobitismo o vida monástica propiamente dicha. Antes de morir, Pacomio nombró sucesor suyo a Petronio, pero éste le sobrevivió solamente dos meses y la dirección la asumió Orsiesio. Gracias a él, la corporación monástica evolucionó extraordinariamente. Teodoro fue su coadjutor y asistente. Otros monjes fueron Evagrio Pontico, su discípulo Paladio (el historiador más eminente del monaquismo egipcio), Isidoro de Pelusio y Shenute de Atripe.

[59] San Arsenio el Grande, también conocido como Arsenio el romano o Arsenio el diácono. Nació probablemente en Roma en 354 y murió cerca de Memfis, Egipto en el 450. La leyenda dice que el papa San Dámaso recomendó al erudito Arsenio al emperador

Teodosio el Grande, quien a su vez le dio un rango senatorial en Constantinopla y lo nombró tutor de sus dos hijos, Arcadio y Honorio. El fue recompensado con dinero y sirvientes, honor y posesiones, pero supuestamente tras una década de lujo y poder, siguió escuchando la voz de Dios que le decía que sólo abandonando ese tipo de vida sería salvado. Alrededor del 395 abandonó la corte y se unió a los monjes de Alejandría, Egipto.

Fue reconocido por su santidad y llegó a considerar que el conocimiento no tenía importancia y que podría incluso llegar a ser un obstáculo en la relación con Dios.

[60] San Juan Mansur, Damasceno o de Damasco. (Nació alrededor de 676 y murió entre 754 y 787) Fue nombrado doctor de la Iglesia por León XIII en 1890. Fue hijo de un antiguo ministro de finanzas. Era prefecto del diván --gobernador turco, en la corte del califa de Damasco, Siria, cuando cercano a los cincuenta años de edad, abandonó el mundo y sus honores para hacerse monje en la laura San Sabás, Palestina donde murió hacia 749. Es el último de los padres griegos. Su "Fuente del conocimiento" es la primera exposición sintetizada que se ha hecho del dogma cristiano. Tomás de Aquino la utiliza y la cita a menudo. Damasceno dejó también varios himnos que le dan la reputación de gran poeta.

[61] San Alejo. (Se asume que murió hacia 417). Fue hijo de Eufemiano, senador romano, quien lo había prometido en matrimonio sin su consentimiento. Alejo huyó en plena ceremonia nupcial y se embarcó hacia Siria. Una vez ahí caminó hasta Edesse (Ufa, Turquía) y durante diecisiete años se unió a los pobres que mendigaban a la puerta de la iglesia. Uno de los sacristanes divulgó sus méritos y Alejo salió de Edesse, pero el navío lo llevó a Roma. Sus padres todavía vivían y su novia le permanecía fiel. Sin descubrir su personalidad, pidió que le dieran hospitalidad bajo la escalera del palacio paterno. Su padre se lo concedió a condición de que rezara por el regreso de su hijo y Alejo así se lo prometió. Vivió diecisiete años mendigando por las calles, orando en las iglesias y cada noche volvía a su albergue donde los esclavos lo maltrataban.

Un día que el papa Inocencio I celebraba la misa en presencia del emperador se escuchó una voz celestial que decía: "Buscad al hombre de Dios, él orará por Roma y el Señor os será propicio." La voz reveló que ese hombre se encontraba en la mansión de Eufemiano. Tanto el papa como el emperador fueron a buscarlo y lo encontraron muerto entre sus harapos, bajo la escalera, sosteniendo en la mano un pergamino en donde revelaba su identidad y relataba su historia.

[62] Referencia no identificada.

[63] San Macario el Viejo, llamado también el Grande, de Alejandría. Nació en Egipto hacia 300 y murió en 390. En su juventud fue un arriero pero pronto se hizo un ermitaño conocido por sus grandes austeridades. En su niñez robó unos higos y se comió uno de ellos, y desde su conversión hasta su muerte nunca dejó de llorar amargamente por ese pecado. Se retiró a una choza solitaria donde combinaba la oración, el cuidado de ovejas y el tejido de canastas. Fue acusado de violar a una mujer, pero logró probar su inocencia y se convirtió de alguna manera en héroe por su paciencia y humildad durante la acusación. Llegó incluso a ayudar a la mujer con sus propios recursos. Ella no pudo dar a luz hasta que reveló el nombre del verdadero padre.

Para escapar de la adulación de los que lo habían visto con desprecio, se retiró al desierto de Escete cuando tenía 30 años. Fue entonces que siguió las enseñanzas de San Antonio, de quien se hace referencia en la nota 48.

El obispo lo obligó a recibir la ordenación de sacerdote para que pudiera celebrar misa diariamente para los miles de miembros de la colonia monástica. Murió después de vivir 60 años en Escete. Es representado como un viejo ermitaño con pelo largo y blanco con una faja de hojas y un par de leones cerca de él.

[64] Alusión al mito de Santa Teodora. La virgen Teodora decidió permanecer virgen por el amor de Cristo y fue condenada por el tribunal del emperador, que no permitía que hijas de familias nobles se quedaran sin casarse. Teodora fue condenada a servir en un burdel en la época de las persecuciones bajo Diocleciano. Uno de los soldados romanos que asistía al lugar la vio. Se llamaba Dídimo y se ofreció a intercambiar ropas con ella. Así fue como Teodora salió del burdel vestida de soldado. Los dos fueron martirizados juntos en Alejandría.

[65] vía = veía

[66] Santo Domingo, fundador de la Orden de los Dominicos (conocida como la Orden de Predicadores). Nació en Caleruega, Burgos a finales de 1171. Su padre, Félix de Guzmán, era noble acompañante del Rey. Su madre era la Beata Juana de Aza de quien Domingo recibió su educación primera. Cuando tenía seis años fue entregado a un tío suyo, arcipreste, para su educación literaria. A los catorce años fue enviado al Estudio General de Palencia, el primero y más famoso de toda esa parte de España, y en el que estudiaban artes liberales, es decir, todas las ciencias humanas y sagrada teología. El joven Domingo se entregó de lleno al estudio de la teología.

Un día llegó a su presencia una mujer llorando amargamente y diciendo: «Mi hermano ha caído prisionero de los moros». A Domingo no le quedó ya nada que dar sino a sí mismo, por lo que decidió venderse como esclavo para rescatar al desgraciado por el cual se le rogaba. Este acto de Domingo conmovió a Palencia; el Obispo de Osma, don Martín Bazán, que andaba buscando hombres notables para el Cabildo, rogó a Domingo que aceptara en su catedral una canonjía y al cumplir la edad canónica de veinticinco años, fue ordenado sacerdote.

El Rey Alfonso VIII había encargado al Obispo de Osma, en 1203, la misión de dirigirse a Dinamarca a pedir la mano de una dama de la nobleza para su hijo Fernando. El Obispo aceptó y como compañero de viaje llevó a Domingo. Al pasar por Francia, Flandes, Renania e Inglaterra, Domingo quedó profundamente dolorido al ver que había grandes herejías. Los cátaros, los valdenses o pobres de Lyon, y otras herejías, procedentes del maniqueísmo oriental, predominaban e incluso tenían Obispos propios.

En respuesta a todo esto, en 1206 fundó un monasterio femenino en Prouille para la predicación evangélica, convirtiéndose en el centro material y espiritual de su acción, para defender la religión no aceptaba otras armas que los buenos ejemplos, la predicación y la doctrina.

Empezó una nueva etapa de la vida de Domingo. Junto con algunos compañeros, entre ellos su propio Obispo de Osma, se entregó de lleno a la vida apostólica, viviendo de limosnas, que diariamente mendigaba, renunciando a toda comodidad, caminando a pie y descalzo. Comprendiendo la necesidad de instruir a aquellas gentes incultas que arrastraban las herejías, determinó establecer una Orden de Predicadores, dispuestos a recorrer pueblos y ciudades para llevar a todas partes la luz del Evangelio. Fundó diversos centros de apostolado en todo el sur de Francia. Pero reconociendo que para combatir las herejías era necesario una buena formación teológica, buscó un buen Doctor en teología que diera clase todos los días, pues consideraba que, para ser buenos predicadores, primero debían ser buenos maestros.

Se constituyó la primera fraternidad conventual en Tolosa y pocos meses después Domingo dispersó a sus discípulos lo más que pudo, siete a Francia, cuatro a España, a Bolonia, etc.

El 21 de enero de 1217, el Papa Honorio 111 aprobó definitivamente la obra de Domingo, llamada la Orden de los Predicadores o Dominicos. En 1220 la herejía de los cataros y albigenses se había extendido por Italia. El Papa Honorio III determinó una gran misión, bajo la dirección de Domingo. En 1221 Domingo dividió su orden en ocho provincias e inició una larga campaña de predicación, pero fue sorprendido por la muerte. Murió el 6 de agosto de 1221 y fue canonizado por Gregorio IX en 1234.

Medio siglo después de su muerte, la Orden de los Hermanos Predicadores contaba con unos setecientos doctores en teología.

[67] San Pedro Crisólogo. Nació en Imola, en la Emilia oriental. Estudió las ciencias sagradas, y recibió el diaconado de manos de Cornelio, obispo de Imola, de quien habla con la mayor veneración y gratitud. Cornelio formó a Pedro en la virtud desde sus primeros años y le hizo comprender que en el dominio de las pasiones y de sí mismo residía la verdadera grandeza y que era éste el único medio de alcanzar el espíritu de Cristo.

Según la leyenda, San Pedro fue elevado a la dignidad episcopal de la manera siguiente: Juan, el arzobispo de Ravena, murió hacia el año 433. El clero y el pueblo de la ciudad eligieron a su sucesor y pidieron a Cornelio de Imola que encabezara la embajada que iba a Roma a pedir al Papa San Sixto III que confirmara la elección. Cornelio llevó consigo a su diácono Pedro. Según se cuenta, el Papa había tenido la noche anterior una visión de San Pedro y San Apolinar (primer obispo de Ravena, que había muerto por la fe), quienes le ordenaron que no confirmara la elección. Así pues, Sixto III propuso para el cargo a San Pedro Crisólogo, siguiendo las instrucciones del cielo. Los embajadores acabaron por doblegarse. El nuevo obispo recibió la consagración y se trasladó a Ravena, donde el pueblo le recibió con cierta frialdad. Es muy poco probable que San Pedro haya sido elegido en esta forma ya que el emperador Valentiniano III y su madre, Gala Placidia, residían entonces en Ravena y San Pedro gozaba de su estima y confianza, así como de las del sucesor de Sixto III, San León Magno.

Cuando San Pedro llegó a Ravena, aún había muchos paganos en su diócesis y abundaban los abusos entre los fieles. El celo infatigable del santo consiguió extirpar el paganismo y corregir los abusos. Se distinguió por la inmensa caridad e incansable vigilancia con que atendió a su grey, exponiéndoles con suma claridad doctrinal la palabra de Dios. Escuchaba con igual condescendencia y caridad tanto a los humildes como a los poderosos. En la ciudad de Clasis, que era entonces el puerto de Ravena, San Pedro construyó un bautisterio y una iglesia dedicada a San Andrés.

En 448 San Pedro Crisólogo recibió con grandes honores en Ravena a San Germán de Auxerre; el 31 de julio, ofició en los funerales del santo francés, y conservó como reliquias su capucha y su camisa de pelo. San Pedro Crisólogo no sobrevivió largo tiempo a San Germán. Habiendo tenido una revelación sobre su muerte próxima, volvió a su ciudad natal de Imola, donde regaló a la Iglesia de San Casiano varios cálices preciosos. Después de aconsejar que se procediera con diligencia a elegir a su sucesor, murió en Imola, el 31 de julio del 451 (otras fuentes indican que fue el 3 de diciembre del 450), y fue sepultado en la iglesia de San Casiano.

[68] San Luis Rey. Luis IX de Francia, dirigente de dos de las cruzadas. Nació el 25 de abril de 1214, en Poissy, cerca de Paris. Sus padres fueron el rey Luis VIII y Blanca de Castilla. El pequeño Luis, con sólo 12 años, fue proclamado como Luis IX en 1227 al morir su padre. En 1235 se casó con Margarita de Provenza y con ella tuvo 11 hijos. Fue un esposo y padre ejemplar.

San Luis se distinguió por espíritu de penitencia y oración. Se preocupó por la paz entre las naciones, fue un rey que supo defender a la Iglesia y buscar la justicia. Era muy considerado con sus súbditos, especialmente con los pobres. Perteneció a la Orden Tercera Franciscana. Fundó muchos monasterios y construyó la famosa Saint-Chapelle en Paris, cerca de la catedral, para albergar una gran colección de reliquias.

Supo guiar a sus ejércitos para defender a Francia. Venció al Rey Enrique III de Inglaterra en Tailebourg en 1242. Dirigió dos cruzadas con el propósito de arrestar la invasión de los musulmanes y liberar el sepulcro de Cristo. En la primera cayó prisionero en Egipto y durante la segunda murió de disentería cerca de Cartagena (norte de Africa) en 1270. Fue canonizado en 1297.

[69] San Enrique Susón. Famoso escritor dominico alemán del siglo XIV, la época del gran misticismo alemán. Fue muy admirado en España. Murió en Colonia, Alemania en 1224 ó 1225. Uno de los primeros dominicos que ingresaron a la universidad de París. Al término de sus estudios encontró en las Sagradas Escrituras el camino que esperaba e ingresó a la orden dominica. En 1221, cuando el priorato de Colonia fue establecido, Enrique desempeñó la función de prior. Murió repentinamente a la edad de 35 años.

[70] La tradición ha reconocido que hacia el final de su evangelio Juan asume ser el amado de Dios: "Pedro se vuelve y ve, siguiéndoles detrás, al discípulo a quien Jesús amaba, que además durante la cena se había recostado en su pecho." (Juan 21, 20)

[71] Podría tratarse de San Guillermo Abad o San Guillermo Arnauld.

[72] Dentro de los mendicantes, las órdenes redentoras tuvieron un carácter especial, dedicadas al rescate de cristianos cautivos de los musulmanes. La más importante fue la de la Merced, fundada en Cataluña por San Pedro Nolasco.

[73] San Ignacio de Loyola, fundador de la Compañía de Jesús y San Ignacio de Antioquía, mártir.

[74] Lenguaje misógino de Hojeda en el que se destaca el estereotipo de la mujer como curiosa.

[75] Hojeda compara a la serpiente que le habla a Eva con la mujer que le habla a Pedro, ambas son igualmente venenosas y los hacen caer en el pecado.

[76] La negación de Pedro es narrada por los cuatro evangelistas. Como cada evangelio presenta ciertas discrepancias, el poeta ha tomado información de cada uno de ellos para la secuencia presentada en el poema. (Mateo 26, 69-75; Marcos 14, 66-72; Lucas 22, 55-62 y Juan 18, 17,18; 25-27)

[77] La transfiguración de Jesús ya se menciona en la nota 28 del libro I. Aunque actualmente se afirma que no fue en el monte Tabor donde ocurrió dicha transfiguración.

[78] La luz de Jesús oscurece la de Faetonte. Como se dijo en la nota 70 del libro II, Faetonte era hijo de Helio y Climene. En el poema se ha empleado como una alusión a la luz del sol.

[79] El poeta expone tres ejemplos en los que la parte débil vence a la parte poderosa. En este primero se refiere a la segunda y tercera plagas que fueron enviadas por Yahvé a través de Moisés al faraón egipcio, cuando éste no les permitía salir de Egipto.

[80] En el segundo ejemplo cita la derrota de Goliat, un soldado grande y fuerte que es vencido por David, un jovencito débil pero astuto.

[81] Se identificaron dos referencias: una proviene del libro de Jeremías que usa tres veces la expresión "mi siervo Nabucodonosor" y en la que Yahvé se sirve de Nabuco para destruir a los dioses egipcios.

La otra referencia se localiza en el libro de Daniel, en la que Nabuco es castigado y condenado a morir como los animales. Podría decirse que Daniel es su siervo. Él le ha interpretado su sueño y Nabuco se resiste a creerlo, pero al final se cumple y aprende de su castigo.

[82] La fortaleza de Pedro se ve derrotada por la debilidad de la mujer.

[83] mirallo = mirarlo

[84] alumbrallo = alumbrarlo

[85] Después de que Pedro había proclamado su fe y había reconocido a Jesús como el Mesías, el Hijo de Dios, Jesús le replicó con estas palabras: "Y yo a mi vez te digo que tú eres Pedro, y sobre esta piedra edificaré mi Iglesia y las puertas del Hades no prevalecerán contra ella." (Mateo 16, 18)

El término griego "pétros" no se usaba como nombre de persona antes de que Jesús lo llamara así para simbolizar su papel en la fundación de la Iglesia, pero su correspondiente arameo Kefa (piedra) está atestiguado por lo menos una vez en un documento de Elefantina, en 416 a.C.

[86] tocalla = tocarla

[87] Hojeda se refiere a la historia en torno a las lágrimas de San Pedro, de las cuales, Cabrera escribe: "Pues, como dice San Clemente en su Itinerario: 'De allí adelante todos los días de su vida se levantaba al canto del gallo a llorar, y eran tantas sus lágrimas que habían hecho canales y regueros en sus mejillas." (*Sermón del Viernes Santo*, 424)

[88] Plutón es el rey del averno.

[89] Poncio Pilato fue gobernador de Judea del 26 al 36, bajo el reinado de Tiberio. "En el año quince del imperio de Tiberio César, siendo Poncio Pilato procurador de Judea" (Lucas 3, 1). Su nombre aparece en una inscripción mutilada encontrada en Cesárea Marítima. Los hechos que se conocen de él hablan de un hombre ambicioso y cruel: tuvo que reprimir un motín después de apoderarse del dinero del templo para construir un acueducto, hizo también una matanza de samaritanos que buscaban en el Garizim utensilios sagrados, escondidos por Moisés. Fue acusado por sus administrados y depuesto por el gobernador de Siria Vitelio, quien lo envió a Roma para ser juzgado. Aparece durante la pasión de Jesús, pero los evangelios de alguna manera atenúan su responsabilidad sobre la muerte de Jesús.

[90] En la mitología clásica Mercurio es el mensajero de los dioses. En el poema, Mercurio es el mensajero de Satanás.

[91] De acuerdo a la doctrina de San Gregorio, a pesar de que los demonios perdieron su beatitud, aún conservan una naturaleza de ángeles. Su caída no cambió su esencia y por tanto, pueden asumir cuerpos de la misma manera que los ángeles. Esta idea es evidente en el poema a través de la transformación de uno de los demonios que se convierte en Mercurio. En la segunda carta de San Pablo a los corintios hay una advertencia contra Satanás que se transforma en ángel de luz: "Y nada tiene de extraño: que el mismo Satanás se disfraza de ángel de luz" (11, 14).

[92] Esta visita de Mercurio es una interpretación poética del pasaje del Evangelio de Mateo: "Mientras él estaba sentado en el tribunal, le mandó a decir su mujer: 'No te metas con ese justo, porque hoy he sufrido mucho en sueños por su causa." (27, 19)

[93] Remo. Personaje legendario romano, hermano gemelo de Rómulo, a quienes la leyenda considera fundadores de Roma. (753 a.C.)

[94] Las siguientes son narraciones sobre el encuentro y el trato de Jesús con las mujeres. La historia de la samaritana se encuentra solamente en el Evangelio de Juan (4, 1-30). El relato del poeta es una fiel interpretación de la versión bíblica.

[95] benino = benigno

[96] Samaria. Ciudad del centro de Palestina. Jesús, como todos los judíos de su

tiempo, evitaba pasar por Samaria, excepto en una ocasión. En cambio, sus discípulos Felipe, Pedro, Juan y Pablo serán testigos suyos en Samaria y fuera de ella.

[97] Algunos interpretan esta historia como el anuncio de la conversión de los samaritanos. Al convertirse, la samaritana renueva el vínculo matrimonial que la unía a Dios. Sus "cinco maridos" simbolizan los cinco grupos paganos de samaritanos que se vieron obligados a inmigrar y que en parte siguieron fieles a sus dioses. También hay una relación con el Proverbio 18, 4: "Un agua profunda es la palabra del corazón del hombre, un río que brota, una fuente de vida."

[98] El evangelista Juan (8, 1-11) es también el único que cuenta la historia de la adúltera perdonada por Jesús. No se identifica con ningún nombre específico.

[99] sentencialla = sentenciarla

[100] condenalla = condenarla

[101] La narración sobre Magdalena se localiza en los cuatro evangelios: Mateo (26, 6-13); Marcos (14, 3-9); Lucas (7, 36-50) y Juan (12, 1-8).

[102] Para la explicación acerca del origen de esta estatua, véase la nota 3 del libro XI.

[103] beninos = benignos.

[104] limpiallas = limpiarlas.

LIBRO V

ARGUMENTO

Llevan a Cristo al presidente sabio,
Que de su gran valor se maravilla;
Y al necio rey, por no hacerle agravio,
Lo remite, y Jesús no se le humilla:
Herodes, porque no desplega el labio
El buen Señor (¡oh extraña maravilla!)
Por loco lo desprecia; y Cristo un cielo
Ve de sabios, y toma algún consuelo.

La blanca aurora con su rojo paso,[1]
En nubes escondida, caminaba,
Y los celajes del Oriente raso,
De oro confuso y turbia luz bordaba;

Y adivina quizá del triste caso,
Oscurecer quisiera, y alumbraba,
No voluntaria, no, mas obediente
Al que gustó de estar en cruz patente.

El rubio sol, temiendo la carrera,
Escasa daba su hermosa lumbre,
Y discurría por la cuarta esfera,
Ya no por intención, mas por costumbre;
Y si juntarse con verdad pudiera
En el bajo hemisferio y alta cumbre
Oscuridad y luz, y noche y día,
Todo, por hacer monstruos, lo haría.

El aire sus alegres arreboles,
De apacible escarlata sonrojados,
Que parecen vistosos tornasoles
De diversos matices retocados,
Quitaba al sol; y a mil ardientes soles
Que envestirle quisieran abrasados,
Melancólico y turbio se hurtara,
Porque la claridad no le bañara.

Las dulces avecillas voladoras,   4
Que al rayar de luz cantan risueñas,
Olvidando las músicas sonoras,
Por su Dios se mostraban zahareñas:
Mudas las lenguas, antes chirriadoras,
Daban de su dolor bastantes señas;
Que, como naturalmente obedecen
A Dios, por Dios callando se entristecen.

Los peces, que en el agua transparente
A la mañana alborozados juegan,
Y la plaza del aire refulgente
De aljófar cubren y de escarcha riegan,
Y remedando al escuadrón valiente,
En varias tropas a encontrarse llegan;
Dividían los líquidos cristales,
Mustios por ver a Dios en penas tales.

Las fieras, en los bosques detenidas,
Contra lo que sus almas les dictaban,
Las hondas cuevas de horror vestidas,
Huyendo de la nueva luz, buscaban;
Y allí presas, con rabia enfurecidas,
A su Criador bramando se quejaban,
Y si tuvieran para más licencia,
Vengaran su pasión y su paciencia.

Caifás no es capaz de admirar la belleza de esta creación por la ceguera que le causa la envidia y el enojo por Jesús

Sólo Caifás, más que las bestias bruto,
De la aurora no vía[2] el paso lento,
La escaseza del sol, del aire el luto,
Y de las aves el callar atento;
Del mar turbado el singular tributo,
De los peces el tardo movimiento,
Y de las bravas fieras los enojos;
Porque la envidia le cegó los ojos.

Caifás convoca a un nuevo consejo para juzgar a Jesús

Airado y diligente con extremo
A consejo llamó. ¡Quién tal pensara,
Que para sentenciar al Dios supremo
A consejo en la tierra se llamara![3]
Mas tú, Señor, a quien adoro y temo,
Los fieros consultores me declara
Que pronunciaron a tu brazo fuerte
Sentencia injusta de afrentosa muerte.

8

Descripción de
los participantes,
pertenecientes a
distintas sectas judías

Vinieron los soberbios fariseos,[4]
Que sepulcros hermosos parecían
Y sus obras, palabras y deseos
Al necesario hado atribuían;
Y diez años, los actos himeneos
Renunciando, cual vírgenes vivían;
Y que las almas justas se pasaban
De unos cuerpos en otros afirmaban.

Halláronse en la junta peligrosa
También los saduceos[5] engañados,
Que, duros, con protervia sediciosa
Negaban los espíritus sagrados,
La vida de las ánimas preciosa,
Que en siglos se eterniza dilatados,
Y la resurrección de los mortales
Hecha en los mismos cuerpos ya inmortales.

Y fueron convocados los esenos,[6]
Sin ceremonias, templo y sacrificios,
Y dellos diferentes los sabuenos[7]
En variar las fiestas y ejercicios;
Y discrepantes déstos los gortenos,[8]
Aunque todos conformes en los vicios,
Y en no admitir de los profetas santos
Los sacros libros, que estimaban tantos.

Ni faltaron de allí los dositeos,[9]   12
Que animales o peces no tocaban,
Y el día principal de los hebreos
Con religión ridícula guardaban,
Pues ni mudarse, ni hacer meneos
Varios, del modo y punto donde estaban,
Ni comer en el sábado querían;
Mas las resurrecciones admitían.

Llegaron los bautistas[10] incansables,
Que en otoño, en estío, en primavera
Y en los días de invierno incomportables,
Se bautizaban, cual si juego fuera,
Y el pescado y las carnes saludables
Juzgaban por comida odiosa y fiera;
Y de Moisés los libros excelentes
Despreciaban con celos imprudentes.

Y acudieron, al fin, los herodianos,[11]
Que al mal Herodes, como al Rey ungido
Que anunciaron los libros soberanos,
Adoraban con ánimo rendido.
¡Oh contumaces, pérfidos, profanos!
Si veis el cetro de Judá perdido,
Ved en Jesús las otras profecías,
Y le tendréis por el común Mesías.

Como los animales ponzoñosos
Se llegan a la lumbre de la vela,
Enamorados no, pero envidiosos,
Para matar la luz que los desvela,
Y vuelven y revuelven presurosos,
Asestando a la ardiente centinela,
Temiendo el resplandor que los descubre
Y buscando el horror que los encubre;

Tal estos nuevos monstruos, enemigos   16
De Cristo, a ver la inmensa luz se llegan,
No por ser dél ni de su luz amigos;
Que a su divino resplandor se ciegan;
Mas porque son de la verdad testigos,
Y la misma verdad confusos niegan:
Andan por apagar la luz despiertos,
Por quedarse sin luz más encubiertos.

Entran, pues, al concilio todos juntos,
Príncipes, sacerdotes y prelados,
Y en dos precisos y notables puntos
Resuelven sus intentos mal fundados;
Que ha habido de Jesús claros barruntos
(Por do están en gravísimos cuidados)
Que es el Hijo de Dios, y que él lo dijo,
Y que muera, por ser de Dios el Hijo.

Jesús es traído ante el
senado y viene atado
como criminal

Mandan que atado a su presencia venga,
Y atado viene a su presencia el Santo.
¿Es posible, es posible que convenga
Que la alteza de Dios se humille tanto?
Eslo. Y entrado, hácele una arenga
Confusa y larga, con pavor y espanto,
Caifás, de mal fingidos mil excesos,
De que pretende fulminar procesos.

Falsos testimonios
contra Jesús: errónea
interpretación de sus
palabras y sus obras

Llámanse, pues, testigos insolentes,[12]
Y dice cada cual sus falsedades,
Unos, que come con diversas gentes,
Y algunas de menores calidades;
Otros, que en el lavarse negligentes
Sus discípulos son. ¡Ved qué maldades!
Otros, que en Belzebut[13] saca demonios,
Y no eran convenientes testimonios.

Mas a la postre vienen dos falsarios,   20
Encaramando un grave mal ejemplo,
Y deponen que ha dicho en tiempos varios:
"Yo desharé de Dios el sacro templo."
Mientras vosotros, pérfidos contrarios,
Así mentís, al buen Señor contemplo
Con rostro humilde y mesurada vista,
Que amansa fieras y áspides conquista.

Presas atrás las liberales manos,
Y con sogas ceñido el santo cuello.
¿Manos tales a nudos tan profanos
Entrega Dios y da cuello tan bello?
Desquíciense los polos soberanos;
Y si no llora el hombre, tiemble dello;
Que son estas prisiones beneficios,
Y con amor se pagan, no con vicios.

Calla Jesús.[14] ¡Oh Verbo inaccesible!
A quien pronuncia el Padre omnipotente,
Y con sola tu lengua inteligible
Declara cuanto supo eternamente.
¿A la de tu criatura voz falible
Callas, y sufres tú manso y paciente?
Y ¿mueve el hombre odiosas disensiones
Sin estar acusado y en prisiones?

Interrogatorio de
Caifás a Jesús

Pero de un bravo espíritu irritado,
Caifás a la demanda salió ardiendo,
Y acabar el proceso comenzado
Quiso sin tanto judicial estruendo;
Y preguntó a Jesús, alborotado,
Ya su respuesta y gravedad temiendo:
"Y por Dios te conjuro (a voces dijo)
Que digas si de Dios eres el Hijo."

Cristo le respondió grave y sereno:[15]   24
"Tú dices la verdad, y aún más te aviso,
Que el Hombre Dios, de resplandores lleno,
Y en nube orlada de radiante friso,
Y a la del Padre, inmensamente bueno,
Diestra divina, con humano viso
Vendrá sentado; y esto de aquí a poco."
Quedó Caifás de la respuesta loco.

Y como el labrador mal advertido
Que, pensando asentar la bronca planta
En una alfombra de jardín florido,
Sobre algún áspid, sin saber, la planta,
Que el tosco pie, con brevedad mordido,
Del suelo con aguda voz levanta;
Así Caifás, herido de su envidia,
Salta y grita y declara su perfidia.

La respuesta de Jesús aumenta la furia de Caifás

Cual triste enfermo que en retrete oscuro
Guardado está del cielo refulgente,
Que si del claro sol un rayo puro
Le enviste y baña con su luz ardiente,
Dél ofendido y della mal seguro,
Huye la claridad resplandeciente,
Los ojos cierra y brama encandilado;
Así gime el pontífice alumbrado.

Cual caminante en noche tenebrosa,
A quien el rayo coge repentino,
Que de lejos la vista temerosa
Le ciega y saca de su paso y tino,
Y aún no tocado de su luz fogosa,
Las fuerzas pierde y pierde su camino;
Así Caifás perdió la excelsa cumbre
De la razón, con este rayo y lumbre.

Y dijo: "Blasfemó: ya habéis oído   28
Su gran blasfemia.[16] ¿Qué son de importancia
Los testigos aquí? Ya es conocido
Y claro su furor y exorbitancia:
¿Qué respondéis, senado esclarecido?
¿Qué os parece su pérfida jactancia?"
Y pronunciando, al fin, palabras tales,
Los vestidos rompió sacerdotales.

Caifás considera que las palabras de Jesús son una blasfemia y se rompe las vestiduras

Alusión a otras blasfemias cometidas en el pasado

Era costumbre de la hebraica gente
Romper sus vestiduras al instante
Que el nombre de su Dios indignamente
Blasfemaba algún pérfido arrogante;[17]
Y Ezequías, con celo vehemente
Por no ser en el mal participante,
De Rapsacís oyendo el gran pecado,
Rompió sus vestiduras asombrado.[18]

Y Jeremías tuvo a grande espanto
Que el otro rey sus ropas no rasgase
Viendo echar en el fuego un libro santo,
Por ser cual si de Dios se blasfemase;[19]
Y al vano Herodes castigó Dios tanto
Porque otro sus vestidos desgarrase,
Cuando viese que el vulgo le ofrecía
Honras de la deidad que no tenía.[20]

Mas era el sacerdote prohibido
Por ley divina y justo mandamiento,
El romper en tal caso su vestido,
Aunque viese un gravísimo portento;
Pero Caifás lo puso aquí en olvido,
Al daño sólo de Jesús atento,
Para solemnizar por gran blasfemia
De Dios la confesión, que él mismo premia.

Creen que merece la muerte

Y así los mal mirados consultores,   32
"Digno es de muerte," al punto respondieron,
Y con voces, con gritos, con clamores,
Confusamente la sentencia dieron;
Y al rostro de divinos resplandores
Con sus horrendas bocas escupieron.
¿Esa es cara, Señor, para escupilla?
¿Cara de quien el sol se maravilla?

¿El rostro que los ángeles gloriosos
Mirando, sus espíritus recrean,
Bocas de fariseos envidiosos
Manchan porque sus luces no se vean?
¿El rostro que a los hombres venturosos
Hará, cuando en el cielo le posean,
Salivas cubren y gargajos tapan,
Y en tales barbas con horror se empapan?

¡Oh sumo Dios, en ti mismo impasible,
Y de infinita gloria rodeado!
¡Oh Dios inestimable! ¡Oh Dios terrible,
Por mí a tales bajezas humillado!
¡Quién te viera en tu silla inaccesible,
De altas inteligencias adorado,
Y bajara los ojos, y te viera
Hombre escupido desa gente fiera!

Si el ser de Dios inmenso contemplara,
Y el sucio humor de aquellos torpes labios,
¡Qué espantado y atónito quedara
Viendo a tal Dios sufrir tales agravios!
¡Oh Dios! ¡Oh Dios, que ves tu linda cara!
Haz a los rudos hombres hombres sabios,
Porque alcancen el uno y otro extremo
De Dios hombre escupido y Dios supremo.

Era el día de Pascua venerable,[21]   36
El senado no tiene Y así no había por su ley licencia
licencia para condenar Para la ejecución abominable,
a Jesús Aunque se dio de muerte la sentencia;
Y por eso el concilio inexorable,
Escrúpulo fingiendo de conciencia,
Se lo envían a Pilato Quiso a Pilato proponer la causa
De Cristo, y no hacer en ella pausa.[22]

Salen todos hacia la casa de Pilato

Y todos juntos, con ligero paso,
Con furia, con tropel, con alboroto,
Cuenta le van a dar del grave caso,
De su antiguo temor el velo roto.
¡Oh sol! en alumbrar te muestra escaso,
Y tú, tierra, levanta un terremoto,
Porque atadas las manos no se vean
Del Dios que ver los ángeles desean.

Mas súfrelo el Señor, y por los hombres
Mismos que injustamente se las atan:
Razón es, sol y tierra, que te asombres
Dél, y dellos también, que así le tratan;
O que las calles por do viene alfombres,
Mientras aquestos fieros le maltratan,
De honestas rosas y de castos lirios,
Agradeciendo en algo sus martirios.

De casa, pues, del príncipe inclemente
Sacan al buen Jesús con sogas preso,
Y él va con faz serena y dulce frente,
Muestra de amor y aún de amoroso exceso:
Corre admirada y en tropel la gente
A preguntar la causa del proceso,
Y unos heridos de dolor le siguen,
Y otros llenos de envidia le persiguen.

Actitud de la muchedumbre ante el caso de Jesús

Acontece quemarse alguna casa,   40
Y al son de la campana apresurado,
Mientras el fuego con rigor la abrasa,
El vulgo concurrir alborotado:
Uno viene, otro llega y otro pasa,
Y mira cada cual lo mal parado,
Y todos en saber el hecho entienden,
Y pocos el remedio le pretenden.

Todos acuden a mirar a Cristo
En plazas, calles, puertas y ventanas;
Corre confuso el pueblo, y anda listo
El tropel de las gentes comarcanas;
Y ninguno, después de haberlo visto,
Temiendo aquellas furias inhumanas
De príncipes, escribas, fariseos,
A declarar se atreven sus deseos.

Todos hacen corrillos, tropas hacen,
Y unos la causa de su muerte aprueban,
Otros a las calumnias satisfacen,
Y otros, no más que por hablar, las prueban;
Otros sus maravillas le deshacen,
Y sus sermones otros le reprueban;
Y todos juntos, y confusos todos,
Y en varias partes y por varios modos.

Octavas 43-66
Lázaro le ofrece a
la muchedumbre su
propio testimonio

Lázaro,[23] que en las tropas se hallaba
Ni arrebozado bien ni descubierto,
Que el celo a declararse le obligaba,
Y el temor a tratarse como muerto,
Al principio sagaz disimulaba;
Mas, sabiendo de Cristo el daño cierto,
De su divino espíritu incitado,
Así habló con ánimo esforzado:

Narración de la
resurrección de Lázaro

"Amigos, ya sabéis por cosa llana   44
Como fui muerto y que dejé la vida,
Esta vida mortal y vida vana,
Y a la eterna pasé mal conocida;
Y que si allá mi fe segura y sana
Fue por la verdadera recibida,
Lo debe ser acá, pues el objeto
De la fe allá se ve claro y perfeto.[24]

"Pues el discurso de mi grave historia
Quiero contaros, y veréis, fieles,
Que es el autor supremo de la gloria
El que va preso en rígidos cordeles:
No me falta, israelitas, la memoria,
Ni lo que digo lo aprendí en papeles;
Que estando ya en el trance de la muerte,
La verdad entendí de aquesta suerte.

"Tentábame un demonio astuto y fiero
Que a Jesús no adorase por Mesías,
Que era un pobre y humilde carpintero;
Que en esto se resuelven sus porfías:
Yo en su fe soberana estuve entero,
Y firme en las sagradas profecías,
Y encomendéme con devotos labios
A Jesús, y él deshizo mis agravios.

"El nombre santo de Jesús oyendo
Claramente, el demonio fue vencido,
Y con un espantoso y grande estruendo
Me dejó libre y se apartó corrido:
Yo le vi por mis ojos ir huyendo,
Y vi luego un ejército lucido
De ángeles verdaderos, que venían,
Y en sus manos mi alma recibían.

Juicio de Lázaro en el Cielo

"Después al tribunal de Dios supremo,[25]   48
Que un resplandor cercaba pavoroso,
Fui presentado, y el mayor extremo
Probé de aquel juicio riguroso:
Refiriéndolo estoy ahora, y temo
Que es aún sólo en memoria temeroso:
Allí me hizo Dios todos mis cargos,
Y esperó con paciencia mis descargos.

"Allí fueron mis culpas manifiestas,
¡Oh qué de culpas! ¡Oh qué de traiciones!
¡Qué de preguntas! ¡Qué pocas respuestas!
¡Qué de pecados! ¡Qué pocas razones!
En el eterno memorial vi puestas
De letra clara todas mis acciones;
Ni dije cosa ni formé conceto²⁶
Ligero, que me fuese allí secreto.

"Un demonio con furia me acusaba,
Y un ángel con piedad me defendía;
Aquél mi mala vida acriminaba,
Y éste mis buenas obras proponía;
Y en esta confusión y guerra brava,
Y en esta grande y última porfía,
Estaba Dios en majestad inmenso,
Como recto juez, grave y suspenso.

"Miguel tenía en la derecha mano
Con suma rectitud un santo peso,
Y el enemigo del linaje humano
Echó en una balanza mi proceso;
Mas de mi guarda el ángel soberano,
Por darle mi descargo en contrapeso,
Le puso con segura confianza
Mis bienes en la otra igual balanza.

"Más que mis bienes vi pesar mis males,   52
La balanza con ellos inclinada,
Y ya temiendo penas infernales,
Mi alma triste se quedó asombrada:
¡Oh qué gemidos daba allí mortales,
De espanto llena, de dolor bañada!
Pero ayudóme el ángel verdadero
Que en vida y muerte fue mi compañero.

"—Y a sus pecados, dijo, la perfeta
Caridad contrapongo y fe admirable
Con que a Jesús trató, sumo Profeta,
Hombre y Dios y tu Hijo venerable;
Y del sudor bendito que respeta
Y adora el cielo, en este favorable
Peso pongo una gota, como en paga
Que por todas sus culpas satisfaga.—

"Al punto el peso varió mi suerte;
Excedió en bien, al mal puso medida,
Y trocó el miedo de la eterna muerte
En esperanza de la eterna vida:
Que acabar pudo mi batalla fuerte
En paz feliz y en gloria conocida,
La gota ilustre del sudor divino
Deste Rey, que a salvar el mundo vino.

Lázaro conoce la llegada de Jesús al mundo

"Y en palmas de los ángeles llevado,
Descendí al seno de Abraham[27] dichoso,
Y en él fui recibido y hospedado
De aquel cónclave de ánimas piadoso:
Allí vide al primero y más honrado
Padre de los vivientes generoso,
Y a los demás de quien la sacra historia
Hace, por su valor, digna memoria.

"Y alegres los hallé de haber sabido   56
Que ya el Mesías en el mundo estaba,
Y que para el consuelo era venido
Del limbo, que en sí presto le aguardaba;
Y el gran Bautista, entre ellos detenido,
Ser nuestro buen Jesús certificaba;
Y los ángeles buenos lo decían,
Que a traerles las nuevas descendían.

"¿Qué diremos, a aquesto, amigos caros?
Dios, y ángeles, y santos, y demonios,
Y la experiencia, y los discursos claros
Dan de nuestra verdad mil testimonios.
¿Seremos, pues, a la razón avaros?
¿Dejaremos los ricos patrimonios
Perder de las divinas escrituras,
Por no sé qué invenciones mal seguras?

"Pero cuando no hubiese lo que digo,
Por otro modo conocí espantoso
Lo que os propongo cual fiel testigo;
Vedlo, que es argumento poderoso:
Mi cuerpo en su mortal y oscuro abrigo

Lázaro llevaba cuatro   Y en su terreno y último reposo
días de muerto   Estaba, de gusanos ya cubierto;
Que en fin de cuatro días era muerto.

"Y mi alma, en el limbo descuidada,
Pasaba en felicísimo sosiego
La vida de los justos más preciada,
Amando a Dios con casto y dulce fuego;
Cuando la voz de Cristo regalada
Con eficaz poder la tocó, y luego,
Del limbo, donde estaba, despedida,
La vi a mi cuerpo en el sepulcro unida.

"Como los otros cenicientos huesos[28]   60
Bañados del espíritu divino
Fueron con nervios y ataduras presos,

Lázaro es resucitado   Y en carne y piel salieron al camino
por Jesús   Los secos polvos, en humores gruesos
Vueltos por aquel soplo repentino
De Dios, que, vida en ellos espirando,
Iba carnes y huesos enlazando;

"Así la podredumbre en carne vuelta,
Y los gusanos della desasidos,
Y la materia en vivo humor resuelta,
Y los polvos en pieles convertidos,
La trabazón de mi armadura suelta,
Los nervios con vigor fortalecidos,
Y todo yo me vi libre de muerte
A la voz de Jesús gloriosa y fuerte.

"Lleno de horror salí, lleno de espanto:
Abrí los ojos, y miré a la lumbre
De los ojos que Dios estima en tanto,
Claros soles de aquella humana cumbre;
Y vi que habían serenado el llanto,
Efecto de su amor y mansedumbre;
Y no fue poco no morir de nuevo
Al gran regalo de su aspecto nuevo.

Lázaro llega a la
conclusión de que Jesús
es Dios

"Formo yo, pues, ahora este argumento:
O Cristo es hombre y Dios, o es hombre sólo;
Si es hombre y Dios, e hizo este portento,
Luego en decir quién es no trata dolo,
Y es digno de que el sabio entendimiento,
Desde el que vemos al oculto polo,
Lo adore; mas si no, ¿cómo le aprueba
Dios lo que dice con tan clara prueba?

"Dios es, Dios es, y debe ser creído   64
Por Dios, y por Mesías adorado,[29]
Pues con su nombre solo fue vencido
De mí el demonio, y yo de mal librado,
Y el sudor de su rostro esclarecido
Por infinita paga fue estimado:
Hombre y Dios es, tenedlo así por cierto,
Hombres; que os habla un hombre vivo y muerto."

Dijera más el noble caballero,
Hablando en él su espíritu ferviente;
Mas un grave y celoso compañero
De su peligro le avisó evidente:
Díjole que el senado astuto y fiero
De la envidiosa farisaica gente
Andaba por prenderlo, y que callase
Hasta que a mejor tiempo se mostrase.

Hízolo así, partiéndose al instante,
Entre la turba popular secreto,
Cuando llegó un ejército arrogante,
Que le buscaba para el mismo efeto:
Al fin se fue, y aún pareció importante
El vestido encubrir, mudar de aspeto,
Y en la casa esconderse de un amigo,
Que solo fuese de su amor testigo.

Octavas 67-85
Jesús es llevado ante
Pilato por primera vez

En tanto el buen Señor que hizo el cielo
Llegó al común pretorio de Pilato,[30]
Do los escribas su envidioso celo
Mostraron y su hipócrita y mal trato:
Por no pisar el prohibido suelo
Del palacio fingieron gran recato;
Y atentos, a la puerta se quedaron
Del prefecto, y en ella le aguardaron.[31]

Que en los días de Pascua religiosos   68
Destas casas profanas se abstenían,
Y ahora con cuidados ambiciosos,
Por parecer más santos más hacían:
Sus ojos, contra el justo cautelosos,
De ponzoña infernal mares vertían;
Que, si bien mesurados y compuestos,
A la misma verdad eran opuestos.

Salió a saber la causa el presidente
De la venida y la prisión de Cristo;
Preguntóla con ánimo prudente,
Y alegróse también de haberlo visto:
Luego la hebraica venenosa gente,
Fieros padres del pérfido Anticristo,
Con lenguas atrevidas y veloces
Propusieron su causa a grandes voces.

*Le presentan a Pilato
las acusaciones contra
Jesús*

Decían que engañaba el vulgo necio,
Y que nuevas doctrinas predicaba;
Que el pueblo lo tenía en sumo precio,
Y por supremo Rey lo celebraba;
Que era negocio duro y caso recio
Una traición disimular tan brava,
Y que se fuese un hombre sin castigo,
De toda la república enemigo.

Como sucede en popular mercado
Furiosa levantarse una pendencia
De uno y otro linaje alborotado
De gente infame y falta de prudencia,
Que un confuso gritar desentonado
Es la prueba mayor de su sentencia;
Así aquéllos, de Dios crudos fiscales,
Le acusaban con voces desiguales.

Preso, mas con semblante generoso, 72
Estaba Cristo, y con serena cara,
Grave, intrépido, excelso, valeroso
En tanta furia y confusión tan rara:
Notó aquel proceder maravilloso
Pilato, y vio con evidencia clara
Muestras de rey en él, y así hablóle
Grandemente admirado, y preguntóle:

Interrogatorio de
Pilato
"¿Eres, por dicha, el Rey de los judíos?"
Y Cristo: "No es mi reino de la tierra;
Que si lo fuera, los vasallos míos
Me libraran, le dijo, desta guerra:
Ellos mostraran bien sus justos bríos
Contra el senado, que en prenderme yerra;
Mas al fin no es mi reino deste mundo."
Y aquí calló el saber de Dios profundo.

"¿Luego rey eres?" dijo el presidente;
Y respondióle Cristo mesurado:
"Tú dices que soy rey de aquesta gente;
Pero yo soy nacido y fui criado
Para dar testimonio conveniente
De la verdad que al mundo he predicado;
Y el que es de la verdad, mi voz escucha;
Que es grande su valor, su fuerza mucha."

¡Oh sabios de la ley! Si aquí os hallastes,
¿Cómo en esta dulcísima mesura,
Y entre tan duros y ásperos contrastes,
En tan sublime y general cordura,
Un ánimo de Dios no penetrastes,
Reprimidor de vuestra gran locura?
Si hombre puro y no Verbo y hombre fuera,
De otra suerte en su causa procediera.

Hablara con rigor en su defensa,   76
Vuestra notoria envidia publicara,
Jesús guarda silencio   Descargos diera de su clara ofensa,
humilde y divinamente   Pues ella estaba a la razón tan clara;
Y por hacer su causa, en recompensa
De su daño los vuestros intentara;
Mas en tan grave afán, lo sufrió todo
Con pecho excelso y más que humano modo.

Era perfecto Dios, y hombre divino,
Y cual hombre nos dio sagrado ejemplo,
Y como Dios mostró su amor benino[32]
En aquel de su alma ilustre templo:
¡Oh Rey en excelencias peregrino!
Sobre un monte de gracia te contemplo,
Do no llegan extrañas impresiones
De las hijas de Adán viles pasiones.

Pilato no lo encuentra culpable

Mas dijo al fin Pilato: "Yo no hallo
(Hablando a los injustos fariseos)
Cierta razón que obligue a sentenciallo."[33]
Con lo cual se frustraron sus deseos;
Y así a voces procuran condenallo:[34]
Hácenlo capitán de galileos,
Y que alborota el mundo le replican,
Y envidiosos clamores multiplican.

Habíase una secta levantado
Que al César el tributo le negaba,
Y tuvo su principio ya fundado
En gente galilea, inculta y brava:
Parecióle por esto al mal senado
Que el proceso de Cristo acriminaba;
Porque en los capitanes deste hecho
Pilato había grande estrago hecho.

Muchos soldados envió furiosos,   80
Con un caudillo en proceder astuto,
Que a los autores de la secta odiosos
Cubrieron de mortal y eterno luto,
Pues en los sacrificios religiosos
Con su sangre pagaron el tributo,
Descendiendo protervos a la vida
Que en el fuego infernal está escondida.

Lo mismo pretendió la farisea
Turba feroz; y el presidente sabio,
Entendiendo que Cristo en Galilea
Abierto había su elocuente labio,
Y que estaba ya Herodes en Judea
Y en la ciudad, por no hacer agravio
Al buen Jesús, mandó que lo llevasen,
Y al galileo rey lo presentasen.[35]

Pilato pide que lleven a Jesús ante Herodes

Sale bramando la enemiga y fiera
Tropa de aquellos bárbaros fiscales,
Y llevan al Señor de una carrera
Do estaba el rey en sus palacios reales:
Todos prisa le dan, nadie le espera;
Grítanle los ministros infernales;
Y él, preso y acezando y con la carga
De nuestra culpa y pena, el paso alarga.

Se dirigen todos a la casa del rey Herodes

Áspera soga aprieta su garganta
Hermosa y grave, y corredizo nudo
Ésta y aquella mano ilustre y santa
Ciñe y desuella con dolor agudo:
El rostro, a quien el cielo salmos canta,
Con deshonras ofende el pueblo rudo:
Polvo le cubre, y el sudor sangriento
Le tiñe y cansa y quita el sacro aliento.

¡Oh tú, que así le llevas, hombre duro,   84
Si no en peñasco, en tigre convertido,
Ya que no subes, por tu ingenio oscuro,
Al ser de Dios el ánimo abatido,
Y el trono de marfil excelso y puro,
Donde habita, de soles mil vestido,
No contemplas, oh bárbaro, siquiera
Advierte y mira ese varón quién era!

Era un predicador inestimable,
Que hablando, las almas suspendía;
Era un profeta de virtud notable,
Que prodigios grandísimos hacía;
Era un hombre de aspecto venerable,
A quien el más protervo se rendía:
En esto pues repara, esto te rija,
Prenda tus manos, y tus pies corrija.

Octavas 86-124
Pilato averigua sobre
la identidad de Jesús

Pero mientras camina apresurado
El Señor de los cielos por el hombre,
Pilato, de sus gracias admirado
(Que no es mucho que a un hombre Dios asombre),
De alguna gente ilustre rodeado,
Trata y pregunta por su vida y nombre;
Su gravedad pondera, y su prudencia
Alaba, y escudriña su conciencia.

Pesa el constante y sosegado pecho
Entre tan bravas y enemigas furias,
Y el corazón, cual le parece, hecho
A sufrir con valor grandes injurias:
"¿Quién, dice, no defiende su derecho
En cuantas el sol ve romanas curias?
¿Quién no pide al juez? ¿Quién no le ruega?
O ¿quién razones en su pro no alega?

"¿Quién estorbar su muerte no procura,   88
Último daño de la vida humana?
¿Quién su preciosa fama no asegura,
Aunque la funde en apariencia vana?
¿Quién no estima su próspera ventura,
Y para más gozarla, más no afana?
¿Quién por su honor y su salud no mira?
Y ¿quién de lo contrario no se admira?

"Este varón ni su salud pretende,
Ni su prez guarda, ni su honor estima,
Ni su fortuna o su virtud defiende,
Ni la fama que al cielo le sublima;
Y cuando su enemigo más le ofende,
Más su afrenta y su muerte desestima:
Ni suplica, ni ruega, ni propone;
Sólo silencio a su ofensor opone.

"Y ser Hijo de un grande Dios hebreo
Todos afirman: ¡caso inescrutable!
¿Habrá quién satisfaga a mi deseo,
Y algo de su linaje y dél me hable?
Que yo, sin alcanzarlo, casi veo
Alguna historia oculta y admirable
En este nuevo y más que varón sabio,
Que ni su vida precia ni su agravio."

Así dijo el latino presidente,
Y uno que estaba allí, discreto anciano,[36]
De antiguos senadores descendiente,
Justo heredero del valor romano,
En ciencias claro, en armas excelente,
Y aunque gentil, de trato y pecho llano,
Que Roma lo crió, lo enseñó Atenas,
Y la virtud le dio costumbres buenas;

Un anciano satisface la curiosidad de Pilato y le cuenta todo lo que sabe sobre Jesús

Poniendo en tierra los atentos ojos,   92
Y mesurando el señoril semblante,
De gran meditación claros despojos,
Y anuncios de una plática importante,
No guiando el sentir por sus antojos,
Sino por la razón pura y constante,
Mirando al presidente, así le dijo,
Y él le escuchó, a su voz atento y fijo:

"Casi tres años ha que detenido
Este Jesús me tiene aquí en Judea;[37]
Y a sus hechos ilustres advertido,
He procurado conocer quién sea:
Con certeza y verdad no lo he sabido;
Mas porque su valor grande se crea,
Algunas contaré, de muchas cosas
Que es público haber hecho, milagrosas.

"Y antes supongo, por común lenguaje,
Que lo tienen por Hijo verdadero
De un poderoso Dios de alto linaje,
Que del mundo ha de ser Juez severo.
Si es cierto, ¿quién habrá que no se ataje
Y tema algún castigo venidero,
Y tal cual hizo Júpiter tonante
En Licaón soberbio y arrogante?[38]

"Sabemos que, viniendo a ver la tierra,
Y a visitar del mundo las maldades,
Licaón, con aleve y torpe guerra,
Quiso inquirir sus altas propiedades.
¡Oh cuánto el hombre miserable yerra,
Que ofende a las etéreas majestades!
Al convite de Dios, un niño asado[39]
Puso en la mesa: ¡hecho no pensado!

"Júpiter, advirtiendo su locura,   96
La casa le abrasó con fuego ardiente,
Y en lobo transformado, en la espesura
De un monte lo encerró perpetuamente:
Subióse a la región del cielo pura,
Y consultando a la suprema gente,
Mandó a las nubes que aguas derramasen,
Con que el mundo en diluvios anegasen.[40]

"Así se hizo; que al divino imperio
¿Cuál puede resistir fuerza terrena?
Vídose de aguas lleno el hemisferio,
Y la esfera del aire de aguas llena:[41]
En este caso, pues, fundo el misterio
De Jesús, que su gente vil condena.
¿No puede ser que venga a visitarnos
Para si le ofendemos anegarnos?

"Si él es Hijo de Dios, ¿qué mucho fuera
Disimular un poco nuestros males,
Y con ira después terrible y fiera
En el mundo llover daños iguales?
Y si de lluvias no, de otra manera,
Pues, conforme a los hados celestiales,
Al orbe ha de abrasar un triste fuego
Que lo acabe y resuelva en humo ciego.[42]

"Y he visto en él proezas tan extrañas,
Que exceden a las ínclitas memorias
De aquellas ilustrísimas hazañas
Que de los dioses cuentan las historias:
Siguiéndole una vez grandes compañas,
Del buen olor llevadas de sus glorias,
Y faltándoles pan,[43] tuvo cuidado,
De hacerles un banquete nunca usado.

"A Felipe, un discípulo querido,   100
Le preguntó si pan se hallaría
Con que dar de comer al afligido
Pueblo, que ya cansado le seguía;
Y diciéndole, menos advertido,
Que mucha cantidad no bastaría
De dinero, por ser tanta la gente,
Él hizo así un milagro bien patente.

"Estaban cinco panes allí acaso;
Pidiólos, y al momento los bendijo;
Partiólos, y no fue convite escaso
El que dio del supremo Dios el Hijo;
Que en orden puestos en el campo raso,
Del banquete, más dulce que prolijo,
Más de cinco mil hombres se hartaron,
Y de pan doce espuertas les sobraron.

"¿Hiciera aquesto Júpiter o Apolo?
Dellos empresa tal no se refiere;
Y que no pueda haber en ella dolo
La razón misma natural lo infiere:
Si él es Hijo de Dios, manifestólo;
Que Dios hace prodigios cuando quiere;
Pero en otra hazaña más notable
Se vio mejor su espíritu admirable.

"A cierto desposorio[44] le llamaron,
Y en medio del banquete faltó vino,
Y habiéndolo sabido, le rogaron
Que se mostrase, y con razón, benino:[45]
Excusóse, y al fin le importunaron;
Y avisando al mayor architriclino,[46]
Le dijeron que humilde obedeciese
A cuanto aquel Señor le dispusiese.

"Mandó henchir los vasos de agua pura;   104
Hinchéronlos, y llenos brevemente,
En vino de suavísima dulzura
Mudó el agua, cual Dios omnipotente:
De Baco en su más próspera ventura
No vemos que grandeza tal se cuente:
Todos bebieron deste vino ilustre,
Que honró el convite y dio a las bodas lustre.

392

"Otra vez, predicando en cierta nave,
Al pescador mandó tender las redes,[47]
Y de su buena suerte echar la clave,
Diciéndole: "En mi nombre, echarla puedes."
Y como con verdad todo lo sabe,
Y hace con amor estas mercedes,
Tantos peces juntó, que reventaba
La red, y por mil partes se rasgaba.

"Algunos pescadores acudieron,
Y preñada del mar la red sacaron,
Y dos pequeñas naves que hincheron,
Peces por las entenas rebosaron:
Todos de asombro y pasmo se cubrieron;
Y uno de los que al hecho se hallaron,
Postrado dijo: "Vete, ¡oh Dios supremo!,
Que por ser pecador tu vista temo."

"Éstas y otras perfectas maravillas
Ha obrado, que los dioses soberanos,
Cuando bajaban de sus altas sillas,
Hacer solían por sus propias manos;
Y quise por extenso referirlas,
Para que sus prodigios sobrehumanos
Nos enseñen que es hijo de algún padre
Mayor y más subido que su madre.

"Y hanme dicho que algunos arrepticios   108
(Que así los nombran, y quizá endiosados,
Por los terrenos dioses de los vicios,
Que andan entre nosotros ocultados),
Dieron desta verdad graves indicios,
Siendo por él con brevedad curados,
Y llamándole a voces los demonios
Hijo de Dios, con claros testimonios.

"Mas reñíalos él con grande imperio,
Y que hablasen no les permitía,
Y aquí debe de estar algún misterio
Que quizá de su Hijo el Cielo fía.
¡Plega a Dios que el indigno vituperio,
Que con humilde pecho y alma pía
Sufre, no pare en abrasar el mundo!
Que es el callar de Dios alto y profundo.

"Pero subir mi relación pretendo
A hechos más insignes y espantosos,
Con que probar deste varón entiendo
Más que de nuestros dioses poderosos:
Ellos, si bien su estilo comprendo,
Los hombres en vivir fascinerosos
Convertían en formas diferentes,
Castigando sus culpas insolentes.

"Era la corrección de las maldades
Su ocupación más cierta y conocida,
Y ninguno curaba enfermedades,
Ni a los muertos volvió jamás la vida;
Mas este Dios, de nuevas calidades
Es y de una piedad esclarecida:
A los enfermos sana, y a la muerte
Quita el poder, y en vida la convierte.

"Un hombre treinta y ocho años había   112
Que estaba de un antiguo mal tullido,
Y en su penoso lecho residía,
De aflicción y cansancio consumido:
Casi el humano espíritu vivía
En sólo piel y huesos detenido:
A éste llegó Jesús, y preguntóle:
—¿Quieres sanar?— Y él, triste, respondióle:

"—Hombre no tengo que me favorezca,
Y cuando se revuelve la piscina,
De mi grave dolor se compadezca
Y me arroje a probar su medicina;
Nadie a hacerme bien hay que se ofrezca;
Nadie a curar mi mal se determina.—
Oyéndolo Jesús, dijo: —Tu lecho
Toma, y anda.— Y al punto así fue hecho.

"Parece que el aliento de su boca
De la misma salud es el aliento,
Pues a la enfermedad que con él toca,
La desbarata como polvo al viento:
A un espanto admirable me provoca
Cuando sus obras imagino y cuento:
Virtud dicen que sale de sus manos,
Virtud que a los enfermos vuelve sanos.

"Mas ¿qué digo, Señor? Estando ausente
Cura cual si presente se hallara;
Que nunca su virtud omnipotente
En la distancia del lugar repara:
Un capitán[48] de la romana gente
La experiencia probó de aquesto clara,
Pues a un criado le sanó al instante,
Aunque dél se hallaba bien distante.

"¿La muerte, pues, no huye a su mandado? 116
Huye cual de la misma vida eterna;
Apenas con sus ojos la ha mirado,
Cuando con solos ellos la gobierna:
La muerte y vida su poder le han dado,
Para que por su gusto las discierna:
Puede matar al hombre, y no lo mata;
Porque es piadoso y de ayudarle trata.

"A una doncella hija de un hebreo[49]
Que a cierta sinagoga presidía,
En quien puso la muerte su trofeo,
La libró de la muerte el otro día:
Era del padre el único deseo;
Perdiéndola, su clara luz perdía:
Jesús vino, y hallándola ya muerta,
Como de un sueño se la dio despierta.

"Sin hacer más que asirla de la mano,
La mandó levantar, y levantóse:
Mirad si su poder es más que humano,
Y si habrá quien hacerle injurias ose:
Si eres Hijo del Cielo soberano,
Haz que mi alma en tu favor rebose
Ilustres alabanzas de tu nombre,
¡Oh Dios oculto, y más que mortal hombre!"

Así dijo el filósofo elocuente,
Y estando un poco en el hablar suspenso,
Prosiguió con su plática prudente,
Parto de un gran saber y un celo intenso.
"Y concluyo, decía, finalmente,
Que si es Hijo de Dios, y Dios inmenso,
No debe ser por hombres sentenciado,
Sino con sacrificios venerado.

"Que Juno[50] a los profanos labradores   120
Que no quisieron con humildes ojos
Respetar sus divinos resplandores,
En ranas transformó, vertiendo enojos;
Y Anteón,[51] de sus perros cazadores
Y de sus dientes fue brutos despojos,
Porque alzaba la vista codiciosa
Al cuerpo santo de la casta diosa.

"Y cuanto más aqueste varón sabio
E Hijo dese Dios no conocido
Disimulare con valor su agravio,
Debe ser con prudencia más temido;
Que no desplega Dios tan presto el labio
Cuando es de sus criaturas ofendido,
Pues suele castigar con pies de lana,
Mas no con ira y penitencia vana."

En esto hizo el docto anciano pausa,
A su modo gentílico hablando,
Y con la verdadera y nueva causa
De Cristo, viejas fábulas mezclando:
Su discurso gentil asombro causa
Y afición al discreto amigo bando;
Que siempre dio relámpagos suaves
La luz de Cristo a los ingenios graves.

Y como al natural entendimiento,
Si bien traspasa, no le contradice,
Y la buena razón es fundamento
Que a la verdad primera no desdice;
Un acertado y gran conocimiento
A las altezas que la fe le dice
No sube a solas por su poca fuerza;
Mas a no repugnarlas bien se esfuerza.

Pilato, de su plática elegante,   124
Y más de las historias admirado,
Estaba con propósito constante
Y gustó de no haberle sentenciado;
Y procuró estorbar de allí adelante[52]
Del mal concilio el ánimo dañado,
Hasta que la amistad del César pudo
Romper de la razón el fuerte escudo.

Octavas 125-145
Jesús es presentado y
acusado ante Herodes

Mientras aquesto pasa, el poderoso
Hijo de Dios a Herodes preso llega,[53]
Y alégrase de verlo el ambicioso;
Mas con su inmensa luz se ofusca y ciega:
Está el Señor callado y valeroso,
Ni su pro afirma ni su daño niega,
Y están los fariseos enemigos
Presentando ante el rey falsos testigos.

Y él, vestido de grana refulgente,
Y cercado de ilustres caballeros,
Vuelve y revuelve la encrestada frente,
Ya al buen Jesús, ya a los escribas fieros:
Atiende y nota de la inicua gente
Los afectos del alma lisonjeros,
Lisonjeros a sí, y a Dios atroces
Las bravas iras y enojadas voces.

Acúsanle que a toda Galilea
Deja confusa y tiene alborotada,
Porque con esto el rey tirano vea
Su causa con envidia emponzoñada;
Y temeroso de que el vulgo crea
Por el Mesías de la Ley sagrada
A Jesús, le procure dar la muerte
Dura de cruz infame o de otra suerte.

El rey, que ver a Cristo deseaba,   128
Más por curiosidad que por provecho,
Muchas con gran desdén le preguntaba
De las que había maravillas hecho:
Ya si de la matanza injusta y brava,
Y del sañudo y temerario pecho
De su mal padre, Cristo hubiese sido
La causa, en el portal recién nacido;

Ya si era, por ventura, el admirable
Príncipe que esperaban los hebreos,
Terror de las naciones espantable,
Y de Israel suavísimos deseos;
Ya si era a quien el vulgo variable
Juzgó por digno de ínclitos trofeos,
Y en Salén recibió con larga pompa,
Con aparato nuevo y nueva trompa;

Ya si el Bautista, en el Jordán famoso,
Le hubiese por Mesías predicado
Y una blanca paloma con gracioso
Remanso en su cabeza reposado;[54]
Y al fin, que si el Profeta milagroso
Era de tantos siglos anunciado,
Que algún prodigio extraño allí hiciese
Le importunaba, para que él creyese.

¡Oh majestad, oh majestad humana,
Que al mismo Dios, al mismo Dios pretendes
Sujetar con desdén y alteza vana,
Y cuanto más te elevas, más le ofendes!
Mira que es la potencia soberana
Que en sagrado furor contra ti enciendes,
De infinita grandeza y valor sumo,
Y tú tierra, ceniza, polvo y humo.

Baja, baja el penacho inaccesible   132
A los hombres, y a Dios hollado suelo;
Mas piensa tu cerviz incorregible
Como gigante conquistar el cielo.
¡Oh qué sandez, qué frenesí terrible
Del fuerte vino de tu ardiente celo!
Borracha estás, y no imaginas, triste,
Que al fin nada serás, cual nada fuiste.

Jesús permanece callado

Cristo, pues, con silencio venerable,
No responde al tirano mal nacido;
Y él ya muestra la boca y rostro afable,
Ya el rostro y pecho en cólera encendido;
Ya le acaricia plácido y amable,
Ya le amenaza extraño y desabrido;
Ya es de amor, ya es de odio la batalla,
Y a todo el buen Jesús humilde calla.

Mas ¡oh Dios! Su callar prudente y sabio
El Rey juzgó por cierta y gran locura,
Y mofó dél con desdeñoso labio,
Tonta fingiendo a la mayor cordura;
Y mandóle poner (¡oh injusto agravio!)
Una blanca y luciente vestidura

Herodes se aleja

Porque burlasen dél, tenido en poco,
Viéndole como rey, pero rey loco.

Y vase luego, y déjalo en las manos
De pajes mil, al gusto aduladores,
Y de otros lisonjeros cortesanos,
Que con injurias compran sus favores:
Agradarle apetecen inhumanos,
Y al que sirven eternos resplandores
Temblando, de una ropa refulgente
Visten infame y afrentosamente.

Éste le dice una palabra fea,   136
Y el otro un chiste a su Señor discreto;
Uno mofando dél se regodea,
Y otro se hace loco más perfeto;[55]
Uno le arroja y otro le acocea;
Y así todos le pierden el respeto.

La muchedumbre se burla de Jesús

¡Oh saber infinito! ¡Quién pensara,
Que por locura el mundo te juzgara!

No me admira, Señor, que en un pesebre,
De una doncella nazcas tiritando;
Ni que en tus blandas carnecitas quiebre
Su fuerza el viento, con rigor soplando;
Ni que, circuncidado, te celebre
Sola tu Madre y su José, llorando;
Ni que tan presto Herodes te persiga,
Y el destierro y temor te ofenda y siga:

Ni que después, cual pobre carpintero,
Cojas la azuela y tomes el cepillo;
Ni que a la Virgen, niño placentero,
La hebra desenvuelvas del ovillo;
Ni que el rostro, cual hombre verdadero,
Con el ayuno pongas amarillo;
Ni que a las almas busques, fatigado
De los trabajos que ellas te han buscado:

Ni que en el huerto sudes, temeroso,
De tu bendita sangre tanta copia;
Ni que te prenda el escuadrón furioso
Por quien la sudas, con su mano propia;
Ni que el amigo tiempo del reposo,
Cuando se ocupa el sol en la Etiopía,
Pases tú sin dormir, entre sayones,
Afrentado con duros bofetones:

Ni que en tantos perversos tribunales   140
Así por criminoso te presenten,
Y duras sogas de tus manos reales
Rasguen la piel, la sangre te revienten;
Ni que hombres tigres con ofensas tales
Tu cuerpo azoten y tu rostro afrenten,
Y espinas te barrenen la cabeza,
Del Hombre Dios la más ilustre pieza:

Ni que en los hombros, con rigor molidos,
La cruz pesada lleves al Calvario;
Ni que allí te despojen los vestidos,
Y ese rompan divino relicario;
Ni que tus manos y tus pies heridos
Con clavos y dolor extraordinario,
Sufras entre ladrones baja muerte;
Cuanto me admira como loco verte.

Que en todo lo demás hombre perfeto,[56]
Si bien atormentado, parecías,
Y aquí se muda el general conceto[57]
Que de prudente y gran varón tenías.
Dios, que con resplandor vivo y secreto
Al pecho humano santa luz envías,
Della un rayo sutil me comunica,
Y en tu locura tu saber me explica.

El cristiano jamás ha padecido
Baldón que Cristo no lo padeciese
Primero, porque el cáliz desabrido
De la injuria, endulzado lo bebiese;
Ni trabajo o dolor ha recibido
Que el buen Jesús mayor no lo sufriese,
Por darnos el camino de la gloria
Cercado de batalla y de victoria.

Ya le llamaron vil samaritano,   144
Ya hechicero, ya de mal linaje,
Ya pobre, ya soberbio, ya profano,
Ya de menos católico lenguaje;
Y añaden, ¡oh misterio soberano!,
Ahora a todos ellos este ultraje,
Y por loco frenético le cuentan.
¿De qué te hinchas, polvo, si te afrentan?

Herodes ordena que
lleven a Jesús a Pilato
nuevamente

Manda el rey, pues, llevarlo al presidente,
Y el Salvador camina poco a poco,
Y alegre va la injusta y fiera gente
De que el vulgo le tenga ya por loco;
Que del próximo el daño más patente,
Aunque parezca más liviano y poco,
Por ser a la deshonra de importancia,
Juzga la triste envidia por ganancia.

Octavas 146-173
Mientras Jesús es
conducido, el Padre
consuela a Jesús

Mas para dar el Padre algún consuelo
A su obediente Hijo despreciado,
Con tierno amor y con suave celo
Le quiere abrir su pecho regalado;
Y un extendido y refulgente cielo,
Con infinitas luces dibujado,
Que ha merecido Cristo en su paciencia,
Le muestra, y muestra en él su providencia.

"Y si por loco te desdeña el mundo,
Le dice, y por mi gloria lo padeces,
Innumerables, de saber profundo,
Varones a tu Iglesia le mereces:
En tus afrentas, como en polos, fundo
Este cielo, en que ufano resplandeces
Cual sol divino entre lumbreras bellas,
Dando luz de doctrina a tus estrellas.

"Levanta, ¡oh Hijo!, pues, tus claros ojos,   148
Oscurecidos con tan nueva injuria,
Y apártalos así de tus enojos,
Y ve de sabios esta ilustre curia,
Que son de tu victoria los despojos,
¡Oh cuerdo vencedor de loca furia!"
Dijo; y Cristo en su Padre vio formado
Un cielo intelectivo y estrellado.

403

Lista de sabios varones
y grandes maestros
Y en él vio sapientísimos maestros,
Que ilustraron su Iglesia con luz clara,
En ciencias puros, y en tratarlas diestros,
De fama generosa y virtud rara;
Y de la antigua edad y siglos nuestros,
Cuando se compra la verdad más cara,
Muchos grandes varones parecían,
Que aquel místico cielo esclarecían.

Allí estaban los cuatro evangelistas,[58]
Cual sagrados luceros alumbrando,
Del sol eterno sabios coronistas,
Y dél mismo la luz participando;
Y otros de aquella edad graves salmistas,[59]
Que, a Dios en dulces versos alabando,
De Cristo compusieron los cantares
Que hoy la Iglesia recita en sus altares;

Ignacio[60] el mártir, digno de memoria,
De tradiciones santas rico archivo;
Envuelto en limpios rayos de su gloria,
Lanzaba un resplandor gracioso y vivo;
Y el gran Dionisio[61] en la feliz victoria
Que alcanzó del prefecto vengativo,
Y escribiendo se vía[62] y reluciendo
En el coro inmortal que iba escribiendo;

Y Atanasio,[63] de herejes arrianos   152
Cometa infausto, y deste lindo cielo
Grande estrella, de efectos soberanos
Daba al Oriente universal consuelo;
Y Basilio y sus dos sabios hermanos[64]
Ardiendo echaban de purpéreo celo
Relámpagos que en luz al sol vencían,
Y entre sombras de injurias más lucían;

Y el teólogo insigne de Nazancio,[65]
En colores pintado milagrosas,
Enseñaba verdades en Bizancio,
Y afrentas padecía vergonzosas;
Y el que en destierro[66] y con mortal cansancio,
Perseguido de lenguas envidiosas
Murió, y la boca tuvo de oro fino,
Mostraba allí su resplandor divino;

Y a Cirilo,[67] que al pérfido Nestorio
Contradijo con ánimo valiente,
Uno de egipcios ínclito auditorio
Veneraba, escuchando atentamente;
Y de griegos[68] un docto consistorio,
Como cerco de estrellas refulgente,
Con claridad perfecta despedía
Vivos rayos de sacra teología;

Agustino[69] también, inmensa lumbre,
Gran defensor de la divina gracia,
En aquella de sabios alta cumbre
Mostraba su dulzura y eficacia;
Y con su fuerte y general costumbre,
El doctor elocuente de Dalmacia[70]
Que en Belén habitó, contra Pelagio
Le daba su magnífico sufragio;

Y Ambrosio,[71] padre del valor perfeto,[72]   156
Y asombro de tiranos formidable,
Y a quien Milán guardó sumo respeto,
En ciencia coruscaba perdurable;
Y Gregorio,[73] pontífice discreto,
Sabio, prudente, justo, venerable,
De patricio linaje y santa vida,
Con luz centelleaba esclarecida;

Y los de Pedro dignos sucesores,
Desde su eterna cátedra invencible,
De la fe victoriosos protectores
Con doctrina rayaban infalible;
Y otros de la verdad claros doctores
Centellas de un ardor inteligible
Daban al cielo, con que el cielo ardía,
Y en caridad, no en fuego, se encendía.

Invocación del poeta
para continuar su
canto

Mas ¡oh tú, madre de varones sabios,
Noble academia de sagradas ciencias!,
Si no es hacer a tu valor agravios
Y oscurecer tus claras excelencias,
Desplega, ilustre religión, mis labios,
Y de tus generosas influencias,
¡Oh círculo de estrellas rutilante!,
Dame, para tu gloria, luz bastante.

Tú cual madre a tus pechos me criaste,
Y buena leche de virtud me diste;
Cual academia sabia me enseñaste,
Y en mí tus varias ciencias infundiste;
Como estrellado cielo me alumbraste
De mis tinieblas en la noche triste:
Madre, academia y cielo, dame ahora
Para hablar de ti una voz sonora.

Mostró el Padre a su Hijo soberano   160
En tu claro hemisferio luces bellas,
Tantas, que exceden al ingenio humano
Que en número distinto quiere vellas:[74]
Cual luna sabia, un resplandor ufano
Entre el coro gentil de sus estrellas
Tu fundador, mi Padre, despedía,
Y en ciencia y fuego, en luz y amor ardía.

Continúa la relación
de sabios

Y el ángel y doctor maravilloso
Y de la teología verdadera
Río de aguas y rayos caudaloso,
Reverberaba en la suprema esfera;[75]
Y el mártir en el púlpito famoso,
Y de la inquisición basa primera,
De colores y lumbres retocado,
Se mostraba en conceptos dibujado;[76]

Y el de Ferrer clarísimo Vicente,[77]
Terrible anuncio del final juicio,
Como estrella rayaba en el Poniente,
Sin voz cumpliendo así su grande oficio;
Y Antonino,[78] con mitra refulgente,
Y al pueblo humilde con verdad propicio,
En la cátedra insigne de Florencia
Lucía en vida y coruscaba en ciencia;

Y el apacible en santidad Jacinto,[79]
Apóstol incansable de Polonia,
Con claro azul y resplandor distinto
Alumbraba a la oscura Babilonia;
Y entre los grandes que en tu cielo pinto,
Alberto,[80] gran decano de Colonia,
Favorecido de la Reina ilustre
Que es de Dios madre, al mundo daba lustre.

Y el alma de las leyes decretales,   164
Raymundo,[81] espanto y honra de los reyes,
De la gloria mostraba los umbrales
Con sus rayos de luz y santas leyes;
Y Catalina,[82] cuyas huellas reales
Devotas mil y religiosas greyes
Iban siguiendo en obras y doctrina,
Ciencia brotaba infusa y peregrina.

Mas ¿quién podrá contar, ¡oh Madre santa!,
De aquellos tus varones generosos
La copia inmensa, que entendida espanta,
Y a los astros excede numerosos?
De tantos sabios muchedumbre tanta
Los conceptos deslumbra más lustrosos:
Déjolos de nombrar; que es vano intento
Las estrellas contar del firmamento.

También el padre y serafín alado
Y encendido en feliz y eterna llama,
Con su grave academia estaba honrado
De hijos dignos de perpetua fama;
De la Buenaventura[83] acompañado
(Que así el doctor seráfico se llama),
Amores con sus manos escribía,
Y escribiendo, a su escuela arder hacía;

Y tú, padre de insignes agudezas,
Escoto,[84] en argüir jamás vencido,
Meditabas profundas sutilezas,
De rayos cual pirámides ceñido;
Y otros, de la virtud raras proezas,
Y de la ciencia honor esclarecido,
Y deste cielo vivos resplandores,
Se mostraban allí claros doctores;

Y el defensor de la verdad, Egidio,[85]   168
Del regio patriarca hijo noble,
Que fue al grande Tomás docto presidio,
Y corona ganó de fuerte roble;
Cuya fatiga generosa envidio,
Y antes imitaré que el tiempo doble
Mi corta edad, si el ocio deseado
Da favor, como suele, a mi cuidado;

Y leones en ánimos robustos,
Y ángeles en ingenio penetrante,
Sabios Orozcos,[86] Villanuevas[87] justos,
Y Guevaras[88] de espíritu constante;
Y otros en letras con razón augustos,
En el cerco se vían[89] coruscante
De la ermitaña religión divina
Que de Agustín defiende la doctrina:

De Nolasco[90] los nobles descendientes;
Y devotos de Cristo imitadores,
Que en varias tierras y diversas gentes
Son de afligidas almas redentores,
Claros en letras, en virtud fervientes,
Y firmes de la fe predicadores
A Zumel,[91] su maestro salmantino,
Doctos cercaban con aplauso dino;[92]

Y la gran religión de muchos sabios
Que tiene de Jesús el dulce nombre,
Contra los que a la fe hacen agravios
Eternizaba su inmortal renombre;
Hoy con mil lenguas habla y con mil labios,
Porque della el saber mismo se asombre;
Y dibujada allí también se vía[93]
La juventud criando afable y pía:

Finalmente, varones infinitos   172
Deste cielo gentil, suaves astros,
Cartujos[94] y Bernardos[95] y Benitos[96]
Dejaban de su honor lucidos rastros;
Y en lenguas dulces, tersos en escritos
Más que limpios y bellos alabastros,
Con ciencia y con piedad la Iglesia honraban,
Y con su luz allí lo declaraban.

Concluye la lista de sabios

Jesús llega nuevamente ante Pilato

Iba, pues, Cristo viéndolos atento,   173
De su virtud y letras agradado,
Y padecía su dolor contento,
Por verse de sus lumbres rodeado;
Y con este subido pensamiento,
Si bien sensible, en éxtasi elevado,
Al palacio llegó del presidente,
A quien le presentaron nuevamente.

Fin del libro quinto.

Libro V - Notas

[1] Obsérvese que el poeta emplea la secuencia de la creación para la descripción del nuevo día:

Día 1: Creación de la luz - separación de la luz y la oscuridad

Día 2: Creación del firmamento - separación de las aguas de arriba y las de abajo

Día 3: Separación de la tierra y las aguas de abajo - producción de vegetación

Día 4: Creación de los cuerpos celestiales ("luces")

Día 5: Producción de animales acuáticos y pájaros

Día 6: Producción de animales terrestres y el hombre

[2] vía = veía

[3] Caifás convoca al senado para el juicio de la mañana. El poeta sigue las versiones evangélicas de Mateo (27, 1-2); Marcos (15, 1); Lucas (22, 66-71) y Juan (18, 28).

[4] La siguiente relación del poema corresponde a sectas judías de la época.

Los fariseos provenían del grupo de los asideos. Se opusieron violentamente a Juan Hircano y sobre todo a Alejandro Janneo, que los había perseguido de manera cruel. Contaban con numerosos doctores y escribas que se destacaban principalmente en el estudio y la interpretación de las Escrituras. Deseosos de elaborar un marco preciso que permitiera la exacta observancia de la Torah, llegaron a elaborar 613 reglas, de las cuales 248 eran preceptos y 365 eran prohibiciones. Pese a su minuciosidad, permanecían en litigio muchos puntos, como las razones para repudiar a la esposa o los límites legítimos del descanso sabático.

Sus integrantes provenían principalmente de la clase humilde, aunque no se negaba la entrada a personas de alta clase social. Por regla general, el rigor con que vivían les hacía ganar una gran audiencia entre el pueblo.

[5] Los saduceos formaron un partido político-religioso en el judaísmo desde el siglo II a.C. hasta la caída de Jerusalén el año 70 d.C. Sus afiliados pertenecían sobre todo a las grandes familias sacerdotales y a la aristocracia laica. Constituían una fuerte fracción en el Sanedrín y desde Jonatán, los saduceos y los fariseos se turnaron en el poder. Herodes mantuvo estrecha vigilancia sobre ambos partidos, en especial sobre los saduceos.

Frente a la severa observancia de los fariseos, los saduceos adoptaron una actitud más libre y laica, por lo que posteriormente les fue más fácil entenderse con los romanos. Desde el punto de vista religioso, pertenecían a la ortodoxia judía, sólo aceptaban el Pentateuco como texto normativo y favorecían la exégesis literal, en detrimento de la tradición de interpretación oral preferida por los fariseos. Negaban la resurrección de los muertos, así como la supervivencia del alma y la existencia de los espíritus. Flavio Josefo añade que negaban también la providencia divina y la libertad humana, aunque hay que tomar en cuenta que este autor judío era un adversario de los saduceos.

[6] Esenos. Los esenios conformaban un partido salido del movimiento asideo que

411

había prestado su ayuda a Matatías al principio de la revolución macabea. Fue uno de los componentes del judaísmo palestino de alrededor del año 100 a.C. hasta el 68 d.C. La comunidad esenia contaba con una rigurosa estructura jerárquica: admisión por etapas, predominio de los sacerdotes, clasificación anual, edad requerida para el ejercicio de las distintas funciones, consejo de la comunidad y consejo supremo. La disposición de espíritu de sus adeptos: caridad fraterna, menosprecio de los placeres de los sentidos y de las riquezas, culto de la Ley, preocupación por la pureza; sus ritos de purificación, de ordenación de las comidas, de celebración del sábado y de los tiempos sagrados; sus dogmas: gnosis revelada a la comunidad, división del mundo entre los dos espíritus, el de la luz y el de las tinieblas, del bien y del mal, predestinación, retribución final, mesianismo complejo.

[7] Sabuenos. Una de las sectas de los samaritanos cuya principal característica fue el rechazo de la mayor parte de las Sagradas Escrituras.

[8] Gortenos. Probablemente conformaban la colonia judía que habitaba en Gortina, desde la época helenística. Gortina era una ciudad de Creta. En la época romana fue residencia del procónsul de Creta y de Cirenaica cuando tenía sus audiencias en la isla.

[9] Los dositeos se distinguen principalmente por las observancias, a veces ridículas que practicaban, tales como mantenerse todo el día en la misma posición en que se encontraban cuando dio inicio el Sabat, por ejemplo.

[10] Los bautistas, al parecer, fueron una división o variedad de los esenos que dedicaban el día a rituales. Por ejemplo, no comían hasta que no se bañaban y limpiaban todo lo que iban a ocupar para comer. No se dormían hasta que no limpiaban la cama que iban a usar.

[11] Herodianos. Categoría de judíos mencionada por los evangelistas Mateo y Marcos. Hay quienes reconocen en ellos a funcionarios de los príncipes herodianos o a miembros de sus familias; otros ven en ellos a los partidarios de un verdadero mesianismo político en relación con la familia de Herodes.

[12] En el Evangelio de Mateo leemos:

> Los sumos sacerdotes y el Sanedrín entero andaban buscando un falso testimonio contra Jesús con ánimo de darle muerte, y no lo encontraron, a pesar de que se presentaron muchos falsos testigos. Al fin se presentaron dos, que dijeron: "Éste dijo: Yo puedo destruir el Santuario de Dios, y en tres días edificarlo." (26, 59-61)

[13] Belzebut o Beelzebul. Término que, en boca de los fariseos, designa al jefe de los malos espíritus, con cuya ayuda, según ellos, Jesús echaba a los demonios (Marcos 3, 22; Mateo 10, 25). Es un nombre que no aparece en la literatura judía antigua. En los manuscritos aparece de tres maneras diferentes: beelzeboul, beezeboul y beelzeboub.

Etimológicamente significa "señor del estiércol", es decir, del sacrificio ofrecido a los ídolos. Aunque en realidad se desconoce por qué razón el nombre del dios cananeo de Ecrón fue escogido para designar al príncipe de los demonios.

[14] Nobleza de Jesús demostrada a través de su silencio: "Pero Jesús callaba." (Mateo 26, 63) Fray Luis de León menciona que Jesús,

> ...dice de sí que es manso y humilde, y nos convida a que aprendamos a serlo de Él. Y mucho antes el profeta Isaías, viéndolo en espíritu, nos lo pintó con las mismas condiciones, diciendo: No dará voces ni será aceptador de personas, y su voz no sonará fuera. (77)

[15] Dícele Jesús: "Tú lo has dicho. Pero os digo que a partir de ahora veréis al hijo del hombre sentado a la diestra del Poder y viniendo sobre las nubes del cielo." (Mateo 26, 64)

[16] Entonces el sumo sacerdote rasgó sus vestidos y dijo: "¡Ha blasfemado! ¿Qué necesidad tenemos ya de testigos? Acabáis de oír la blasfemia. ¿Qué os parece?" (Mateo 26, 65-66)

El término "blasfemia" etimológicamente significa "palabra que hiere." Se emplea para palabras de mal augurio, ultrajes contra particulares o contra los dioses. En el Antiguo Testamento el ultraje contra los dioses era un delito social que hay que reprimir con toda severidad. En el Nuevo Testamento, con motivo de sus acciones y declaraciones, Jesús es acusado de blasfemia. La primera acusación está relacionada con el perdón del paralítico. (Marcos 2,7) Conminado por el sumo sa-cerdote a decir si él es el Mesías, Jesús se presenta como el Hijo del hombre sentado a la derecha de Dios. Por tanto, la "blasfemia" de Jesús consistía, no en presentarse como Mesías, sino en reivindicar la dignidad del rango divino.

[17] Rasgarse las vestiduras era señal de luto, de gran tristeza con ocasión de alguna desgracia o de indignada ira, por ejemplo al querer proferir una amenaza o una blasfemia. La mayoría de las veces el vestido rasgado era de encima o el manto, a veces la túnica. Sin embargo, al sumo sacerdote en ejercicio le estaba prohibido rasgarse las vestiduras y llevar luto.

[18] El poeta ofrece otros ejemplos bíblicos de blasfemia. El primero se localiza en el Libro segundo de los Reyes, en que el copero mayor anuncia al pueblo que Ezequías está diciendo mentiras cuando afirma que Yahvé podrá librar a Jerusalén:

> [Entonces] Eliaquín, hijo de Jilquías, mayordomo de palacio, y el secretario Sebná y el heraldo Joaj, hijo de Asaf, se presentaron ante Ezequías, con las vestiduras rasgadas, y le comunicaron lo dicho por el copero mayor.
> Cuando el rey Ezequías lo oyó, rasgó sus vestiduras, se cubrió de sayal y fue al templo de Yahvé. (18, 37; 19, 1)

[19] El segundo ejemplo se refiere al rollo que contenía los oráculos transmitidos por Yahvé que Jeremías había dictado a su secretario Baruc.

Entonces envió el rey a Yehudí a apoderarse del rollo, y éste lo tomó del cuarto de Elisamá el escriba. Y Yehudí lo leyó en voz alta al rey y a todos los jefes que estaban en pie en torno al rey. El rey estaba instalado en la casa de invierno, -era en el mes noveno, con un brasero delante encendido. Y así que había leído Yehudí tres hojas o cuatro, él las rasgaba con el cortaplumas del escriba y las echaba al fuego del brasero, hasta terminar con todo el rollo en el fuego del brasero. Ni se asustaron ni se rasgaron los vestidos el rey ni ninguno de sus siervos que oían todas estas cosas, y por más que Elnatán, Delaías y Guemarías suplicaron al rey que no quemara el rollo, no les hizo caso. (Jeremías 36, 21-25)

[20] Esta última blasfemia hace alusión a la aclamación de Herodes Agripa como rey, y a su muerte como castigo. Aparece en el libro de los Hechos y relata lo siguiente:

Estaba Herodes fuertemente irritado con los de Tiro y Sidón. Éstos de común acuerdo, se le presentaron y habiéndose ganado a Blasto, camarlengo del rey, solicitaban hacer las paces, pues su país se abastecía de territorio del rey. El día señalado, Herodes, vestido con el manto real y sentado en la tribuna, les arengaba. Entonces el pueblo se puso a aclamarle: "¡Es un dios el que habla, no un hombre!" Pero inmediatamente le hirió el ángel del Señor porque no había dado la gloria a Dios; y convertido en pasto de gusanos, expiró. (12, 20-23)

[21] Según Juan, la Pascua de los judíos no ha llegado todavía; a Jesús se le dará muerte en el momento en que solían inmolarse los corderos en el Templo, es decir, la víspera de la Pascua. Los evangelios sinópticos suponen una cronología diferente: la muerte de Jesús habría sido el día de Pascua.

[22] Los romanos habían privado al Sanedrín del derecho de vida y muerte. De acuerdo con el derecho de los judíos, Jesús habría sido lapidado y no crucificado: "Entonces tomaron piedras para tirárselas, pero Jesús se ocultó y salió del templo." (Juan 8, 59) y "Los judíos trajeron otra vez piedras para apedrearle." (Juan 10, 31)
Puesto que Roma se había reservado el derecho de la pena capital, tanto en Judea como en todas las provincias del Imperio, los judíos debían recurrir al procurador para obtener la confirmación y ejecución de su propia sentencia.

[23] Juan es el único evangelista que narra la resurrección de Lázaro. Cuenta que había un enfermo de Betania y sus hermanas María y Marta le enviaron un mensaje a Jesús para avisarle de la enfermedad de Lázaro. Jesús dijo "Esta enfermedad no es de muerte, es para la gloria de Dios, para que el Hijo de Dios sea glorificado por ella." (11, 4) Jesús amaba a Lázaro y a sus hermanas, pero aún después de enterarse de su muerte, permaneció dos días más en el lugar donde se encontraba. Al cabo de ellos, decidió volver a Judea a pesar de que sus discípulos le advirtieron que ahí los judíos querían apedrearlo. Cuando llegó Jesús, Lázaro llevaba ya cuatro días en el sepulcro. Marta le salió al encuentro y le dijo que si él hubiera estado ahí su hermano no habría muerto. Jesús le advirtió que su hermano resucitaría y Marta le proclamó su fe. Cuando María se enteró que Jesús había llegado, salió también a su encuentro y ella, junto con los judíos que la acompañaban, lloró por

la muerte de su hermano. Jesús entonces se conmovió y fue al sepulcro. Era una cueva y tenía puesta una piedra. Jesús ordenó que la removieran, pero Marta le advirtió que llevaba cuatro días en el sepulcro y que el cuerpo ya olía. Quitaron la piedra y Jesús dio gracias al Padre. Le gritó a Lázaro con voz fuerte: " '¡Lázaro, sal afuera!' Y salió el muerto, atado de pies y manos con vendas y envuelto el rostro en un sudario. Jesús les dijo: 'Desatadlo y dejadle andar.'" (11, 43-44)

[24] perfeto = perfecto

[25] En la narración de Lázaro se hace una alusión teológica a cada una de las cuatro postrimerías del hombre, es decir, a los Novísimos:
1. Muerte
2. Juicio
3. Infierno
4. Gloria

[26] conceto = concepto

[27] Abraham es el primero de los patriarcas y el "Padre de los creyentes" de todos los tiempos, "nuestro padre común." (Romanos 4, 16)

[28] La descripción que ofrece Lázaro corresponde a la de Ezequiel de "Los huesos secos" en alusión a la restauración mesiánica de Israel, pero por los símbolos utilizados se da la idea de una resurrección individual de la carne:

> Me hizo pasar por entre ellos en todas las direcciones. Los huesos eran muy numerosos por el suelo de la vega, y estaban completamente secos. Me dijo: "Hijo de hombre, ¿podrán vivir estos huesos?" Yo dije: "Señor Yahvé, tú lo sabes." Entonces me dijo: "Profetiza sobre estos huesos. Les dirás: Huesos secos, escuchad la palabra de Yahvé. Así dice el Señor Yahvé a estos huesos: He aquí que yo voy a hacer entrar el espíritu en vosotros y viviréis. Os cubriré de nervios, haré crecer sobre vosotros la carne, os cubriré de piel, os infundiré espíritu y viviréis; y sabréis que yo soy Yahvé." (37, 2-6)

[29] Ya Juan lo ha dicho en su evangelio: "Esta enfermedad no es de muerte, es para la gloria de Dios, para que el Hijo de Dios sea glorificado por ella." (11, 4)

[30] El pretorio, es decir, la residencia del Pretor, debe ser el antiguo palacio de Herodes el Grande, donde se instalaba normalmente el procurador cuando subía de Cesarea a Jerusalén. Este palacio, situado al oeste de la ciudad, en el emplazamiento de la actual ciudadela, era diferente de la residencia familiar de los Asmoneos, que estaba cerca del Templo, y donde Herodes Antipas recibió a Jesús cuando Pilato se lo envió. Algunos sitúan el pretorio en la fortaleza Antonia, al norte del Templo, pero esta localización no coincide ni con la costumbre de los procuradores, tal como es transmitida en los textos antiguos, ni con el uso del término "pretorio", que no puede trasladarse así de sitio, ni con

los movimientos de Pilato y de la multitud judía en los relatos evangélicos de la Pasión, en especial el de San Juan.

[31] Entrar en casa de un gentil constituía una impureza legal. "De la casa de Caifás llevan a Jesús al pretorio. Era de madrugada. Ellos no entraron en el pretorio para no contaminarse y poder así comer la Pascua." (Juan 18, 28)

[32] benino = benigno

[33] sentenciallo = sentenciarlo

[34] condenallo = condenarlo

[35] El evangelista Lucas es el único que menciona el pasaje de Jesús ante Herodes. Se trata de Herodes Antipas I, hijo de Herodes el Grande y tetrarca de Galilea.

[36] Este anciano es un personaje creado por Hojeda para que Pilato sepa quién es Jesús.

[37] Los tres últimos años de Jesús los dedicó a predicar en Judea.

[38] Licaón. Según *Las Metamorfosis*, Licaón quiere probar si Júpiter es un dios o un mortal y le prepara una muerte inesperada. En castigo, Júpiter lo convierte en lobo:

> Sus vestidos se transforman en pelos, sus brazos en patas, pues se convierte en lobo, aunque conserva rasgos de su antigua forma. Tiene el mismo color blanco de su pelo, el rostro con su misma fiereza, brillan los mismos ojos, es la misma imagen de la ferocidad. (Libro I, VI)

[39] Júpiter les narra a los dioses:

> ...con la espada corta la yugular de uno de los rehenes que le habían sido entregados por los Molosos y ablanda parte de sus miembros palpitantes en agua hirviendo, asando la otra parte al fuego. Y en el momento que lo puso en la mesa, yo, con el vengador rayo, derribé la casa sobre su dueño, dignos penates. (*Las Metamorfosis* Libro I, VI)

[40] Júpiter decide destruir el género humano bajo las aguas y desatar las nubes de todo el cielo.

[41] "Ya no había diferencia alguna entre el mar y la tierra; todo era océano; no tenía riberas el océano." (*Las Metamorfosis* Libro I, VI)

[42] Alude a las profecías del Apocalipsis: "Hubo entonces pedrisco y fuego mezclados

con sangre, que fueron arrojados sobre la tierra: la tercera parte de la tierra quedó abrasada, la tercera parte de los árboles quedó abrasada, toda hierba verde quedó abrasada." (8, 7)

[43] Nuevamente se alude al milagro de la multiplicación de los panes, mencionado en el libro III.

[44] La boda de Caná. Caná, localidad de Galilea. Su localización geográfica es incierta.

[45] benino = benigno

[46] En la Antigua Roma "triclinio" era la habitación que se utilizaba como comedor o una cama de tres plazas en la que los romanos se tendían para comer. En el pasaje se refiere al "maestresala," criado principal que servía la mesa de un señor y probaba lo que servía para prevenir el envenenamiento.

[47] El milagro de la pesca milagrosa. (Lucas 5, 1-11)

[48] Tanto Mateo como Lucas narran el milagro del sirviente del centurión. Según los evangelistas, al entrar Jesús en Cafarnaún, un centurión se le acercó y le rogó que curara a su criado, un paralítico que sufría terriblemente. Jesús le dijo que pronto iría a curarlo, pero éste le respondió que no era digno de recibirlo en su casa y que así como él podía mandar a sus soldados y ellos obedecerlo, estaba seguro de que sólo le bastaba a Jesús que mandara que se curara para que sucediera. Jesús se admiró de su fe y lo puso de ejemplo ante sus discípulos. Finalmente le dijo que se fuera y que encontraría sano a su sirviente. (Mateo 8, 5-13 y Lucas 7, 1-10)

[49] El milagro de la hija de Jairo aparece en los evangelios sinópticos. Se trata de la resurrección de la hija de un magistrado y jefe de la sinagoga, que vino a pedirle a Jesús que le impusiera su mano a la muchacha para que volviera a la vida. En el camino a la casa de Jairo, una mujer tocó el manto de Jesús y se curó de una hemorragia crónica. Cuando Jesús llegó hasta donde yacía la niña de doce años, la gente había hecho un alboroto por su muerte, pero Jesús insistió en que se calmaran. La tomó de la mano y le ordenó que se levantara. Después mandó que la atendieran y le dieran de comer. (Mateo 9, 18-26; Marcos 5, 21-43 y Lucas 8, 40-56)

[50] El poeta menciona a Juno cuando en realidad la historia se refiere a Latona, quien fue perseguida por Juno por ser una de las amantes de su esposo Júpiter. Mientras huía de Juno, Latona llevaba en sus brazos a sus dos hijos gemelos Apolo y Diana. En los confines de Licia, tierra de la Quimera, un día de sol ardiente, fue presa de una horrible sed y sus hijos se habían bebido con avidez la leche de sus pechos. Vio un lago y a unos campesinos que recogían mimbres, juncos y algas. Cuando ella trató de acercarse para beber agua, ellos se lo impidieron. Ella insistió en apagar sólo su sed y les pidió que tuvieran piedad por sus hijos, pero los campesinos la amenazaron, y deliberadamente revolvieron el agua

clara con el fondo del lago pantanoso. Ella se encolerizó y los convirtió en ranas que han de vivir para siempre semi-ocultos entre las orillas y las profundidades fangosas del lago. (*Las Metamorfosis*, VI)

En su soneto "I did but prompt the age to quit their clogs" Milton también alude al pasaje mitológico de Latona:

> I did but prompt the age to quit their cloggs
> By the known rules of antient libertie,
> When strait a barbarous noise environs me
> Of Owles and Cuckoes, Asses, Apes and Doggs.
> As when those Hinds that were transform'd to Froggs
> Raild at Latona's twin-born progenie
> Which after held the Sun and Moon in fee.
> But this is got by casting Pearl to Hoggs;
> That bawle for freedom in their senceless mood,
> And still revolt when truth would set them free.
> Licence they mean when they cry libertie;
> For who loves that, must first be wise and good;
> But from that mark how far they roave we see
> For all this wast of wealth, and loss of blood. (146-147)

[51] Cuando Anteón presumió de que Diana se había desnudado para que él la viera, la casta diosa lo convirtió en ciervo y fue devorado por sus perros.

[52] "Desde entonces Pilato trataba de librarle." (Juan 19, 12)

[53] El Evangelio de Lucas es el único que menciona que Jesús estuvo ante Herodes:

> Cuando Pilato supo que Jesús era de la jurisdicción de Herodes se lo remitió a él, que estaba por Jerusalén esos días. Éste, al ver a Jesús se alegró mucho porque hacía tiempo que lo quería ver al oír de él tantas cosas maravillosas, y esperaba que le hiciera algún signo en su presencia. Herodes lo interrogó mucho, pero Jesús no contestó nada; los sumos sacerdotes y los escribas lo acusaban con insistencia, pero Herodes lo despreció, se burló de él, le puso un espléndido vestido y se lo devolvió a Pilato. A partir de ahí se selló la amistad de Herodes y Pilato. (23, 7-12)

[54] Jesús recibe el bautismo de Juan, conocido como Juan el Bautista. (Mateo 3, 13-17; Marcos 1, 9-11; Lucas 3, 21-22; Juan 1, 19-34).

[55] perfeto = perfecto

[56] Ibid.

[57] conceto = concepto

[58] El término "evangelista" es raro y nuevo, característico de una sociedad en que la autoridad de referencia es la del Evangelio. Designa la función del que transmite la "buena nueva" (evangelio) prolongando así la tarea de los apóstoles y primeros fundadores de Iglesias. Por evangelista, se entiende cada uno de los autores de los cuatro Evangelios: Mateo, Marcos, Lucas y Juan.

Los cuatro seres vivientes de Ezequiel: rostro humano, cara de león a la derecha, cara de toro a la izquierda y cara de águila (1, 5-14) coinciden con los cuatro vivientes del Apocalipsis: el primero como un león, el segundo como un novillo, el tercero como hombre, el cuarto como un águila (4, 6-8). Estos extraños seres recuerdan a los karibu asirios: seres de cabeza humana, cuerpo de león, patas de toro y alas de águila, cuyas estatuas custodiaban los palacios de Babilonia.

Las figuras de león, toro, hombre y águila representan lo más noble, lo más fuerte, lo más sabio y lo más ágil que hay en la creación. La tradición cristiana ha insistido desde San Ireneo en descubrir aquí el símbolo de los cuatro evangelistas.

[59] La tradición ha visto en David al autor principal de los salmos en razón de su talento musical, poético y su interés por el culto. El salmo 72 es atribuido a Salomón aunque lleva como colofón "Fin de las oraciones de David." También aparecen salmos de Asaf (50) y de los coreítas (42-49; 84-85; 87-88), el de las subidas o salmos graduales (120-134) y los salmos aleluyáticos (105-107; 111-118; 135-136; 146-150), un salmo de Etán (89) y uno de Moisés (90), aunque la base de tales atribuciones es puramente conjetural.

[60] San Ignacio de Antioquía. Mártir cristiano. Murió en 107 d.C. Escribió siete epístolas que constituyen un importante testimonio sobre la iglesia primitiva. Poco se sabe de su vida, era probablemente de origen sirio y la leyenda lo identifica como un niño a quien Cristo sentó entre sus discípulos. (Mateo 18, 1-6) Algunas fuentes declaran que San Ignacio pudo haber sido persecutor de cristianos y que luego se convirtió y fue discípulo de San Juan Evangelista o de los santos Pedro y Pablo. San Ignacio se llamó a sí mismo discípulo y portador de Dios, para asegurar que la presencia de Dios estaba en él. Llegó a ser el segundo o tercer obispo del gran centro cristiano de Antioquía en Siria. Se asegura que fue consagrado por el mismo San Pedro y gobernó por 40 años. Durante las persecuciones trajánicas, San Ignacio fue atrapado por una guardia de diez soldados, atado y llevado a Roma. Fue en esta travesía de Siria a Roma que escribió sus siete cartas.

La leyenda dice que llegaron a Roma el 20 de diciembre, el último día de los juegos públicos y rápidamente lo condujeron al anfiteatro, probablemente el Coliseo, donde fue muerto por los leones en la arena. Cuando era ofrecido a las bestias, se describió a sí mismo como "trigo de Cristo." Se le representa en un crucifijo con un león a su lado, entre dos leones, o con un corazón con las iniciales IHS destrozadas por leones.

[61] San Dionisio el Aeropagita. Siglo I. Se cuenta que cuando San Pablo pasó por Atenas hacia el año 50, había muchos intelectuales a quienes interesaba la cuestión religiosa. Le pidieron que les hablara de la nueva religión que predicaba y lo llevaron al Aerópago, lugar de reunión del tribunal supremo.

San Pablo se puso a hablarles de su Dios, eterno, infinito y todopoderoso; y también de los dioses de ellos "que valen su peso en oro y plata." Les explicó que había enviado a su propio Hijo y lo había resucitado de entre los muertos, pero ante sus palabras el auditorio soltó la carcajada y San Pablo no pudo continuar. Para los atenienses la resurrección de la carne era algo tan imposible, tan impensable y tan absurdo que no le permitieron seguir. Sin embargo, hubo un oyente que no se burló. Se llamaba Dionisio, un personaje importante ya que era juez en el tribunal supremo. Dionisio recibió ese día la gracia de la fe y fue el primer obispo de la Iglesia en Atenas. Entre sus escritos destaca la "Jerarquía celestial" que describe los nueve coros celestiales.

[62] vía = veía

[63] San Atanasio. Nacido en Alejandría hacia 290 y muerto en esa ciudad el 2 de mayo de 373. Nadie contribuyó más que él a la derrota del arrianismo. Al parecer Atanasio sólo escribió, sufrió y vivió para defender la divinidad de Cristo. Era de talla pequeña, prodigiosamente inteligente y alimentado con la cultura griega. Ocupaba una posición de diácono cuando acompañó al obispo de Alejandría al concilio de Nicea (325). Ahí contribuyó a la condena de su compatriota Arrio († 336) y a la formulación de los dogmas de la Encarnación y de la Trinidad. Cuando él mismo se convirtió en obispo de Alejandría en 328, se puso desde entonces y para siempre en persecución de los arrianos, semi-arrianos y antiniceos de todo tipo que se encontraban en Egipto y en la Iglesia entera. Atanasio pasó diecisiete años en el exilio: dos en Trèves (335-337), siete en Roma (339-346), el resto en las cavernas y las tumbas de los desiertos de Egipto. Sólo hasta la muerte del emperador Valente (Flavius Valens, 378) el arrianismo dejó de tener carta nacional en el imperio romano.

[64] San Basilio el Grande (330-379), San Gregorio de Nacianzo (Nacianceno, 329-389) y San Juan Crisóstomo forman la tríada de los "doctores ecuménicos" de la Iglesia ortodoxa. Se les considera también los mejores escritores entre los Padres griegos. Legaron numerosas obras de exégesis y de espiritualidad, sin contar para Gregorio, cerca de 400 poemas y para Basilio, varias Reglas que lo convirtieron en el legislador de la vida monástica en Oriente. Sus mejores años fueron los que pasaron juntos en las escuelas de Atenas, y más tarde, en el monasterio de Anessi, fundado por Basilio, donde vivió solamente cerca de 5 años. Cuando se convirtió en obispo de Cesárea (370) fue con el papa de Roma con quien tuvo que discutir y negociar para reestablecer la unidad en la Iglesia. Sin embargo, su salud ya arruinada por la penitencia, sucumbió bajo el peso de los trabajos y de las penas. Murió a la edad de 49 años.

[65] Por su parte, San Gregorio de Nacianzo se sentía atraído hacia la soledad, lejos de las disputas de personajes y de clanes. En obediencia a su padre, obispo de Nacianzo, se convirtió en sacerdote y en obediencia a Basilio recibió la consagración episcopal. Por algunos años fue obispo de Sasimes, dos veces obispo interino de Nacianzo y algunas semanas patriarca de Constantinopla. Se retiró en cuanto le fue posible (383) para orar y escribir. Sus escritos teológicos revisten gran importancia.

[66] San Juan Crisóstomo. Nacido en Antioquía hacia 439 y muerto cerca de Comana (Bizeri, Turquía) el 14 de septiembre de 407.

Hijo único de un oficial superior. Fue educado cristianamente por su madre, quien había quedado viuda a los veinte años. Cuando ella murió (c. 372), Juan dejó la abogacía, el teatro y el mundo, y se fue a vivir como anacoreta a las montañas, donde pasó cinco años. Las condiciones arruinaron un tiempo su salud. Se anexó al clero de Antioquía y recibió el diaconado en 381 y el sacerdocio en 386. A partir de entonces predicó por aproximadamente doce años.

En 398 Juan fue llamado a Constantinopla, en donde el anciano Nicasio acababa de morir. La emperatriz Euxodia y su esposo Arcadius lo nombraron como sucesor del patriarca, aunque no tardó en disgustarles debido a que Juan depuso a numerosos obispos indignos, intentó devolver la moralidad a su clero, persiguió a los monjes que no predicaban y proclamaba el derecho de los pobres a no morir de hambre. Entonces Euxodia, sintiéndose atacada pidió ayuda a Teófilo, patriarca de Alejandría. Éste reunió un concilio en el que Juan fue acusado de herejía y depuesto (403), por lo que tuvo que partir al exilio. Residió cuatro años en Cucusus (Turquía) y después fue alejado cuatrocientas leguas al norte, entre los bárbaros, pero Juan murió en el camino.

Se conservan seiscientos discursos y sermones de este gran hombre.

[67] San Cirilo de Alejandría. Nacido en 376 y muerto en 444. Fue patriarca de Alejandría, fecundo escritor y un gran destructor de herejías. Hizo cerrar las iglesias de los cismáticos de Alejandría y expulsar a los judíos de esa ciudad. Amotinó a los monjes de Nitria contra de Orestes, el prefecto imperial, a quien detestaba. Su gloria radica en haber sido el alma del concilio de Efeso (431), en donde fue condenado Nestorio para quien el Verbo había habitado en la carne sin haber sido hombre. Los especialistas brindan gran importancia a sus escritos y León XIII lo nombró doctor de la Iglesia.

[68] Se trata de los Padres griegos encabezados por San Basilio el Grande, San Gregorio de Nacianzo y San Juan Crisóstomo.

[69] San Agustín. Nacido en Thagaste (Souk-Ahras, Argel) en 354 y muerto en Hipona (Bone) el 28 de agosto de 430. Terminó sus estudios (370-373) en Cartago, capital de la provincia romana de África; ahí fue profesor de retórica por siete años (376-383). Entonces decía ser maniqueo, es decir, miembro de la secta del maniqueísmo. Los maniqueos no creen en el matrimonio, a ello se debe que desde que Agustín tenía diecisiete años tomó una concubina a quien conservó catorce años y tuvo con ella un hijo, Adeodato. Salió de África a Roma sin dejar dirección. En Roma trabajó como profesor. Continuaba su búsqueda de la verdad y sabía que la encontraría en el Evangelio. Fue bautizado por San Ambrosio y volvió a Thagaste. En 389 perdió a su hijo Adeodato. Dos años más tarde se convirtió en colaborador de Valerio, obispo de Hipona, que lo había ordenado sacerdote a pesar suyo en 391 y al que Agustín sucedió en 396. Sin dejar de vivir en comunidad con su clero, gobernó su diócesis con sabiduría y bondad, mezclándose en todos los asuntos religiosos y políticos de su época. Redujo a la nada a los herejes de su tiempo y les quitó todas las oportunidades a los que vendrían después. Murió cuando los Vándalos asediaban Hipona y cuando empezaba a desplomarse el imperio romano de Occidente. San Agustín es considerado como el más grande doctor de la Iglesia.

[70] San Jerónimo. Nacido en 347 y muerto en 419. Fue bautizado a la edad de

diecocho años por el papa Liberio. Ambicioso y buen trabajador, San Jerónimo empezó a construir una biblioteca que llegó a ser una de las más famosas del mundo, cuyos libros en su mayoría copió él mismo. Siguió con esa práctica mientras vivió como ermitaño, aprendiendo varias lenguas para poder traducir los textos. En sólo unos pocos años, se cansó de la inactividad de sus compañeros ermitaños y se dirigió a Roma, donde estuvo como secretario del papa Dámaso. Bajo su dirección, San Jerónimo completó la traducción del Nuevo Testamento al latín, a la edad de cuarenta años. Después continuó con el Antiguo Testamento, con la asistencia de varios compañeros conocedores. Tuvo varios enemigos por su posición en contra de la vida pagana, su aversión a varias herejías y su actitud a veces abrupta. A la muerte del papa, su protector, decidió regresar al Este y se estaleció en Belén. Se cuenta que murió con su cabeza apoyada en el pesebre donde nació Jesús.

[71] San Ambrosio. Nacido en Trèves (Francia) hacia 340 y muerto en Milán (Italia) el 4 de abril de 397. Hijo de un prefecto del pretorio, era gobernador de las provincias Emilia-Liguria cuando murió Auxence en 374, obispo arriano de Milán. La asamblea que tenía que elegir a su sucesor iba a ser tumultuosa, ortodoxos y arrianos tenían que enfrentarse en ella. Ambrosio acudió en nombre del emperador. Habló tan bien de la paz a esos cristianos divididos que todos vieron en él al hombre capaz de gobernarlos. Pidieron que fuera él su obispo y el emperador ratificó su elección. Ambrosio, que aún era catecúmeno, recibió el bautismo, el sacerdocio y la consagración episcopal el 7 de diciembre de 374.

Fue la mayor voz de la Iglesia en Occidente. Trazó para los jefes de los Estados cristianos, la línea de conducta que debían tener en sus relaciones con la autoridad eclesiástica. Siempre llevó la ventaja cuando había que medirse a las autoridades imperiales: impidió que Justina, la emperatriz regente, diera iglesias a los arrianos, y a Valentiniano II le impidió volver a colocar un altar pagano en el recinto del senado. Además, obligó a Teodosio el Grande a pedir públicamente perdón por no haber hecho matar en masa a los tesalonicenses rebelados en 390. Revivió el culto a los mártires milaneses Gervasio y Protasio e introdujo en las iglesias latinas la costumbre griega de cantar himnos, que eran a la vez resúmenes de dogma y oraciones.

[72] perfeto = perfecto

[73] San Gregorio Magno. Nacido en Roma hacia 540 y muerto en la misma ciudad en 604. Papa y doctor de la Iglesia, de origen patricio. Había sido praefectus Urbis, es decir, el más alto magistrado civil de Roma, antes de entrar a las órdenes en 579. Su actividad como papa fue prodigiosa: fijó la liturgia, reformó la disciplina eclesiástica, propagó la orden benedictina, envió misioneros a Inglaterra, convirtió a los Lombardos y se opuso a los planes de autonomía de los Orientales. La influencia que ejerció sobre la política de las naciones europeas fue a menudo determinante. Acrecentó enormemente las posesiones territoriales de la Iglesia, lo cual no se encuentra en las recomendaciones que Cristo hizo a San Pedro. Escribió mucho, llevó una vida austera y terminó sus días en el sufrimiento.

[74] vellas = verlas
En las octavas anteriores, Hojeda viene haciendo una referencia a la Orden Dominica de la que formó parte. En esta octava, le llama "Mi Padre" a su fundador, Santo

Domingo de Guzmán. Su nombre oficial es "Orden de Predicadores" y fue confirmada por el Papa Honorio III el 22 de diciembre de 1216. El Papa Gregorio IX canonizó a Santo Domingo, de quien dijo: "No dudo de la santidad de Santo Domingo, como no dudo de la santidad de San Pedro y San Pablo".

[75] Santo Tomás de Aquino. Nacido cerca de Aquino (Nápoles, Italia) hacia 1225 y muerto en Fossanuova el 7 de marzo de 1274.

Cuando Tomás apenas había entrado al noviciado dominicano de Nápoles, toda su familia se unió para sacarlo. Intentó escapar a París, pero sus dos hermanos lo atraparon y lo secuestraron dos años en un castillo. Le llegaron a encerrar hasta una prostituta en su habitación, pero Tomás la hizo huir con una tea encendida. Fue el emperador Frederic II quien por fin lo liberó.

Tomás hizo su profesión dominicana en Nápoles en 1245, recibió el subdiaconado en París en 1249 y el sacerdocio en Colonia en 1250. En París y en Colonia tuvo como maestro a Alberto Magno, y en Colonia Tomás empezó a enseñar. Enseñó y escribió durante toda su vida: en París, Roma, Bolonia y en Nápoles, de donde salió en 1274 para ir al concilio de Lyon. Murió en el camino en una abadía cisterciense, en donde la enfermedad lo había obligado a quedarse.

Es llamado "el doctor angélico" y es uno de los mayores maestros de la escolástica. De su abundante obra destaca la *Suma teológica*, resumen de su sistema que dejó inconcluso.

[76] Podría tratarse de San Pedro de Verona (1205-1252). Conocido como San Pedro Mártir, de padres maniqueos. De niño se convirtió a la Iglesia. En la universidad de Bolonia conoció a Santo Domingo, quien le dio el hábito el año 1221. Fue un ferviente predicador y defensor de la Fe. Fue nombrado Inquisidor. Con su bondad y piadosa vida, convirtió a muchos cátaros. Fue martirizado cerca de Milán, el 6 de abril de 1252. El Papa Inocencio IV lo canonizó el 9 de marzo de 1253 cuando aún no se había cumplido siquiera un año de su martirio.

[77] San Vicente Ferrer. Nacido en Valencia (España) hacia 1350 y muerto en Vannes (Morbihan, Francia) el 5 de abril de 1419. Gran predicador dominico que conmovió a España y a Francia con su elocuencia apocalíptica y de fin del mundo. En la historia de España se le reconoce como uno de los personajes más activos para la conversión de los judíos al cristianismo. Generalmente era seguido por una multitud de penitentes y de flagelantes cuyo número variaba, al parecer desde unos trescientos a diez mil. Sostuvo los papas de Avignon contra los de Roma, con excepción del último, Benito XIII, a quien hizo abdicar con apoyo de la corte de Aragón, contribuyendo así a poner fin al cisma de Occidente (1378-1417).

[78] San Antonino de Florencia. Dominico nacido en Florencia en 1389 y muerto en la misma ciudad el 2 de mayo de 1459. Cumplió numerosos cargos en su orden y en la corte romana, antes de ser arzobispo de Florencia (1446-1459). Dejó una *Suma teológica* en la que trabajó durante catorce años (1440-1454), para la instrucción y utilidad de predicadores y confesores.

[79] San Jacinto de Cracovia. Nacido en Silesia entre 1185 y 1200, muerto en Cracovia en 1257. Se sabe muy poco de él, y lo que sobresale de su vida es que conoció en Roma a Santo Domingo, quien lo unió a su orden y le encargó de llevarla a Polonia, misión que logró con éxito. Se llamaba Jacko pero fue canonizado en 1594 con el nombre de Jacinto.

[80] San Alberto Magno. Dominico, doctor de la Iglesia, nacido en Lauingen (Suabia) en 1206 y muerto en Colonia (Alemania) el 15 de noviembre de 1280. Es uno de los grandes maestros de la Escolástica. La edición de sus obras comprende 38 volúmenes. Con excepción de tres años en que fue provincial de su orden (1254-1257) y dos en que fue obispo de Ratisbona (1260-1262), no cesó de enseñar en Hildesheim, Fribourg-en-Brisgau, París y Colonia. Su mejor alumno fue Santo Tomás de Aquino, quien siguió sus cursos en Colonia de 1248 a 1252.

[81] San Raymundo de Peñafort. Nacido en Peñafort (Cataluña, España) hacia 1175 y muerto en Barcelona el 6 de enero de 1275.
"Santos decretales" es el nombre que se les da a los rescriptos papeles que deciden en materia de disciplina y administración eclesiástica. Raymundo de Peñafort es célebre por haber redactado, por orden de Gregorio IX, la Colección de Decretales que ese papa promulgó el 5 de septiembre de 1234 y que fue autoridad en la Iglesia hasta la publicación del Código de derecho canónico en 1917. De los 1,972 capítulos que contenían los cinco libros de la colección, 1776 provenían de colecciones anteriores; los 196 capítulos restantes contenían prescriptos provenientes del mismo Gregorio. Una vez terminado su trabajo, Raymundo dejó Roma y volvió a su convento dominicano en Cataluña, en donde llegó a ser general de la Orden por dos años, aunque lo único que le interesaba eran sus predicaciones en catalán. El milagro más asombroso que se le atribuye tuvo lugar durante una visita que hizo a Mallorca con Jaime I de Aragón. En cuanto supo que el rey se hacía acompañar de su concubina, lo intimidó para despedirla. El rey se rehusó y Raymundo decidió dejar la isla y volver a su convento de inmediato. El santo extendió entonces su capa sobre el mar, plantó en ella su bastón a guisa de mástil, levantó una parte de su capa como vela y partió hacia Barcelona en donde arribó diez horas más tarde.

[82] Santa Catalina de Siena. (1347-1380) Virgen y Doctora de la Iglesia, Patrona de Roma y de Europa. Como una consagración más formal a Dios, a los dieciocho años, Santa Catalina recibió el largo hábito blanco y negro deseado de la tercera orden de Santo Domingo. El hecho de pertenecer a una tercera orden significaba que la persona viviría la espiritualidad Dominica, pero en el mundo secular. Ella fue la primera mujer soltera en ser admitida. A partir de ese momento su celda llegó a ser su paraíso, y se ofrecía a sí misma en oración y mortificación. Durante tres años vivió como en una ermita, manteniéndose en silencio y sin hablar con nadie excepto Dios y su confesor.
En 1366, Santa Catalina experimentó lo que se denominaba un "matrimonio místico" con Jesús. Cuando ella estaba orando en su habitación, se le apareció una visión de Cristo, acompañado por Su Madre y un cortejo celestial. Tomando la mano de Santa Catalina, Nuestra Señora la llevó hasta Cristo, quien le colocó un anillo y la desposó Consigo, manifestando que en ese momento ella estaba sustentada por una fe que podría superar todas las tentaciones. Para Catalina, el anillo estaba siempre visible, aunque era invisible para los demás.

[83] San Buenaventura. Nacido en Bagnorea (Latium, Italia) en 1221 y muerto en Lyon (Francia) el 14 de julio de 1274. Junto con Duns Scot y Tomás de Aquino, es uno de los tres más célebres doctores de la Escolástica. Entró con los franciscanos hacia 1243, enseñó en París de 1248 a 1257, fue ministro general de su orden de 1257 a 1273 y como tal, hizo prevalecer una interpretación mitigada de la regla primitiva de San Francisco. En 1265 rehusó a ser arzobispo de York, Inglaterra, pero en 1273 tuvo que aceptar ser cardenal, representando a Gregorio X como legado al concilio de Lyon. Se intentaba reconciliar a griegos y latinos y se logró la unión de las Iglesias, aunque sólo duró un año.

Cuando murió, Gregorio X ordenó a todos los sacerdotes de la cristiandad decir una misa en su intención.

[84] Juan Duns Escoto. Nacido en Maxton (Escocia) en 1266 y muerto en Colonia (Alemania) en 1308. Teólogo franciscano que defendió en nombre de la fe en Dios el realismo del conocimiento que parte del mundo sensible para alcanzar a Dios.

[85] San Egidio. Fray Egidio Romano (1247-1316), religioso ermitaño de San Agustín, fue discípulo de Santo Tomás de Aquino y fue uno de los que más lo defendió después de su muerte.

[86] Teólogos de la época del descubrimiento.

San Alfonso de Orozco. Místico y chaperón de la corte. Nació en 1500 en Oropeza, España. Estudió en Talavera, Toledo y Salamanca. A la edad de veintidos años tomó el hábito agustino. Santo Tomás de Villanueva fue uno de sus instructores, inculcándole un espíritu de recogimiento y oración. Alfonso fue un confesor y predicador popular, sirvió como prior de los agustinos en Sevilla y después en 1554, en Valladolid. En 1556 se hizo predicador de la corte, y en 1561 acompañó al rey Felipe II de España a Madrid. Su ejemplo de santidad causó una gran impresión entre la familia real y la nobleza de Madrid. Alfonso recibió una visión de la Virgen María y escribió tratados de oración y penitencia como la Virgen le instruyó. Fue beatificado en 1881.

[87] Santo Tomás de Villanueva. Obispo agustino. Nacido en Fuentellana, Castilla, España. Fue hijo de un molinero. Estudió en la universidad de Alcalá y obtuvo una licenciatura en teología. A la edad de veintiseis años comenzó a ejercer como profesor. Rechazó la jefatura de filosofía en la universidad de Salamanca e ingresó a la orden agustina en 1516. Se ordenó en 1520 y tuvo la posición de prior en Salamanca, Burgos y Valladolid, y de provincial en Andalucía y castilla. Fue también chaperón de la corte del Emperador Romano Carlos V.

Durante su cargo de provincial envió los primeros misioneros agustinos al Nuevo Mundo. Recibió el arzobispado de Valencia en 1544. Sirvió con profunda devoción para restaurar la vida espiritual y material de la arquidióceses y estuvo muy comprometido con los pobres. Fundó colegios para los nuevos conversos y los pobres, organizó a los sacerdotes para el servicio entre los moros, y fue reconocido por su santidad y su austeridad. A pesar de que no asistió al Concilio de Trento, fue un ardiente promotor de sus reformas en España.

⁸⁸ San Antonio de Guevara. Nació hacia 1480, en un pueblo de las montañas cantábricas. Gracias a los buenos oficios de un tío suyo pudo educarse en la corte. Tomó el hábito franciscano, pero no perdió el contacto con la corte. Durante su adolescencia y su juventud se dieron los grandes acontecimientos tanto en el interior de España (la muerte de Isabel, la del Príncipe don Juan, la de Felipe el Hermoso, la del rey Fernando) como los eventos de la conquista en el Nuevo Mundo. A los cuarenta años su fama de orador, escritor y humanista era ya muy grande en la corte. En 1521 Carlos I le nombró predicador de su casa. Pero no sólo predicó, sino que escribió, fue cronista, participó en el Consejo, y sobre todo, con gran probabilidad, le escribió al Emperador los discuros decisivos que Carlos V había de pronunciar.

Guevara organizó y reexpuso las ideas centrales del Imperio hispánico. Para él no había de ser un Imperio depredador, sino un Imperio que buscara el bien de los súbditos y, entre ellos, el bien de los indios. En 1529 obtuvo el permiso de la reina para marchar a Guadix, donde había sido nombrado obispo. En 1537 fue proclamado obispo de Mondoñedo, y allí escribió su Menosprecio de Corte y Alabanza de Aldea, que publicó en 1539. Antonio de Guevara fue un filósofo del Imperio católico, y necesitaba la plataforma del Imperio para expresar su filosofía. Sus libros fueron traducidos a varios idiomas y se ha calculado que se publicaron durante los siglos XVI y XVII más de 600 veces por toda Europa.

⁸⁹ vían = veían

⁹⁰ San Pedro Nolasco, fundador RM. Nacido en Mas-des-Saintes Puelles (Languedoc, Francia o Barcelona, España?) hacia 1189; muerto en Barcelona, el 25 de diciembre de 1258. Fue canonizado en 1628.

Su familia fue comerciante o distinguida, ya que poseían grandes tierras y bienes, y Pedro lo heredó todo a la edad de quince años. Se dice que se consagró él mismo a la celibacía y al servicio de los pobres siendo aún muy joven. A la muerte de su padre se fue a Barcelona y pronto agotó todos sus bienes pagando recompensas a los moros por la libertad de los prisioneros cristianos. En respuesta a una visión, decidió fundar una congregación religiosa dedicada al rescate de esclavos cristianos del poder moro. De ahí surgió la Orden de Nuestra Señora del Rescate, con la ayuda de San Raymundo, el director espiritual de Pedro y quien es considerado co-fundador de la orden. Con la aprobación del obispo Berengario de Barcelona, Pedro animó a otros para que aportaran grandes sumas de dinero a la misma caridad. La confirmación de su fundación y su reglamento fueron otorgados por el papa Gregorio IX en 1235.

⁹¹ Francisco Zumel. Nacido en Palencia en 1540.

Zumel llegó a ser General de la Orden de la Merced en 1593. Se destacó como teólogo y profesor de Filosofía Moral en la Universidad de Salamanca. Su estancia en la universidad concidió con la de Juan de Guevara, Alonso de Orozco y Fray Luis de León. Intervino en las reñidísimas controversias de Auxiliis, que tomaron lugar de 1588 hasta su muerte en 1607. Las controversias de Auxiliis fueron famosas peleas entre los dominicos y los jesuitas, en las que se discutían puntos fundamentales que comprendían un modo bastante distinto de explicar diversas cuestiones, tanto del orden natural como del sobrenatural. Zumel siempre estuvo al lado de los dominicos durante los debates, usando sus conocimientos de psicología humana en cuanto a la fe y la religión. Analizó el concepto de la voluntad en relación con la gracia de Dios y la predestinación.

Durante esa época, había muchas opiniones contrapuestas sobre el papel de la gracia y las obras en cuanto a la salvación. Zumel formó parte de la escuela antimolinista, es decir, contra las opiniones casi calvinistas del jesuita Luis de Molina. Con las disputas en contra de Molina, el mercedario profundizó en los conceptos de predestinación y la voluntad. Zumel basó su entendimiento de estos temas en la escuela tomista, que hace hincapié en la importancia de buenas obras y acciones en la vida humana sin negar el poder divino y la gracia de Dios.

Sus opiniones del concepto de libertad de los actos humanos en su relación con la omnipotencia divina influyeron a Tirso de Molina.

[92] dino = digno

[93] vía = veía

[94] Los cartujos, los cistercienses y los benedictinos.

San Bruno. Fundador de la Orden Cartuja. Nacido en Colonia y muerto en La Torre (Serra San Bruno, Calabria) el 6 de octubre de 1101.

Bruno había gozado desde su juventud de una buena prebenda de canónigo en Colonia y tenía veinte años enseñando teología en Reims (Francia), cuando fue despojado de su cargo y de sus bienes por Manassès de Gournay, arzobispo de esa ciudad. Este vicioso prelado se vengaba así, antes de ser depuesto, del mal testimonio presentado antes por Bruno en contra suya. Bruno decidió entonces dejar el mundo, pero no encontró lo que quería en las abadías de Molesmes y de Sèche-Fontaine en donde radicó. Conoció a otros siete con sus mismas inquietudes y en una cumbre desierta de Dauphiné (Francia), Bruno fundó la Orden de los Cartujos (1084). Seis años más tarde fue llamado a Roma y después de su fracaso como consejero del papa Urbano II, se retiró a Calabria donde fundó una nueva cartuja en La Torre (1092).

[95] San Bernardo. Fundador de la Orden Cisterciense.

Nacido en Fontaine-lez-Dijon (Côte-d'Or, Francia) y muerto en Clairvaux (Aube, Francia) el 20 de agosto de 1153. Considerado el último de los Padres y uno de los más grandes. Además de la ciencia de los doctores, tenía el suplemento de luz que los místicos reciben del Espíritu Santo. Escribió numerosas obras, miles de cartas y más de trescientos sermones. Intervino en todas las disputas doctrinales y en todos los asuntos religiosos y seculares de la época.

Ingresó a los 22 años a la abadía de Cîteaux (Côte-d'Or) en donde acababa de implantarse una severa reforma (1098). La abadía estaba a punto de desaparecer cuando llegó Bernardo con uno de sus tíos, cuatro de sus hermanos y veinticinco de sus amigos, con lo que trajo una resurrección y un nuevo comienzo. Tres años más tarde fundó Clairvaux que pronto contó con setecientos monjes y dio nacimiento a setenta filiales. Después hubo cistercienses por toda Europa, con alrededor de cuatrocientas abadías.

Su última empresa fue la segunda cruzada (1147-1149). Reconcilió al rey de Francia y al Emperador y los decidió a tomar la cruz, junto con toda la nobleza europea; pero la expedición fue un desastre y los jefes disputaron durante todo el camino, cosa que no habría sucedido si Bernardo los hubiera acompañado. Todos se lo reprocharon y en sus últimos dos años tuvo una vida de alegrías espirituales mezclada con grandes sufrimientos.

[96] San Benito. Fundador de la Orden Benedictina. Nacido en Norcia (Ombria, Italia) hacia 480 y muerto en Montecassino (Latium, Italia) hacia 547.

Salió de Norcia a los catorce años con Cynilla, su vieja nodriza, para estudiar en Roma. Años más tarde, su nodriza volvió sola porque él había salido de Roma sin decir hacia dónde. En Subiaco, Italia, se encontró a un ermitaño llamado Romano quien le dio el hábito religioso y se hizo su padre espiritual. Vivió tres años en una gruta vecina a la suya, le llegaron discípulos fervientes que repartió en doce conventos de doce monjes cada uno.

Con algunos destacados religiosos se fue a Nápoles y en Montecassino fundó la Orden Benedictina. Elaboró una regla monástica tan perfecta que según algunos seguirá siendo buena hasta el fin de los tiempos. Hubo una época en que su regla fue seguida por cuarenta mil abadías y es esto lo que le ha valido a San Benito el ser llamado "el Patriarca de los Monjes de Occidente." El papa Pío XII lo proclamó oficialmente "Patrono de Europa" en 1958.